동양사상의 백과사전❸

여씨춘추 6론
(呂氏春秋六論)

鄭 英 昊 해역

차 례

제21권 봄을 여는 것 / 11

1. 봄을 열다 (一日開春) / 12
가. 덕을 쌓으면 봉황새가 날아 온다 … / 12
나. 문왕(文王)의 의를 밝힌 혜공(惠公)… / 13
다. 말을 잘한 봉인(封人) 자고(子高)… / 16
라. 군자(君子)를 구한 기해(祈奚)… / 17

2. 어진 이를 살피다 (二日察賢) / 19
가. 내기는 실력 있는 자가 이기는 것… / 19
나. 다스리는 도리를 깨닫지 못한 무마기 … 20

3. 어진 이를 기약함 (三日期賢) / 21
가. 매미를 잡는데 불을 밝히는 까닭 … 21
나. 조국의 침공을 막은 열 사람의 현인… / 22
다. 복식(伏軾)의 예를 올린 문후(文侯)… / 23

4. 필요한 것을 살핌 (四日審爲) / 25
가. 필요한 것의 경중을 살펴야… / 25
나. 토지로 인해 생명을 잃어서는 안 된다… / 26
다. 경미한 것과 소중한 것을 안 자화자… / 28
라. 욕망을 억제할 수 없다면… / 29

4 여씨춘추 6론(呂氏春秋六論)

   5. 동류(同類)를 사랑함 (五日愛種) / 30
가. 같은 종류를 사랑하는 것이다… / 30
나. 기술로써 송나라를 구한 묵자(墨子)… / 32
다. 우(禹)임금보다 고생한 사람이 없다… / 33
라. 돌로 아들의 머리를 대신한다는 혜자(惠子)… / 34

   6. 순간을 귀하게 여김 (六日貴卒) / 36
가. 빠른 것을 중하게 여기는 것은… / 36
나. 빠른 오기(吳起)의 지혜… / 37
다. 빠르기가 화살과 같은 포숙… / 38
라. 나의 아버지를 죽인 자가 누구냐… / 39
마. 수레를 들어 던지는 장사… / 40

제22권 행동을 삼가는 것 / 41

   1. 행동을 삼가다 (一日愼行) / 42
가. 불리한 가운데 이익을 얻는 사람… / 42
나. 자신의 죄에 죽은 비무기(費無忌)… / 43
다. 후세에 모범이 되는 사람들… / 46

   2. 의리가 없는 것 (二日無義) / 49
가. 천하의 모든 사람이 돕는 의(義)… / 49
나. 의리가 없는 공손앙… / 50
다. 친구와 왕을 배신한 정평(鄭平)… / 52
라. 친구를 배신한 속경(續經)… / 53

   3. 같은 것을 의심함 (三日疑似) / 54
가. 갈림길을 보고 망설인 묵자(墨子)… / 54
나. 포사 때문에 나라를 망친 유왕(幽王)… / 55

다. 가짜와 진짜는 자세히 살피면 안다… / 57

　4. 행하는 것은 하나뿐 (四日壹行) / 59
가. 열 가지를 알아야 한다… / 59
나. 가는 길을 알아야 나라를 보존한다… / 60
다. 이것도 저것도 아닌 것… / 62

　5. 사람을 구하는 것 (五日求人) / 63
가. 나라를 오래도록 지속시키는 방법… / 63
나. 우(禹)임금의 공적을 사발에 새기다… / 65
다. 천하를 사양한 허유(許由)… / 67
라. 오직 현인을 얻는 데에 있다… / 69

　6. 전하는 말을 살핌 (六日察傳) / 70
가. 잘못 들으면 안 들은 것만 못하다… / 70
나. 다리가 하나라고 했는데 사실입니까?… / 71
다. 듣지 아니한 것만 같지 못한 말… / 72
라. 기해(己亥)에 황하를 건너다… / 73

제23권 곧은 것을 귀하게 여기는 것 / 75

　1. 곧은 것을 귀하게 여김 (一日貴直) / 76
가. 굽은 것 듣기를 좋아하는 군주… / 76
나. 그대는 야비한 선비로다… / 77
다. 나라를 곡(哭)하는 것은 어떤 형벌에 해당하는가… / 78
라. 주군께서 능력이 없기 때문입니다… / 82

　2. 곧게 간하는 것 (二日直諫) / 84
가. 알지 않으면 안 되는 까닭… / 84

6 여씨춘추 6론(呂氏春秋六論)

나. 어찌하여 그대는 술잔을 권하지 않는가… / 85
다. 미녀를 추방한 초나라의 문왕… / 87

  3. 변화를 아는 것 (三日知化) / 89
가. 죽음으로써 남을 섬기는 사람… / 89
나. 수건으로 얼굴을 가리고 죽은 부차(夫差)… / 91

  4. 도리에 지나친 것 (四日過理) / 94
가. 나라가 망하는 까닭은 다 같다… / 94
나. 차라리 죽는 것이 낫다… / 96
다. 나는 어떠한 군주인가… / 98
라. 하늘을 이겼다는 송나라의 강왕(康王)… / 99

  5. 옹색한 것 (五日壅塞) / 100
가. 선한 말을 들을 수가 없으면… / 100
나. 취하여 자신이 사로잡힌 것도 모르는 왕… / 101
다. 송(宋)나라가 멸망한 까닭은… / 102
라. 제(齊)나라 선왕(宣王)의 어리석음… / 105

  6. 어지러운 것의 근본 (六日原亂) / 107
가. 어지러운 문을 지나지 말라… / 107
나. 선정을 펴 진(晉)나라를 일으킨 문공(文公)… / 108

 제24권 구차하지 않은 것 / 113

  1. 구차하지 않은 것 (一日不苟) / 114
가. 죽어 주나라 왕조의 공경을 받은 비간(比幹)… / 114
나. 왕의 신발 끈을 매주지 않은 신하… / 115

다. 신하의 꾀로 유여(由餘)를 얻은 목공(繆公)⋯ / 116
　라. 진(秦)나라 목공이 패자가 된 이유⋯ / 117
　마. 상을 줄 때는 범위를 넓게 잡아야⋯ / 119

　2. 유능한 자를 칭찬하는 것 (二日贊能) / 121
　가. 땅 천리보다 한 사람의 성인(聖人)이 낫다⋯ / 121
　나. 상을 주는데에는 그의 근본을 알아야 한다⋯ / 122
　다. 손숙오와 심윤경의 교우관계⋯ / 125

　3. 자신을 아는 것 (三日自知) / 126
　가. 자신을 알지 못하여 죽은 사람들⋯ / 126
　나. 자신의 과실을 듣기 싫어하는 인간⋯ / 129
　다. 적황(翟黃)의 뛰어난 능력⋯ / 130

　4. 마땅한 상 (四日當賞) / 131
　가. 상벌에 따라서 민중은 따른다⋯ / 131
　나. 상을 내리는데 마땅한 것을 얻은 문공(文公)⋯ / 132
　다. 상(賞)이란 어지러움을 다스리는 것⋯ / 134

　5. 뜻을 움켜 잡는 것 (五日博誌) / 136
　가. 공명(功名)을 이루는 방법⋯ / 136
　나. 문왕과 주공단을 꿈에 만나 도를 묻다⋯ / 138
　다. 어떻게 하면 괴로움을 면할 수 있을까⋯ / 140
　라. 꿈속에서 기술을 배운 사람⋯ / 141

　6. 마땅히 귀한 것 (六日貴當) / 142
　가. 고기덩이가 있으면 새와 까치가 모여든다⋯ / 142
　나. 관상(觀相)을 잘 보는 사람⋯ / 144
　다. 큰 일이나 작은 일은 서로 통한다⋯ / 146

제25권 순리(順理)와 비슷한 것 / 149

1. 순리와 비슷한 것 (一曰似順) / 150
가. 바르게 된 것이 거꾸로 된 것이다… / 150
나. 진나라는 정벌할 수 있습니다… / 151
다. 전성자(田成子)가 제나라를 차지한 것은… / 152
라. 수치는 위태로움보다 더 큰 것이 없다… / 154

2. 종류를 분별하는 것 (二曰別類) / 156
가. 작은 지혜는 큰 지혜와 근원이 다르다… / 156
나. 죽은 사람을 살아나게 한다는 공손작… / 158
다. 충신(忠臣)이 걱정하는 것… / 158
라. 생나무로 집을 지으면 집이 무너진다… / 160

3. 법도가 있는 것 (三曰有度) / 161
가. 남의 말을 듣는데도 법도가 있어야 한다… / 161
나. 순임금의 재능을 알 수 있겠는가?… / 162
다. 마음을 비워야 한다… / 163

4. 직책을 나누는 것 (四曰分職) / 166
가. 수레를 타는 도리를 아는 것… / 166
나. 국가가 위태로워지는 까닭은… / 168
다. 자기 것이 아닌 것을 쓰는 도리… / 169
라. 인색하여 목숨을 잃은 백공승(白公勝)… / 170
마. 군주의 도를 안 위나라의 영공… / 172

5. 일을 처리하는 방법 (五曰處方) / 174
가. 근본을 자세히 살펴야 한다… / 174

나. 장수의 본분을 안 장자(章子)… / 177
다. 법이라는 것은 많은 사람이 함께 하는 것… / 178

　6. 작은 것을 삼가는 것 (六日愼小) / 180
가. 모든 일은 작은 것에서부터 시작… / 180
나. 개미집에 걸려 넘어지는 사람들… / 181
다. 세 마디의 말로써 현명한 군자라 칭송받다… / 183
라. 오기(吳起)가 상벌을 믿게 한 이유… / 184

제26권 선비의 용모 / 187

　1. 선비의 용모 (一日士容) / 188
가. 국사(國士)의 모습과 태도… / 188
나. 모든 것은 정성을 쏟는데 있다… / 190
다. 군자같이 보이나 군자는 아니다… / 191
라. 사(史)가 되기를 부끄럽게 여긴 당상(唐尙)… / 192

　2. 큰것을 힘쓰는 것 (二日務大) / 195
가. 큰것의 편안한 것은 작은 것에 의지한다… / 195
나. 나의 것은 천승(千乘)에 불과합니다… / 197
다. 주(週)나라를 안정시킬 수 있는 방법은… / 198
라. 죽지 않고 망하지 않는 것… / 198
마. 대도를 시행하고자 하다 이루지 못한 자… / 199

　3. 농업을 높이는 것 (三日上農) / 200
가. 농사는 천하의 근본이다… / 200
나. 남자와 여자가 서로 돕는 것… / 202
다. 농사철에 금지하는 다섯 가지 법령… / 203
라. 말단을 알고 근본을 모르면… / 206

4. 맡은 토지 (四日任地) / 207
가. 나쁜 땅을 좋은 땅으로 바꿀 수 있는가?… / 207
나. 땅을 경작(耕作)하는 대원칙… / 209
다. 동지 이후 57일에 창포가 나온다… / 211
라. 수확후 토신에게 제사를 지낸다… / 212

5. 땅을 분별하는 것 (五日辯土) / 214
가. 곡식에 있어서의 세 가지 도둑… / 214
나. 곡식의 파종은 때를 맞추어야… / 215
다. 많은 곡식을 얻는 방법… / 217
라. 농사를 가장 잘 짓는 방법… / 219

6. 때를 살피는 것 (六日審時) / 220
가. 사람의 힘이 가장 필요한 농사… / 220
나. 제때에 심어야 수확이 많다… / 221
다. 기장도 제때에 심어야 맛이 있다… / 222
라. 제때에 심어야 잘 자라는 벼… / 223
마. 황충이 덤비지 않는 대마(大麻)… / 224
바. 제때에 심어야 콩도 수확이 많다… / 225
사. 보리도 제대에 심어야 한다… / 226
아. 제때의 곡식을 먹어야 총명하다… / 226

※ 8람 6론이란 무엇인가… / 228

◇ 원문자구색인(原文字句索引) … / 230

제21권 봄을 여는 것
(卷二十一 開春論 : 第一, 凡六篇)

나라를 잘 다스리는 사람은
상(賞)을 줄 때 지나치지 않고
형벌을 내릴 때
어지럽게 하지 않으니
상이 지나치면 그 상이
불량한 사람에게 미칠 것이 두렵고
형벌이 어지러우면 그 형벌이
군자에게 미칠 것이 두려워서라는 것입니다.
불행하게도 잘못될 바에는
차라리 잘못하여 불량한 사람에게
상을 줄지언정 잘못하여 군자에게
형벌을 주지 말라는 말을 들었습니다.

제21권 봄을 여는 것

1. 봄을 열다〔一日開春〕

가. 덕을 쌓으면 봉황새가 날아 온다

봄이 되어 비로소 뇌성(雷聲)이 울리면 땅속에서 겨울잠을 자던 모든 벌레들이 꿈틀거리기 시작하고, 때맞춰 봄비가 내리면 모든 초목이 싹을 틔우고 자라난다.

이때 음식과 거처를 적당히 조절하면 아홉 구멍(九竅 : 눈·코·입·귀·똥구멍·오줌구멍)과 인체의 일백마디와 인체의 일천개의 혈맥이 모두 잘 통하여 질병이 없어진다.

왕자(王者)가 덕(德)을 두텁게 하고 많은 선(善)을 쌓으면 봉황새가 날아오고 성인(聖人)들이 모두 찾아온다.

공백화(共伯和)가 그 행실을 닦고 현자(賢者)와 인자(仁者)를 좋아하니 천하의 현자와 인자가 모두 찾아와 늦게 찾아뵙는다고 사과하였다.

주왕조(周王朝) 여왕(厲王)때의 혼란기에 오래도록 천자의 자리가 비어 있으니, 천하인들이 모두 모여들어 공백화를 칭송하며 천자를 세워야 한다고 말하였다.

이것은 모두 사물(事物)들이 서로 상응함을 말하는 것이다. 그러므로 먼저 행함이 있어야 뒤에 이루어진다는 말이다. 크게 천하의 일을 잘 말하는 것도 또한 이와 같다. 말한 바가 모두 이치에 합당하여야 이해(利害)와 득실(得失)이 결정되는 것이다.

어찌 이것이 한 사람을 위해서 하는 말이겠는가.

開春始雷 則蟄蟲動¹⁾矣 時雨降則草木育²⁾矣 飮食居處適 則九竅百節千脈³⁾皆通利矣 王者厚其德 積衆善 而鳳皇⁴⁾聖人皆來至矣 共伯和⁵⁾修其行 好賢仁 而海內⁶⁾皆以來爲稽矣 周厲⁷⁾之難 天子曠絶⁸⁾而天下皆來謂⁹⁾矣 以此言物之相應也 故曰行也成也 善說者¹⁰⁾亦然 言盡理而得失利害定矣 豈爲一人言哉

1) 動(동) : 꿈틀거리다. 소생하다.
2) 育(육) : 생장하다. 자라다.
3) 九竅百節千脈(구규백절천맥) : 사람 신체의 아홉 구멍과 백 개의 마디와 천 개의 혈맥. 곧 신체의 온갖 부분을 통틀어서 이르는 말.
4) 鳳皇(봉황) : 봉황(鳳凰). 상상의 상서로운 새로 성천자(聖天子)가 나오면 나타난다고 하는 새.
5) 共伯和(공백화) : 공(共)은 하왕조(夏王朝) 시대 제후국(諸侯國)의 이름. 백(伯)은 백작(伯爵)의 나라. 화(和)는 제후의 이름.
6) 海內(해내) : 천하(天下).
7) 周厲(주여) : 주왕조(周王朝)의 여왕(厲王)
8) 天子曠絶(천자광절) : 여왕이 체(彘)로 쫓겨가 있을 때 주(周)의 천하에는 11년 동안 천자가 없었던 것을 말한다.
9) 謂(위) : 천자를 세워야겠다 이르는 말.
10) 善說者(선설자) : 크게 천하의 일을 말하는 것.

나. 문왕(文王)의 의를 밝힌 혜공(惠公)

위(魏)나라의 혜왕(惠王)이 세상을 떠나 장례일이 이미 정하여졌는데, 때마침 큰 눈이 내려서 서 있는 소의 눈까지 이르도록 많이 쌓였다. 그래서 모든 신하가 태자에게 간(諫)하였다.

"눈이 이와 같이 심하게 내렸는데 이를 무릅쓰고 장례를 거행한다면 백성들은 몹시 불평할 것이고, 장례에 드는 비용도 엄청나게 많이 들 것이오니, 장례일을 뒤로 연기해 주시기 바랍니다."

그러자 태자가 대답하였다.

"자식된 도리로서 백성의 수고와 국가의 경비를 아껴 선왕의 장례를 미룬다는 것은 의리에 합당하지 않으니 그대들은 다시는 그런 말을 하지 마시오."

이에 여러 신하들은 감히 다시 간하지 못하고 이 일을 서수(犀首)에게 상의하였다.

서수가 말하였다.

"나는 아직 이 문제를 판별할 능력이 없습니다. 아마도 혜공(惠公)이라면 태자를 설득할 수 있을 것입니다. 혜공과 상의해 보도록 하십시오."

그래서 여러 신하들이 다시 혜공에게 상의하였다.

혜공은 그 말을 듣고,

"좋습니다. 내가 건의해 보리다."

하고는, 수레를 타고 태자에게로 가서 물었다.

"태자께서는 꼭 정해진 날에 장례를 치르셔야 하겠습니까?"

태자가 그렇다고 하니 혜공이 말하였다.

"옛날에 왕계력(王季歷)을 와산(渦山) 기슭에 안장(安葬)하였는데, 무덤 밑에서 샘이 솟아 묘지를 침식(侵蝕)함으로써 봉분을 허물어뜨려 관의 앞부분이 무덤 밖으로 드러나고 말았습니다. 그런데 그의 아들인 문왕(文王)께서 말씀하시기를 '아아, 이것은 반드시 선군(先君)께서 모든 신하와 백성들을 한 번 보시고자 하시는 것이다. 그래서 하늘이 샘을 솟게 하여 관을 드러나게 한 것이다' 하시고는, 이에 관을 들어 내어, 임시로 그곳에서 조회(朝會)를 열고, 모든 신하로 하여금 관을 뵙게 하고 일반 백성에게도 모두 관을 뵙게 하였습니다. 그리고 3일이 지난 뒤에 다시 장례를 치렀으니 이것은 문왕의 의(義)입니다.

이제 선왕의 장례일이 정해졌는데, 눈이 이처럼 심하게 내려 서 있는 소의 눈의 위치까지 쌓여 있으니 장례를 치르기 어렵습니다. 태자께서는 정해진 날짜에 장례를 빨리 치르시고자 어려움을 무릅쓰십니다. 원컨대 태자께서는 장례일을 바꾸십시오.

선왕께서는 반드시 잠시라도 더 이 세상에 머무르시어 사직(社

稷)을 어루만지시고 백성을 편안하게 해 주고자 하시는 것입니다. 그래서 눈을 내리심이 이처럼 심한 것입니다. 그러니 기일을 늦추어 다시 날을 잡으십시오 이것이 문왕의 의가 아니겠습니까. 만약 그렇게 하지 않으신다면 그것은 문왕을 본받는 일을 도리어 부끄럽게 여기시는 결과가 됩니다."

혜공의 이야기를 들은 태자는 깨달은 바가 있어 말하였다.

"매우 좋은 말입니다. 삼가 기일을 늦추어 다시 장례일을 정하겠습니다."

혜자(惠子 : 혜공)는 헛되이 말만 잘 한 것이 아니었다. 또한 위나라 태자로 하여금 그 선군의 장례를 연기시킴으로써, 그것으로 인하여 문왕의 의(義)를 설(說)한 것이다. 문왕의 의를 설하여 그것을 천하에 밝혀 보인 것이 어찌 작은 공이겠는가.

魏惠王[1]死 葬有日矣 天大雨雪[2] 至於牛目[3] 群臣多諫於太子者曰 雪甚如此而行葬 民必甚疾之 官費又恐不給[4] 請弛期更日 太子曰 爲人子者 以民勞與官費用之故 而不行先王之葬 不義也 子勿復言 群臣皆莫敢諫 而以告犀首[5] 犀首曰 吾未有以言之 是其唯惠公[6]乎 請告惠公 惠公曰 諾 駕而見太子曰 葬有日矣 太子曰 然 惠公曰 昔王季歷葬於渦山之尾 欒水齧[7]其墓 見[8]棺之前和[9] 文王曰 譆 先君必欲一見群臣百姓也 天故使欒水見之 於是出而爲之張朝 百姓皆見之 三日而後更葬 此文王之義也 今葬有日矣 而雪甚及牛目 難以行 太子爲及日之故 得無嫌於欲亟葬乎 願太子易日 先王必欲少留而撫社稷 安黔首也 故使雨雪甚 因弛期而更爲日 此文王之義也 若此而不爲 意者羞法文王也 太子曰 甚善 敬弛期 更擇葬日 惠子不徒行說也 又令魏太子未葬其先君 而因有說文王之義 說文王之義 以示天下 豈小功也哉

1) 魏惠王(위혜왕) : 전국시대 위나라의 혜왕. '맹자(孟子)'에 나오는 양혜왕(梁惠王)을 이르는 말. 진(秦)나라가 위나라를 정벌하니 혜왕이 도읍을 양(梁)으로 옮겼으므로 '맹자'에서는 양혜왕이라 하였다.
2) 雨雪(우설) : 눈이 내리다. 우(雨)는 내린다는 뜻. 강(降)과 같다.

3) 至於牛目(지어우목) : 소의 눈에 이르다. 곧 눈이 매우 많이 내려서 쌓였다는 뜻.
4) 不給(불급) : 댈 수 없다. 부족(不足)하다.
5) 犀首(서수) : 공손연(公孫衍)을 이르는 말. 그는 종횡가(縱橫家)다.
6) 惠公(혜공) : 혜왕(惠王)의 재상(宰相)을 지낸 혜시(惠施).
7) 灤水齧(난수설) : 샘이 솟아 물이 흘러 침식(侵蝕)되다.
8) 見(현) : 드러나 보이다.
9) 前和(전화) : 앞 부분.

다. 말을 잘한 봉인(封人) 자고(子高)

한(韓)나라의 도읍인 의양(宜陽)이 진(秦)나라에 함락(陷落)되었으므로 새로운 성(城)을 쌓는데, 15일 동안에 완성하기로 기일을 한정하였다. 단교(段喬)가 공사를 감독하는 사공(司空)이 되었는데, 한 고을에서 이틀이나 늦게 인부들을 동원하여 왔다. 그래서 단교는 그 책임자인 고을의 관리를 잡아 가두었다.

갇힌 관리의 아들이 봉인(封人)인 자고(子高)에게 달려가 고하여 말하였다.

"선생께서는 저의 부친을 살릴 수 있으실 것입니다. 원컨대 선생께서 저의 부친을 살려 주십시오"

이에 봉인 자고는

"좋다, 그렇게 해 보도록 하자."

하고는 단교를 만나 서로 부축하여 성으로 올라갔다. 그러고는 봉인 자고가 좌우를 둘러 보면서 말하였다.

"아아, 장려(壯麗)하도다. 이 새로운 성(新城)이야말로 진실로 하나의 큰 공로다. 그대는 반드시 후한 상을 받을 것이오 예로부터 지금에 이르기까지 공정이 이처럼 크고서 능히 한 사람도 벌주어 죽이지 않을 수 있었을까."

봉인 자고가 돌아간 뒤에 단교는 사람을 시켜 밤에 남 모르게 고을 관리의 속박을 풀어주고 내보냈다. 그러므로 말하기를 봉인 자고는 남을 위해 말하되 자기의 의견을 감추고 말했으며, 단교는 그 말을 듣고 행함에 있어 자기의 행위를 숨기고 행한 것이다.
 그것을 말하고 그것을 행함에 있어 말의 효험이 이와 같이 정밀하니 봉인 자고는 가히 말을 잘했다고 이를 것이다.

 韓氏¹⁾城新城²⁾ 期十五日而成 段喬爲司空 有一縣後二日 段喬執其吏而囚之 囚者之子走告封人子高³⁾曰 唯先生能活臣父之死 願委之先生 封人子高曰 諾 乃見段喬 自扶而上城 封人子高左右望曰 美哉城乎 一大功矣 子必有厚賞矣 自古及今 功若此其大也 而能無有罪戮者 未嘗有也 封人子高出 段喬使人夜解其吏之束縛也而出之 故曰 封人子高爲之言也 而匿己之爲而爲也 段喬聽而行之也 匿己之行而行也 說之行若此其精也 封人子高可謂善說矣
1) 韓氏(한씨) : 전국시대의 한(韓)나라.
2) 城新城(성신성) : 새 성을 쌓다. 앞의 성(城)은 쌓는다는 뜻.
3) 封人子高(봉인자고) : 자고(子高)는 현자(賢者)였다. 봉인(封人)은 전대부(田大夫)로 직(職)이 봉강(封疆)에 있었으므로 이르는 말.

라. 군자(君子)를 구한 기해(祁奚)

 숙향(叔嚮)의 아우인 양설호(羊舌虎)는 난영(欒盈)과 더불어 사이좋게 지냈다. 난영이 진(晉)나라에 죄를 지으니 진나라에서 그의 벗인 양설호도 연좌시켜 주살(誅殺)하였고, 양설호의 형인 숙향마저 공가(公家)에 몰입(沒入)시켜 노예로 삼아 자유를 속박하였다.
 이에 대하여 기해(祁奚)는 말하였다.
 "나는 소인(小人)이 지위를 얻는 것을 보고 간(諫)하여 막지 않는 것은 상서롭지 않은 일이며, 군자가 우환중에 있는 것을 보고 구하지 않는 것도 상서롭지 않은 것이라는 말을 들었다."
 하고는, 범선자(范宣子)를 찾아가 만나보고 말하였다.
 "나라를 잘 다스리는 사람은 상(賞)을 줄 때 지나치지 않고 형벌을 내릴 때 어지럽게 하지않으니, 상이 지나치면 그 상이 불량한 사람에게 미칠 것이 두렵고 형벌이 어지러우면 그 형벌이 군자에게 미칠 것이 두려워서라는 것입니다. 불행하게도 잘못될 바에는 차라리 잘못하여 불량한 사람에게 상을 줄지언정 잘못하여 군자에게 형벌을 주지 말라는 말을 들었습니다.

그러므로 요(堯)임금이 형벌을 행함에 있어서는 곤(鯀)을 우(虞)에서 주살하고는 그의 아들인 우(禹)를 등용하였고, 주왕조(周王朝)에서 형벌을 행함에 있어서는 관숙(管叔)과 채숙(蔡叔)을 처형하고는 그의 형제인 주공(周公)을 재상으로 삼았습니다. 그러니 형벌을 어지럽게 하지 마십시오"

이 말을 들은 범선자는 곧 관리에게 명하여 숙향을 석방하게 하였다.

남을 환난(患難)에서 구함에 있어 위험하고 고통스러운 일을 행하고, 번거롭고 곤욕스러움을 피하지 않더라도 오히려 환난을 면(免)하게 하기 어렵다. 그런데 지금 기해는 선왕(先王)의 덕(德)을 논하여 숙향을 형벌에서 구해낼 수 있었으니 어찌 학문을 아니할 수 있겠는가. 허다한 사정이 이와 더불어 비슷하다.

叔嚮[1]之弟羊舌虎善欒盈[2] 欒盈有罪於晉 晉誅羊舌虎 叔嚮爲之奴而髡 祈奚[3]曰 吾聞小人得位不爭 不祥 君子在憂不救 不祥 乃往見范宣子[4]而說也 曰 聞善爲國者 賞不過而刑不慢 賞過則懼及淫人[5] 刑慢則懼及君子 與其不幸而過 寧過而賞淫人 毋過而刑君子 故堯之刑也 殛鯀[6]於虞而用禹 周之刑也 戮管蔡[7]而相周公 不慢刑也 宣子乃命吏出叔嚮 救人之患者 行危苦不避煩辱 猶不能免 今祈奚論先王之德 而叔嚮得免焉 學豈可以已哉 類多若此

1) 叔嚮(숙향) : 이름은 양설힐(羊舌肸). 춘추시대 진(晉)나라의 현인(賢人)인 대부(大夫). 숙향(叔向).
2) 欒盈(난영) : 진(晉)나라의 대부인 난서(欒書)의 손자. 회자(懷子).
3) 祈奚(기해) : 고량백(高梁伯)의 아들인 기황양(祈黃羊).
4) 范宣子(범선자) : 범문자(范文子)의 아들인 면(丏).

5) 淫人(음인) : 불량(不良)한 사람.
6) 殛鯀(극곤) : 곤(鯀)을 주살(誅殺)하다. 곤(鯀)은 우(禹)의 부친.
7) 管蔡(관채) : 관숙(管叔)과 채숙(蔡叔). 둘다 주공(周公)의 형제.

2. 어진 이를 살피다(二曰察賢)

가. 내기는 실력 있는 자가 이기는 것

 지금 여기에 뛰어난 의사가 있어, 열 사람의 병을 다스려 아홉 사람을 치유(治癒)한다고 하면, 뛰어난 의사를 찾는 사람은 반드시 수만명을 헤아릴 것이다. 그러므로 현자(賢者)가 공명(功名)을 이루는 일을 뛰어난 의사에 견준다.
 그러나 군주는 빨리 현자를 구하여 나라를 다스리게 할 것임을 알지 못하니 어찌 잘못된 일이 아니겠는가.
 비유컨대 내기 바둑을 두는 것과 같아서 용기나 힘, 시일(時日)이나 복서(卜筮)같은 점치는 일, 도축(禱祝)같은 기도를 능사로 삼지 않고, 오직 기술이 좋은 자가 반드시 승리를 거두게 마련이다.
 공명을 세우는 일도 또한 이와 같다. 중요한 것은 현자(賢者)를 얻는 데에 있다. 위(魏)나라 문후(文侯)는 복자하(卜子夏)를 스승으로 섬기고 전자방(田子方)을 벗으로 삼았으며 단간목(段干木)을 예우(禮遇)하였으므로, 국가는 잘 다스려졌고 몸은 편안할 수 있었으니, 천하의 현명한 군주가 어찌 몸이 수고로우며 생각함에 근심스러운 일이 있겠는가. 현명한 이를 스승과 벗으로 삼고 유덕(有德)한 이를 공경할 뿐이다.
 눈과 서리와 비와 이슬이 때맞추어 내리면 만물은 잘 자라고 백성은 편안하며 질병과 변괴가 소멸되는 것이다.
 그러므로 말하기를 요(堯)임금이 용모를 의복에 맡기고 있는 것과 같다고 한 것은 할일이 적은 것으로써 이야기한 것이다.

今有良醫於此 治十人而起九人 所以求之萬也[1] 故賢者之致功名也 比乎良醫 而君人者不知疾求 豈不過哉[2] 今夫塞[3]者 勇力 時日 卜筮禱祠無事焉 善者必勝 立功名亦然 要在得賢 魏文侯師卜子夏 友田子方 禮段干木 國治身逸 天下之賢主 豈必苦形愁慮哉 執其要[4] 而已矣 雪霜雨露時 則萬物育矣 人民修矣 疾病妖厲[5]去矣 故曰堯之容若委衣裘 以言少事也

1) 求之萬也(구지만야) : 그것을 구하는 자가 많다. 만(萬)은 많다.
2) 豈不過哉(기불과재) : 사람들은 모두 양의(良醫)를 찾아서 병을 고치는 것을 아는데, 군주는 현신(賢臣)을 찾아서 나라를 다스려야 한다는 것을 모르니 그것이 잘못이라는 말이다.
3) 塞(색) : 바둑과 같은 놀이의 일종.
4) 要(요) : 요점을 뜻함. 현명한 이를 사우(師友)로 삼고 유덕(有德)한 이를 공경하는 일.
5) 妖厲(요여) : 변괴(變怪).

나. 다스리는 도리를 깨닫지 못한 무마기

 밀자천(宓子賤)이 단보(單父)고을을 다스림에 있어 한가롭게 거문고를 타면서 몸이 대청 아래로 내려가는 일이 없었으나 단보고을은 잘 다스려졌다.
 무마기(巫馬期)가 단보고을을 다스릴 때는 매일 아침 별이 지기 전에 일찍 일어나 나가 별이 나타날 때까지 늦도록 근무하다 돌아오는 등 밤낮을 가리지 않고 일에 몰두하면서 무슨 일이나 몸소 처리하니 또한 단보고을은 잘 다스려졌다.
 무마기는 자기의 노고에 비하여 밀자천은 편안하게 지내면서도 단보고을을 잘 다스린 까닭을 물으니 밀자천이 말하였다.
 "나는 법에 따라 남에게 맡겨 일을 처리하게 하였고, 그대는 법에 따라 자신의 노력으로써 일을 처리하였소 스스로 그 노력으로 일하니 진실로 피로하고, 남에게 맡겨서 일을 처리하니 진실로 몸이 편안했던 것이오."

 밀자천은 가히 군자라 이를 것이다. 몸을 편안히 가지고 이목(耳目)을 온전하게 하고 심기(心氣)를 평안하게 가지면서 모든 관원에게 다스리게 하여 마땅함을 얻는 것은 그 술(術)에 맡기는 것일 뿐이다. 그러나 무마기는 그렇지 못하였으니 그의 생(生)을 피곤하게 하여 그 정력을 다하고 수족을 수고하게 하고 명령을 번거롭게 하였다. 그래서 비록 잘 다스려졌다고 해도 아직 다스리는 도리를 깨닫지 못한 것과 같다.

 宓子賤[1]治單父[2] 彈鳴琴 身不下堂 而單父治 巫馬期[3]以星出 以星入 日夜不居 以身親之 而單父亦治 巫馬期問其故於宓子 宓子曰 我之謂任人 子之謂任力 任力者故[4]勞 任人者故逸 宓子則君子矣 逸四肢 全耳目 平心氣 而百官以治義矣 任其數[5]而已矣 巫馬期則不然 弊生事精 勞手足 煩敎詔 雖治猶未至也

1) 宓子賤(밀자천) : 공자의 제자.
2) 單父(단보) : 지방의 이름. 산동성(山東省)에 위치한다.
3) 巫馬期(무마기) : 공자의 제자.
4) 故(고) : 진실로.
5) 數(수) : 술(術).

3. 어진 이를 기약함(三日期賢)

가. 매미를 잡는데 불을 밝히는 까닭

 대저 매미를 잡는 사람은 힘써 불을 밝게 밝히니 그 나무를 흔들기만 하고 불이 밝지 않으면, 비록 그 나무를 흔든다고 하더라도 무슨 소용이 있겠는가.

 불을 밝히는 까닭은 홀로 불에만 그 뜻이 있는 것이 아니라 어두운 곳을 비추어 볼 수 있게 하는 데에 뜻이 있는 것이다. 지금 세상에 있어서 어두운 곳이 매우 많으니, 군주가 능히 그 덕(德)을 밝힐 수 있다면 천하의 지사(志士)들이 그 밝은 데를 따라 오는 것이 마치 매미가 밝은 불을 따라 날아 오는 것과 같을 것이다.

무릇 국가는 하는 일이 없이 편안해지지 않으며, 명성은 하는 일이 없이 드날려지는 것이 아니다. 반드시 현사(賢士)를 얻는 데에 있는 것이다.

今夫爝蟬者[1] 務在乎明其火 振其樹而已 火不明 雖振其樹何益 明火不獨在乎火 在於闇[2] 當今之時 世闇甚矣 人主有能明其德者 天下之士其歸之也 若蟬之走明火也 凡國不徒安 名不徒顯 必得賢士

1) 爝蟬者(약선자) : 매미를 잡는 사람. 약은 불빛을 이르는 말로 매미는 밤에 밝은 곳을 따라 날아오므로, 매미를 잡는 사람은 불을 밝히고 나무를 흔들어 날아오게 하여 잡는다.
2) 在於闇(재어암) : 어두움을 밝히는 데에 그 뜻이 있다는 말.

나. 조국의 침공을 막은 열 사람의 현인

조간자(趙簡子)가 한가롭게 있을 때 탄식하며 크게 한숨지어 말하였다.

"이상한 일이로다. 내가 위(衛)나라를 토벌하고자 벼르기 10년이건만 아직 토벌하지 못하고 있구나."

이 말을 듣고 시종(侍從)이 말하였다.

"강대국인 조(趙)나라로서 약소국인 위(衛)나라를 정벌하는 일은 주군께서 하고자 하지 않으신다면 모르지만 주군께서 만약 정벌하고자 하신다면 공벌의 명령을 내리십시오."

이 말에 대하여 조간자는 대답하였다.

"그대의 말과 같이 간단하게 되는 것이 아니다. 지금 위나라의 현사(賢士) 열 사람이 내 영토에 와 있다. 내가 이에 위나라를 공벌하겠다고 하면 저 열 사람이 모두 위나라 공벌하는 일을 불의

(不義)라고 말할 것이며 내가 과연 실제로 가서 공벌한다면 그것은 내가 불의를 저지르는 일이 된다."

그리하여 조간자가 살아 있을 동안 위나라는 그 열 사람으로써 조나라 군대의 동원을 막았고, 조간자는 죽을 때까지 위나라에 대한 공벌을 실천에 옮기지 않았던 것이다. 위나라는 사람을 쓸 줄 알았다 할 것이다. 열 사람의 현사를 조나라에 출유(出遊)시켜 국가의 안전을 유지시킨 것이다. 또 조간자는 간언(諫言)을 잘 받아들여 따랐다고 할 것이다. 이로써 열 사람의 현사의 말을 들어 약소국을 침탈하였다는 불명예스러운 말을 듣지 않은 것이다.

趙簡子晝居[1] 喟然太息曰 異哉 吾欲伐衛十年矣 而衛不伐 侍者曰 以趙之大而伐衛之細 君若不欲則可也 君若欲之請令伐之 簡子曰 不如而[2]言也 衛有士十人於[3]吾所 吾乃且伐之 十人者其言不義也 而我伐之 是我爲不義也 故簡子之時 衛以十人者按[4]趙之兵 歿簡子之身 衛可謂知用人矣 遊十士而國家得安 簡子可謂好從諫矣 聽十士而無侵小奪弱之名

1) 晝居(주거) : 한가롭게 지낸다는 뜻.
2) 而(이) : 너. 그대. 여(汝)와 같다.
3) 於(어) : 있다. 재(在)와 같다.
4) 按(안) : 멈추다. 막다. 지(止)와 같다.

다. 복식(伏軾)의 예를 올린 문후(文侯)

위(魏)나라 문후(文侯)가 단간목(段干木)이 사는 마을을 지나면서 수레 위에서 복식(伏軾)의 예(禮)를 행하였다. 그것을 본 수레를 모는 마부는 한 나라의 군주로서 한 마을을 지나가면서 복식의 예를 행하는 것이 기이하게 여겨져 말하였다.

"주군께서는 어찌하여 복식의 예를 행하십니까?"

이에 문후가 대답하였다.

"여기는 단간목이 사는 마을이 아니냐. 단간목은 현자(賢者)이니라. 내 어찌 감히 복식의 예를 행하지 않을 수 있겠느냐. 나는 단간목이 자기의 도덕을 나의 지위와 바꿀 것을 좋아하지 않는다는 말을 들었느니라. 내 어찌 감히 그에게 교만할 수가 있겠느냐. 단간목의 광영(光榮)은 덕(德)에 있고 나의 광영은 땅에 있으며 단간목은 의(義)에 부(富)하고 나는 재물에 부(富)하다."

이에 마부가 또 말하였다.

"그러시다면 주군께서는 어찌하여 그를 재상(宰相)으로 삼지 않으십니까?"

문후는 그 말을 옳게 여겨 단간목에게 재상이 되어 줄 것을 청하였다. 그러나 단간목은 그 청을 달갑게 받아들이지 않았다. 그래서 문후는 녹미(祿米) 백만석을 그에게 보내고 때때로 그가 거처하는 객사(客舍)로 가서 만났다. 이에 나라 안의 모든 사람이 기뻐하면서 서로 더불어 노래를 지어 부르니 그 가사는 이러했다.

"우리 주군 바른 것을 좋아하고 단간목이 공경하며, 우리 주군 충성을 좋아하고 단간목이 높인다."

얼마간 세월이 흐른 뒤에 진(秦)나라에서 군사를 일으켜 위나라를 공벌하고자 하니 사마당이 진나라 군주에게 간(諫)하여 말하였다.

"단간목은 현자입니다. 그리고 위나라에서 그를 예로써 대우함은 천하가 다 아는 사실입니다. 그러하오니 공벌하심이 옳지 않습니다."

이에 진나라 군주는 그 말이 옳다고 여겨 군대의 출동을 중지시키고 감히 위나라를 공벌하지 않았다. 위나라 문후는 용병(用兵)을 잘하였다고 이를 것이다. 일찍이 어떤 사람이 말하기를 군자가 용병함에는 군대가 아직 출동하기 전에 그 공업(功業)이 이미 이루어진다고 하였으니 이것을 이르는 말이다.

야인(野人)이 용병함에는 북을 울리는 소리가 천둥소리와 같고, 함성소리는 땅을 움직이고, 먼지와 연기는 하늘을 가리고 나는 화살은 빗발 같고, 부상한 자를 부축하고 시체를 들것에 실어 나르며, 꿰어져 나온 창자를 짓밟고 흐르는 피를 건너뛰며, 죄없는 백성의 주검이 못을 채운다. 이러고도 국가의 존망(存亡)과 군주의 사생(死生)은 아직 알 길이 없다. 이와 같은 용병은 인의(仁義)와는 거리가 너무도 멀다고 이를 것이다.

　魏文侯過段干木之閭¹⁾而軾²⁾之 其僕曰 君胡爲軾 曰 此非段干木之閭歟 段干木蓋賢者也 吾安敢不軾 且吾聞段干木未嘗肯以己易寡人也 吾安敢驕之 段干木光³⁾乎德 寡人光乎地 段干木富乎義 寡人富乎財 其僕曰 然則君何不相之 於是君請相之 段干木不肯受 則君乃致祿百萬 而時往館⁴⁾之 於是國人皆喜 相與誦之曰 吾君好正 段干木之敬 吾君好忠 段干木之隆 居無幾何 秦興兵欲攻魏 司馬唐諫秦君曰 段干木賢者也 而魏禮之 天下莫不聞 無乃不可加兵乎 秦君以爲然 乃按兵輟⁵⁾不敢攻之 魏文侯可謂善用兵矣 嘗聞君子之用兵 莫見其形 其功已成 其此之謂也 野人之用兵也 鼓聲則似雷 號呼則動地 塵氣充天 流矢如雨 扶傷輿死⁶⁾ 履腸涉血 無罪之民其死者量於澤矣 而國之存亡 主之死生 猶不可知也 其離仁義亦遠矣

1) 閭(여) : 마을. 주대(周代)에는 25가구를 일려(一閭)라고 했다.
2) 軾(식) : 수레 앞의 가로막이를 잡고 허리를 굽혀서 하는 경례. 경의(敬意)의 표시다. 복식(伏軾).
3) 光(광) : 빛나다. 광영(光榮).
4) 館(관) : 객사(客舍).
5) 輟(철) : 중지하다.
6) 死(사) : 시체. 주검. 시(尸)와 같다.

4. 필요한 것을 살핌(四曰審爲)

가. 필요한 것의 경중을 살펴야

　몸은 위해야 할 것이요, 천하는 몸을 위하는 데에 필요한 것이다. 위해야 할 것과 위하는 데에 필요한 것을 소상하게 살펴 어느 것이 가볍고 어느 것이 무거운가를 알아야 할 것이다.

비유컨대 지금 여기에 사람이 있어, 머리를 잘라 관(冠)를 씌우고 몸을 죽여 옷을 입힌다면 세상 사람들은 반드시 그것을 괴이하게 여길 것이다.

그것은 무엇인가. 관은 머리를 장식하는 데에 필요한 것이고 옷은 몸을 장식하는 데에 필요한 것이다. 장식할 것을 죽이고 장식하는 데에 필요한 것을 구한다면 이것은 위해야 할 바를 모르는 것이다.

세상에 이(利)를 좇아 달리는 것도 이와 비슷한 것이 있다. 몸을 위태롭게 가져 생명에 상처를 입히고, 목을 끊고 머리를 잘라서 이익을 추구한다면 이 또한 위해야 할 바를 모른 것이다.

身者所爲也 天下者所以爲也 審所以爲 而輕重得[1]矣 今有人於此 斷首以易冠 殺身以易衣 世必惑[2]之 是何也 冠所以飾首也 衣所以飾身也 殺所飾要所以飾 則不知所爲矣 世之走利 有似於此 危身傷生 刈頸斷頭 以徇利 則亦不知所爲也

1) 經重得(경중득) : 어느 것이 가볍고 어느 것이 무거운가를 안다. 몸이 중하고 천하가 가볍다는 것을 안다는 뜻. 득(得)은 알다.
2) 惑(혹) : 괴이(怪異)하다.

나. 토지로 인해 생명을 잃어서는 안 된다

태왕 단보(太王亶父)가 빈(邠) 땅에 거주할 때 북방의 미개인인 적인(狄人)들이 항상 공격해 왔다. 그래서 가죽과 비단을 예물로 보내면서 공격하지 말아 달라고 해도 그것을 받지 않았다. 주옥(珠玉)을 예물로 보내면서 공격을 말아 달라고 해도 그들은 좋아하지 않았다. 그들이 필요로 하는 것은 오직 토지였다. 그래서 태왕 단보는 말하였다.

"적인들과 토지를 가지고 싸우는 가운데 남의 아우를 죽게하고 남의 자식을 죽게 하는 일을 나는 차마 할 수 없다. 백성들은 힘써 이 땅에 남아서 살도록 하라. 나의 신하 노릇을 하는 것이나 적인의 신하가 되는 것이나 다른 것이 무엇인가. 땅에서 먹고 사는 것은 백성이니 땅을 가지고 싸우면서 백성을 죽게 하고 싶지는 않다는 말을 나는 들었다."

이후 단보는 지팡이를 짚고서 빈(邠) 땅을 떠나 다른 곳으로 갔다. 빈 땅의 모든 백성이 모두 이어서 그의 뒤를 따라 마침내 기산(岐山)아래에 이르러 한 나라를 이루었다.

태왕 단보는 생명을 존중할 줄 알았다고 할 것이다. 생명을 존중할 줄 알면 비록 귀하고 부(富)하더라도 먹고 사는 것을 위하여 몸을 상하게 하지 않으며 비록 가난하고 천하다 하더라도 이(利)를 추구하여 몸을 해롭게 하지 않는다.

이제 사람이 선인(先人)의 작록(爵祿)을 받으면 반드시 그것을 잃는 것을 중하게 여겨 토지를 가지고 싸워서 그 생명을 잃는다. 생명은 스스로 오는 것이 오래되었다. 이 오래된 생명을 도리어 가볍게 잃는 것이 어찌 미혹(迷惑)된 일이 아닌가.

太王亶父[1]居邠[2] 狄人[3]攻之 事以皮帛而不受 事以珠玉而不肯 狄人之所求者地也 太王亶父曰 與人之兄居而殺其弟 與人之父處而殺其子 吾不忍爲也[4] 皆勉處[5]矣 爲吾臣與狄人臣奚以異 且吾聞之 不以所以養害所養 杖策而去 民相連而從之 遂成國於岐山之下 太王亶父可謂能尊生矣 能尊生 雖貴富不以養傷身 雖貧賤不以利累形 今受其先人之爵祿 則必重失之 生之所自來者久矣 而輕失之 豈不惑哉[6]

1) 太王亶父(태왕단보) : 주(周)나라 문왕(文王)의 조부(祖父)인 고공단보(古公亶父). 태왕(太王)은 무왕(武王)이 주왕조(周王朝)를 건설하고 추존(追尊)하여 붙인 칭호
2) 邠(빈) : 땅 이름. 지금의 산서성(山西省) 빈현(邠縣).
3) 狄人(적인) : 중원(中原) 북방에 거주하던 미개인. 한대(漢代)에는 흉노(匈奴)라 불렀다.

4) 吾不忍爲也(오불인위야) : 적인(狄人)과 토지를 가지고 싸우다가 남의 아우나 자식을 죽게 하는 일을 차마 볼 수 없다는 말.
5) 皆勉處(개면처) : 힘써 이 땅에 그대로 머물러 살라는 뜻.
6) 今受其先人之爵祿~豈不惑哉(금수기선인지작록~기불혹재) : 지금 사람이 선인(先人 : 선조)으로부터 받은 작록(爵祿) 잃는 것을 중하게 여겨 토지를 두고 싸워서 생명을 잃으니 어찌 미혹된 일이 아닌가.

다. 경미한 것과 소중한 것을 안 자화자

한(韓)나라와 위(魏)나라가 서로 싸워서 영토를 침략하여 빼앗았다.

자화자(子華子)가 한나라의 군주인 소리후(昭釐侯)를 만났다. 그런데 소리후의 안색에 수심(愁心)이 서려 있었다.

자화자가 말하였다.

"가령 지금 사람으로 하여금 명(銘)을 지어 주군 앞에 써내게 하는데 글에 이르기를 '왼손이 그것을 움켜 잡으면 오른손이 못 쓰게 되고, 오른손이 그것을 움켜잡으면 왼손이 못쓰게 된다. 그러나 그것을 움켜잡기만 하면 반드시 천하를 차지하게 된다.'고 한다면, 주군께서는 그것을 움켜잡으시겠습니까. 혹은 움켜잡지 않으시겠습니까?"

이 물음에 대하여 소리후는 대답하였다.

"나는 그것을 움켜잡지 않겠소"

자화자가 말하였다.

"매우 좋은 말씀입니다. 이로 미루어 본다면, 두 팔은 천하보다 소중하고, 몸은 또 두 팔보다 소중한 것입니다. 그리고 한나라는 천하에 비해 많이 경미(輕微)하고, 지금 다투시는 영토 문제는 한나라보다 더욱 많이 경미합니다. 주군께서 진실로 몸을 괴롭히시고 생(生)에 상처를 입히시면서까지 그것을 얻기에 근심하시어도 거의 얻지 못하실 것입니다."

자화자의 말을 다 듣고 난 소리후는 말하였다.

"좋소. 나를 가르치는 사람은 많았지만 일찍이 이런 말을 들려준 사람은 아직 없었소."

자화자는 경미한 것과 소중한 것을 안다고 이를 것이다. 경미함과 소중함을 알았으므로 그가 논한 바는 잘못된 점이 없었던 것이다.

韓魏相與爭侵地 子華子[1]見昭釐侯[2] 昭釐侯有憂色 子華子曰 今使天下書銘於君之前 書之曰 左手攫之則右手廢 右手攫之則左手廢 然而攫之必有天下 君將攫之乎 亡其[3]不與 昭釐侯曰 寡人不攫也 子華子曰 甚善 自是觀之 兩臂重於天下也 身又重於兩臂 韓之輕於天下遠[4] 今之所爭者 其輕於韓又遠 君固愁身傷生以憂之戚[5]不得也 昭釐侯曰 善 敎寡人者衆矣 未嘗得聞此言也 子華子可謂知輕重矣 知輕重故論不過

1) 子華子(자화자) : 당시 예도(禮道)를 아는 사람이었다.
2) 昭釐侯(소리후) : 한(韓)나라의 군주. 소후(昭侯).
3) 亡其(망기) : 혹(或).
4) 遠(원) : 많다. 다(多)와 같다.
5) 戚(척) : 거의. 근(近)과 같다.

라. 욕망을 억제할 수 없다면

위(魏)나라 공자(公子)로서 중산(中山) 땅에 봉(封)하여진 모(牟)가 첨자(詹子)에게 일러 말하였다.

"몸은 물가에 있으면서도 마음은 늘 위나라 대궐 안에 있으니 어찌하면 좋겠습니까."

첨자가 말하였다.

"생명을 소중히 여기십시오. 생명을 소중히 여기면 자연히 이익과 욕심을 가벼이 여기게 됩니다."

이에 중산의 공자 모(牟)가 또 말하였다.

"그렇다는 것을 알지만 오히려 그 욕망을 억제할 수가 없습니다."

첨자가 말하였다.
"그 욕망을 억제할 수 없으면 될대로 되게 자연에 맡기십시오 그러면 신(神)이 미워하지 않겠습니까? 사람이 스스로 그 욕망을 억제하지 못하는 것을 억지로 될대로 되게 내버려 두지 않으면 거듭 신에게 상처를 주는 것이 됩니다. 신이 거듭 상처를 입으면 사람은 장수(長壽)를 누리지 못합니다."

中山公子牟[1]謂詹子[2]曰 身在江海之上 心居乎魏闕之下[3] 奈何 詹子曰 重生 重生則輕利 中山公子牟曰 雖知之 猶不能自勝[4]也 詹子曰 不能自勝 則縱之 神無惡乎 不能自勝而强不縱者 此之謂重傷 重傷之人無壽類[5]矣

1) 中山公子牟(중산공자모) : 공자모(公子牟)는 위(魏)나라 공자인 모(牟)로 위나라가 중산(中山) 땅을 차지하고 공자인 모에게 그 땅을 봉(封)하였으므로, 중산공자모(中山公子牟)라 칭하는 것이다.
2) 詹子(첨자) : 첨하(詹何). 도(道)를 얻은 사람.
3) 心居乎魏闕之下(심거호위궐지하) : 중산(中山)땅을 차지하는 것으로는 마음에 차지 않아서 늘 위나라 전체를 차지하려는 마음을 품고 있다는 뜻.
4) 不能自勝(불능자승) : 스스로 자기의 욕망을 억제하지 못한다는 뜻.
5) 無壽類(무수류) : 장수(長壽)하지 못하다. 젊어서 죽다.

5. 동류(同類)를 사랑함(五曰愛類)

가. 같은 종류를 사랑하는 것이다

다른 것에는 어질면서 사람에게는 어질지 않는다면 그것은 어진 것이 될 수 없고, 다른 것에는 어질지 않으면서 홀로 사람에게만 어진 것은 오히려 어질다고 말할 수 있다. 어질다고 하는 것은 그 동류(同類)에게 어진 것을 이르는 말이다. 그러므로 어진 사람이 그 백성을 대함에는 백성을 이롭게 하지 않음이 없다.

　신농씨(神農氏)의 가르침에 말하였다.

　"남자가 장년이 되어 농사를 짓지 않으면 천하는 기근(饑饉)을 면치 못할 것이며, 여자가 성년이 되어 길쌈을 하지 않으면 천하는 추위를 면치 못할 것이다."

　그래서 신농씨는 몸소 농사를 지었고, 그의 후(后)가 몸소 길쌈을 한 것은 백성에게 이로움을 가져다 주는 것을 직접 보여주기 위해서였다.

　현인(賢人)이 천리를 멀다 하지 않고 때때로 왕공(王公)의 조정에 왕래하는 것은 자신에게 이로움을 구하기 위해서가 아니라 힘써 백성을 이롭게 하기 위해서다.

　사람의 군주로서 능히 힘써 백성을 이롭게 한다면 곧 천하의 백성들이 모두 그에게로 돌아가 복종할 것이다.

　왕자(王者)가 반드시 갑옷을 견고하게 하고 병기를 예리(銳利)하게 하는 것이 병졸을 선택하고 군사를 훈련시키기 위해서만이 아니요, 또한 남의 성곽(城廓)을 파괴하여 남의 군사와 백성을 죽이기 위해서만이 아니다.

　선대의 많은 왕자(王者)가 행하는 바가 모두 같지는 않았으나 세상의 위급함을 당하여 백성의 이로움을 근심하고 백성을 해롭게 하는 것을 제거하려고 힘쓴 점은 같다.

　仁於他物 不仁於人 不得爲仁 不仁於他物 獨仁於人 猶若爲仁 仁也者仁乎其類者也 故仁人之於民也 可以便[1]之 無不行也 神農[2]之敎曰 士有當年[3]而不耕者 則天下或受其饑矣 女有當年而不績者 則天下或受其寒矣 故身親耕 妻親織 所以見致民利也 賢人之不遠海內之路[4] 而時往來乎王公之朝 非以要[5]利也 以民爲務[6]故也 人主有能以民爲務者 則天下歸之矣 王也者非必堅甲利兵 選卒練士也 非必墮人之城郭 殺人之士民也 上世之王者衆矣 而事皆不同 其當世之急 憂民之利 除民之害 同

1) 便(편) : 이롭게 하다. 이(利)와 같다.

2) 神農(신농) : 중국 상고시대의 전설적인 성군(聖君).
3) 當年(당년) : 장년(壯年)이 되다.
4) 海內之路(해내지로) : 먼 거리. 그저 멀다는 뜻으로 풀이된다.
5) 要(요) : 구하다.
6) 務(무) : 백성을 이롭게 하기 위해 힘쓴다는 말.

나. 기술로써 송나라를 구한 묵자(墨子)

공수반(公輸般)이 초(楚)나라를 위하여 높은 구름사다리를 만들어 그것으로 장차 송(宋)나라를 공격하고자 하였다.

그때 노(魯)나라에 있던 묵자(墨子)가 이런 소문을 듣고 초나라로 달려갔다. 말의 발이 터져 피가 흐르면 입은 옷을 찢어 말을 싸매고는 밤낮을 쉬지 않고 열흘 낮 열흘 밤을 걸려서 초나라의 도읍인 영(郢)에 이르러, 초나라의 왕을 만나 말하였다.

"신(臣)은 북쪽 나라에 사는 미천한 사람입니다. 듣자오니 대왕께서는 장차 송나라를 공격하고자 하신다는데 그것이 사실입니까?"

이에 대하여 초나라 왕은 그렇다고 대답하였다.

묵자가 또 말하였다.

"그러시다면 송나라를 공격하시어 반드시 승리하시리라 생각하십니까? 만일 송나라를 얻지 못하시면 또한 불의(不義)라는 명예롭지 못한 말을 들으실 터인데 그래도 공격을 감행하시렵니까?"

이에 왕은 대답하였다.

"반드시 송나라를 얻지 못하여 불의라는 불명예를 얻으려면 무엇 때문에 공격하겠소"

"좋습니다. 신의 생각으로는 송나라는 반드시 얻지 못하실것입니다."

"공수반은 천하에 뛰어난 공장(工匠)이오. 그는 이미 송나라를 공격하기 위한 기계를 만들어 놓고 있소"

그래서 묵자가 말하였다.

"공수반으로 하여금 송나라 공격을 시험하게 해 보십시오. 그러면 신은 송나라의 성을 지키는 일을 시험해 보겠습니다."

이렇게 하여 공수반은 송나라를 공격할 기계를 설치하였고 묵자는 송나라를 수비할 방비를 갖추었다. 그런 뒤에 공수반은 아홉 번이나 공격하였으나 묵자는 그때마다 이를 방어하여 아홉 번 모두 격퇴시켰다. 결국 진입할 수가 없어 초나라는 송나라에 대한 공격을 멈추었다. 묵자가 기술로써 능히 초나라를 막아 송나라의 화난(禍難)을 모면하게 하였다는 말은 이를 두고 이르는 말이다.

公輸般[1]爲高雲梯欲以攻宋 墨子聞之 自魯往 裂裳裏足 日夜不休 十日十夜而至於郢[2] 見荊王曰 臣北方之鄙人也 聞大王將攻宋 信有之乎 王曰 然 墨子曰 必得宋乃攻之乎 亡其不得宋且不義 猶攻之乎 王曰 必不得宋 且有不義 則曷爲攻之 墨子曰 甚善 臣以宋必不可得 王曰 公輸般天下之巧工也 已爲攻宋之械矣 墨子曰 請令公輸般試攻之 臣請試守之 於是公輸般設攻宋之械 墨子設守宋之備 公輸般九攻之 墨子九卻之 不能入 故荊輟不攻宋 墨子能以術禦荊 免宋之難者 此之謂也

1) 公輸般(공수반) : 노반(魯般)의 호(號)다. 초왕(楚王)을 위해 송(宋)나라를 공격할 기계를 만든 사람.
2) 郢(영) : 초나라의 도읍.

다. 우(禹)임금보다 고생한 사람이 없다

성왕(聖王)이나 통달한 선비(通士)로서 백성을 이롭게 하고자 하지 않은 사람은 없었다.

옛날 상고시대에 용문(龍門)이 막혀 아직 터지지 않았고 여량(呂梁)이 막혀 아직 개통되지 않았을 때 황하(黃河)는 맹문산(孟門山) 위로부터 크게 넘쳐 흘러 역류(逆流)하였으므로 구릉(丘陵)이나 들이나 평원(平原)이나 높은 언덕의 구별이 없이 모두 물에 잠겨 있었으니 이것을 이름하여 홍수(鴻水)라 하였다.
　이에 우(禹)임금이 황하를 트고 양자강을 뚫어 팽려(彭蠡)에 제방을 쌓음으로써 동방(東方)의 토지를 바르게 하니 이로 말미암아 사람이 살 수 있게 된 나라가 천 팔백 나라였는데 이것은 우임금의 공적이었다. 백성을 위하여 부지런히 노력한 이로는 우임금보다 더 고생한 이가 없다.

　　聖王通士不出於利民者無有[1] 昔上古龍門[2] 未開 呂梁[3] 未發 河出孟門 大溢逆流 無有丘陵沃衍 平原高阜 盡皆滅[4]之 名曰鴻水[5] 禹於是疏河決江[6] 爲彭蠡[7]之障[8] 乾東土 所活者千八百國 此禹之功也 勤勞爲民 無苦乎禹者矣

1) 不出於利民者無有(불출어리민자무유) : 백성을 이롭게 하고자 하였다는 뜻.
2) 龍門(용문) : 황하(黃河)가 막힌 곳.
3) 呂梁(여량) : 팽성현(彭城縣)에 있다.
4) 滅(멸) : 잠기다. 몰(沒)과 같다.
5) 鴻水(홍수) : 홍수(洪水).
6) 江(강) : 양자강(揚子江).
7) 彭蠡(팽려) : 예장(豫章)에 있는 못.
8) 障(장) : 제방(堤防).

라. 돌로 아들의 머리를 대신한다는 혜자(惠子)
　광장(匡章)이 혜자(惠子)에게 일러 말하였다.
　"공(公)이 주장하는 학설은 높은 지위를 버리는 것입니다. 그런데 지금 제(齊)나라 왕으로 하여금 제(帝)로 일컫게 하고자 하는 것은 그 무슨 전도(顚倒)된 일입니까?"
　이에 혜자가 대답하였다.
　"지금 여기에 어떤 사람이 있어 그의 사랑하는 아들의 머리를 때리고자 한다면 돌로써 그 머리를 대신할 수 있습니까?"
　이 말에 광장은

"그렇다면 공께서는 돌로써 머리를 대신하시겠습니까? 그렇게 하지 않으시겠습니까?"
하니, 혜자는
"나는 돌을 들어 아들의 머리를 대신하겠습니다. 아들의 머리는 소중한 것이고 돌은 대수롭지 않은 것입니다. 그 대수롭지 않은 것을 들어서 그 소중한 아들의 머리 맞는 것을 모면하게 하는 것이 어찌 옳은 일이 아니겠습니까?"
하였다. 광장이 또 물었다.
"제나라 왕이 쉬지 않고 군사를 동원하여 남의 나라를 공격해 마지않는 까닭은 무엇입니까?"
이에 혜자가 대답하였다.
"크게 되면 왕자(王者)가 될 것이고 그렇지 못하면 패자(覇者)가 될 것입니다. 지금 제나라 왕을 제(帝)로 받들어 천하 백성의 목숨을 보전하고 죽음을 모면하게 하는 것은 곧 돌을 들어서 사랑하는 아들의 머리를 대신하게 하는 것입니다. 어찌 그렇게 하지 않겠습니까."

백성은 추우면 불을 바라고 더우면 얼음을 바란다. 건조하면 습(濕)한 데를 찾고 습하면 건조한 데를 찾는다. 춥고 더운 것, 건조한 것과 습한 것은 상반(相反)되지만 그 백성을 이롭게 하는 점에 있어서는 매한가지다. 백성을 이롭게 하는 방법이 어찌 한 가지 뿐이겠는가. 그 때와 형편에 따라 적당하게 할 뿐이다.

匡章謂惠子曰 公之學去尊[1] 今又王齊王[2] 何其到[3]也 惠子曰 今有人於此 欲必擊其愛子之頭 石可以代之 匡章曰 公取之代乎 其不與 施[4]取代之 子頭所重也 石所輕也 擊其所輕 以免其所重 豈不可哉 匡章曰 齊王之所以用兵而不休 攻擊人而不止者 其故何也 惠子曰 大者可以王 其次可以覇也 今可以王齊王 而壽黔首之命 免民之死 是以石代愛子頭也 何爲不爲 民寒則欲火 暑則欲冰 燥則欲濕 濕則欲燥 寒暑燥濕相反 其於利民一也 利民豈一道哉 當其時而已矣

1) 去尊(거존) : 존위(尊位)를 버리다. 혜자(惠子)는 묵가(墨家)다. 묵가에서

는 사랑에 차등이 없다. 그러므로 특별한 지위를 인정하지 않는다.
2) 王齊王(왕제왕) : 제왕(齊王)을 왕으로 섬기다. 전국시대에 한때 제왕은 동제(東帝), 진왕(秦王)은 서제(西帝)라 칭한 일이 있다. 여기서 앞의 왕(王)은 제(帝)를 뜻한다.
3) 到(도) : 도(倒)와 같다.
4) 施(시) : 혜자(惠子)의 이름. 여기서는 혜자가 자기 자신을 이르는 말이다.

6. 순간을 귀하게 여김(六曰貴卒)

가. 빠른 것을 중하게 여기는 것은

병력(兵力)은 돌격(突擊)을 잘하는 것을 높이고 지혜는 빠르게 응(應)하는 것을 높인다. 이것을 다 같이 할 수 있으면 쾌속(快速)한 것을 상(上)으로 삼고, 이것을 다 같이 이길 수 있으면 늦고 오래하는 것을 하(下)로 삼는다.

기마(驥馬)를 중히 여기는 것은 그것이 하루에 천리를 달릴 수 있기 때문이요, 천리를 도달하는 데 열흘씩이나 걸린다면 그것은 노마(駑馬)나 태마(駘馬)와 다를 바 없다.

촉시(鏃矢)를 중히 여기는 까닭은 가볍고 날카로워 능히 소리에 대응하여 이르기 때문이요, 그것이 하루 종일 걸려서 당도한다면 그것은 이르지 않는 것이나 마찬가지다.

力[1]貴突[2] 智貴卒[3] 得之同則遫[4]爲上 勝之同則濕[5]爲下 所爲貴驥者 爲其一日千里也 旬日[6]取之 與駑駘同 所爲貴鏃矢[7]者 爲其應聲而至 終日而至 則與無至同

1) 力(역) : 병력(兵力).
2) 突(돌) : 돌격(突擊).
3) 卒(졸) : 빠르다. 속(速)과 같다.

4) 遫(속) : 빠르다.
5) 濕(습) : 늦고 오래다.
6) 旬日(순일) : 열흘. 십일(十日).
7) 鏃矢(촉시) : 살촉이 달린 화살.

나. 빠른 오기(吳起)의 지혜

오기(吳起)가 초왕(楚王)에게 일러 말하였다.

"초(楚)나라에 남아도는 것은 땅이요, 모자라는 것은 백성입니다. 이제 왕께서 모자라는 백성으로 남아도는 땅을 더하시는 것에 대해 신(臣)은 주군을 위하여 계획을 세워드릴 수가 없습니다."

그래서 왕이 초나라의 귀인(貴人)들로 하여금 광대하고도 공허한 땅에 옮겨 가서 살게 하였고 귀인들은 모두 그것을 매우 괴롭게 여겼다.

초왕이 세상을 떠나자, 귀인들은 모두 조상을 하러 왔고 왕의 시체가 아직 당상(堂上)에 있었지만 오기에 대해 반감을 가졌던 귀인들은 함께 오기를 활로 쏘았다.

이에 오기는 부르짖으면서 말하였다.

"내 그대들에게 나의 용병(用兵)을 보이겠다."

그리고는 화살을 뽑아 들고 달려가 왕의 시체 위에 엎드려 화살을 왕의 시체에 꽂고서 높은 소리를 질러 말하였다.

"많은 신하가 왕을 죽이고자 난(亂)을 일으켰습니다. 오기는 죽습니다."

초나라 국법에 의하면 왕의 시체에 무기를 대는 것은 모두 중죄(重罪)로 다스려 삼족(三族)을 체포하게 되어 있으니 오기의 지혜는 재빠르다고 할 것이다.

吳起謂荊王¹⁾曰 荊所有餘者地也 所不足者民也 今君王以所不足益所有餘 臣不得而爲也 於是令貴人²⁾往實廣虛之地 皆甚苦之³⁾ 荊王死 貴人皆來 尸在堂上 貴人相與射吳起⁴⁾ 吳起號呼曰 吾示子吾

用兵⁵⁾也 拔矢而走 伏尸插矢而疾言曰 群臣亂王 吳起死矣 且荊國
之法 麗兵於王尸者 盡加重罪 逮三族 吳起之智可謂捷矣

1) 荊王(형왕) : 초(楚)의 도왕(悼王).
2) 貴人(귀인) : 고관대작(高官大爵).
3) 皆甚苦之(개심고지) : 모두 광대하고도 공허(空虛)한 황무지(荒蕪地)에 가서 살기를 싫어했으므로 그들은 매우 괴로워했다는 뜻.
4) 射吳起(사오기) : 귀인들은 오기(吳起)의 건의에 따라 자기들이 황무지로 이주하게 된 것을 원망하고 있다가 오기를 죽이려고 했다.
5) 吾示子吾用兵(오시자오용병) : 오기가 자기가 맞은 화살을 뽑아 왕의 시체에다 꽂고, 여러 신하가 왕을 죽이려 했다고 함으로써 여러 신하를 주살(誅殺)하게 하고, 자기의 원수에 대한 보복을 한 일.

다. 빠르기가 화살과 같은 포숙

제(齊)나라의 양공(襄公)이 즉위하여 자기의 종제(從弟)인 공손무지(公孫無知)를 미워한 나머지 그의 녹(祿)을 몰수(沒收)해 버렸다. 이에 분개한 공손무지는 난(亂)을 일으켜 양공을 죽이고 스스로 군주가 되었다.

사태가 이에 이르니, 양공의 아우인 공자(公子) 규(糾)는 노(魯)나라로 달아났고 또 다른 아우인 공자 소백(小白)은 거(莒)나라로 달아났다. 그후 얼마 뒤 제나라에서 공손무지를 제거하니 제나라에는 군주가 없는 상태가 되었다. 이에 노나라로 달아났던 공자 규와 거나라로 달아났던 공자 소백은 모두 제나라로 돌아와 서로 군주가 되고자 다투어 먼저 조정으로 들어가려고 했다.

이때 공자 규를 섬기던 관중(管仲)이 활을 당겨 공자 소백을 쏘았는데 그 화살이 소백의 혁대 갈고리를 맞추어 소백은 다행히 죽지 않았다. 그러나 소백을 섬겨 수레를 몰던 포숙(鮑叔)이 재빨리 소백에게 쓰러지라고 했다.

소백이 화살에 맞아 쓰러지는 광경을 본 관중은 소백이 죽은 것이라 생각하고 공자 규에게 말하였다.

"안심하십시오. 공자 소백은 이미 죽었습니다."

그래서 공자 규가 안심하고 있는 동안에 포숙은 수레를 빨리 달려서 조정으로 먼저 들어갔다. 그리하여 공자 소백은 제나라의 군주가 될 수 있었다.

포숙의 지혜는 공자 소백이 화살에 맞자마자 소백으로 하여금 곧 쓰러지게 하였으니, 그 지혜의 빠름은 촉시(鏃矢)와 같은 것이었다.

齊襄公卽位 憎公孫無知[1] 收其祿 無知不說[2] 殺襄公 公子糾[3] 走魯 公子小白[4] 奔莒 旣而國殺無知 未有君[5] 公子糾與公子小白皆歸 俱至 爭先入公家[6] 管仲扞弓射公子小白 中鉤 鮑叔御 公子小白僵 管子以爲小白死 告公子糾曰 安之 公子小白已死矣 鮑叔因疾驅先入 故公子小白得以爲君 鮑叔之智 應射而令公子小白僵也 其智若鏃矢也

1) 公孫無知(공손무지) : 양공(襄公)의 아버지인 희공(僖公)의 동생인 이중년(夷仲年)의 아들이니, 양공에게는 종제(從弟)가 된다.
2) 不說(불열) : 기뻐하지 않다. 열(說)은 열(悅)과 같다.
3) 公子糾(공자규) : 양공의 아우.
4) 公子小白(공자소백) : 양공의 아우로, 뒷날 춘추오패(春秋五覇)의 한 사람이 된 제환공(齊桓公).
5) 未有君(미유군) : 공손무지가 자립하여 군주가 되었다가 죽으니 그 동안 군주의 자리가 비었다는 뜻.
6) 公家(공가) : 제나라의 조정.

라. 나의 아버지를 죽인 자가 누구냐

서주(西周)의 무군(武君)이 사람을 시켜 동주(東周)에서 영회(伶悝)를 찔러 죽이게 하였다. 그런데 영회는 칼을 맞고 쓰러지면서 그 아들로 하여금 "우리 아버지를 죽인 자가 누구냐." 하고 통곡하게 하였다. 그래서 영회의 아들이 통곡하면서 그렇게 울부짖으니, 칼로 찌른 자가 그 울부짖는 소리를 듣고 영회는 이미 죽은 것이라 생각하고 무군에게 그렇게 보고하였다. 그러나 그후에 죽이는데 실패한 것을 안 무군은 사자를 믿을 수 없는 사람이라하여 무거운 죄로 처벌하였다.

周武君[1]使人刺伶悝[2]於東周 伶悝僵[3] 令其子速哭曰 以誰刺我父也 刺者聞 以爲死也 周以爲不信 因厚罪之

1) 武君(무군) : 서주(西周)의 군주.
2) 伶悝(영회) : 동주(東周)의 신하.
3) 僵(강) : 쓰러지다. 언(偃)과 같다.

마. 수레를 들어 던지는 장사

조(趙)나라가 중산(中山)을 공격하였다. 중산 사람으로 큰 역사(力士)가 있는데, 그를 오구룡(吾丘鴆)이라고 한다.

쇠로 만든 갑옷을 입고 쇠 몽둥이를 휘두르면서 싸우는데 오구룡이 내리쳐 부숴지지 않는 것이 없고 충돌하여 떨어지지 않는 것이 없었다. 그가 수레를 들어 수레에게 던지고 사람을 들어 사람에게 던지면 거의 조나라 군대의 장수 앞에 떨어져 죽었다.

※ 이 글은 힘센 역사(力士)가 조나라 군대를 격파하는 이야기로서 이 편의 취지인 빠른 것과는 무관한 듯 한데 아마도 미완성 문장으로 빠른 것을 이야기하는 원고가 탈락된 것 같다.

趙氏[1]攻中山 中山之人多力者曰吾丘鴆 衣鐵甲 操鐵杖以戰 而所擊無不碎 所衝無不陷 以車投車 以人投人也 幾至將所而後死[2]

1) 趙氏(조씨) : 조(趙)나라.
2) 幾至將所而後死(기지장소이후사) : 장(將)은 조나라 군대의 장수를 이르는 말이다. 그 장수 앞에 떨어져서 죽는다는 말로 오구룡(吾丘鴆)의 힘이 장사라는 것을 뜻한다.

제22권 행동을 삼가는 것
(卷二十二 愼行論:第二, 凡六篇)

"그것은 천하가 다스려지지
않아서 입니까?
그러나 천하는 이미 다스려지고 있습니다.
아니면 자기 자신을 위해서 입니까?
굴뚝새는 숲속에 보금자리를 만들되
나뭇가지 하나에 불과하고
두더지는 강물을 마시되
자기 배를 채우는데 지나지 않습니다.
천자께서는 돌아가십시오.
내 어찌 천하를 맡아
다스리겠습니까?"

제22권 행동을 삼가는 것

1. 행동을 삼가다〔一曰愼行〕

가. 불리한 가운데 이익을 얻는 사람

행하는 일은 익히 생각하지 않을 수 없는 것이니 익히 생각하지 않고 행하는 것은 깊은 계곡으로 달려가는 것과 같아 비록 나중에 뉘우친다해도 소용없는 일이다.

군자는 행하는 일에 먼저 그것이 의(義)에 합당한가 아니한가를 헤아리고, 소인(小人)은 행하는 일에 먼저 그것이 이(利)로운가 이롭지 않은가를 헤아리는 것이다.

이에 이롭지 않더라도 이롭지 아니한 것에 이로움이 있다는 것을 아는 사람은 가히 더불어 이(利)의 도(道)를 말할 수 있다 할 것이다.

行不可不孰[1] 不孰如赴深谿 雖悔無及 君子計行慮[2]義 小人計行其利 乃不利[3] 有知不利之利者 則可與言理[4]矣

1) 孰(숙) : 익히 생각하다. 숙(熟) 또는 사(思)와 같다.
2) 慮(려) : 생각하다. 헤아리다.
3) 不利(불리) : 이(利)를 헤아리다 도리어 화(禍)를 가져오므로 불리(不利)한 것이다.
4) 理(이) : 도(道).

나. 자신의 죄에 죽은 비무기(費無忌)

초(楚)나라 평왕(平王)에게 신하가 있었다. 그의 이름은 비무기(費無忌)였다.

그는 태자인 건(建)을 해롭게 하여 그를 제거(除去)하고자 했다. 그때 왕이 태자 건을 위하여 진(秦)나라에서 태자의 아내될 여자를 맞이하여 왔는데 그 여자가 대단한 미인이었다.

이에 무기(無忌)는 왕에게 그 여자를 빼앗아 왕 자신의 여자로 삼으라고 권하였다. 왕은 무기의 권고에 따라 마음이 동하여 그 여자를 빼앗아 이미 자기의 여자로 삼아 버렸으니 드디어 태자와는 소원(疎遠)한 사이가 되고 말았다.

무기는 또 왕을 설득하여 말하였다.

"진(晋)나라가 패자(覇者)를 일컫게 된 까닭은 중원(中原)의 여러 나라들과 가까이 있으므로 말미암은 것입니다. 그러나 초나라는 멀리 변두리에 위치합니다. 그러므로 진(晋)나라와 더불어 패자를 다툴 수가 없습니다. 그러하오니 성보(城父)를 대대적으로 축성(築城)하여 태자로 하여금 그곳을 다스리게 하여 북방을 향한 발전을 꾀하게 하고 대왕 자신께서는 남방을 거두어 들일 계획을 세우십시오. 이렇게 하면 가히 천하를 얻을 수가 있습니다."

이 말을 들은 왕은 기쁘게 여겨 태자로 하여금 성보에 가 살게 하였다. 이렇게 해서 태자가 성보에 가 살기 1년이 되었을 때, 무기는 태자를 헐뜯어 왕에게 말하였다.

"태자와 연윤(連尹)이 공모하여 장차 방성(方城) 밖에서 배반할 것을 도모하고 있습니다."

왕이 대답하였다.

"건(建)은 이미 나의 태자요. 그런데 또 무엇을 요구한다는 것이오."

이에 무기가 대답하였다.

"자기의 아내가 되려던 여자의 일로 인해 마음에 한을 품고 있는 것 같습니다. 그리고 또한 스스로 생각하기를 오히려 송(宋)나라와 같이 독립하고자 하는 것 같습니다. 제(齊)나라와 진(晉)나라가 그들을 도와 장차 초나라를 해롭게 하기로 이미 뜻을 모았습니다."

왕은 무기의 이 말을 믿고 분개하여 곧 연윤을 잡아다 가두었다. 사태가 이리되니 태자는 정(鄭)나라로 달아나고 말았다.

좌윤(左尹)인 극완(郤宛)은 국민들로부터 존경을 받고 있었다. 무기는 또 그를 시기하여 죽이고자 하였다. 그래서 영윤(令尹)인 자상(子常)에게 가 말하였다.

"극완이 영윤께 술을 대접하고자 합니다."

또 극완에게도 일러 말하였다.

"영윤은 당신의 집에서 술을 마시고자 합니다."

이에 극완은 말하였다.

"나는 천한 사람입니다. 영윤 같은 귀하신 분을 욕되게 할 수는 없습니다. 영윤께서 정히 나 같은 사람의 집에 오신다면 나는 장차 무엇으로 그런 분을 접대해야 하겠습니까?"

무기가 말하였다.

"영윤은 병기(兵器)를 좋아하오. 당신은 나가서 대문 입구에 병기를 진열해 두었다가 영윤이 당신 집에 이르거든 꼭 그것을 보시도록 하고, 그러한 뒤에 술자리를 베풀도록 하시오."

그래서 좌윤인 극완은 영윤을 초대하여 주연을 베풀기로 한 날에 대문 좌우에 장막을 치고 그 안에다 병기들을 진열해 두었다. 한편 무기는 영윤을 찾아가 말하였다.

"나는 영윤께서 재화(災禍)를 당하실 것이라 생각합니다. 극완은 영윤을 죽이려고 합니다. 지금 극완의 집 대문 좌우에는 병기들이 준비되어 있습니다."

영윤이 사람을 시켜 극완의 집을 살피게 하니 과연 무기의 말대로인지라 영윤은 분개하여 마침내 극완의 집을 들이쳐 그를 죽였다. 이 사건이 있는 뒤에 국민들은 모두 극완을 죽인데 대한 원한을 품고 영윤을 비방하지 않는 사람이 없었다. 이에 심윤수(沈

尹戌)가 영윤에게 고하여 말하였다.

"대저 무기라는 인간은 초나라의 참인(讒人)입니다. 저 태자 건을 타국으로 달아나게 하고 연윤인 오사(伍奢)를 죽이고 왕의 이목(耳目)을 가립니다. 이제 영윤께서도 또한 그의 말을 들어 많은 죄없는 사람을 죽여 국민들 사이에 큰 비방의 소리가 일어나니 이로써 영윤 신상에 화환(禍患)이 미칠까 두렵습니다."

이 말을 들은 영윤인 자상은 말하였다.

"이것은 나의 죄입니다. 어찌 좋은 계획을 세우지 않겠습니까."

곧 비무기(費無忌)를 잡아 죽이고 그의 족속(族屬)을 멸망시킴으로써 국민들의 원성을 가라앉혔다.

일을 행함에 있어 그것이 이치와 의리에 적합한가 아니한가를 헤아리지 않고 남을 해칠 줄만 알고 남에게 자기가 해를 당할 것을 모름으로써 그 족속이 멸망되는 것은 비무기를 두고 이르는 말인가.

荊平王有臣曰費無忌 害太子建 欲去之 王爲建取妻於秦而美 無忌勸王奪 王已奪之而疏[1]太子 無忌說王曰 晉之覇[2]也近於諸夏[3]而 荊僻[4]也 故不能與爭[5] 不若大城[6]城父[7]而置太子焉 以求北方[8] 王收 南方[9] 是得天下也 王說 使太子居于城父 居一年 乃惡之曰 建與連 尹[10]將以方城[11]外反[12] 王曰 已爲我子[13]矣 又尙奚求 對曰 以妻事怨 且自以爲猶宋也 齊晉又輔之 將以害荊 其事已集矣 王信之 使執[14] 連尹 太子建出犇[15] 左尹郄宛 國人說[16]之 無忌又欲殺之 謂令尹[17]子 常曰 郄宛欲飮令尹酒 又謂郄宛曰 令尹欲飮酒於子之家 郄宛曰 我 賤人也 不足以辱令尹 令尹必來辱 我且何以給待[18]之 無忌曰 令尹 好甲兵 子出而實之門 令尹至 必觀之 已因以爲酬[19] 及饗日[20] 惟[21] 門左右而實甲兵焉 無忌因謂令尹曰 吾幾禍令尹 郄宛將殺令尹 甲 在門矣 令尹使人視之信 遂攻郄宛殺之 國人大怨動作者 莫不非[22] 令尹 沈尹戌[23]謂令尹曰 夫無忌荊之讒人[24]也 亡夫太子建 殺連尹奢 屏[25]王之耳目 今令尹又用之殺衆不辜 以興大謗 患幾及令尹 令尹 子常曰 是吾罪也 敢不良圖 乃殺費無忌 盡滅其族 以說其國 動而

不論其義 知害人而不知人害己也 以滅其族 費無忌之謂乎
1) 疏(소) : 소원(疏遠)하다.
2) 覇(패) : 패자(覇者).
3) 諸夏(제하) : 중원(中原)의 여러 나라. 하(夏)는 중원에 위치한 나라.
4) 僻(벽) : 벽지(僻地). 변두리의 먼 땅.
5) 爭(쟁) : 패권(覇權)을 다투다. 쟁패(爭覇).
6) 城(성) : 성을 쌓다. 축성(築城).
7) 城父(성보) : 초(楚)나라 북쪽 국경지대에 있는 고을의 이름.
8) 北方(북방) : 중원의 여러 나라. 곧 제하(諸夏).
9) 南方(남방) : 오(吳)나라. 월(越)나라 등.
10) 連尹(연윤) : 오자서(伍子胥)의 아버지인 오사(伍奢).
11) 方城(방성) : 초나라의 요새(要塞).
12) 反(반) : 배반(背叛). 반(叛)과 같다.
13) 子(자) : 아들. 여기서는 태자(太子).
14) 執(집) : 잡아 가두다. 수(囚)와 같다.
15) 出犇(출분) : 달아나다. 분은 분(奔)과 같다.
16) 說(열) : 기뻐하다. 곧 존경한다는 뜻. 열(悅)과 같다.
17) 令尹(영윤) : 재상(宰相)에 해당하는 초나라의 관명(官名).
18) 給待(급대) : 초대(招待).
19) 酬(수) : 주연(酒宴).
20) 饗日(향일) : 주연(酒宴)을 베풀기로 한 날.
21) 帷(유) : 장막(帳幕). 유(帷)와 같다.
22) 非(비) : 비방(誹謗).
23) 沈尹戌(심윤수) : 초나라 장왕(莊王)의 손자.
24) 讒人(참인) : 참소(讒訴)하는 사람.
25) 屛(병) : 가리다. 폐(蔽)와 같다.

다. 후세에 모범이 되는 사람들
　최저(崔杼)와 경봉(慶封)이 제(齊)나라 장공(莊公)을 죽이고자 모의(謀議)하여 장공을 죽이고는 장공의 아우인 경공(景公)을 다시 군주로 세워 최저가 그의 재상(宰相)이 되었다.
 그런데 최저와 장공을 죽이기로 모의했던 경봉이 이번에는 최저를 죽이고 자신이 재상의 자리를 대신하고자 했다. 그래서 최저의 아들들을 꼬드겨서 서로 다투게 하였는데, 경봉의 꼬드김에 넘어간 최저의 아들들은 과연 후사(後嗣) 문제로 서로 싸움을 벌였다.
 자식들의 싸움을 본 최저가 동지인 경봉에게 가서 하소연하니, 경봉이 최저에게 말하였다.
 "잠시만 기다리십시오. 내가 군대를 동원하여 그들을 죽이겠습니다."
 노만별(盧滿嫳)로 하여금 군대를 거느리게 하고 가서 최저의 처자와 그의 족속들을 모조리 다 죽여 없애고 그의 집까지 다 태워버리고 돌아와 최저에게 보고하였다.
 "내 이미 그들을 주살(誅殺)했습니다."
 최저는 괘씸한 자식만 주살한 것으로 알고 집으로 돌아오니, 온 집안이 전멸되었을 뿐 아니라 집까지 다 타버려 돌아갈 곳조차 없이 되어 있었다. 이에 난감해진 최저는 스스로 목을 매어 죽었다.
 이리하여 최저를 제거한 경봉은 최저를 대신하여 경공의 재상이 되었는데 경공은 그것을 매우 괴롭게 여겼다. 그래서 경봉이 사냥을 하러 나간 틈을 이용하여 경공은 진무우(陳無宇)·공손조(公孫竈)·공손채(公孫蠆) 등과 공모(共謀)하여 경봉을 주살하기로 하였다.
 이 사실을 안 경봉은 자기 부하들을 거느리고 와서 대항하여 싸웠으나 실패하여 노(魯)나라로 달아났다. 이에 제나라에서는 경봉을 받아들인 노나라에 항의하니 경봉은 노나라에 있을 수가 없어 다시 오(吳)나라로 갔고, 오나라 왕은 주방(朱方) 고을을 경봉에게 봉(封)하여 살게 하였다.
 초(楚)나라의 영왕(靈王)이 이 이야기를 듣고 각 제후(諸侯)들의 군대를 동원하여 이끌고 오나라를 공격하여 주방을 포위하여 격파하고는 경봉을 잡아 부질(斧鑕 : 큰 도끼와 형틀)을 등에 지워서 제후들의 군대를 돌면서 큰소리로 외치게 하였다.

"제나라의 경봉과 같은 인간이 되지 말라. 그 군주를 시해(弑害)하고 군주의 어린 아들을 약하게 만들었으며 그럼으로써 대부(大夫)를 멸망시켰다."

그리고 나서 그를 죽였다.

황제(黃帝)는 선도(仙道)를 터득하여 귀하게 되었지만 마침내 죽었고, 현자(賢者)인 요(堯)임금·순(舜)임금도 또한 죽었으며, 저 용감한 맹분(孟賁)도 또한 죽었다.

사람은 본디 누구나 죽게 마련이나 경봉과 같은 자는 죽고 또 죽어 마땅하다. 그의 몸은 죽임을 당하였고 그의 족속들도 다 그 화를 면하지 못하였다.

그것은 그의 행위가 크게 악(惡)하였기 때문이다. 무릇 난신적자(亂臣賊子)의 행동은 처음에는 서로 도와 난(亂)을 일으키지만 뒤에는 반드시 서로 시기하고 미워한다.

그러나 의(義)를 행하는 사람은 그렇지 않다. 처음부터 서로 더불어 돕고, 오래도록 서로 믿으며, 마침내 서로 친하여져서 후세(後世)의 모범이 되는 것이다.

崔杼與慶封謀殺齊莊公 莊公死 更立景公[1] 崔杼相之 慶封又欲殺崔杼而代之相 於是椓[2]崔杼之子 令之爭後 崔杼之子相與私鬪[3] 崔杼往見慶封而告之 慶封謂崔杼曰 且[4]留 吾將興甲[5]以殺之 因令盧滿嫳興甲以誅之 盡殺崔杼之妻子及枝屬[6] 燒其室屋 報崔杼曰 吾已誅之矣 崔杼歸無歸 因而自絞[7]也 慶封相景公 景公苦之 慶封出獵 景公與陳無宇[8] 公孫竈[9] 公孫蠆[10]誅封 慶封以其屬鬪 不勝 走如魯 齊人以爲讓[11] 又去魯而如吳 王予之朱方[12] 荊靈王聞之 率諸侯以攻吳 圍朱方 拔[13]之 得慶封 負之斧質 以徇於諸侯軍 因令其呼之曰 毋或如齊慶封 弑其君而弱其孤以亡其大夫 及殺之 黃帝[14]之貴而死 堯舜之賢而死 孟賁之勇而死 人固皆死 若慶封者可謂重死矣 身爲僇 支屬不可以見 行忮[15]之故也 凡亂人[16]之動也 其始相助 後必相

惡 爲義者則不然 始而相與 久而相信 卒而相親 後世以爲法程[17]

1) 景公(경공) : 장공(莊公)의 아우.
2) 椓(탁) : 꼬드기다.
3) 私鬪(사항) : 서로 싸우다. 상투(相鬪). 항은 투(鬪)로 풀이된다.
4) 且(차) : 여기서는 '잠시'로 풀이된다.
5) 興甲(흥갑) : 군대를 일으키다. 기병(起兵).
6) 枝屬(지속) : 족속(族屬).
7) 自絞(자교) : 스스로 목을 매 죽다. 자경(自經).
8) 陳無宇(진무우) : 진순무(陳順無)의 아들.
9) 公孫竈(공손조) : 혜공(惠公)의 손자.
10) 公孫蠆(공손채) : 혜공의 손자.
11) 爲讓(위양) : 책망하다. 경봉(慶封)을 받아들인데 대한 항의의 뜻.
12) 朱方(주방) : 오(吳)나라의 고을 이름. 오나라에서는 주방땅을 경봉에게 봉(封)하였다.
13) 拔(발) : 뒤집다. 복(覆)과 같다. 깨뜨리다. 파(破)와 같다.
14) 黃帝(황제) : 중국 상고시대의 성군(聖君)으로 선도(仙道)를 터득하여 몸이 귀하여졌다고 한다.
15) 忮(기) : 악(惡).
16) 亂人(난인) : 난신적자(亂臣賊子).
17) 法程(법정) : 법도(法度). 모범(模範).

2. 의리가 없는 것(二曰無義)

가. 천하의 모든 사람이 돕는 의(義)

선왕(先王)이 일을 논(論)함에 있어서는 극진(極盡)히 하여 완전하게 갖춘다. 그러므로 의(義)라는 것은 온갖 일의 시작이요 모든 이익이 있는 일의 근원으로 일반 보통 사람의 지혜로는 미치지 못할 바이다. 미치지 못하면 의(義)는 알지 못하고, 의를 알지 못하면 이(利)를 추구(追求)하고, 이를 추구하면 진실로 반드시 그 이를 얻지 못한다. 예컨대 공손앙(公孫鞅)·정평(鄭平)·속경(續經)·공손갈(公孫竭)같은 이들이 이와 같을 뿐이다.

행하는 일이 의에 합당하면 일을 못쓰게 하는 일이 없다. 신하와 신하가 도모하여 간사한 일을 꾸미는데에도 오히려 어떤 사람은 그것을 서로 돕거늘 하물며 군주와 그 신하가 더불어 의(義)를 도모함에 있어 그 누구인들 정성을 다하여 돕지 않겠는가.

홀로 그 신하만 돕는 것이 아니라 천하의 모든 사람이 다 장차 도와 그 일을 이룰 것이다.

先王之於論也極[1]之矣 故義者百事之始也 萬利之本[2]也 中智之所不及也 不及則不知[3] 不知趨利 趨利固不可必也 公孫鞅[4] 鄭平[5] 續經[6] 公孫竭[7]是已 以義動則無曠[8]事矣 人臣與人臣謀爲姦 猶或與之 又況乎人主與其臣謀爲義 其孰不與者 非獨其臣也 天下皆且與之

1) 極(극) : 극진(極盡)하다.
2) 本(본) : 근원(根源).
3) 不知(부지) : 알지 못한다. 곧 의(義)를 알지 못한다는 뜻.
4) 公孫鞅(공손앙) : 진(秦)나라의 재상(宰相)인 상앙(商鞅).
5) 鄭平(정평) : 진(秦)나라의 신하.
6) 續經(속경) : 조(趙)나라 사람.
7) 公孫竭(공손갈) : 진(秦)나라의 신하.
8) 曠(광) : 못쓰게 만들다. 폐(廢)와 같다.

나. 의리가 없는 공손앙

공손앙(公孫鞅)이 진(秦)나라에 등용(登用)된 데에는 부형(父兄)의 힘도 아니요, 연고(緣故)가 있어서도 아니었다. 다만 재능으로써 쓸모가 있음을 보여서였다.

진나라의 신임을 얻기 위해서는 위(魏)나라를 공벌하지 않고는 다른 도리가 없었다. 그리하여 진나라의 장수가 되어 위나라를 공격하게 되었는데, 위나라에서는 공자(公子)인 앙(卬)을 장수로 삼아 그것을 막게 하였다.

그런데 공손앙과 공자 앙은 공손앙이 위나라에 있을 때부터 서로 사이좋게 지내던 사이였다. 그래서 공손앙은 사람을 시켜 공자 앙에게 일러 말하게 하였다.

"무릇 내가 타국으로 나와 유력(遊歷)하면서 부귀를 차지하게 된 것은 본디 공자께서 내려주신 것입니다. 지금 진나라에서는 이 앙(鞅)으로 하여금 장수가 되어 위나라를 공격하게 하고, 위나라에서는 공자를 장수로 삼아 그것을 방어하게 하였습니다. 어찌 차마 서로 대적하여 싸울 수가 있습니까. 그러므로 공자는 공자의 주군께 이런 사정을 아뢰고, 나는 나대로 나의 주군께 상주(上奏)하여 서로의 군대를 모두 철수시키도록 하십시다."

그리하여 공손앙과 공자 앙의 건의를 양측 군주가 받아들여 양군이 서로 철수하게 되었는데, 공손앙이 진나라로 돌아감에 즈음하여 또 사람을 시켜 공자에게 일러 말하였다.

"일단 돌아가면 다시는 만날 기회가 없을 것입니다. 바라건대 공자와 더불어 마주앉아 서로 이별의 이야기나 나누고 싶습니다."

이에 대하여 공자는 좋다고 승락하였다. 이 사실을 안 위나라 관리들이 다투어 안된다고 말하였다.

그러나 공자는 그런 충고를 물리쳤고 두 장수는 서로 마주앉았다. 이때 공손앙은 미리 군졸인 거기(車騎)를 매복(埋伏)시켜 두었다가 공자 앙을 살해하였다.

진나라의 효공(孝公)이 세상을 떠나고 혜왕(惠王)이 뒤를 이었다. 혜왕은 즉위한 뒤에 이 사건으로 하여 공손앙의 행위에 의심을 품고 그에게 벌을 주고자 하였다.

이에 공손앙은 자기의 어머니와 가족들을 위나라로 돌려보내고자 하였으나 위나라의 양자(襄疵)가 받아들이기를 거부하면서 말하였다.

"그대가 공자 앙을 배반한 것으로써 말한다면 내가 그대를 알 도리가 없다."
　그러므로 사람의 행위에 있어서는 소상하게 살피고 삼가지 않으면 안 되는 것이다.

　公孫鞅之於秦非父兄也 非有故也 以能用也 欲堙之責[1] 非攻無以[2] 於是爲秦將而攻魏 魏使公子卬將而當[3]之 公孫鞅之居魏也 固善公子卬 使人謂公子卬曰 凡所爲游而欲貴者 以公子之故也 今秦令鞅將 魏令公子當之 豈且忍相與戰哉 公子言之公子之主 鞅請亦言之主 而皆罷軍 於是將歸矣 使人謂公子曰 歸未有時相見[4] 願與公子坐而相去別也 公子曰 諾 魏吏爭之曰 不可 公子不聽 遂相與坐 公孫鞅因伏卒與車騎以取公子卬 秦孝公薨 惠王立 以此疑公孫鞅之行 欲加罪焉 公孫鞅以其私屬與母歸魏 襄庇[5]不受曰 以君之反公子卬也 吾無道知君 故士自行 不可不審也

1) 欲堙之責(욕인지책) : 진(秦)나라 재상이 된 책임을 다하고자 한다면. 인은 막다의 뜻.
2) 非功無以(비공무이) : 공벌하지 않고서는 책임을 다할 수 없다는 뜻. 공벌의 대상은 위(魏)나라다.
3) 當(당) : 방어(防禦)하는 일을 담당하다.
4) 歸未有時相見(귀미유시상견) : 일단 돌아가면 다시는 만날 기회가 없다는 뜻.
5) 襄庇(양자) : 위(魏)나라 사람.

다. 친구와 왕을 배신한 정평(鄭平)

　정평(鄭平)은 진(秦)나라 왕과의 관계에 있어서는 진나라 왕의 신하요, 서로 응대하는 관계에 있어서는 진나라 왕과 사귀는 친구다.
　그가 사귀는 친구를 속이고 또 주군을 배반한 것은 사사로운 이익을 위해서였다.
　그가 진나라의 장군이 되니 천하의 모든 사람이 그를 존귀하게 여겨 그를 높이 받들지 않은 사람이 없었다. 그것은 그가 진나라 장군이 된 것을 중하게 여겨서였다.
 중하면 귀함을 얻고 가벼우면 귀한 것을 잃게 마련이다.
 그가 진나라 장군의 직책을 버리고 조(趙)나라와 위(魏)나라로 가니 천하의 사람들이 그를 가볍게 여겨 천대하지 않은 사람이 없었고 그의 행위를 수치스럽게 여기지 않는 이가 없었다. 이는 그의 하는 짓이 천박스럽고 수치스러운 행동이기는 하였지만, 진나라 장군이라는 직책의 무거움이 없었다면 이러한 곤궁한 처지에 처하지는 않았을 것이다.

 鄭平[1]於秦王臣也 其於應侯交[2]也 欺交反主 爲利故也 方其爲秦將也 天下所貴之無不以者 重也 重以得之 輕必失之 去秦將 入趙魏 天下所賤之無不以也 所可羞無不以也 行方可賤可羞 而無秦將之重 不窮奚待[3]

1) 鄭平(정평) : 진(晉)나라 사람으로 진(秦)나라로 들어가 장군이 되었다가 뒤에 또 진나라를 배반하고 조(趙)나라·위(魏)나라로 갔다는 사실 외에는 자세한 전기를 모른다.
2) 交(교) : 교우(交友).
3) 待(대) : 믿다. 시(恃)와 같다.

라. 친구를 배신한 속경(續經)

 조(趙)나라에서 급하게 이해(李欬)를 찾았다. 이해는 친구인 속경(續經)을 찾아가 부탁하여 그와 함께 위(衛)나라로 도피하여 가서 공손여(公孫與)의 집에 이르렀다. 공손여가 그들을 만나보고 함께 조정으로 들어갔다.
 이때 속경은 위나라 관리에게 은밀하게 말하여 이해를 체포하게 하였다. 속경은 이 공로로 인하여 조나라의 오대부(五大夫)가 되었다. 사람들은 속경의 행위를 천박하게 여겨 그와 함께 조정에서 벼슬을 하지 않았고, 그의 자손과 벗으로 사귀는 사람이 없었다.

공손갈(公孫竭)은 임금을 시해하려 한 사건에 참여했는데 공손갈이 도리어 상국(相國)에게 그 비밀을 고하였고, 그 공로로 말미암아 진(秦)나라 오대부(五大夫)의 관직에 올랐다.
　그의 밀고(密告)의 공로가 크지 않은 바는 아니지만 조(趙)·위(衛)·위(魏) 세 나라에서 그것을 경멸하여 그 세나라의 도읍에는 들어갈 수 없게 되었다. 이것이야말로 아무런 공로도 없고 의리 없는 행위만 있는 것이 아닌가.

　趙急求李欬 李言續經與之俱如衛 抵[1]公孫與 公孫與見而與入 續經因告衛吏使捕[2]之 續經以仕趙五大夫[3] 人莫與同朝[4] 子孫不可以交友
　公孫竭與陰君之事[5] 而反告之樗里[6]相國 以仕秦五大夫 功非不大也 然而不得入三都[7] 又況乎無此其功而有行乎

1) 抵(저) : 이르다. 지(至)와 같다.
2) 捕(포) : 체포하다. 곧 이해(李欬)를 체포하게 하였다는 말.
3) 五大夫(오대부) : 전국시대의 관작(官爵).
4) 人莫與同朝(인막여동조) : 사람들이 그와 함께 조정의 벼슬을 하지 않았다. 속경(續經)의 행위를 천박하게 여겨서였다.
5) 陰君之事(음군지사) : 어떠한 사건인지 분명하지 않다.
6) 樗里(저리) : 빠르다. 질(疾)과 같다.
7) 三都(삼도) : 조(趙)·위(衛)·위(魏) 세 나라의 도읍.

3. 같은 것을 의심함(三曰疑似)

가. 갈림길을 보고 망설인 묵자(墨子)
　사람으로 하여금 크게 혼란스럽도록 만들어 옳고 그른 것을 분별할 수 없게 하는 것은 반드시 모든 만물이 서로 비슷한데에 있어서이다.
 옥(玉)을 다루는 사람이 근심하는 것은 돌이 옥과 비슷한데에 있고, 칼의 좋고 나쁨을 가리는 사람의 근심은 칼이 오(吳)나라의 이검(利劍)인 간장(干將)과 비슷한 데에 있다.
 현명한 군주가 근심하는 바는 사람이 널리 알고 말을 잘하여, 통달(通達)한 사람과 비슷한 것을 근심한다.
 망국(亡國)의 군주는 언뜻 지혜가 있는 것 같고, 망국의 신하는 언뜻 충성스러운 것 같다.
 무릇 서로 비슷한 것은 어리석은 사람을 크게 혼란스럽게 하는 것으로 성인의 깊은 사려를 필요로 하는 것이다.
 그래서 묵자(墨子)는 갈림길을 보고 어디로 가야 할까를 분별할 수가 없어 통곡하였다고 한다.

 使人大迷惑者 必物之相似也 玉人之所患 患石之似玉者 相劍者之所患 患劍之似吳干[1]者 賢主之所患 患人之博聞辯言而似通[2]者 亡國之主似智 亡國之臣似忠 相似之物 此愚者之所大惑 而聖人之所加慮也 故墨子見岐道[3]而哭之[4]

1) 吳干(오간) : 오(吳)나라의 이검(利劍)인 간장(干將).
2) 通(통) : 통달(通達)한 사람.
3) 岐道(기도) : 갈림길. 두 갈래 길, 기로(岐路).
4) 哭之(곡지) : 이쪽 길로 가야 하나, 저쪽 길로 가야 하나 분별할 수가 없어서 통곡했다는 말.

나. 포사 때문에 나라를 망친 유왕(幽王)

 주왕조(周王朝)의 도읍인 풍(酆)과 호(鎬)는 다 같이 융인(戎人)의 거주 지역과 가까웠다. 주왕조에서는 제후(諸侯)들과 더불어 약속하여 대로(大路)에 각각 높은 보루(堡壘)를 쌓아 그 위에 북을 달아 놓고, 북을 두드리면 멀고 가까운 데서 모두 서로 들을 수 있게 하였다.

그리하여 융인들이 쳐들어오면 그 북을 두드려 서로 알려서 제후들의 군대가 모두 이르러 천자를 구원하게 되어 있었다.

유왕(幽王) 때에 융인의 도적들이 쳐들어 왔다. 그래서 유왕이 북을 치게 하니 약속대로 제후의 군대들이 모두 이르러 적(敵)을 격퇴시켰다.

이때 제후들의 군대가 모여드는 것을 보고 유왕의 총애(寵愛)를 독점한 포사(褒姒)가 크게 좋아하였다. 평소에 전혀 웃는 일이 없던 포사가 웃는 것을 본 유왕은 포사의 웃는 것을 보고 싶을 때마다 여러 번 북을 치게 했다.

북을 칠 때마다 제후들의 군대는 천자의 위급을 구하고자 모여들었다. 그러나 그때마다 융적(戎敵)은 없었다. 그래서 제후들의 군대는 실망하여 돌아갔다.

그런 일이 여러 번 있은 뒤 어느 때 정말로 융적이 쳐들어왔다. 유왕은 북을 치게 했으나 제후들은 또 속는 것이라 생각하고 군대를 동원하지 않았다. 그리하여 유왕은 융적에게 잡혀 여산(麗山) 아래에서 피살되었고 천하의 웃음거리가 되었다.

이것은 대저 적이 없는 것을 있다고 하다가 정말 있는 적을 놓친 것이다. 현자(賢者)는 작은 악(惡)을 쌓음으로써 큰 악을 이르게 한 것이라고 했다. 포사의 실패는 유왕으로 하여금 작은 기쁨을 좋아하게 하다가 큰 멸망을 가져오게 한 것이다. 그래서 형해(形骸)는 서로 떨어졌고, 삼공(三公)과 구경(九卿)은 모두 달아났으며, 포사가 죽게 된 까닭이다. 또 유왕의 아들인 평왕(平王)이 도읍을 동쪽으로 옮긴 것도 그 까닭이다.

또 이것은 진(秦)나라 양공(襄公)과 진(晉)나라 문후(文侯)에게 주왕조를 위하여 애쓴 공로로 영지(領地)를 내려 준 까닭이기도 하다.

周宅¹⁾酆鎬²⁾近戎人³⁾ 與諸侯約 爲高葆禱⁴⁾於王路⁵⁾ 置鼓其上 遠近相聞 卽戎寇至 傳鼓相告 諸侯之兵皆至救天子 戎寇當至 幽王擊鼓 諸侯之兵皆至 褒姒大說喜之 幽王欲褒姒之笑也 因數擊鼓 諸侯之

兵數至而無寇 至於後 戎寇眞至 幽王擊鼓 諸侯兵不至 幽王之身乃 死於麗山之下 爲天下笑 此夫以無寇失眞寇者也 賢者有小惡以致 大惡[6] 褎姒之敗 乃令幽王好小說以致大滅 故形骸相離 三公九卿出 走 此褎姒之所用死 而平王[7]所以東徙[8]也 秦襄 晉文之所以勞王 勞 而賜地[9]也

1) 周宅(주택) : 주왕조(周王朝)의 도읍. 택은 도읍(都邑)이라는 뜻.
2) 酆鎬(풍호) : 풍(酆)과 호(鎬) 모두 주왕조의 도읍. 풍은 문왕(文王)때의 도읍이요 호는 무왕(武王)때의 도읍으로 둘 다 지금의 섬서성(陝西省) 서안(西安) 남방에 위치한다.
3) 戎人(융인) : 중원(中原) 서쪽에 거주하던 미개인. 서융(西戎).
4) 葆禱(보도) : 보루(堡壘).
5) 王路(왕로) : 대로(大路).
6) 小惡以致大惡(소악이치대악) : 작은 악(惡)인 거짓을 자주 하다가 큰 악인 멸망에 이르게 되었다는 말.
7) 平王(평왕) : 유왕(幽王)의 태자(太子).
8) 東徙(동사) : 도읍을 동쪽인 낙양(洛陽)으로 옮긴 사실을 말한다. 이로부터 동주(東周)라 일컫는다.
9) 賜地(사지) : 진(秦)의 양공(襄公)과 진(晉)의 문후(文侯)인 두 제후가 평왕(平王)의 동천(東遷)을 도운 공로로 해서 주왕조에서 그들에게 영지(領地)를 내려준 사실을 말한다.

다. 진짜와 가짜는 자세히 살피면 안다

양(梁)나라 북쪽인 여구(黎丘) 지방에는 기귀(奇鬼)라고 하는 요괴(妖怪)가 있어 남의 집 아들이나 조카, 또는 형제의 모습으로 나타나 장난치기를 좋아하였다.

어느날 그 고을에 사는 한 사람이 장에 나갔다가 술에 취하여 돌아오는데, 여구의 요괴가 그 사람의 아들의 모습을 하고 나타나 술에 취한 아버지를 부축하는 체하면서 길에서 그 사람을 몹시 괴롭혔다. 그 사람은 겨우 집으로 돌아와 그 다음 날 술에서 깬 뒤 그 아들을 불러서 꾸짖었다.
 "나는 너의 아비다. 어찌 아비를 공경할 줄 모르고 술에 취한 나를 아들인 네가 길에서 그렇게 괴롭힐 수가 있단 말이냐. 대체 그게 무슨 짓이냐."
 뜻밖의 소리를 들은 아들은 놀라 머리를 조아려 울면서 변명하였다.
 "아닙니다 아버지. 저는 그런 일이 없습니다. 어제밤에 저는 동읍(東邑)사람에게 빚 독촉을 받았습니다. 그 사람에게 물으면 아실 것입니다."
 이 말을 듣고 그의 부친은 그것을 믿으면서 말하였다.
 "아아, 이것은 필시 그 기귀라는 요괴의 장난이었구나. 내 일찍이 그런 이야기를 들었느니라."
 다음 장날에는 장에 나가 일부러 술에 취한 척하고 돌아오다가 그 놈을 만나면 칼로 찔러서 죽이겠다고 별렀다. 그러다가 다음 장날에 또 장에 나가 술을 마시고 취하였다. 그리고 집으로 돌아오는데 이번에는 그의 진짜 아들이 자기 아버지가 술에 취하여 제대로 집으로 돌아오지 못할 것이 걱정되어 아버지를 마중하러 나가 길에서 아버지를 만났다. 그러니 그 아버지는 진짜 아들을 바라보다가 그놈이 요괴이리라 생각하고 벼르던 대로 칼을 빼들고 찔러 죽였다.
 그 사람의 지혜라는 것은 그 아들의 모습과 같다는 것에 미혹(迷惑)되어 자기의 진짜 아들을 죽인 것이다. 대저 선비인 것 같은 자에게 미혹되어 진짜 선비를 잃는 것은 이 여구(黎丘) 사람의 지혜인 것이다. 그럴듯한 형적(形迹)은 자세히 살피지 않을 수 없는 것이니, 자세히 살피면 반드시 그 사람의 진짜 모습이 드러나는 것이다.
 순(舜)임금이 말을 몰고 요(堯)임금이 그 왼쪽에 앉고 우(禹)임금이 그 오른쪽에 앉아 못으로 들어가 목동(牧童)에게 묻고, 물로 들어가 어부에게 물은 것은 무슨 까닭인가. 그 사물의 참모습을 자세히 살피기 위해서였다. 대저 쌍둥이가 서로 같게 생겼지만 그의 어머니가 그들을 분별할 수 있는 것은 자세히 살펴서 알기 때문이다.

梁北有黎丘部有奇鬼[1]焉 喜效人之子姪昆弟之狀 邑丈人有之市而醉歸者 黎丘之鬼效其子之狀 扶而道苦之 丈人歸 酒醒 而誚[2]其子曰 吾爲汝父也 豈謂不慈哉 我醉 汝道苦我 何故 其子泣而觸地曰 孼[3]矣 無此事也 昔也往責於東邑人 可問也 其父信之曰 譆 是必夫奇鬼也 我固嘗聞之矣 明日端[4]復飮於市 欲遇而刺殺之 明旦之市而醉 其眞子恐其父之不能反[5]也 遂逝[6]迎之 丈人望其眞子 拔劍而刺之 丈人智惑於似其子者 而殺於眞子 夫惑於似士者而失於眞士 此黎丘丈人之智也 疑似之迹 不可不察 察之必於其人也 舜爲御 堯爲左 禹爲右 入於澤而問牧童 入於水而問漁師 奚故也 其知之審也 夫攣子[7]之相似者 其母常識之 知之審也

1) 奇鬼(기귀) : 요괴(妖怪)의 이름.
2) 誚(초) : 책망하다. 꾸짖다.
3) 孼(얼) : 아니다. 잘못되다. 억울하다.
4) 端(단) : 일부러. 고의(故意).
5) 反(반) : 돌아오다.
6) 逝(서) : 가다. 왕(往)과 같다.
7) 攣子(연자) : 쌍둥이.

4. 행하는 것은 하나뿐(四曰壹行)

가. 열 가지를 알아야 한다

선왕(先王)이 싫어한 것은 알지 못하는 것보다 더한 것이 없었다. 알지 못하면 곧 임금과 신하, 아비와 자식, 형과 아우, 벗과 벗, 남편과 아내의 관계가 깨어진다.

이 열 가지 관계가 깨지면 세상의 어지러움이 이보다 더 큰 것이 없다. 대개 인륜(人倫)에 있어 이 열 가지 관계가 정상적이라야 편안할 수가 있으니, 이 열 가지 관계를 버리면 곧 미록(麋鹿)과 호랑(虎狼)등의 짐승과 다를 바 없다. 용력(勇力)이 많은 자는 통제(統制)할 뿐이다.

알지 못하면 군주를 편안하게 할 수 없고, 어버이를 즐겁게 할 수 없고, 형을 빛나게 할 수 없고, 벗 사이에 신의가 없고, 남편을 존경함이 없기 때문이다.

先王所惡 無惡於不可知 不可知則君臣父子兄弟朋友夫妻之際敗[1]矣 十際[2]皆敗 亂莫大焉 凡人倫以十際爲安者也 釋[3]十際則與麋鹿虎狼[4]無以異 多勇者則爲制耳矣 不可知則知無安君 無樂親矣 無榮兄 無親友 無尊夫矣

1) 際敗(제패) : 관계가 깨지다. 제(際)는 관계(關係).
2) 十際(십제) : 열 가지 관계. 곧 임금과 신하, 아비와 자식, 형과 아우, 벗과 벗, 남편과 아내의 관계. 또는 부자(父慈)·자효(子孝)·형량(兄良)·제제(弟悌)·부의(夫義)·부덕(夫德)·장혜(長惠)·유순(幼順)·군인(君仁)·신충(臣忠)의 사람의 의(義).
3) 釋(석) : 풀다. 버리다.
4) 虎狼(호랑) : 범과 늑대.

나. 가는 길을 알아야 나라를 보존한다

강대한 것이 반드시 왕천하(王天下)하는 것은 아니지만 왕천하한 이는 반드시 강대하다.

왕자(王者)가 성공을 거두는데 있어 의지하는 것은 무엇인가. 그것은 위세(威勢)와 이(利)다. 강대하지 못하면 그 위세는 위세가 되지 못하고 그 이(利)는 이가 되지 못한다.

그 위세(威勢)가 위세가 되지 못하면 그것으로써 사악(邪惡)을 막기에 족하지 못하고 그 이(利)가 이가 되지 못하면 그것으로써 선량(善良)함을 권장하기에 족하지 못하다.

 그러므로 현명한 군주가 반드시 그 위세(威勢)와 이(利)로 하여금 천하에 적(敵)이 없게 하려면 그것으로써 막으면 반드시 멈추고 그것으로써 권장하면 반드시 효과가 있어야 한다.

 위세와 이에 적이 있어 백성을 근심하고 수고롭게 하더라도 행하는 일을 성실하고 믿을 수 있게 하는 것을 알면 가히 왕업(王業)을 이룰 수 있고, 위세와 이에 적이 없되 행하는 일이 성실하지 않고 믿을 수 없다는 것을 알지 못하면 멸망을 면하지 못한다.

 국가가 약소(弱小)하면서 행하는 일이 성실하지 못하고 믿을 수 없다는 것을 알지 못하면 강대한 나라가 반드시 그것을 의심하게 되니, 사람의 정리로 그 의심하는 바를 사랑할 수는 없다. 나라가 이미 약소하면서 강대국의 사랑을 받지 못하면 존립(存立)할 수 없게 됨으로써 그 가는 길을 알지 못하는 것이다. 그 가는 길을 알지 못하고 천하의 왕자가 그것을 행하면 왕업이 파괴되고 강대한 나라가 그것을 행하면 위태로워지고, 약소국이 그것을 행하면 멸망한다.

 強大未必王也 而王必強大 王者之所藉[1]以成也何 藉其威與其利 非強大則其威不威 其利不利 其威不威 則不足以禁[2]也 其利不利 則不足以勸[3]也 故賢主必使其威利無敵 故以禁則必止 以勸則必爲[4] 威利敵 而憂苦民 行可知[5]者王 威利無敵 而以行不知者亡[6] 小弱而不可知 則強大疑之矣 人之情不能愛其所疑 小弱而大不愛 則無以存 故不可知之道 王者行之廢 強大行之危 小弱行之滅

1) 藉(자): 의뢰(依賴)하다. 의지하다.
2) 禁(금): 막다. 곧 사악(邪惡)을 막는다는 말.
3) 勸(권): 권장하다. 곧 선량(善良)함을 권장한다는 말.
4) 爲(위): 효과(效果)가 있다.
5) 可知(가지): 행하는 일이 성실하고 믿을 수 있다는 뜻.
6) 行不知者亡(행부지자망): 행하는 일이 성실하지 못하고 믿을 수가 없다는 것을 알지 못하기 때문에 멸망한다는 말이다.

다. 이것도 저것도 아닌 것

지금 길을 가던 사람이 큰 나무를 보면 반드시 옷을 벗고 관(冠)을 벗어 그 나무에 걸고, 지녔던 칼을 풀어서 그 나무에 기대 세우고는 그 나무밑에 누울 것이다. 그 큰 나무가 사람에게 정이 있고 친숙해 서로 사귀는 것을 알아서가 아니라 이와 같이 편안하게 누울 수 있는 것은 그 나무 그늘을 믿을 수 있어서이다.

언덕 위의 거목(巨木)은 모든 사람이 볼 수 있으니 그곳을 약속 장소로 삼는 것은 서로 알기가 쉽기 때문이다.

또 어찌 하물며 현사(賢士)에 있어서랴. 현사는 의(義)가 있고 신(信)이 있으므로 반드시 만날 바를 기약하게 된다.

또 어찌 하물며 강하고 거대한 나라에 있어서랴. 강대한 나라는 성실하고 믿을 수가 있어 왕천하(王天下) 하기가 어렵지 않다.

사람이 배를 타는 까닭은 그 배가 능히 떠서 가라앉을 위험이 없기 때문이다. 세상 사람이 군자를 현명하다고 칭송하는 까닭은 군자가 능히 의(義)를 행하고 사악(邪惡)을 행할 수 없기 때문이다.

공자가 점을 쳐서 분괘(賁卦)를 얻었다. 공자가 말하였다.

"불길(不吉)하도다."

이에 그의 제자 자공(子貢)이 물었다.

"분괘도 또한 좋은 점괘입니다. 어찌 불길하다 하십니까?"

이 말에 대하여 공자는 말하였다.

"희면 희고 검으면 검은 것이지. 어찌 희지도 검지도 않은 분괘가 좋단 말이냐."

그러므로 현자(賢者)가 싫어하는 것은 이것도 저것도 분명하지 않은 것이다. 천하의 모든 사람이 싫어하는 것은 알 수 없는 것보다 더한 것이 없다. 대저 알 수 없으면 도둑들도 서로 더불어 기약하지 않고 반역자들도 서로 더불어 반역을 꾀하지 않는다.

도적(盜賊)이란 크게 간사하고 악랄한 존재다. 그렇건만 오히려 필요로 하는 짝을 얻을 수 있다. 또 하물며 큰 공을 이루고자 하는 사람에게 있어서랴. 대저 큰 공을 이루고자 하면 천하의 모든 사람에게 가볍게 권장하여도 그것을 도울 것이다. 신의(信義)가 있는 현사는 반드시 바르게 알 것이다.

今行者見大樹 必解衣縣冠倚劍而寢其下 大樹非人之情親知交也 而安之若此者 信¹⁾也 陵上巨木 人以爲期 易知²⁾故也 又況於士乎 士義可知故也 則期爲必矣 又況彊大之國 彊大之國誠可知 則其王不難矣 人之所乘船者 爲其能浮而不能沈也 世之所以賢君子者 爲其能行義而不能行邪辟也 孔子卜 得賁³⁾ 孔子曰 不吉 子貢曰 夫賁亦好矣 何謂不吉乎 孔子曰 夫白而白 黑而黑 夫賁又何好乎 故賢者所惡於物⁴⁾ 無惡於無處 夫天下之所以惡 莫惡於不可知也 夫不可知 盜不與期 賊不與謀 盜賊大姦也 而猶所得匹偶 又況於欲成大功乎 夫欲成大功 令天下皆輕勸而助之 必之士可知

1) 信(신) : 믿다. 큰 나무는 사람을 속이는 일이 없기 때문이다.
2) 易知(이지) : 알기 쉽다. 언덕위의 거목은 높은 곳에 우뚝 서 있어 사방에서 누구나 볼 수 있기 때문에 약속장소로 정하면 누구나 알기 쉽다는 뜻.
3) 賁(분) : '주역(周易)' 점괘(占卦)의 하나. 빛깔이 불분명한 괘. 색(色)이 불순(不純)한 괘.
4) 賢者所惡於物(현자소오어물) : 현자가 싫어하는 것은 이도 저도 아닌 것, 곧 분명하지 않은 것이다.

5. 사람을 구하는 것(五曰求人)

가. 나라를 오래도록 지속시키는 방법

몸이 안정되고 나라가 편안하며 천하가 다스려지는 것은 반드시 현인(賢人)에게 달려 있다.

옛날 천하를 소유하였던 이는 71성인이었다. '춘추(春秋)'를 읽어 보면 노(魯)나라 은공(隱公)으로부터 애공(哀公)에 이르기까지 12세(世), 그동안 현인을 얻은 까닭이나 잃은 까닭이 모두 같은 도리(道理)에서였다.

현인을 얻으면 나라가 편안하지 않음이 없고 명성이 빛나지 않음이 없으며, 현인을 잃으면 나라가 위태롭지 않음이 없고 명성이 욕되지 않음이 없었다.

선왕(先王)이 현인을 구함에 있어서는 방법을 가리지 않았으니 혹은 지극히 비천(卑賤)한 사람이라도 가리지 않았고 혹은 지극히 먼 곳에 지극히 수고롭게 가서 구하기도 하였다.

우(虞)나라의 군주가 궁지기(宮之奇)의 간하는 말을 받아들이고, 오(吳)나라의 왕이 오자서(伍子胥)의 간하는 말을 받아들였다면 이 두 나라가 지금까지도 오히려 존재할 수 있을 것이며 이것은 군주가 어진 사람의 말을 들어 국가를 오래도록 지탱할 수 있는 법칙이다.

또 인간이 오래 살 수 있다고 한다는 것은 인간이라면 바라지 않는 사람이 없다. 지금 나라를 오래 지속시키는 길이 있는데 군주된 자가 그것을 구하지 않는 것은 잘못된 일이다.

身定國安天下治 必賢人 古之有天下也者七十一聖 觀於春秋¹⁾ 自魯隱公以至哀公十有二²⁾世 其所以得之 所以失之 其術一也 得賢人 國無不安 名無不榮 失賢人 國無不危 名無不辱 先王之索賢人 無不以也 極卑極賤 極遠極勞 虞³⁾用宮之奇⁴⁾ 吳⁵⁾用伍子胥之言 此二國者雖至於今存可也 則是國可壽也 有能益人之壽者 則人莫不願之 今壽國有道 而君人者而不求 過矣

1) 春秋(춘추) : 육경(六經)의 하나로 공자(孔子)가 산정(刪定)한 노(魯)나라의 역사.
2) 十有二(십유이) : 열하고 또 둘. 곧 열둘. 유(有)는 우(又)와 같다.
3) 虞(우) : 춘추시대의 나라 이름.
4) 宮之奇(궁지기) : 우(虞)나라의 현신(賢臣). 우나라 군주가 궁지기의 간언

(諫言)을 받아들이지 않아 나라가 멸망하였다.
5) 吳(오) : 오(吳)나라. 오자서(伍子胥)의 간언(諫言)을 받아들이지 않은 사람은 오왕(吳王) 부차(夫差)다.

나. 우(禹)임금의 공적을 사발에 새기다

요(堯)임금이 순(舜)임금에게 천하를 넘겨 줌에 있어, 그를 예우(禮遇)함에 제후(諸侯)로써 하고, 그 두 딸을 순(舜)에게 시집보내 아내로 삼게 하고, 그 열 아들로 하여금 순의 신하가 되게 하였으며, 또한 자신은 몸소 북면(北面)하여 순에게 조현(朝見)하였으나 순은 지극히 낮은 신분이었다.

이윤(伊尹)은 주방(廚房)일을 하던 사람이요, 부열(傅說)은 은(殷)나라에 죄를 지은 범인(犯人)이었으나 천자의 재상이 되었으니, 이 두 사람은 다 지극한 천인(賤人) 출신이었다.

우(禹)는 동으로 부목(榑木)의 땅, 해가 뜨는 구진(九津) 청강(靑羌)의 들, 찬수(攢樹)의 곳, 민천(摺天)의 산, 오곡(烏谷) 청구(靑丘)의 고장, 흑치(黑齒)의 나라에 이르고, 남으로 교지(交阯)·손박(孫樸)·속만(續樠)의 나라, 단속(丹粟)·칠수(漆樹)·비수(沸水)·표표(漂漂)·구양(九陽)의 산, 우인(羽人)·나인(裸人)의 고장, 불사(不死)의 고장에 이르고, 서로 삼위(三危)의 나라, 무산(巫山)의 아래, 음로흡기(飮露吸氣)의 백성, 적금(積金)의 산, 굉(肱)이라는 팔 하나에 눈이 세 개인 사람들이 사는 고장에 이르고, 북으로 인정(人正)의 나라, 하해(夏海)의 궁핍한 곳, 형산(衡山)의 위, 견융(犬戎)의 나라, 과보(夸父)의 들, 우강(禺彊)의 고장, 적수(積水)·적석(積石)의 산에 이르렀으나, 게으르게 쉬는 일이 없었다.

그는 백성들의 노고를 근심하여 안색은 검어졌고 몸뚱이의 여러 구멍과 내장이 잘 통하지 않았으나 걸음걸이를 빠르게 하여 현인(賢人)을 찾고 땅의 이(利)를 능히 다 쓰려고 했으니 이것은 지극한 노고(勞苦)를 아끼지 않은 것이다.

그리하여 고요(皐陶)·화익(化益)·진규(眞窺)·횡혁(橫革)·지교(之交) 다섯 사람의 보좌(輔佐)를 얻었다. 그러므로 우(禹)의 공적을 금석(金石)에 새겨 반우(盤盂)에 나타내었다.

堯傳天下於舜 禮之諸侯 妻以二女 臣以十子 身請北面[1]朝之 至卑[2]也 伊尹庖廚之臣也 傅說[3]殷之胥靡[4]也 皆上相天子 至賤也 禹東至榑木[5]之地 日出九津[6]青羌之野 攢樹之所 㨉天[7]之山 鳥谷青丘之鄉 黑齒之國[8] 南至交阯孫樸續樠之國 丹粟漆樹沸水 漂漂九陽之山 羽人[9]裸民[10]之處 不死之鄉 西至三危之國 巫山之下 飲露吸氣之民 積金之山 其肱 一臂三面之鄉[11] 北至人正之國[12] 夏海[13]之窮 衡山[14]之上 犬戎[15]之國 夸父[16]之野 禺彊[17]之所 積水[18]積石[19]之山 不有懈墮[20] 憂其黔首 顏色黎黑 竅藏不通[21] 步不相過[22] 以求賢人 欲盡地利[23] 至勞也 得陶化益眞窺橫革之交[24]五人佐禹 故功績銘乎金石 著於盤盂[25]

1) 北面(북면) : 신하로서 군주를 대하는 일. 군주는 남면(南面)하게 마련이므로 신하가 군주를 대할 때는 북쪽을 향해야 한다.
2) 至卑(지비) : 지극히 낮다. 곧 그때 순(舜)은 한 백성에 불과했으므로 하는 말이다.
3) 傅說(부열) : 은(殷)나라 고종(高宗) 때의 현명(賢明)한 재상(宰相).
4) 胥靡(서미) : 죄를 지은 범인(犯人).
5) 榑木(부목) : 큰 나무. 부목(扶木).
6) 津(진) : 물가. 애(崖)와 같다.
7) 㨉天(민천) : 산이 높아 하늘에 닿는다는 뜻.
8) 黑齒之國(흑치지국) : 동쪽에 있는 나라로 사람들의 이가 검었다고 한다.
9) 羽人(우인) : 입이 새의 주둥이 같고 등에 날개가 있는 사람.
10) 裸民(나민) : 옷을 입지 않고 알몸으로 사는 사람.
11) 肱一臂三面之鄉(굉일비삼면지향) : 굉국(肱國). 팔뚝 하나에 눈이 세 개인 사람들의 나라. 일비삼목(一臂三木)의 나라. 향(鄕)은 국(國)과 같다.
12) 人正之國(인정지국) : 북극(北極) 지방에 있는 나라라고 한다.
13) 夏海(하해) : 크게 어두운 바다.

14) 衡山(형산) : 북극에 있는 산의 이름.
15) 犬戎(견융) : 서융(西戎)의 별족(別族).
16) 夸父(과보) : 짐승의 이름.
17) 禺彊(우강) : 신인(神人).
18) 積水(적수) : 바다를 이르는 말.
19) 積石(적석) : 산의 이름. ※동서남북의 지명 등은 상고(詳考)할 수가 없다.
20) 懈墮(해타) : 게으름을 피우다.
21) 竅藏不通(규장불통) : 몸뚱이의 여러 구멍과 내장이 통하지 않는다. 곧 병이 들었다는 말.
22) 步不相過(보불상과) : 걸음을 멈추지 않는다.
23) 地利(지리) : 땅을 이용해서 곡식을 생산하게 한다는 말.
24) 陶化益眞窺橫革之交(요화익진규횡혁지교) : 사람의 이름들. 요(陶)는 고요(皐陶), 화익(化益)은 백익(伯益), 진규(眞窺)는 직성(直成), 횡혁(橫革), 지교(之交)는 미상(未詳)이다.
25) 盤盂(반우) : 그릇.

다. 천하를 사양한 허유(許由)

옛날에 요(堯)임금이 패택(沛澤) 속으로 허유(許由)를 찾아가 말하였다.

"열 개의 태양이 떠 빛을 발하는데도 촛불을 끄지 않는 것은 또한 노고(勞苦)가 아닙니까? 선생께서 천자(天子)가 되시어 천하(天下)를 다스리시면 천하는 안정될 것입니다. 청컨대 천하를 선생께서 맡아 다스려 주십시오"

이 말을 들은 허유는 사양하며 말하였다.

"그것은 천하가 다스려지지 않아서입니까? 그러나 천하는 이미 다스려지고 있습니다. 아니면 자기 자신을 위해서입니까?

굴뚝새는 숲속에 보금자리를 만들되 나뭇가지 하나에 불과하고 두더지(偃鼠)는 강물을 마시되 자기 배를 채우는데 지나지 않습니다. 천자께서는 돌아가십시오 내 어찌 천하를 맡아 다스리겠습니까?"
 그리고는 마침내 기산(箕山) 기슭 영수(潁水) 북쪽에 가서 스스로 농사지어 먹으면서 천하를 다스릴 생각을 하지 않았다. 그러므로 현주(賢主)가 현자(賢者)를 대함에 있어서는 사물(事物)로써 그를 방해하지 않고, 척애(戚愛)와 고구(故舊) 또한 사물로써 그를 방해하지 않는다. 그래서 현자는 서로 모인다.
 현자가 서로 모이는 곳에 천지는 깨뜨리지 않고, 귀신은 해롭게 하지 않으며, 간사한 사람들이 도모(圖謨)하지 않으니, 이것이 다섯 가지 떳떳한 것의 근본이 되는 일이다.

 昔者堯朝許由於沛澤之中曰 十日[1]出而焦火不息 不亦勞乎 夫子[2] 爲天子 而天下已定矣 請屬天下於夫子 許由辭曰 爲天下之不治與 而旣已治矣 自爲與[3] 鷦鷯[4]巢於林 不過一枝 偃鼠飲於河 不過滿腹 歸已君乎 惡用天下 遂之箕山[5]之下 潁水之陽[6] 耕而食 終身無經天下之色 故賢主之於賢者也 物莫之妨 戚愛習故[7] 不以害之 故賢者聚焉 賢者所聚 天地不壞 鬼神不害 人[8]事不謀 此五常[9]之本事也

1) 十日(십일) : 열 개의 태양(太陽).
2) 夫子(부자) : 선생. 여기서는 허유(許由)를 가리키는 말.
3) 自爲與(자위여) : 자기 자신을 위해서인가. 여(與)는 의문을 나타내는 종결사(終結詞)로 여(歟)와 같다.
4) 鷦鷯(조초) : 작은 새인 굴뚝새.
5) 之箕山(지기산) : 지(之)는 가다. 기산은 지금의 하남성(河南省) 등봉현(登封縣)에 위치한다.
6) 潁水之陽(영수지양) : 영수(潁水)의 북쪽. 산의 양(陽)은 남쪽이요 물의 양(陽)은 북쪽이다. 지금의 영수는 하남성 등봉현에 흐른다.
7) 戚愛習故(척애습고) : 척애는 친척과 사랑하는 사람. 습고는 오래된 친구. 고구(故舊).
8) 人(인) : 간인(奸人).
9) 五常(오상) : 인(仁)·의(義)·예(禮)·지(智)·신(信)의 다섯 가지 덕목(德目).

라. 오직 현인을 얻는 데에 있다

고자(皐子)가 나라를 다스리는데 많은 사람들은 모두 그가 나라를 빼앗은 것이라고 의심하였다. 그래서 그는 남궁건(南宮虔)과 공백산(孔伯産) 두 현자(賢者)를 추천하여 함께 정사를 함으로써 많은 사람들의 의심을 풀게 하였다.

진(晋)나라에서는 정(鄭)나라를 공격하고자 하여 숙향(叔嚮)으로 하여금 정나라에 가서 정나라에 현인(賢人)이 있는가 없는가를 살피게 하였다. 그리하여 숙향은 정나라에 가서 지내는 동안 자산(子産)을 알게 되었고, 자산은 시(詩)를 지어 숙향에게 읊었다.

"그대가 나를 좋게 생각한다면 옷을 벗어 걸치고 유수(洧水)를 건너서 돌아가시오. 나를 좋게 생각하지 않는다면 어찌 다른 현사(賢士)가 없겠는가."

이에 숙향은 진(晋)나라로 돌아와 보고하였다.

"정나라에는 현인 자산이 있으니 공격할 수 없습니다. 또한 정나라는 서쪽으로 진(秦)나라와 가깝고, 남쪽으로 초(楚)나라와 가까우니 그 시 속에는 우리가 정나라를 공격하면 진(秦)나라·초나라를 섬기겠다는 다른 마음이 숨겨져 있습니다. 그러니 정나라는 공격할 수 없습니다."

이 보고를 듣고 진(晋)나라에서는 정나라에 대한 공격을 중지하였다.

공자가 말하였다.

"시(詩)에 이르기를, '국가가 강한 것은 오직 현인을 얻는 데에 있다'라고 하였으니, 자산의 한마디 말로 정나라가 화환(禍患)을 모면한 것이다."

皐子[1] 衆疑取國 召南宮虔孔伯産[2]而衆口止 晉人欲攻鄭 令叔嚮聘焉 視其有人與無人 子産爲之詩曰 子惠思我 褰裳涉洧[3] 子不我

思 豈無他士 叔嚮歸曰 鄭有人 子産在焉 不可攻也 秦荊近 其詩有
異心 不可攻也 晉人乃輟攻鄭 孔子曰 詩云[4] 無競[5]惟人 子産一稱
而鄭國免

1) 皐子(고자) : 춘추시대의 현자(賢者). 고자(皐子)에 대한 사실은 그 출처를
   알 수 없다.
2) 南宮虔孔伯產(남궁건·공백산) : 두 사람 다 고자(皐子)와 동시대의 현자.
3) 洧(유) : 물이름. 유수(洧水). 진(晉)나라와 정(鄭)나라의 국경을 이루는 강.
4) 詩云(시운) : '시경(詩經)' 대아(大雅) 억편(抑篇)의 시구(詩句).
5) 競(경) : 강하다. 강(强)과 같다.

6. 전하는 말을 살핌(六日察傳)

가. 잘못 들으면 안 들은 것만 못하다

대저 무슨 말을 들으면 그 말을 살피지 않을 수 없다.

말이라는 것이 몇번 이 사람에게서 저 사람으로 전하고, 저 사람의 입에서 또 다른 사람에게 전하여지고 하는 동안에 흰 것이 검은 것으로 되기도 하고 검은 것이 흰 것으로 바뀌기도 한다.

그러므로 개는 확(玃)이라는 종류의 원숭이와 비슷하고, 확은 또 모후(母猴)라는 종류의 원숭이와 비슷하며, 모후는 사람을 많이 닮았다. 사람과 개는 그 생김새가 전혀 다르지만 이것은 어리석은 사람이 크게 착각하는 까닭이 된다.

남에게 말을 들어서 그 말을 자세히 살피면 그것이 복(福)이 되고, 남에게 말을 들어서 그 말을 자세히 살피지 않으면 그것은 듣지 않은 것만 같지 못하게 된다.

제(齊)나라의 환공(桓公)은 포숙(鮑叔)에게서 관자(管子)에 대한 말을 들었고, 초(楚)나라의 장왕(莊王)은 심윤서(沈尹筮)에게서 손숙오(孫叔敖)에 대한 말을 들어 자세히 살폈으므로 제

후에게 패자(覇者)의 일컬음을 들었다.
　오(吳)나라 왕 부차(夫差)는 태재비(太宰嚭)에게서 월(越)나라 왕 구천(句踐)에 대한 말을 들었고, 지백(智伯)은 장무(張武)에서 조양자(趙襄子)에 대한 말을 듣고 자세히 살피지 않았으므로 나라는 멸망하였고 그 몸은 죽음을 면치 못하였다.
　무릇 남에게서 말을 들으면 반드시 그에 대하여 자세히 궁구하여 의논하고 그 사람에 대하여 반드시 도리로써 시험해 볼 것이다.

　夫得言不可以不察 數傳¹⁾而白爲黑 黑爲白 故狗似玃²⁾ 玃似母猴³⁾ 母猴似人 人之與狗則遠矣 此愚者之所以大過也 聞而審則爲福矣 聞而不審 不若無聞矣 齊桓公聞管子於鮑叔⁴⁾ 楚莊聞孫叔敖於沈尹筮 審之也 故國霸諸侯也 吳王聞越王句踐於太宰嚭⁵⁾ 智伯聞趙襄子於張武⁶⁾ 不審也 故國亡身死也 凡聞言必熟論 其於人必驗之以理

1) 數傳(수전) : 몇차례 옮겨 전하다.
2) 玃(확) : 개와 비슷하게 생긴 원숭이의 일종.
3) 母猴(모후) : 원숭이의 일종으로 사람을 많이 닮았다.
4) 濟桓公聞管子於鮑叔(제환공문관자어포숙) : 제나라 환공이 포숙아(鮑叔牙)의 추천을 받아 관자(管子)를 재상(宰相)으로 삼은 것을 말한다.
5) 太宰嚭(태재비) : 오왕(吳王) 부차(夫差)의 신하.
6) 張武(장무) : 지백(智伯)의 신하로 조양자(趙襄子)의 지능(智能)을 낮추어 보고 지백에게 고하였고 지백은 그 말을 자세히 살피지 않고 받아들여 멸망하였다.

　나. 다리가 하나라고 했는데 사실입니까?
　노(魯)나라 애공(哀公)이 공자(孔子)에게 물었다.
　"악정(樂正)이었던 기(夔)는 다리가 하나(一足)였다고 하는데 그것이 믿을 수 있는 말이오?"
　공자가 대답하였다.
　"옛날 순(舜)임금이 음악으로써 천하에 교화를 펴고자 하였습니다. 이에 중려(重黎)가 초야(草野)에 묻혀 있는 기(夔)를 추천하니 순임금이 기를 등용하여 악정으로 삼았습니다. 악정이 된 기는 육률(六律)을 바로잡고, 오성(五聲)을 고르게 하여 그것으로써 팔풍(八風)을 통하게 하니 천하가 크게 복종하였습니다.

이에 중려가 또 기와 같은 사람을 더 찾아 천거하고자 하니, 순임금이 말하기를 '대저 음악이라고 하는 것은 천지의 정화(精華)다. 사람의 일에 있어 얻는 것과 잃는 것의 준칙(準則)이므로 오직 성인만이 능히 음악의 근본을 조화할 수 있는 것이다. 기는 능히 악성(樂聖)을 조화함으로써 천하를 태평하게 하였으니, 기와 같은 사람은 한 사람으로 족(足)하다 [一而足]' 하였습니다. 그래서들 말하기를 기는 일족(一足)이라고 하는 것이지 다리가 하나라는 뜻은 아닙니다."

魯哀公問於孔子曰 樂正[1]夔一足 信乎 孔子曰 昔者舜欲以樂傳敎於天下 乃令重黎擧夔於草莽之中而進之 舜以爲樂正 夔於是正六律[2] 和五聲[3] 以通八風[4] 而天下大服 重黎又欲益求人[5] 舜曰 夫樂天地之精也 得失之節[6]也 故唯聖人爲能和樂之本也 夔能和之以平天下 若夔者一而足矣 故曰夔一足 非一足也

1) 樂正(악정) : 음악을 관장하는 악관(樂官)의 장(長).
2) 六律(육률) : 육기(六氣)의 율(律)로 양(陽)을 율(律)이라 하고 음(陰)을 여(呂)라 하여 모두 십이율려(十二律呂)다.
3) 五聲(오성) : 궁(宮)·상(商)·각(角)·치(徵)·우(羽)의 다섯 가지 소리. 오음(五音).
4) 八風(팔풍) : 팔괘(八卦)의 풍(風).
5) 人(인) : 기(夔)와 같은 사람.
6) 節(절) : 준칙(準則).

다. 듣지 아니한 것만 같지 못한 말

송(宋)나라의 정씨(丁氏)집에는 우물이 없었다. 그래서 밖에 나가 물을 길어다 쓰는데 그러기 위해서는 한 사람이 물 긷는 일에 매달려 밖에서 살다시피 해야했다.

그러던 어느날 집안에다 우물을 파고 정씨가 어떤 사람에게 말하였다.

"나는 우물을 파고는 사람을 하나 얻었소"

이 말을 들은 사람이 다른 사람에게 옮겨 말하였다.

"정씨는 우물을 파다가 사람 하나를 얻었다고 하더라."

이렇게 해서 정씨가 우물을 파다가 사람을 하나 얻었다는 소문은 이 사람에게서 저 사람에게로, 저사람에게서 또 다른 사람에게로 퍼져 온 나라 안에 그 소문이 퍼졌다.

그 소문은 마침내 송나라 군주의 귀에까지 들리게 되었다. 그래서 송나라 군주는 그 신기한 소문을 확인하기 위해 사람을 시켜 정씨에게 가 직접 묻게 하였다. 그랬더니 정씨가 대답하였다.

"물 길어 오는 일에 한 사람이 매달려야 했는데 그럴 필요가 없어졌으니 한 사람의 품을 얻었다는 것이지 우물 속에서 한 사람을 얻었다는 것이 아닙니다."

말을 듣는 것이 이와 같다면 듣지 않은 것만 같지 못하다.

宋之丁氏家 無井 而出漑汲[1] 常一人居外 及其家穿井 告人曰 吾穿井得一人 有聞而傳之者曰 丁氏穿井得一人 國人道之 聞之於宋君 宋君令人問之於丁氏 丁氏對曰 得一人之使 非得一人於井中也 求能之若此[2] 不若無聞也

1) 漑汲(개급) : 물을 긷는 일. 취수(取水).
2) 求能之若此(구능지약차) : 남의 이야기를 듣는 것이 이와 같다. 능(能)은 문(聞)의 잘못일 것 같다. 구문지약차(求聞之若此).

라. 기해(己亥)에 황하를 건너다

공자의 제자인 자하(子夏)가 진(晉)나라로 가기 위해 위(衛)나라를 거치는 동안의 이야기다.

어떤 사람이 사기(史記)를 읽었다.
"진(晉)나라 군사가 삼시(三豕)에 황하(黃河)를 건너다."
이에 자하가 말하여 바로잡아 주었다.
"아니오. 이것은 삼시(三豕)가 아니라 기해(己亥)라야 하오 고문(古文)에 있어서 기(己)자는 삼(三)자와 서로 가깝고 시(豕)자는 해(亥)자와 서로 비슷하오"
그리고는 진나라에 이르러 그것을 누구에게 물어 확인하였다.
그것은 과연 "진(晉)나라 군사가 기해(己亥)에 황하(黃河)를 건너다."로 읽어야 맞는 것이었다.
말의 많은 경우가 아닌 것 같으면서 그렇기도 하고, 그런 것 같으면서 아닌 경우가 있다. 옳고 그른 것의 도리는 분명하게 하지 않을 수 없으니 이것은 성인이 자세히 살펴 신중히 해야할 일이다. 그러면 어떻게 하는 것이 자세히 살펴서 신중히 하는 것인가. 그것은 사물의 정리와 인간의 정리에 의하여 그것으로써 들은 바를 자세히 살피면 그 실정(實情)을 얻을 수가 있는 것이다.

　　子夏[1]之晉過衛 有讀史記者曰 晉師三豕涉河 子夏曰 非也 是己亥[2]也 夫己與三相近 豕與亥相似 至於晉而問之 則曰 晉師己亥涉河也 辭多類非而是 多類是而非 是非之經[3] 不可不分[4] 此聖人之所愼也 然則何以愼 緣物之情及人之情 以爲所聞 則得之矣

1) 子夏(자하) : 공자의 제자.
2) 己亥(기해) : 생각건대 기해(己亥)의 글자 모양이 고문(古文)에서는 삼시(三豕)의 글자 모양과 매우 비슷하기 때문에 하는 말일 것이다.
3) 經(경) : 도리(道理).
4) 分(분) : 분명하다.

제23권 곧은 것을 귀하게 여기는 것
(卷二十三 貴直論 : 第三, 凡六篇)

말이 너무 귀에 거슬리면
군주는 노(怒)하게 되고
군주가 노하면
말한 사람이 위태로워진다.
그러니 현자(賢者)가 아니고서야
누가 즐겨 위험을 무릅쓰고
귀에 거슬리는 말을 할 것인가.
그리고 현자가 못되는 사람은
장차 기회를 이용하여
실리(實利)를 구하고자 할 것이니
실리를 구라고자 하는 사람이
위험을 무릅써서 무슨 소득이 있겠는가.

제23권 곧은 것을 귀하게 여기는 것

1. 곧은 것을 귀하게 여김(一曰貴直)

가. 굽은 것 듣기를 좋아하는 군주

현명한 군주가 귀중하게 여길 바는 현사(賢士)보다 더한 것이 없다. 현명한 군주가 귀중하게 여기는 까닭은 현사는 능히 곧은 말로 간(諫)할 수 있기 때문이다. 또 말이 곧으면 사리(事理)의 굽은 것이 드러나기 때문이다. 그런데 군주의 병폐(病弊)는 굽은 것 듣기를 좋아하고 곧은 말 듣기를 싫어하는 것이다.

이것은 물의 근원을 막아 버리고 물이 흐르기를 바라는 것이니 물이 어디로부터 흐를 수 있겠는가. 이것은 그 바라야 할 것을 천하게 여기고, 그 미워해야 할 것을 귀중하게 여기는 것이다. 그러니 바라는 바가 어디로부터 올 수 있겠는가.

賢主所貴莫如士 所以貴士 爲其直言也 言直[1]則枉[2]者見矣 人主之患 欲聞枉而惡直言 是障[3]其源而欲其水也 水奚自至[4] 是賤其所欲[5]而貴其所惡[6]也 所欲奚自來

1) 言直(언직) : 말이 곧다. 말이 곧으면 바른 것(正)과 사악한 것(邪)을 잘 판단할 수 있다.
2) 枉(왕) : 굽은 것. 곧 사(邪).
3) 障(장) : 막다. 색(塞)과 같다.
4) 水奚自至(수해자지) : 물이 어디로부터 올 수 있는가. 해(奚)는 하(何)와 같

고 자(自)는 종(從)과 같다.
5) 賤其所欲(천기소욕) : 바라는 것을 천히 여기다. 곧 곧은말을 천하게 여긴다는 말로 굽은 것(邪) 듣기를 좋아한다는 뜻.
6) 貴其所惡(귀기소오) : 미워할 것을 귀중하게 여기다. 곧 곧은말 듣기를 싫어한다는 뜻.

나. 그대는 야비한 선비로다

능의(能意)가 제(齊)나라 선왕(宣王)을 만났다. 선왕이 말하였다.
"과인(寡人)은 그대가 곧은말 하기를 좋아한다는 말을 들었는데 그 말이 사실이오?"
이 물음에 대하여 능의가 대답하였다.
"저 의(意)가 어찌 능히 곧은말을 할 수 있겠습니까. 저는 곧은말을 좋아하는 선비는 집은 어지러운 나라에 살지 않고, 몸으로는 깨끗하지 않은 군주를 만나지 않는다고 하는 말을 들었습니다. 그런데 지금 저의 몸은 왕을 뵙고 있으며 가족은 제나라에 살고 있습니다. 그러고 어찌 능히 곧은말을 할 수 있겠습니까."
이 말에 크게 노(怒)한 선왕이 말하였다.
"야비(野鄙)한 선비로다."
장차 그에게 왕을 모욕한 죄로 다스리고자 하니 능의가 말하였다.
"신(臣)은 소시(少時)에는 곧은말 하기를 좋아하였고 나이가 든 뒤에는 그것을 실행하였는데 왕께서는 어찌하여 이 야비한 선비를 등용하지 못하십니까. 장차 그것으로써 왕의 곧은 말 좋아하는 것을 밝히시렵니까."
왕은 이에 그를 풀어 주었다.
능의는 삼가서 군주 측근에서 논(論)하되 또한 반드시 군주에게 아첨하지 않았다. 아첨하지 않으면서 어려운 문제를 처리한 것이 어찌 적었겠는가. 이것이 현명한 군주가 구하는 바요, 어리석은 군주가 미워하는 바다.

能意[1]見齊宣王 宣王曰 寡人聞子好直[2] 有之乎 對曰 意惡[3]能直 意聞好直之士 家不處亂國 身不見汚君 身今得見王 而家宅[4]乎齊 意惡能直 宣王怒曰 野士[5]也 將罪[6]之 能意曰 臣少而好事[7] 長而行之 王胡[8]不能與[9]野士乎 將以彰[10]其所好耶 王乃舍[11]之 能意者 使謹乎論於主之側 亦必不阿主 不阿主之所得 豈少哉 此賢主之所求 而不肯主之所惡也

1) 能意(능의) : 제(齊)나라의 현사(賢士)로 능(能)은 성이고 의(意)는 이름이다.
2) 直(직) : 곧은말. 직언(直言).
3) 惡(오) : 어찌. 하(何)와 같다.
4) 宅(택) : 살다. 거(居)와 같다.
5) 野士(야사) : 야비(野鄙)한 선비.
6) 罪(죄) : 왕을 모욕한 죄.
7) 事(사) : 곧은말. 직(直)과 같다.
8) 胡(호) : 어찌. 하(何)·오(惡)·안(安)·해(奚)와 같다.
9) 與(여) : 등용(登用)하다.
10) 彰(창) : 밝히다. 명(明)과 같다.
11) 舍(사) : 풀어주다. 석방하다.

다. 나라를 곡(哭)하는 것은 어떤 형벌에 해당하는가

　호원(狐援)이 제(齊)나라의 민왕(湣王)을 설득(說得)하여 말하였다.
　"은(殷)나라의 세발솥은 주(周)나라 왕궁의 뜰에 진열되어 있고, 은나라의 사당은 주나라의 병풍으로 가려진 바 되어 있으며, 은나라의 간척(干戚)인 방패와 도끼는 많은 사람들이 놀고 즐기는 곳에서 춤추는 자들이 들고 놀고 있습니다. 망한 나라의 음악은 종묘(宗廟)에 쓰일 수 없고, 망한 나라의 사당은 하늘의 해를 볼 수 없으며, 망한 나라의 그릇은 왕궁 뜰에 진열되어 있습니다.

이것은 멸망을 경계하고 두려워하게 하기 위해서입니다.
 대왕께서는 이것을 꼭 힘써 주십시오. 제나라 대려(大呂)로 하여금 다른 나라의 뜰에 진열되지 않게 하시고, 태공(太公)의 사당으로 하여금 병풍으로 덮게를 씌워 가려지게 하지 말며, 제나라 음악으로 하여금 많은 사람들이 놀고 즐기는 데 쓰지 못하도록 하십시오."
 그러나 제나라 왕이 호원의 말을 받아들이지 않으니 호원은 왕궁에서 나와 사흘 동안이나 나라를 위하여 통곡하였다. 통곡하면서 말하였다.
 "먼저 도망한 사람들은 남루한 베옷을 걸쳤고 나중에 도망한 사람들은 감옥에 가득차 있네. 나는 오늘 많은 백성들이 길이 메워지도록 동쪽으로 달아나는 것을 보았으니, 어느 쪽으로 가야할지 모르겠다."
 호원의 통곡에 대하여 분개한 제나라 왕은 담당 관리에게 물었다.
 "나라를 곡(哭)하는 것은 어떠한 벌에 해당하는가?"
 담당 관리가 대답하였다.
 "참수형(斬首刑)에 해당합니다."
 이에 왕이 말하였다.
 "그렇다면 법에 따라 형을 집행하라."
 이에 담당 관리는 왕명(王命)에 의해 형구(刑具)인 부질(斧鑕)을 동려(東閭)에 갖추어 놓았으나 마음으로는 그를 죽이고 싶은 생각이 없어 그가 도망하기를 바랐다.
 호원이 이 말을 듣고 도리어 넘어질듯이 동려로 달려갔다. 이에 담당 관리가 호원에게 말하였다.
 "나라를 곡하는 죄를 다스리는 법은 참수형에 해당합니다. 선생께서는 참으로 늙어서 그런 짓을 하신 겁니까? 정신이 혼미(昏迷)해서 그러신 것입니까?"
 호원이 대답하였다.
 "내 어찌 정신이 혼미해져서 한 일이겠는가."
 이어서 말하였다.

"여기 남방으로부터 온 사람이 있어 붕어 굴에 고래가 들어가 사는 것과 같이 남의 조정으로 하여금 초지(草地)로 변하게 하고 나라를 폐허로 만든다. 은(殷)나라에는 비간(比干)이 있고 오(吳)나라에는 자서(子胥)가 있고, 제(齊)나라에는 호원(狐援)이 있다. 남의 곧은 말을 들어주지 않고 또 동려에서 참수형을 당하는 것은 나와 저 비간과 오자서를 합해 세 사람이 아닌가."

호원은 참수형을 좋아하는 것이 아니다. 나라는 이미 크게 어지러워졌고 군주는 이미 어긋나고 그릇되어 사직(社稷)과 백성을 가엾은 지경에 이르게 하였으니, 그래서 이와 같은 곧은 말을 하게 된 것이다.

이와 같은 곧은말을 하는 것은 평상적(平常的)인 논조(論調)가 아니요, 장차 망해가는 나라를 구해보려는 생각에서 나오는 것이다. 진실로 제나라에 위기가 가까이 왔으니 이것은 촉자(觸子)가 제나라를 버리고 달아난 까닭이요, 달자(達子)가 전사(戰死)한 까닭이다.

狐援[1]說齊湣王曰 殷之鼎[2]陳於周之廷 其社蓋於周之屛[3] 其干戚[4]之音在人之游 亡國之音不得至於廟 亡國之社不得見於天 亡國之器陳於廷 所以爲戒 王必勉之 其無使齊之大呂[5]陳之廷 無使太公[6]之社蓋之屛 無使齊音充人之游 齊王不受[7] 狐援出 而哭國三日 其辭曰 先出[8]也衣絺紵[9] 後出也滿囹圄[10] 吾今見民之洋洋然[11]東走 而不知所處 齊王問吏曰 哭國之法若何 吏曰 斮[12] 王曰 行法 吏陳斧質[13]於東閭 不欲殺之而欲去之 狐援聞而蹴往[14]過[15]之 吏曰 哭國之法斮 先生之老歟 昏[16]歟 狐援曰 曷爲昏哉 於是乃言曰 有人自南方來 鮒入而鯢居[17] 使人之朝爲草 而國爲墟[18] 殷有比干 吳有子胥 齊有狐援 已不用若言[19] 又斮之東閭 每[20]斮者以吾參夫二子[21]者乎 狐援非樂斮也 國已亂矣 上[22]已悖矣 哀社稷與民人 故出若言 出若言非平論[23]也 將以救敗也 固嫌於危 此觸子[24]之所以去之也 達子[25]之所以死之也

1) 狐援(호원) : 제(齊)나라의 신하. 호훤(狐咺).

2) 鼎(정) : 솥. 세발솥. 은왕조(殷王朝)의 권위를 상징하는 것이었으나 은왕조가 멸망함에 따라 주왕조(周王朝)로 옮겨져 그 뜰에 진열됨.
3) 屛(병) : 가리다. 주왕조에서는 은왕조의 사당을 남겨 두고 위를 가려 경계로 삼게 하였다.
4) 干戚(간척) : 간(干)은 방패요, 척(戚)은 도끼로 이것은 춤추는 자가 들고 추는 것. 본래는 종묘(宗廟) 제례 때 쓰는 것이었으나 은왕조 멸망 후는 많은 사람들이 들고 놀고 즐기며 춤추는데에 쓰였다.
5) 大呂(대려) : 제(齊)나라의 종율(鐘律).
6) 太公(태공) : 여씨(呂氏)의 제나라를 전씨(田氏)의 제나라로 만든 전화(田和)를 이르는 말. 처음 제나라의 시조인 여상(呂尙)도 또한 태공(太公)이다.
7) 齊王不受(제왕불수) : 제왕(齊王)은 민왕(湣王). 불수(不受)는 호원(狐援)의 충간(忠諫)을 들어 주지 않았다는 말.
8) 出(출) : 떠나다. 도망하다.
9) 衣緇紵(의치저) : 칡베로 만든 거친 옷을 입다. 곧 포의(布衣)를 몸에 걸친다는 뜻.
10) 囹圄(영어) : 감옥. 뇌옥(牢獄).
11) 洋洋然(양양연) : 지극히 많은 모양.
12) 斮(착) : 참(斬). 참수형(斬首刑). 목을 베는 형벌.
13) 斧質(부질) : 참수형(斬首刑)에 쓰이는 형구(刑具). 부(斧)는 도끼. 질(質)은 대(臺). 부질(斧鑕).
14) 蹶往(궐왕) : 넘어질듯이 달려가다.
15) 過(과) : 보다. 견(見)과 같다.
16) 昏(혼) : 혼미(昏迷).
17) 鮒入而鯢居(부입이예거) : 붕어 굴에 고래가 들어와 살다. 고래가 작은 고기를 잡아먹으면서 살듯이 남의 나라에 들어와서 사람들을 해친다는 비유.
18) 墟(허) : 멸망.
19) 若言(약언) : 이와 같은 말. 곧 곧은말. 직언(直言).
20) 每(매) : 당하다. 당(當)과 같다.
21) 吾參夫二子(오삼부이자) : 호원(狐援)이 저 비간(比干)과 오자서(伍子胥) 두 사람과 함께 세 사람이 된다는 뜻.

22) 上(상) : 군주. 곧 민왕(湣王).
23) 平論(평론) : 평상적(平常的)인 논조(論調).
24) 觸子(촉자) : 연(燕)나라의 소왕(昭王)이 악의(樂毅)로 하여금 제나라를 정벌하게 하니 제나라에서는 촉자(觸子)로 하여금 그것을 막게 하였으나, 민왕(湣王)이 촉자를 예로써 대우하지 않으므로 촉자는 제나라가 패전하기를 바래 수레를 타고 달아났다.
25) 達子(달자) : 촉자를 대신하여 제나라의 장수가 되었으나 또한 연나라에 의해 패전하고 전사(戰死)하였다.

라. 주군께서 능력이 없기 때문입니다

조간자(趙簡子)가 위(衛)나라를 공격함에 있어 성곽(城廓) 가까이에서 친히 스스로 병사를 이끌고 싸우면서 멀리 화살과 돌이 미칠 수 없는 데에 서서, 소의 가죽으로 만든 방패로 앞을 막고 북을 두드렸다.

그런데 병사들이 움직이지 않으니 조간자는 북을 치는 나무막대기인 부(桴)를 내던지면서 탄식하여 말하였다.

"아아, 병사들의 피곤함이 한결같이 이 모양인가."

이때 행인촉과(行人燭過)가 투구를 벗어 들고 창을 옆으로 세우면서 앞으로 나아가 말하였다.

"이것은 주군께서 능력이 모자라서일 뿐입니다. 병사들에게 무슨 피곤함이 있겠습니까."

이 말을 들은 조간자는 발끈 화를 내어 낯빛을 바꾸면서 말하였다.

"나는 남에게 시키지 않고 나 스스로 이 많은 병사를 독전(督戰)하고 있는데 너는 친절하게도 나에게 능력이 없다고 한다. 어디 말해 보아라. 그런 말을 할 만한 까닭이 있으면 좋거니와 그렇지 못하면 죽음이 있을 뿐이다."

이에 행인촉과가 대답하였다.

"옛날에 우리 선군(先君)이신 헌공(獻公)은 즉위(卽位)하여

5년 동안 남의 나라를 아우른 것이 열아홉 나라였는데, 그것은 이 병사들을 이용해서였습니다. 혜공(惠公)은 즉위하여 2년동안 황음(荒淫)하고 포악하고 교만하며 스스로 미녀(美女)를 좋아하여 진(秦)나라 군사들이 우리 나라를 습격해 왔습니다. 그래서 강(絳) 땅에서 물러나기 70리였는데 이것도 이 병사들을 이용해서였습니다.

그리고 문공(文公)이 즉위하여 2년 동안 용기로써 사기(士氣)를 북돋우었으므로 3년만에 병사들은 모두 과감(果敢)해져 성복(城濮)의 싸움에서 다섯 차례나 초(楚)나라 사람들을 패배(敗北)시켰고, 위(衛)나라를 포위하여 조(曹)나라를 빼앗았으며, 석사(石社)를 무찔러 천자의 지위를 안정시키고, 제후의 패자(覇者)가 되어 천하에 높은 명성(名聲)을 이루었으니 이것도 이 병사들을 이용해서였습니다. 그러므로 제가 주군께서 능력이 없으시다고 말씀드리는 것이지 병사들이 어찌 피곤함이 있겠습니까."

이 말을 듣고 조간자는 곧 앞을 막았던 소가죽으로 만든 방패를 치우고 화살과 돌이 미칠 수 있는 자리에 서서 한번 북을 두드리니, 모든 병사들이 모두 그 기세를 타고 떨쳐 일어났다. 이에 조간자는 말하였다.

"내 혁거(革車) 천승(千乘)을 얻는 것이 행인촉과의 한마디 말을 듣는 것만 같지 못하다."

행인촉과는 그의 주군에게 잘 간(諫)하였다고 할 것이다. 전투에 있어서는 북을 치는 막대기를 사용하는데에 있는 것이지 상을 더 두텁게 하거나 벌을 더 무겁게 하는데에 있는 것이 아니다. 한 마디로 말해서 병사들이 모두 즐겁게 군주를 위해 죽을 수 있게 해야 하는 것이다.

趙簡子攻衛附¹⁾郭 自將兵 及戰 且遠立²⁾ 又居於犀蔽屛櫓³⁾之下 鼓之而士不起 簡子投枹⁴⁾而歎曰 嗚呼 士之遬弊 一若此乎 行人燭過免冑橫戈而進曰 亦有君不能耳 士何弊之有 簡子艴然⁵⁾作色曰 寡人之無使而身自將是衆也 子親謂寡人之無能 有說則可 無說則死

對曰 昔吾先君獻公卽位五年 兼國十九 用此士也 惠公卽位二年 淫色暴慢 身好玉女[6] 秦人襲我 遝去絳七十 用此士也 文公卽位二年 底之以勇 故三年而士盡果敢 城濮之戰 五敗荊人 圍衛取曹 拔石社 定天子[7]之位 成尊名[8]於天下 用此士也 亦有君不能取 士何弊之有 簡子乃去犀蔽屛櫓 而立於矢石[9]之所及 一鼓而士畢乘之 簡子曰 與吾得革車千乘也 不如聞行人燭過之一言 行人燭過可謂能諫其君矣 戰鬪之上 枹[10]鼓方用 賞不加厚 罰不加重 一言而士皆樂爲其上死

1) 附(부) : 가까이 하다. 근(近)과 같다.
2) 遠立(원립) : 멀리 서다. 곧 적이 쏘는 시석(矢石)이 미치지 않게 멀리 선다는 뜻.
3) 犀蔽屛櫓(서폐병로) : 소가죽으로 만든 방패로 앞을 막는다는 뜻. 노(櫓)는 방패. 순(盾)과 같다.
4) 枹(부) : 북을 치는 막대기.
5) 艴然(불연) : 발끈 성을 내는 모양.
6) 玉女(옥녀) : 미녀(美女).
7) 定天子(정천자) : 주왕조(周王朝)의 양왕(襄王)을 가리키는 말. 양왕은 자대(子帶)의 난을 만나 정(鄭)나라로 피신하고 있었는데, 진(晉)의 문공(文公)이 그 난을 평정하고 양왕으로 하여금 주(周)의 수도로 돌아가게 하였으므로 천자의 지위를 안정되게 하였다고 함.
8) 尊名(존명) : 제후(諸侯)의 패자(覇者)가 된 것을 이르는 말.
9) 矢石(시석) : 시(矢)는 화살, 석(石)은 쇠뇌에서 날아오는 돌.
10) 枹(포) : 북을 치는 막대기. 부(枹)와 같다.

2. 곧게 간하는 것(二曰直諫)

가. 알지 않으면 안 되는 까닭

말이 너무 귀에 거슬리면 군주는 노(怒)하게 되고, 군주가 노

하면 말한 사람이 위태로워진다. 그러니 현자(賢者)가 아니고서
야 누가 즐겨 위험을 무릅쓰고 귀에 거슬리는 말을 할 것인가. 그
리고 현자가 못되는 사람은 장차 기회를 이용하여 실리(實利)를
구하고자 할 것이니 실리를 구하고자 하는 사람이 위험을 무릅써
서 무슨 소득이 있겠는가. 그러므로 어리석은 군주에게는 현자가
없고, 현자가 없으면 극언(極言)으로 직간(直諫)하는 말을 들을
수가 없다.
 극언을 듣지 못하면 간사한 사람들이 사사로운 이득을 구하기
위해 무리를 지어 온갖 사악(邪惡)한 일들이 다 생긴다. 사태가
이 지경에 이르면 법의 존재를 구할 수가 없어진다.
 무릇 국가가 존재하고 군주가 안전한 데에는 반드시 그렇게 되
는 까닭이 있는 것이니, 그 까닭을 모른다면 비록 존재한다고 해
도 반드시 멸망하고 비록 안전하다고 해도 반드시 위태로워질 것
이다. 이것이 알지 않으면 안 되는 까닭이다.

 言極[1]則怒 怒則說者危 非賢者孰肯犯危 而非賢者也將以要利[2]
矣 要利之人犯危何益 故不肖主無賢者 無賢則不聞極言 不聞極言
則姦人比周[3] 百邪悉起 若此則無以存矣 凡國之存也 主之安也 必
有以也 不知所以 雖存必亡 雖安必危 所以不可不論[4]也
1) 言極(언극) : 말이 너무 심하다. 곧 귀에 거슬리는 말을 한다는 뜻.
2) 要利(요리) : 실리(實利)를 구한다. 요(要)는 구(求)와 같다.
3) 比周(비주) : 사사로운 이득을 구하기 위해 무리를 짓는다는 뜻.
4) 論(논) : 지(知)와 같다.

 나. 어찌하여 그대는 술잔을 권하지 않는가
 제(齊)나라 환공(桓公)이 관중(管仲), 포숙(鮑叔), 영척(甯
戚)과 함께 술을 마시다가 술이 한창 기분좋게 취했을 때 포숙에
게 말하였다.
 "어찌하여 그대는 일어서서 술잔을 권하지 않으시오"

이에 포숙은 술잔을 받들고 나아가 말하였다.

"공(公)으로 하여금 출분(出奔)하시어 거(莒)나라에 계실 때의 일을 잊지 마시기를 바라고, 관중으로 하여금 속박되어 노(魯)나라에 있을 때의 일을 잊지 말기를 바라며, 영척으로 하여금 수레 밑에서 소에게 먹이를 주던 일을 잊지 말기를 바랍니다."

이 말을 들은 환공은 자리에서 내려 앉아 포숙에게 두 번 절하고 말하였다.

"나와 대부(大夫)들이 능히 모두 선생의 말을 잊지 않는다면 제나라의 사직(社稷)은 다행히 위태로운 일이 없을 것입니다."

이때 환공에게는 더불어 극언(極言)을 말할 수가 있었으니, 더불어 극언을 말할 수 있었으므로 더불어 패업(覇業)을 이룰 수 있었던 것이다.

齊桓公管仲鮑叔甯戚相與飮 酒酣 桓公謂鮑叔曰 何不起爲壽[1] 鮑叔奉杯而進曰 使公毋忘出奔在於莒也[2] 使管仲毋忘束縛而在於魯也[3] 使甯戚毋忘其飯牛而居於車下[4] 桓公避席[5]再拜曰 寡人與大夫[6] 能皆毋忘夫子之言 則齊國之社稷 幸於不殆矣 當此時也 桓公可與言極言矣 可與言極言 故可與爲覇

1) 壽(수) : 술잔을 권한다는 뜻. 헌수(獻壽).
2) 使公毋忘出奔在於莒也(사공무망출분재어거야) : 환공(桓公)이 공손무지(公孫無知)가 양공(襄公)을 시해(弑害)하는 난(亂)을 만나 거(莒)나라로 출분(出奔)했던 사실을 잊지 말라는 뜻으로, 포숙(鮑叔)이 환공의 위에 있어 환공으로 하여금 교만하지 말 것을 바라는 극언(極言)의 충간(忠諫)이다. 공(公)은 환공(桓公)을 가리킨다.
3) 使管仲毋忘束縛而在於魯也(사관중무망속박이재어노야) : 관중이 공자(公子) 규(糾)의 난(亂)에 죽지 않고 노(魯)나라로 달아났는데 노나라에서 그를 잡아 속박하여 제(齊)나라로 보내졌던 그 고통을 잊지 말라는 충고다.
4) 使甯戚毋忘其飯牛而居於車下(사영척무망기반우이거어거하) : 영척(甯戚)은 위(衛)나라 사람으로서 행상인(行商人)이 되어 제나라 성문밖에서 야영(夜營)을 하게 되었다. 이때 환공은 밤에 손님을 맞이하기 위해 교외에 나

왔다가 수레 밑에서 소에게 먹이를 주면서 부르는 영척의 노래를 듣고 그의 현명함을 알고 등용하여 대부(大夫)로 삼았는데. 포숙이 그때의 고생한 것을 잊지 말라고 한 충고다.
5) 避席(피석) : 자리를 피하다. 곧 자리에 내려앉았다는 뜻.
6) 大夫(대부) : 관중(管仲)과 영척(甯戚)을 가리킨다.

다. 미녀를 추방한 초나라의 문왕
초(楚)나라의 문왕(文王)은 여황(茹黃)이라는 사냥개와 완로(宛路)라고 하는 주살을 얻고는 운몽(雲夢)이라고 하는 택지(澤地)로 사냥을 나가 3개월이 되도록 돌아오지 않았고, 단지희(丹之姬)라고 하는 미녀(美女)를 얻어 그에게 미혹(迷惑)되어 음란한 행위를 하느라고 만 1년이 지나도록 나라의 정사를 돌보지 않았다.
이를 근심한 보부(保傅)인 신(申)이 말하였다.
"선왕(先王)께서 점괘(占卦)를 보아 신(臣)을 보부로 삼음이 길(吉)하다고 하여 신을 등용하시었습니다. 그런데 지금 왕께서는 여황이라는 사냥개와 완로라고 하는 주살을 얻어 사냥을 나가 석 달 동안이나 돌아오지 않으시고, 또 단지희를 얻어 그에게 미혹되어 음란한 행위를 하시느라고 1년 동안이나 조정의 정사를 돌보지 않으시니, 왕의 죄는 응당 태형(笞刑)을 받으셔야 합니다."
이에 왕이 대답하였다.
"내가 강보(襁褓)를 벗고부터 제후(諸侯)가 되었으니 원컨대 잘못을 고칠 터이니 태형만은 말아주시오."
왕은 간청하여 말하였으나 보부인 신은 말하였다.
"신(臣)은 선왕의 명(命)에 따르는 것이니 감히 그것을 그만둘 수가 없습니다. 왕께서 태형을 받지 않으시려거든 먼저 선왕의 명령을 폐지하십시오. 신은 차라리 왕께 죄를 지을지언정 선왕에게 죄를 지을 수는 없습니다."
보부인 신은 왕의 청을 강경하게 물리쳤다. 그러니 왕은

"그렇다면 그 벌을 받겠습니다."
하고는 자리를 펴고 그 위에 엎드렸다. 보부 신은 가는 회초리 50개를 하나로 묶어서 쥐고 자신은 무릎을 꿇고 앉아서 왕의 등에다 대었다. 그렇게 두 차례 하고는 말하였다.

"왕께서는 그만 일어나십시오"
그러나 왕은 말하였다.

"태형에 처했다는 것은 이름뿐이지 아프지가 않습니다. 아프도록 충분히 때리시오"
이에 보부 신이 말하였다.

"신이 듣건대 '군자는 그것을 부끄럽게 여기고 소인은 아파한다' 라고 하였습니다. 그것을 부끄러워 하고 고치지 않는다면 그것을 아파한들 무슨 소용이 있겠습니까."

보부 신은 달려 나가 스스로 형틀이 있는 곳으로 옮겨가서 죽을 죄를 청하기에 왕은 말하였다.

"이것은 나의 잘못이다. 보부 신에게 무슨 죄가 있는가."
왕은 곧 자기의 잘못을 뉘우치고 보부 신을 불러들였다. 그러고는 사냥개 여황을 죽이고 완로라고 하는 주살을 꺾어 버렸으며 미녀 단지희를 추방하였다.

그 뒤 초나라는 39개국을 겸병(兼倂)하여 초나라로 하여금 광대한 나라가 되게 하였으니, 이에 이르게 된 것은 보부 신의 역량이었으며 그가 극언(極言)으로 충간(忠諫)한 공이다.

荊文王得茹黃之狗 宛路之矰[1] 以畋[2]於雲夢[3] 三月不反 得丹之姬淫[4] 朞年不聽朝[5] 葆申[6]曰 先王卜以臣爲葆 吉 今王得茹黃之狗 宛路之矰 畋三月不反 得丹之姬淫 朞年不聽朝 王之罪當笞[7] 王曰 不穀[8] 免衣襁褓[9]而齒[10]於諸侯 願請變更而無笞 葆申曰 臣承先王之令 不敢廢也 王不受笞 是廢先王之令也 臣寧抵罪於王 毋抵罪於先王 王曰 敬諾 引席 王伏 葆申束細荊[11]五十 跪而加之於背 如此者再 謂王 起矣 王曰 有笞之名一也 遂致之[12] 申曰 臣聞君子恥之 小人痛之 恥之不變 痛之何益 葆申趣出 自流於淵[13] 請死罪 文王曰 此不

穀之過也 葆申何罪 王乃變更 召葆申 殺茹黃之狗 析宛路之矰 放
丹之姬 後荊國兼國三十九 令荊國廣大至於此者 葆申之力也 極言
之功也

1) 矰(증) : 주살. 오늬에 줄을 매어서 쏘는 화살.
2) 畋(전) : 사냥. 엽(獵)과 같다.
3) 雲夢(운몽) : 택지(澤地)의 이름. 지금의 호남성(湖南省) 화용현(華容縣)에 위치한다.
4) 淫(음) : 미혹(迷惑)되어 음행(淫行)하다.
5) 不聽朝(불청조) : 조정의 정사를 돌보지 않는다. 조(朝)는 정(政).
6) 葆申(보신) : 보부(保傅)로 태자(太子)를 보살피면서 교육을 담당하는 관직(官職)의 이름이요. 신(申)은 이름. 보는 보(保)로 쓴다.
7) 笞(태) : 태형(笞刑). 회초리로 때리는 형벌.
8) 不穀(불곡) : 불선(不善)이라는 뜻으로 제후(諸侯)가 스스로를 일컫는 겸칭(謙稱). 과인(寡人)과 같다.
9) 襁褓(강보) : 갓난아이를 둘러싸는 포대기.
10) 齒(치) : 열(列)에 끼다. 열(列)과 같다.
11) 細荊(세형) : 가느다란 회초리.
12) 遂致之(수치지) : 아프도록 충분히 때리라는 뜻.
13) 自流於淵(자류어연) : 스스로 못으로 뛰어들다. 이 말은 스스로 형틀이 있는 자리로 옮겨간다는 뜻의 비유. 자이기형(自移其荊).

3. 변화를 아는 것(三曰知化)

가. 죽음으로써 남을 섬기는 사람

대저 충성과 용맹으로써 남을 섬기는 사람은 죽음으로써 남을 섬기는 것이다. 아직 죽을 자리를 얻지 못하고는 헛되이 죽음을 이야기할 것이 못된다. 비록 그것을 안다고 하더라도 알지 못하는 것과 같다. 지혜를 귀하게 여기는 것은 그것이 사리(事理)의 변화를 알 수 있기에 귀히 여기는 것이다.

미혹(迷惑)되고 어지러운 군주는 그렇지 못하여 변화가 아직 이르지 않으면 알지 못한다. 변화가 이미 이르러 그것을 안다고 하더라도 알지 못하는 것과 다를 것이 없다.

일에는 잘못될 수 있는 경우도 있고 잘못될 수 없는 것도 있으니, 자신이 죽고 국가가 멸망하면 어찌 잘못될 것이 있겠는가. 이것은 현명한 군주가 소중히 여기는 바요, 미혹된 군주가 가벼이 여기는 바다.

가벼이 여기면 국가가 어찌 위태롭지 않을 수 있겠으며 군주 자신이 어찌 곤욕(困辱)스럽지 않겠는가. 위태롭고 곤욕스러운 결과로 자신이 죽고 국가가 멸망하는 것은, 요컨대 변화를 먼저 알지 못한데에 있는 것이다. 오왕(吳王)인 부차(夫差)가 이와 같았다. 오자서(伍子胥)는 변화를 미리 알지 못한 것이 아니라 간(諫)하여도 오왕이 듣지 않았기 때문에 오(吳)나라의 사직(社稷)이 변화하여 폐허(廢墟)가 되고, 그 화환(禍患)은 합려(闔廬)에게 미쳐 그의 종묘가 파괴되기에 이르렀다.

夫以勇¹⁾事人者以死也 未死而言死不論 以雖知之與勿知同 凡智之貴也 貴知化也 人主之惑者則不然 化²⁾未至則不知 化已至 雖知之與勿知一貫³⁾也 事有可以過者 有不可以過者 而身死國亡 則胡可以過 此賢主之所重 惑主之所輕也 所輕 國惡得不危 身惡得不困 危困之道 身死國亡 在於不先知化也 吳王夫差是也 子胥非不先知化也 諫而不聽 故吳爲邱墟⁴⁾ 禍及闔廬⁵⁾

1) 勇(용) : 충용(忠勇). 충성과 용맹.
2) 化(화) : 변화(變化).
3) 一貫(일관) : 한가지다. 다를 것이 없다.
4) 邱墟(구허) : 폐허(廢墟).
5) 禍及闔廬(화급합려) : 화환(禍患)이 합려에게 미치다. 곧 오왕 부차가 월왕(越王)인 구천(句踐)에게 보복을 당하여 멸망함으로써 부차의 아버지인 합

려의 사당이 파괴되었고 그래서 합려는 제사도 못받게 되었다는 뜻. 합려(闔廬)는 합려(闔閭)와 같다.

나. 수건으로 얼굴을 가리고 죽은 부차(夫差)

오(吳)나라 왕인 부차(夫差)가 장차 제(齊)나라를 공벌(攻伐)하고자 하였다. 오자서(伍子胥)가 왕에게 말하였다.

"아니 되옵니다. 제나라와 오나라는 풍속이 서로 다르고 언어가 서로 통하지 않으니, 그 영토를 얻는다 하더라도 그곳에 가서 살 수 없고 그 백성을 얻는다 하더라도 그들을 부릴 수 없습니다.

그러나 오나라와 월(越)나라의 관계는 영토를 접(接)하여 경계를 이루는 이웃 나라요, 토양이 같고 길이 이어졌으며 풍속이 같고 언어가 통합니다. 그러니 우리가 그 영토를 얻으면 그곳에 가 살 수 있고 그 백성을 얻으면 부릴 수 있습니다.

월나라에 있어서 오나라가 또한 그러합니다. 그러므로 우리 오나라와 월나라의 형세는 서로 양립(兩立)할 수 없습니다.

비유해 말한다면 월나라가 오나라에게 있어서는 뱃속에 들어 있는 병과 같아서 비록 발작(發作)이 없다고 하더라도 그 상해(傷害)는 깊은 속에 들어 있는 것입니다. 그리고 제나라는 오나라에게 있어 개선(疥癬)과 같은 피부병이니 괴롭고 빨리 낫지는 않으나 그 상해는 없습니다.

지금 월나라를 내버려 두고 제나라를 공벌하시고자 하심은 마치 범을 두려워하고 큰 돼지를 찔러 죽이는 것과 같습니다. 그러니 비록 제나라에 대하여 승리를 거둔다 하더라도 범은 아직 남아 있는 것이니 아직 후환(後患)은 그대로 남아 있게 되는 것입니다."

오자서의 말에 대하여 태재비(太宰嚭)가 반대하여 말하였다.

"아니 되옵니다. 대왕(大王)의 영(令)이 중원(中原)에 행하여지지 않는 것은 중원에 제나라와 진(晉)나라가 있기 때문입니다. 만약 대왕께서 제나라를 공벌하여 승리를 거두시고 그 군대를 옮겨 진나라를 공벌하시면 진나라는 반드시 대왕의 명령에 따를 것입니다. 그렇게 되면 대왕께서는 일거(一擧)에 두나라를 굴복시키는 것이니 대왕의 명령은 반드시 중원에 행하여질 것입니다."
이에 부차는 그 말을 옳게 여겨 오자서의 말을 받아들이지 않고 태재비의 계모(計謀)를 채택했다. 사태가 이에 이르니 오자서가 말하였다.
"하늘의 뜻이 장차 오나라를 멸망시키고자 하면 대왕으로 하여금 제나라를 공벌하여 승리를 거두게 할 것이고, 하늘의 뜻이 장차 오나라를 멸망시키지 않으려면 대왕으로 하여금 제나라를 공벌하여 승리를 거두지 못하게 할 것입니다."
그러나 부차는 그의 말을 용납하지 않았다. 이에 오자서는 두 소매를 높이 걷어 올리면서 급히 조정에서 뛰어나와 탄식하며 말하였다.
"아, 오나라 조정에는 앞으로 반드시 큰 고난의 길이 생길 것이다."
부차는 군사를 일으켜 제나라를 공벌하여 애릉(艾陵)의 싸움에서 제나라 군사를 크게 깨뜨리고 돌아와 오자서를 주살(誅殺)하였다. 오자서는 죽음에 다다라 말하였다.
"나의 한 눈을 남겨 두어 월나라 사람들이 오나라로 쳐들어 오는 것을 볼 것이다."
이렇게 스스로 목숨을 끊으니 부차는 곧 그의 시체를 거두어 강물에 던질 때 그의 눈동자를 뽑아내 동문(東門) 위에 붙이면서 말하였다.
"네가 어찌 월나라 사람들이 우리 오나라에 쳐들어오는 것을 보겠느냐."
그로부터 몇 해가 지난 뒤에 과연 월나라는 원수를 갚기 위해 오나라를 깨뜨려 후세를 끊고 오나라의 사직(社稷)을 멸망시키고 그 종묘(宗廟)를 헐어 버리고 부차를 사로잡았다.
부차가 장차 죽음에 임하여 말하였다.
"죽은 사람을 알 수 있다면 나는 무슨 면목으로 지하에서 오자서를 만날 수 있을 것인가."

그리고는 곧 큰 수건으로 얼굴을 가리고 죽었다.

대저 화환(禍患)이 아직 닥치지 않으면 아는 것을 말할 수 없고 화환이 이미 닥친 뒤에는 비록 그것을 안다고 하더라도 미칠 수가 없다. 그러므로 부차가 오자서에게 대하여 부끄러움을 알았다 해도 그것은 알지 못한 것과 같은 것이다.

吳王夫差將伐齊 子胥曰 不可 夫齊之與吳也 習俗不同 言語不通 我得其地不能處 得其民不得使 夫吳之與越也 接土隣境 壤交通屬[1] 習俗同 言語通 我得其地能處之 得其民能使之 越於我亦然[2] 夫吳越之勢不兩立 越之於吳也 譬若心腹之疾也 雖無作 其傷深而在內也 夫齊之於吳也 疥癬[3]之病也 不苦其已也 且其無傷也 今釋越而伐齊 譬之猶懼虎而刺猏[4] 雖勝之 其後患無央[5] 太宰嚭曰 不可 君王之令所以不行於上國[6]者齊晉也 君王若伐齊而勝之 徙其兵以臨晉 晉必聽命矣 是君王一舉而服兩國也 君王之令必行於上國 夫差以爲然 不聽子胥之言 而用太宰嚭之謀 子胥曰 天將亡吳矣 則使君王戰而勝 天將不亡吳矣 則使君王戰而不勝 夫差不聽 子胥兩袪高蹶[7]而出於廷曰 嗟乎 吳朝必生荊棘[8]矣 夫差興師伐齊 戰於艾陵[9] 大敗齊師 反而誅子胥 子胥將死曰 與吾安得一目 以視越人之入吳也 乃自殺 夫差乃取其身而流之江 抉其目著之東門曰 女[10]胡視越人之入我也 居數年 越報吳 殘[11]其國 絶其世 滅其社稷 夷[12]其宗廟 夫差身爲擒 夫差將死曰 死者如有知也 吾何面以見子胥於地下 乃爲幎[13]以冒而死 夫患未至則不可告也 患旣至 雖知之無及矣 故夫差之知慙於子胥也 不若勿知

1) 通屬(통속): 길이 이어지다. 통(通)은 도(道)와 같고 속(屬)은 연(連)과 같다.
2) 越於我亦然(월어아역연): 오나라에서 월나라를 생각하는 것과 마찬가지로 월나라에서도 오나라를 그렇게 생각한다는 뜻.
3) 疥癬(개선): 옴. 전염성 피부병의 한 가지.
4) 猏(견): 큰 돼지. 대시(大豕).

5) 央(앙) : 다하다. 진(盡)과 같다.
6) 上國(상국) : 중원(中原). 천자(天子)의 도읍에서 가까운 지역으로 중국 문화의 발상지(發祥地). 제나라나 진(晉)나라는 중원에 위치하였고, 당시의 오(吳)나라나 월(越)나라는 아직 남방의 미개한 지역으로 일컬어졌다.
7) 兩袪高蹶(양거고궐) : 두 손으로 소매를 걷어 올리면서 급한 걸음으로 달린다. 오자서(伍子胥)가 얼마나 진노했는가를 뜻하는 말.
8) 吳朝必生莉棘(오조필생형극) : 오나라 조정에는 반드시 고난의 길이 생긴다. 곧 오나라의 사직(社稷)은 반드시 멸망할 것이라는 뜻. 형극(莉棘)은 가시밭. 고난(苦難), 곧 멸망한다는 뜻.
9) 艾陵(애릉) : 제나라의 지명(地名).
10) 女(여) : 너. 여(汝)와 같다.
11) 殘(잔) : 멸망시키다.
12) 夷(이) : 헐어 버리다.
13) 幎(멱) : 큰 수건으로 얼굴을 가렸다는 뜻.

4. 도리에 지나친 것(四曰過理)

가. 나라가 망하는 까닭은 다 같다

멸망한 나라의 군주는 그 멸망하게 된 까닭이 다 동일하다. 비록 천시(天時)가 다르고 그 행하는 일이 다르다 하더라도 나라가 멸망하는 까닭은 서로 같으니, 그것은 그 즐기는 바가 이(理)와 의(義)에 적합하지 않은 까닭이다. 즐기는 바가 이(理)와 의(義)에 적합하지 않으면 그것으로써 존재할 수가 없다.

술지기미로 동산을 이루고, 술로 못을 이루고, 고기로 밭을 이루며, 포락지형(炮烙之刑)을 행하고, 조주(雕柱)에 두레박을 걸고 제후(諸侯)를 시켜 그것을 들어서 올리고 내리게 하였으니, 이것은 이와 의에 적합하지 않은 짓이다.

제후인 귀후(鬼侯)의 딸을 죽이고 그가 끼고 있는 가락지를 빼앗고, 추운 날씨에 물을 건너는 사람을 보고 추위를 견디는 그의 정강이가 보통 사람과 다른가 그렇지 않은가를 알기 위하여 그의 정강이를 잘라서 그 뼈를 살펴보고, 귀후의 딸이 아름답다고 말한 제후인 매백(梅伯)을 죽여 소금에 절여서 문왕(文王)에게 보낸 것은 이와 의에 적합하지 않은 짓이다. 문왕은 마음으로 불쾌했으나 표면적으로는 그것을 받아 제후에게 그 사실을 알렸다.
　선옥(璇玉)으로 궁실(宮室)을 짓고, 담장의 길이가 일경(一頃)이나 되는 광대한 궁전을 건축하였으며, 아이 밴 여자의 배를 갈라 뱃속에 든 태아(胎兒)의 변화하는 과정을 살피고, 비간(比干)을 죽여서 그 심장에 구멍이 있는가 없는가를 살핀 것이 이와 의에 적합하지 않은 것이다.
　공자가 이 말을 듣고 말하였다.
　"만약에 구멍이 하나만 있었더라도 비간은 죽지 않았을 것이다."
　이것이 하왕조(夏王朝)와 상왕조(商王朝)가 멸망한 까닭이다.

　亡國之主一貫[1] 天時雖異 其事雖殊 所以亡同者 樂不適[2]也 樂不適則不可以存 糟丘酒池 肉圃爲格[3] 雕柱而桔諸侯[4] 不適也 刑鬼侯之女[5]而取其環 斲涉者脛而視其髓[6] 殺梅伯[7]而遺文王其醢[8] 不適也 文王[9]貌受[10]以告諸侯 作爲璇[11]室 築爲頃宮[12] 剖孕婦而觀其化[13] 殺比干而視其心[14] 不適也 孔子聞之曰 其竅通則比干不死矣 夏商[15]之所以亡也

1) 一貫(일관) : 동일(同一)하다. 곧 하왕조(夏王朝)와 은왕조(殷王朝)가 멸망한 까닭은 불인(不人)하고 족(足)한 것을 몰랐기 때문이니 멸망한 까닭이 동일하다는 뜻.
2) 樂不適(낙부적) : 즐기는 바가 이(理)와 의(義)에 적합하지 않다.
3) 格(각) : 포락지형(炮烙之刑). 은(殷)나라의 주왕(紂王)이 쓰던 혹독한 형벌로 기름칠을 한 구리기둥을 숯불 위에 걸쳐놓고 죄인을 그 위로 건너가게 하였다. 뜨거운 쇠로 담금질하는 극형(極刑)의 속칭이기도 하다.

4) 雕柱而枯諸侯(조주이길제후) : 조주(雕柱)에 두레박을 걸어놓고 제후로 하여금 그것을 올렸다 내렸다 하게 하다. 하(夏)의 걸왕(桀王)이 이것을 보고 즐거워했다. 조주(雕柱)는 홈을 판 높은 기둥. 길(桔)은 길고(桔橰)로서 물을 긷는 기구. 곧 두레박.
5) 刑鬼侯之女(형귀후지녀) : 귀후(鬼侯)의 딸을 죽이다. 달기(妲己)가 귀후의 딸을 질투하여 주왕(紂王)에게 참소하여 죽였다. 형(刑)은 살(殺)과 같고, 귀후(鬼侯)는 제후의 한 사람이다.
6) 戳涉者脛而視其髓(절섭자경이시기수) : 물을 건너는 자의 정강이를 잘라 그 골수를 살피다. 곧 찬물을 견디어 건너는 사람의 정강이를 잘라 보통 사람과 같은가 같지 않은가를 살펴보았다는 말. 절(戳)은 절(截)과 같다.
7) 殺梅伯(살매백) : 매백(梅伯)은 제후의 한 사람으로 일찍이 주왕에게 귀후(鬼侯)의 딸이 아름답다고 권한 일이 있었는데, 그것으로 해서 달기(妲己)의 미움을 받아 달기의 참소로 인하여 죽음을 당하였다.
8) 醢(해) : 소금에 절이다.
9) 文王(문왕) : 주왕조(周王朝) 무왕(武王)의 아버지.
10) 貌受(모수) : 속마음은 다르면서도 표면상 받는 일.
11) 璇(선) : 아름다운 구슬. 미옥(美玉).
12) 頃宮(경궁) : 담장의 길이가 일경(一頃)이나 되는 광대한 궁전.
13) 化(화) : 변화.
14) 殺比干而視其心(살비간이시기심) : 비간(比干)은 주왕(紂王)의 숙부(叔父)로 자주 주왕의 비행(非行)을 간(諫)하였는데 주왕은 그 간언(諫言)을 듣지 않았다. 그때 달기가 성인의 심장에는 일곱 개의 구멍이 있다고 하는 말을 들었다고 하니 그것을 확인하겠다고 하면서 비간의 가슴을 가르고 심장을 들추었다고 한다.
15) 商(상) : 상왕조(商王朝). 뒤에 은(殷)이라고 한다.

나. 차라리 죽는 것이 낫다
　진(晉)나라의 영공(靈公)은 무도(無道)하였다. 높은 대(臺) 위에서 사람을 쏘아 사람이 그 탄환(彈丸)을 피해 달아나는 것을 보면서 그것을 즐거움으로 삼았고, 주방에서 일하는 사람에게 곰의 발바닥을 삶게 하여 그것이 잘 익지 않으니 주방 사람을 죽여 궁녀로 하여금 그 시체를 머리에 이고 조정(朝廷)을 통과하게 함으로써 여러 신하에게 그 위세를 과시하였으니, 이것은 이(理)와 의(義)에 적합하지 않은 짓이었다.

조순(趙盾)이 여러 차례 그런 짓을 하지 말라고 간(諫)하였으나 영공은 그것을 받아들이지 않고 도리어 조순을 미워하여 저미(沮麛)로 하여금 그를 죽이게 하였다. 이에 저미는 조순이 집에 있는 것을 보고 차마 죽일 수가 없어 말하였다.

"공경함을 잊을 수 없는 것은 백성의 주인인 대부(大夫)이니, 백성의 주인인 대부를 죽이는 일은 불충(不忠)이요, 주군의 명(命)을 어기는 것은 불신(不信)이니, 불충과 불신 중 어느 한가지도 할 수 없다면 차라리 죽는 것만 같지 못하다."

마침내 마당에 있는 괴목(槐木)나무에 머리를 부딪쳐 죽었다.

晉靈公無道 從上¹⁾彈人而觀其避丸也 使宰人²⁾臑熊蹯³⁾不熟 殺之 令婦人⁴⁾載而過朝以示威 不適也 趙盾驟諫⁵⁾而不聽 公惡之 乃使沮麛⁶⁾ 沮麛見之不忍賊曰 不忘恭敬 民之主也 賊⁷⁾民之主⁸⁾不忠 棄君之命 不信 一於此⁹⁾ 不若死 乃觸廷槐而死

1) 上(상) : 높은 대(臺)의 위.
2) 宰人(재인) : 주방(廚房)의 요리사(料理士).
3) 臑熊蹯(노웅번) : 곰의 발바닥을 삶다. 노는 자(煮)와 같고, 웅번은 팔진미(八珍味)의 한 가지라고 하는 곰의 발바닥. 곧 웅장(熊掌).
4) 婦人(부인) : 여기서는 궁녀(宮女)를 말한다.
5) 趙盾驟諫(조순취간) : 조순이 여러 차례 간(諫)하다. 조순은 진(晉)나라의 대부(大夫). 취는 자주. 여러 차례.
6) 沮麛(저미) : 진(晉)나라의 역사(力士).
7) 賊(적) : 죽이다. 살(殺)과 같다.
8) 主(주) : 대부를 가리키는 말.
9) 一於此(일어차) : 어느 것이나 하나를 취하는 정도라면.

다. 나는 어떠한 군주인가

제(齊)나라의 민왕(湣王)이 연(燕)나라 악의(樂毅)의 공벌(攻伐)을 받아 패전한 뒤에 위(衛)나라로 망명하여 살고 있을 때, 따라온 신하인 공옥단(公玉丹)에게 물었다.

"나는 어떠한 군주인가?"

"왕께서는 현명한 군주이십니다. 신(臣)은 옛 사람에게는 천하를 내놓고도 원한을 품는 기색이 없었다는 말을 들었습니다. 그러나 신은 그런 일이 있었다는 말만 듣고 있었는데 지금 왕에게서 그 실제를 보고 있습니다.

왕께서는 명목상으로는 동제(東帝)를 칭(稱)하셨으나 실제로는 천하를 다스리셨습니다. 그런데 지금 나라를 떠나 위나라에서 망명생활을 하시면서도 용모가 충만하시고 안색은 광채를 발산하시어 잃은 나라를 생각하심이 무거워 보이지 않습니다."

공옥단에게서 이런 말을 들은 왕은 말하였다.

"그대는 나를 진실로 알아주는구나. 나는 스스로 나라를 떠나 위나라에 망명해 살면서부터 허리둘레가 3배로 늘어났다."

齊湣王[1] 亡居衛 謂公王丹[2] 曰 我何如主也 王丹對曰 王 賢主也 臣 聞古人有辭天下而無恨色者 臣聞其聲[3] 於王而見其實[4] 王名稱東帝[5] 實辨[6] 天下 去國居衛 容貌充滿 顏色發揚[7] 無重國之意 王曰 甚善 丹知寡人 寡人自去國居衛也 帶益三副[8] 矣

1) 湣王(민왕) : 제(齊)나라의 왕으로 연(燕)나라 악의(樂毅)장군의 침공(侵攻)을 받아 멸망한 뒤에 위(衛)나라로 달아나 망명(亡命)생활을 하고 있었다.
2) 公王丹(공왕단) : 공옥단(公玉丹)을 가리키며 민왕(湣王)의 신하.
3) 聲(성) : 말, 소리, 이야기.
4) 實(실) : 행(行)하는 바의 실제.
5) 東帝(동제) : 전국시대에 제나라의 민왕(湣王)은 한때 진(秦)나라와 더불어 천하를 양분(兩分)하여 황제를 일컬었는데, 제나라는 동쪽이므로 동제(東

帝)라 칭하고, 진나라는 서쪽에 있었으므로 서제(西帝)라 일컬은 일이 있었다. 그러나 오래되지 않아 폐지되었다.
6) 辨(변) : 다스리다. 치(治)와 같다.
7) 發揚(발양) : 광채(光彩)를 발산하다.
8) 帶益三副(대익삼부) : 허리의 둘레가 3배로 늘었다. 대(帶)는 허리띠. 부(副)는 배(倍)와 같다.

라. 하늘을 이겼다는 송나라의 강왕(康王)

송(宋)나라의 강왕(康王)은 높은 대(臺)를 축조(築造)하고 큰 가죽부대를 만들어 그 속에다 피를 가득 담아서 높이 그 대 위에다 걸어 놓고는 그것을 하늘의 상징(象徵)이라 했다. 그러고는 갑옷을 입은 무사로 하여금 아래에서 치켜 보고 그것을 쏘게 하니 부대가 뚫어지면서 그 속에 담긴 피가 땅으로 흘러내려 땅은 온통 피바닥이 되었다. 이것을 강왕은 천신(天神)의 몸에서 흐르는 피라고 했다.

이에 좌우에서 모시고 섰던 신하들은 모두 축하의 말을 아끼지 않았으니, 그들은 말하였다.

"대왕의 현명하심은 옛날의 탕왕(湯王)이나 무왕(武王)보다도 지나치십니다. 탕왕이나 무왕은 사람에게 승리를 거두었지만 지금 대왕께서는 하늘을 이기셨습니다. 대왕의 현명하심은 더할 데가 없습니다."

이런 하례를 받은 강왕은 대단히 기뻐하여 실내에 있는 신하들에게 술을 권하였다.

술을 마시면서 신하들 중에서 만세(萬歲)를 외치는 자가 있었다. 그러니 당상(堂上)에 있는 모든 사람이 따라서 만세를 불렀고, 당상에서 모두 만세를 부르니 당하(堂下)의 모든 사람도 따라서 만세를 불렀다. 그리고 당하의 모든 사람이 만세를 부르니 문 밖의 뜰에 모였던 사람들도 감히 따라서 만세를 부르지 않는 사람이 없었다.

이것은 이(理)와 의(義)에 합당하지 않은 것이었다.

宋王[1]築爲蘖臺[2] 鴟夷[3]盛血 高懸之 著[4]甲冑 從下射 血墜流地[5] 左右皆賀曰 王之賢過湯武矣 湯武勝人 今王勝天 賢不可以加矣 宋王大說 飮酒室中 有呼萬歲者 堂上盡應 堂上已應 堂下盡應 門外庭中聞之 莫敢不應 不適也

1) 宋王(송왕) : 송(宋)나라의 강왕(康王). 포악무도한 왕이었다.
2) 蘖臺(얼대) : 높은 대(高臺).
3) 鴟夷(치이) : 가죽으로 만든 부대. 천신(天神)의 상(象)이라 함.
4) 著(착) : 입다. 착(着)과 같다.
5) 血墜流地(혈추유지) : 피가 떨어져 땅으로 흐르다. 이것을 천신의 몸에서 흐르는 피라고 했다.

5. 옹색한 것(五曰壅塞)

가. 선한 말을 들을 수가 없으면

멸망하는 나라의 군주에게는 곧은말로써 간(諫)하여 바로잡게 할 수가 없다. 곧은말로써 간하여 바로잡게 할 수가 없으면 잘못된 것을 누구에게고 들을 길이 없고, 유익한 선(善)에 대하여 누구에게서도 들을 길이 없다.

선(善)한 말을 들을 수가 없는 것은 언로(言路)가 막히는 것이다.

亡國之主 不可以直言[1] 不可以直言 則過無道聞 而善無自至[2]矣 善無自至則壅

1) 直言(직언) : 곧은말. 바른말. 곧 간(諫)하여 바로잡는 일.
2) 自至(자지) : ~로부터 오다. 곧 누구에게서 듣는다는 뜻.

나. 취하여 자신이 사로잡힌 것도 모르는 왕

진(秦)나라 목공(繆公)때에 서융(西戎)의 기세가 강대하였다. 그래서 진나라의 목공이 여악(女樂) 16명과 좋은 음식 솜씨를 지닌 요리사를 서융의 군주에게 보내니 서융의 군주는 대단히 기뻐하며 밤낮을 쉬지 않고 그 요리사가 만든 좋은 음식과 여색(女色)에 빠져 있었다.

가까이 모시는 그의 신하 중 장차 진나라의 군대가 쳐들어올 것을 경계하는 자가 있었으나. 서융의 군주는 그 신하에게 활을 당겨 쏘아서 죽였다.

그런 뒤에 과연 진나라 군대는 침공(侵攻)해 들어왔다. 그러나 서융의 군주는 술에 취한 채 술통 곁에 쓰러져 잠들어 있다가 마침내 진나라 군대에게 사로잡히고 말았다.

그는 아직 사로잡히기 전에는 사로잡히리라는 것은 생각지도 못하였다. 이미 사로잡힌 뒤에도 또한 그는 술에 취해 있었으니 자기가 사로잡혔다는 사실을 모르고 있었다. 그런 사람에게는 비록 말을 잘하는 사람이 있다고 한들 그것을 어찌할 것인가.

秦繆公[1]時 戎彊大[2] 秦繆公遺之女樂二八[3]與良宰[4]焉 戎主大喜 以其故數飮食 日夜不休 左右有言秦寇[5]之至者 因扞弓[6]而射之 秦寇果至 戎主醉而臥於樽下 卒生縛而擒之 未擒則不可知 已擒則又不知 雖善說者 猶若此何哉[7]

1) 秦繆公(진목공) : 진(秦)나라 목공(穆公). 목(繆)은 목(穆)의 오자. 그는 춘추시대 오패(五霸)의 한 사람이었다.
2) 戎彊大(융강대) : 융은 중국 서쪽 지역에 살던 미개한 민족. 서융(西戎). 강대는 강대(强大). 강(彊)은 강(强)과 같다.
3) 二八(이팔) : 16명(名).
4) 良宰(양재) : 음식 만드는 솜씨가 좋은 요리사(料理士).
5) 秦寇(진구) : 진(秦)나라의 군대.

6) 扞弓(한궁) : 활을 당기다. 한은 인(引)과 같다.
7) 若此何哉(약차하재) : 아무리 설득력(說得力)이 있는 말을 잘하는 사람이라고 해도 그런 인간은 설득시킬 도리가 없다는 뜻.

다. 송(宋)나라가 멸망한 까닭은

제(齊)나라에서 송(宋)나라를 공격해 오니 송나라 왕은 사람을 시켜 제나라 군대가 공격해 오는 형편을 가서 엿보고 오라고 했다. 그래서 그것을 엿보고 돌아온 사자(使者)가 회보(回報)하였다.

"제나라 군대가 가까이 왔습니다. 그래서 국민들이 모두 두려워하고 있습니다."

그러나 왕 측근의 신하들이 모두 왕에게 말하였다.

"그것은 이른바 고기에서 저절로 벌레가 생기는 것과 같습니다. 강대한 송나라가 약소한 제나라 군대를 상대하는데 어찌 그럴 리가 있겠습니까."

이에 송나라 왕은 측근 신하들의 말만 믿고 화를 내면서 사자의 보고를 거짓 보고라 하여 죄없는 사자를 죽여 버렸다.

그리고는 다른 사자로 하여금 가서 제나라 군대의 동정을 살펴보고 오게 하였다. 그래서 사자가 가서 제나라 군대의 동정을 살펴보고 와서 보고를 하는데 먼저번의 사자의 보고와 같은지라, 왕은 또 화를 내면서 그 사자를 죽였다. 이렇게 하기를 세번이나 거듭하여 세 사람의 사자를 죄없이 죽였다.

그러한 뒤에 또 사자를 시켜 가서 제나라 군대의 동정을 살피게 하였다. 사자가 가서 살피니 과연 제나라 군대는 가까이 이르렀고 국민들은 진실로 모두 두려워하고 있었다. 그것을 보고 돌아오던 사자가 중간에서 자기의 형을 만났다.

형이 말하였다.

"나라가 매우 위태로워졌다. 너는 장차 어디로 가려는가?"

동생은 형에게 난처한 사정을 호소하였다.

"저는 왕을 위하여 제나라 군대의 동정을 살피고 왔습니다. 생각외로 제나라 군대는 진실로 가까이 이르렀고 국민들은 모두 두려워하고 있는 실정입니다.

지금 제가 남모르게 근심이 되는 것은, 저보다 먼저 제나라 군대의 동정을 살피고 온 사자들이 모두 제나라의 군대가 가까이 이르렀다고 보고함으로써 주살(誅殺)되었습니다.

지금 제가 그 실정을 사실대로 보고하면 죽을 것이고 그 실정을 사실대로 보고하지 않아도 또한 제나라 군대의 침공으로 인하여 죽음을 모면하지 못할 것입니다. 이일을 장차 어찌하면 좋겠습니까?"

이에 대하여 형이 말하였다.

"사실대로 실정을 보고하면 또한 죽을 사람보다 먼저 죽고, 멸망할 사람보다 먼저 멸망한다."

이에 사자는 왕에게 보고하였다.

"진실로 제나라 군대가 이른 곳을 알지 못하였으며 국민들은 모두 매우 안정된 생활을 하고 있습니다."

이 보고를 들은 왕은 매우 기뻐하였고 측근의 여러 신하들은 모두 지난번에 죽은 사자들은 모두 마땅히 죽어야 할 것들이었다고 말하였다. 이에 왕은 사자에게 많은 금품(金品)을 상으로 주었다. 그런 뒤에 제나라 군대는 과연 들이닥쳤다. 사태가 이리되니 왕은 자기의 수레를 타고 달아났고 사자는 많은 금품을 얻어 마침내 타국으로 가서 부자가 되었다.

대저 산 위에 올라가서 산 아래에 있는 소를 보면 양과 같이 작게 보이고, 양을 보면 돼지와 같이 작게 보인다. 그 실상은 소의 형체는 양과 같지 않고, 양의 형체는 돼지와 같지 않지만 스스로 보는 바에 따라 그 형세는 같지 않으니, 이로 말미암아 소나 양이 작은 것에 화를 내는 것이다.

이것은 진실로 제정신을 잃은 광부(狂夫)다. 광부는 지혜가 없으니 상벌(賞罰)을 어지럽게 행한다. 이것은 송나라가 멸망한 까닭이며 그로 인해 대씨(戴氏)의 세계(世系)가 끊어진 까닭이다.

齊攻宋[1] 宋王使人候[2]齊寇之所至 使者還曰 齊寇近矣 國人恐矣 左右[3]皆謂宋王曰 此所謂肉自生蟲者也 以宋之强 齊兵之弱 惡能如此[4] 宋王因怒而詘殺[5]之 又使人往視齊寇 使者報如前 宋王又怒詘殺之 如此者三 其後又使人往視 齊寇近矣 國人恐矣 使者遇其兄曰 國危甚矣 若將安適[6] 其弟曰 爲王視齊寇 不意其近 而國人恐如此也 今又私患 鄕[7]之先視齊寇者 皆以寇之近也報而死 今也報其情死[8] 不報其情 又恐死[9] 將若何 其兄曰 如報其情 有且先夫死者死 先夫亡者亡[10] 於是報於王曰 殊不知齊寇之所在 國人甚安 王大喜 左右皆曰 鄕之死者宜矣 王多賜之金[11] 寇至 王自投車上馳而走 此人得以富於他國 夫登山而視牛若羊 視羊若豚 牛之性[12]不若羊 羊之性不若豚 所自視之勢過也 而因怒於牛羊之小也 此狂夫之大者 狂而以行賞罰 此戴氏之所以絶[13]也

1) 齊攻宋(제공송) : 제나라가 송나라를 공격하다. 이때 송나라를 공격하여 멸망시킨 제나라 왕은 민왕(湣王). 송나라 왕은 언(偃)으로 무도(無道)하였다.
2) 候(후) : 엿보다. 살펴보다. 척후(斥候).
3) 左右(좌우) : 측근(側近).
4) 如此(여차) : 가까이 이르다.
5) 詘殺(굴살) : 죄없는 사람을 죽이다. 왕살(枉殺).
6) 安適(안적) : 어디로 갈 것인가. 안(安)은 하(何)와 같고 적(適)은 지(之)·행(行)과 같다.
7) 鄕(향) : 지난번. 향(嚮)과 같다.
8) 死(사) : 사실대로 보고하면 왕의 노여움을 사서 죽는다는 말.
9) 又恐死(우공사) : 또 아마도 죽을 것이다. 곧 침공해 오는 제나라 군대에 의해 아마도 죽을 것이라는 뜻. 공(恐)은 '아마도'의 뜻.
10) 先夫亡者亡(선부망자망) : 제나라 군대가 침공해 오면 왕이 멸망할 것인데 사실대로 보고하면 왕이 죽일 것이니 멸망해야 할 왕보다 먼저 죽는다는 뜻.
11) 金(금) : 금품(金品).
12) 性(성) : 체형(體形). 생김새.
13) 戴氏絶(대씨절) : 대씨(戴氏)는 송(宋)나라 왕실의 성(姓)이다. 곧 대씨

(戴氏)의 세계(世系)가 끊어지다의 뜻. 송나라 왕실(王室)이 멸망하다의 뜻.

라. 제(齊)나라 선왕(宣王)의 어리석음

제(齊)나라 선왕(宣王)은 순우곤(淳于髡)으로 하여금 태자(太子)의 사부(師傅)를 삼고자 하였다.

이에 순우곤이 사양하면서 아뢰었다.

"신(臣)은 어리석어 이 중임(重任)을 감당하기에 부족합니다. 대왕께서는 나라의 장자(長者 : 어진이)를 선택하시어 그로 하여금 그 중임을 맡기심만 같지 못하옵니다."

선왕은 말하였다.

"그대는 사양하지 마시오 과인(寡人)이 어찌 그대로 하여금 태자를 교도(教導)하여 과인과 같이 되게 해달라고 하겠소 과인은 본디 태어나면서부터 현명(賢明)함을 지니고 있었소. 그대는 능히 과인을 위해 태자로 하여금 현명함이 요(堯)임금이나 혹은 순(舜)임금과 같게 만들 수 있겠소?"

무릇 설(說)이 행하여짐에는 도(道)가 있으니, 지혜롭지 못하면서 지혜로운 사람에게 듣는 것은 따르지만 그것을 스스로 받아들이는 것이 아니다.

지금 제선왕(齊宣王)은 스스로 현명함이 요임금·순임금보다 낫다고 생각한다. 그런 사람에게 어찌 그것으로써 설(說)을 개진(開陳)할 수 있겠는가. 진언(進言)은 반드시 받아들여지지 않을 것이다. 곧은말을 받아들이지 않는 군주에게는 반드시 위험과 멸망(危亡)이 있을 것이다.

제선왕은 활쏘기를 좋아하였다. 그는 남들이 강력(強力)한 활을 잘 다룬다고 말하는 것 듣기를 좋아하였다. 그가 보통으로 쓰는 활은 삼석(三石)에 불과한데, 좌우의 사람들이 그것을 보고 시험삼아 그것을 당겨보고는 한 중간쯤 당기다가 말고는 모두 말하였다.

"이 활은 구석(九石)에 못지 않으니 대왕이 아니고서야 누가 감히 이 강궁(强弓)을 다룰 수 있겠는가."
 선왕이 실제로 다룰 수 있는 것은 삼석(三石)에 불과하였다. 그러나 죽을 때까지 그는 구석(九石)을 다룬다고 생각하였다. 어찌 슬픈 일이 아니겠는가.
 곧은말을 하는 현사(賢士)가 아니고서야 그 누가 능히 군주에게 아첨하지 않겠는가. 세상에는 곧은말하는 현사가 적어 잘못된 많은 것을 이길 수가 없으니 이것은 자연의 운수다. 그러므로 어지러운 나라 군주의 화환(禍患)은 삼석(三石)을 쓰면서 구석(九石)이라고 생각하는 데에 있는 것이다.

齊王[1]欲以淳于髡[2]傅太子[3] 髡辭曰 臣不肖 不足以當此大任也 王不若擇國之長者而使之 齊王曰 子無辭也 寡人豈責子之令太子必如寡人也哉 寡人固生而有之也 子爲寡人令太子如堯乎 其如舜也 凡說之行也 道不智聽智 從自非受是也 今自以賢過於堯 舜 彼且胡可以開說哉 說必不入 不聞存君[4] 齊宣王好射 說人之謂己能用彊弓[5]也 其嘗所用不過三石 以示左右 左右皆試引之 中關而止[6] 皆曰 此不下九石 非王其孰能用是 宣王之情[7]所用不過三石 而終身自以爲用九石 豈不悲哉 非直士其孰能不阿主 世之直士其寡不勝衆 數也 故亂國之主 患存乎用三石爲九石[8]也

1) 齊王(제왕) : 제나라의 선왕(宣王).
2) 淳于髡(순우곤) : 전국시대 제(齊)나라 사람으로 익살스럽게 말을 잘하는 사람.
3) 太子(태자) : 뒷날 제나라의 민왕(湣王)이 되었다.
4) 不聞存君(불문존군) : 충언(忠言)을 받아들이지 않고는 위망(危亡)하지 않음이 적으므로, 군주를 존재하게 함을 듣지 않는다는 뜻이다.
5) 能用彊弓(능용강궁) : 강궁(强弓)을 잘 다루다. 곧 힘이 강함을 보이는 말이다.
6) 中關而止(중관이지) : 활시위를 중간쯤 당기다가 말다.
7) 宣王之情(선왕지정) : 선왕이 활을 다룰 수 있는 실제의 능력.
8) 三石爲九石(삼석위구석) : 삼석의 활을 사용하면서 구석의 활로 착각하고 있는 것. 힘이 부족하면서도 스스로 힘이 남는 것으로 생각하는 것.

6. 어지러운 것의 근본(六日原亂)

가. 어지러운 문을 지나지 말라

어지러운 일의 발생은 반드시 차례가 있으니 큰 어지러움이 다섯 차례, 작은 어지러움이 세 차례, 어지러움을 토벌한 것이 세 차례다. 그러므로 시구(詩句)에 이르기를

"어지러운 문을 지나지 말라."

고 하였으니, 그것은 어지러움을 멀리해야 한다는 것이다. 어지러운 문과 멀리 떨어지면 복(福)은 아직 이르지 않되 화(禍)는 피하여 면할 수 있기 때문이다.

무왕(武王)은 무력(武力)으로써 천하를 얻고 문(文)으로써 다스려 그것을 유지하며 창을 거꾸로 세우고 활시위를 느스러뜨려 천하에 다시는 병력(兵力)을 쓰지 않을 것을 표시하였으니, 그것은 천하를 능히 지킬 수 있었던 까닭이다.

亂必有弟[1] 大亂五[2] 小亂三[3] 訓亂三[4] 故詩[5]曰 毋過亂門 所以遠之也 慮福未及 慮禍之所以兒[6]之也 武王以武得之 以文持之 倒戈弛弓 示天下不用兵 所以守之也

1) 弟(제) : 차례. 제(第)의 고자(古字)다.
2) 大亂五(대란오) : 대란(大亂)은 진(晉)나라에서 장자(長子)를 폐하고 어린 아들로 태자를 세웠는데, 어린 아들이 선 뒤에 또 그를 살해한 것을 말한다. 대란의 다섯 차례를 열거하는 일은 생략한다.
3) 小亂三(소란삼) : 소란(小亂)은 이극(里克)의 무리를 죽인 것을 말한다. 소란의 세 차례를 열거하는 일은 생략한다.
4) 訓亂三(현란삼) : 현은 토(討)의 오자(誤字). 토란(討亂)은 조정에 있어 난영(欒盈)이 군대를 이끌고 낮에 강(絳)에 들어온 것을 말한다. 토란(討亂)

의 세 차례를 열거하는 일은 생략한다.
5) 詩(시) : 일시(逸詩).
6) 兒(아) : 면(免)의 오자(誤字).

나. 선정을 펴 진(晉)나라를 일으킨 문공(文公)

　진(晉)나라의 헌공(獻公)은 여희(驪姬)를 세워서 부인(夫人)으로 삼고 여희의 소생인 해제(奚齊)를 세워 태자(太子)로 삼았다. 헌공이 세상을 떠나니 태자인 해제가 그의 뒤를 이어 군주가 되었는데 이극(里克)이 국인(國人)을 거느리고 들어와 해제를 공격하여 그를 죽였다.
　그래서 순식(荀息)이 해제의 동생인 공자(公子) 탁(卓)을 군주로 세웠으나 이극이 또 국인들을 거느리고 들어와 공자 탁을 공격하여 그를 죽였다.
　이렇게 되니 진(晉)나라에는 군주가 없어졌으므로 진(秦)나라에 망명(亡命) 중이던 공자 이오(夷吾)가 진(秦)나라에 요구하여 서로 돕기로 하였다. 하외(河外)의 성(城) 다섯을 진(秦)나라에 주기로 약속하면서 진(晉)나라로 들어오고자 하니 진(秦)나라의 목공(繆公)이 군대를 동원하여 그를 호위해서 진(晉)나라로 들여보냈다. 이에 진(晉)나라 사람들은 그를 세워 군주로 삼으니 이가 곧 혜공(惠公)이다.
　혜공이 진(晉)나라 군주로 안정이 되니 혜공은 진(秦)나라가 도와 준 덕으로 진(晉)나라의 군주가 되었음에도 불구하고 진(秦)나라를 배신하고 약속했던 땅을 주지 않았다.
　이에 진(秦)나라의 목공이 분개하여 군사를 거느리고 진(晉)나라를 공격하니 진(晉)나라의 혜공은 그들을 맞이하여 진(秦)나라 사람들과 한원(韓原)이라는 땅에서 전투를 벌였다. 결국 진(晉)나라가 크게 패하였고 진(秦)나라에서는 진(晉)나라의 혜공을 포로로 잡아 돌아가 영대(靈臺)라는 곳에 가두었다.
　혜공이 영대에 갇힌 지 열 달만에 진(晉)나라와 진(秦)나라 사이에는 화의(和議)가 성립되어 혜공은 진(晉)나라로 돌아오고, 대신 혜공의 태자인 어(圉)가 인질(人質)이 되어 진(秦)나라에 가 있게 되었다.

뒤에 인질로 잡혀 있던 태자 어(圉)가 진(秦)나라에서 도망하여 진(晉)나라로 돌아오고, 그때 진(晉)나라의 군주인 혜공이 죽었으므로, 태자 어가 그의 뒤를 이어 진(晉)나라의 군주가 되니 이가 곧 회공(懷公)이다.

진(秦)나라의 목공은 회공이 진(秦)나라에서 몰래 도망한 것에 대하여 분개하였다. 그래서 분기(奮起)하여 진(晉)나라의 또 다른 공자로서 망명중에 있는 중이(重耳)를 받들고 회공을 공격하여 회공을 고량(高梁) 땅에서 죽이고 중이를 세워 진(晉)나라의 군주로 삼으니 이가 곧 문공(文公)이다.

문공은 어진 정사를 베풀어 폐지되고 정체(停滯)된 것을 떨쳐 구제하고, 궁핍하고 곤궁한 것을 바로잡아 돕고, 재앙과 근심거리를 구원하고, 음란하고 사악(邪惡)한 짓을 금지하고, 부역(賦役)과 거두어 들이는 일을 적게 하고, 범죄자(犯罪者)를 용서하고 씀씀이를 절약하고, 백성을 동원하는 일은 농번기를 피해 농한기(農閑期)를 가려서 행하였다.

초(楚)나라와 성복(城濮)에서 싸워 깨뜨리고, 주왕조(周王朝)의 양왕(襄王)이 자대(子帶)의 난을 피하여 정(鄭)나라로 피신하고 있는 것을 도와 주(周)로 돌아가게 하여 안정을 되찾게 하였고, 초나라에 의해 포위된 송(宋)나라를 풀어 주어 곡수(穀戍)를 나가게 하니, 밖으로는 제후와 안으로는 경대부(卿大夫)가 모두 그의 덕에 감복(感服)하게 되었다.

그런 뒤에 진(晉)나라의 어지러움은 끝이 나고 문공은 천하의 패자(覇者)가 되었다.

그러므로 헌공(獻公)이 여희(驪姬)의 말을 믿고 받아들이면서부터 양오(梁五)·우시(優施)를 가까이 하여 태자인 신생(申生)을 죽이고, 그래서 이에 따라 대란(大亂)이 일어나기 다섯번, 그 난리 중에 세 군주가 죽고, 한 군주가 포로가 되었고, 대신(大

臣)과 경사(卿士)들의 죽은 이가 백으로써 헤아리게 되었으며, 이런 재화(災禍)가 이어지기 20년이라는 세월이었다.

　상고 시대 이래 난리가 일어난 것이 일찍이 서로 같은 것이 아니었으나 난리의 화환(禍患)은 모두가 같다고 할 수 있을 뿐이다. 이것은 난리의 실정이 각각 서로 같지 않고, 실정이 같지 않은 것은 난리를 일으킨 사람의 마음이 같지 않기 때문이다. 무릇 난리를 일으킨 사람에게 재화가 미치지 않는 일이 지극히 적은 것이다.

　　晉獻公立驪姬以爲夫人 以奚齊爲太子[1] 里克率國人以攻殺之[2] 荀息立其弟公子卓 已葬 里克又率國人攻殺之 於是晉無君 公子夷吾重賂秦以地[3] 而求入[4] 秦繆公率師以納之 晉人立以爲君 是爲惠公 惠公旣定於晉 背秦德而不予地 秦繆公率師攻晉 晉惠公逆之 與秦人戰於韓原 晉師大敗 秦獲[5] 惠公以歸 囚之於靈臺十月 乃與晉成[6] 歸惠公 而質太子圉 太子圉逃歸也 惠公死 圉立爲君 是爲懷公 秦繆公怒其逃歸也 起奉公子重耳以攻懷公 殺之於高粱[7] 而立重耳 是爲文公 文公施舍 振廢滯 匡乏困 救災患 禁淫慝 薄賦斂 宥罪戾 節器用 用民以時 敗荊人[8]於城濮 定襄王[9] 釋宋圍[10] 出穀戍[11] 外內皆服[12] 而後晉亂止 故獻公聽驪姬 近梁五優施 殺太子申生 而大難隨之者五 三君死[13] 一君虜[14] 大臣卿士之死者以百數 離[15]咎二十年 自上世以來 亂未嘗一 而亂人之患也 皆曰一而已 此事慮不同情也 事慮不同情者心異也 故凡作亂之人 禍希[16]不及身

1) 奚齊爲太子(해제위태자) : 헌공(獻公)이 여희(驪姬)의 참소(讒訴)를 들어 태자인 신생(申生)을 폐하고 여희의 소생인 어린 해제(奚齊)를 세워 태자로 삼은 것을 말한다.
2) 殺之(살지) : 공자(公子)인 탁(卓)을 죽였다는 말.
3) 地(지) : 땅. 영토 곧 하외(河外)의 성(城) 다섯을 진(秦)나라에 주기로 약속하였다.
4) 求入(구입) : 들어오게 해달라고 하다. 곧 진(晉)나라에 들어와 군주가 되게 해달라고 했다는 뜻.

5) 獲(획) : 사로잡다. 포로가 되었다는 말.
6) 成(성) : 화의(和議)가 성립되었다는 말.
7) 高梁(고량) : 진(晉)나라의 지명(地名).
8) 荊人(형인) : 초(楚)나라의 성왕(成王).
9) 定襄王(정양왕) : 양왕(襄王)을 안정시키다. 양왕은 주왕조(周王朝)의 천자로 자대(子帶)의 난을 피해 정(鄭)나라에 피신해 있었는데 진(晉)의 문공(文公)이 그를 주(周)로 돌아가게 하여 안정시켰다.
10) 釋宋圍(석송위) : 초(楚)나라에 의해 포위된 송(宋)나라를 풀어 주었다는 뜻.
11) 出穀戍(출곡수) : 초나라가 진(晉)나라와 화의(和議)하여 송나라의 포위를 풀고 곡수(穀戍)를 나가게 한 일.
12) 外內皆服(외내개복) : 외(外)는 제후(諸侯)들이요, 내(內)는 경대부(卿大夫)를 이르는 말인데, 이들은 모두 문공(文公)의 덕(德)에 감복(感服)하였다.
13) 三君死(삼군사) : 세 군주가 죽다. 세 군주는 이극(里克)에게 죽은 해제(奚齊)와 탁(卓)과 진(秦)나라 목공(繆公)에게 죽은 회공(懷公).
14) 一君虜(일군로) : 한 군주가 사로잡힘. 사로 잡힌 자는 혜공(惠公).
15) 離(이) : 걸리다. 이(罹)와 같다.
16) 希(희) : 지극히 적다. 선(鮮)과 같다.

제24권 구차하지 않은 것
(卷二十四 不苟論:第四, 凡六篇)

무왕(武王)이 은(殷)나라의 폭군(暴君)인
주왕(紂王)을 토벌하기 위해
은나라 교외에 이르렀을 때
신발의 끈이 풀어졌다.
앞에서 모시는 사람이 다섯이나 있으면서도
누구하나 그것을 매주려 하지 않았다.
그러면서 하는 말이
"저희들이 주군을 섬기는 까닭은
신발 끈을 매는 데에 있는 것이 아닙니다."
하는 것이었다.
무왕은 하는 수없이
왼손에 들었던 백우(白羽)를 놓고
오른손에 들었던 황월(黃鉞)을 놓고는
친히 힘들여 그 끈을 다시 매었다.

제24권 구차하지 않은 것

1. 구차하지 않은 것(一曰不苟)

가. 죽어 주나라 왕조의 공경을 받은 비간(比干)

　현자(賢者)가 군주를 섬기는데에는 비록 존귀(尊貴)해지더라도 진실로 이(理)와 의(義)가 아니면 감히 따르지 않고, 비록 그의 말이 잘 받아들여진다고 하더라도 아첨하고 비위 맞추는 짓은 하지 않는다. 일거일동(一擧一動)이 반드시 이(理)에 합당해야만 움직이고, 반드시 의(義)에 합당해야만 행한다.
　이것은 충신(忠臣)의 행위로써 현명한 군주가 기뻐하는 바요, 어리석은 군주는 기뻐하지 않는 것이니, 어리석은 군주가 기뻐하지 않는 까닭은 그 충신의 명성을 싫어해서가 아니다. 군주가 비록 어리석다 하더라도 그 충신의 명성을 기뻐하는 것은 현명한 군주와 같다.
　그러나 그 충신의 말을 실제로 행함에 있어서는 그것을 잘 행하느냐 행하지 않느냐가 현명한 군주와 어리석은 군주와의 다른 점이다. 잘 행하느냐 행하지 않느냐 하는 다른점이 있기 때문에 그들의 공명(功名)과 화복(禍福)이 또한 다르다.
　다른점이 있으므로 오자서(伍子胥)는 합려(闔閭)에게는 공경을 받았고 부차(夫差)에게는 미움을 받았으며, 비간(比干)은 살아서는 상왕조(商王朝)의 미움을 받았고 죽어서는 주왕조(周王朝)의 공경을 받은 것이다.

賢者¹⁾之事君也 雖貴不苟爲 雖聽²⁾不自阿 必中理 然後動 必當義 然後擧³⁾ 此忠臣之行也 賢主之所說 而不肖主之所不說 非惡其聲也 人主雖不肖 其說忠臣之聲與賢主同 行其實⁴⁾則與賢主有異⁵⁾ 異故 其功名禍福亦異 異故子胥見說⁶⁾於闔閭 而惡乎夫差 比干生而惡於 商 死而見說乎周

1) 賢者(현자) : 존귀(尊貴)해지기를 바라지만 진실로 이(理)와 의(義)가 아니면 행하지 않는 사람.
2) 聽(청) : 그의 진언(進言)이 군주에게 잘 받아들여진다는 뜻.
3) 擧(거) : 행하다. 행(行)과 같다.
4) 實(실) : 충신의 진언(進言).
5) 異(이) : 다르다. 곧 현명한 군주는 충신의 말을 잘 받아들이고 어리석은 군주는 충신의 말을 묵살해 버리는 다른점.
6) 見說(견열) : 공경을 받다. 견(見)은 수(受)와 같고, 열(說)은 경(敬)과 같다.

나. 왕의 신발 끈을 매주지 않은 신하

무왕(武王)이 은(殷)나라의 폭군(暴君)인 주왕(紂王)을 토벌하기 위해 은나라 교외에 이르렀을 때 신발의 끈이 풀어졌다. 앞에서 모시는 사람이 다섯이나 있으면서도 누구 하나 그것을 매주려 하지 않았다. 그러면서 말하였다.

"저희들이 주군을 섬기는 까닭은 신발 끈을 매는 데에 있는 것이 아닙니다."

무왕은 하는 수 없이 왼손에 들었던 백우(白羽)를 놓고 오른손에 들었던 황월(黃鉞)을 놓고는 친히 힘들여 그 끈을 다시 매었다.

후세에 공자가 이 이야기를 듣고는 말하였다.

"저 다섯 사람이 해야 할 일은 왕자(王者)를 보좌하는 일이었다. 이것이 어리석은 군주에게는 불안한 것이다."

그러므로 천자에게는 세민(細民)이 다투어 이길 수 없는 것이 있고, 천하는 제후의 나라가 다투어 이길 수 없는 것이 있다.

武王至殷郊 係¹⁾墮 五人御於前 莫肯之爲曰 吾所以事君者非係也 武王左釋白羽 右釋黃鉞 勉而自爲係 孔子聞之曰 此五人者之所以 爲王者佐也 不肖主之所弗安也 故天子有不勝細民者 天下²⁾有不勝 千乘者³⁾

1) 係(계) : 끈. 여기서는 신발의 끈을 말한다.
2) 天下(천하) : 천자가 군림하는 중국 전체를 뜻한다. 해내(海內).
3) 千乘者(천승자) : 전차(戰車) 천 대를 가질 수 있는 제후국(諸侯國). 곧 한 국가라는 뜻이다. 천승지국(千乘之國). 천자의 나라는 만승지국(萬乘之國) 이다.

다. 신하의 꾀로 유여(由余)를 얻은 목공(繆公)

진(秦)나라 목공(繆公)이 서융(西戎)의 신하인 유여(由余) 를 만나보고 마음속으로 기뻐하여 그를 진나라에 머물러 있게 하고자 했으나 유여는 그것을 좋아하지 않았다. 그래서 목공은 그런 사정을 건숙(蹇叔)에게 말하였다. 건숙이 말하였다.

"주군께서는 그 사정을 내사(內史)인 요(廖)에게 말씀하십시오."

이에 목공은 건숙의 말대로 내사 요에게 말하였다. 내사 요가 말하였다.

"융인(戎人)은 오음(五音) 곧 음악과, 오미(五味) 곧 요리를 잘 모릅니다. 주군께서는 그들에게 오음과 오미를 보내도록 하십시오."

목공은 그의 말에 따라 오음에 통달한 여자 악인(樂人) 16명과 오미에 통달한 요리사를 서융의 왕에게 보냈다. 이 사람들을 받은 서융의 왕은 그들에게 미혹(迷惑)되어 크게 어지럽게 굴면서 밤과 낮을 가리지 않고 그 요리사가 오미를 조화하여 만든 음식을 먹고, 여자 악인들이 오음을 조화하여 연주하는 음악을 들으면서 즐겼다. 그래서 유여가 여러 차례 왕에게 그 옳지 않음을 간

(諫)하였으나 왕은 그 간언(諫言)을 듣지 않았다. 뿐만 아니라 융왕의 성냄으로 인하여 유여는 융왕의 곁을 떠나 아예 목공에게로 돌아가고 말았다.

건숙은 내사 요(廖)가 한 것과 같은 일을 할 줄을 몰랐던 것이 아니라 그 일이 의(義)와 이(理)에 합당하지 않았기 때문에 하지 않은 것이다.

목공은 능히 그 신하로 하여금 때에 따라 그 정의(正義)를 세우게 할 수 있었으므로 효(殽)에서 패했던 수치를 씻을 수 있었고, 서쪽으로 국토를 넓혀 하옹(河雍)까지 이를 수 있었다.

秦繆公見戎由余 說而欲留之 由余不肯 繆公以告蹇叔 蹇叔曰 君以告內史廖 內史廖對曰 戎人不達於五音與五味[1] 君不若遺之 繆公以女樂二八人與良宰[2]遺之 戎王喜 迷惑大亂 飮酒晝夜不休 由余驟諫而不聽 因怒而歸繆公也 蹇叔非不能爲內史廖之所爲也 其義不行也 繆公能令人臣時立其正義 故雪[3]之殽[4]之恥而 西至河雍也

1) 五味(오미) : 신 맛인 산(酸), 쓴 맛인 고(苦), 짠 맛인 함(鹹), 매운 맛인 신(辛), 단 맛인 감(甘)의 다섯 가지 맛.
2) 良宰(양재) : 숙련(熟練)된 요리사.
3) 雪(설) : 씻다. 세(洗)와 같다.
4) 殽(효) : 목공(繆公)이 일찍이 정(鄭)나라와 싸우고자 하는 것을 건숙(蹇叔)이 말렸으나 목공이 듣지 않아 패전(敗戰)한 지방의 이름.

라. 진(秦)나라 목공이 패자가 된 이유

진(秦)나라의 목공(繆公)은 백리해(百里奚)로써 재상(宰相)을 삼았다. 이때 진(晉)나라에서는 숙호(叔虎)를 사신(使臣)으로 하여 진(秦)나라에 보냈고, 제(齊)나라에서는 동곽건(東郭蹇)을 사신으로 하여 진(秦)나라에 보냈다.

그런데 공손지(公孫枝)가 그 사신들을 만나보겠다고 목공에게 청하는 것이었다. 그래서 목공이 그 까닭을 물었다.

"객(客)을 만나고자 하는 것은 그대 개인적인 일로 만나자는 것인가?"

공손지는 대답하였다.

"아니옵니다."

그래서 목공이 또 물었다.

"그렇다면 재상이 그대에게 그렇게 하라고 하던가?"

공손지는 또 대답하였다.

"그렇지 않습니다."

이에 목공은 말하였다.

"그렇다면 그대가 객을 만나고자 하는 것은 그대 개인의 일이 아니다. 우리 진(秦)나라는 미개인인 융족(戎族)과 이족(夷族)의 나라들이 있는 곳에 치우쳐 있어 자기 맡은 바 일에 충실하여 그 일만을 열심히 하여도 오히려 제후들의 웃음거리가 될까 두려운데, 지금 그대는 그대가 맡은 바 일이 아닌 것을 하고자 한다. 물러가라. 뒤에 그대의 죄를 논할 것이다."

사태가 이에 이르니 공손지는 조정에서 나와 스스로 백리해에게 가서 일의 사정을 진술하고 죄를 청하였다.

그래서 백리해는 목공에게 그것을 청하였다. 이에 목공이 말하였다.

"이것이 어디 재상에게 들을 일인가. 공손지에게 죄가 없다면 어째서 죄를 청한 것이며, 죄가 있다면 당연히 죄를 받을 일이지 어째서 죄를 청하는 것이오."

목공의 말을 들은 백리해는 돌아와 공손지에게 그 말을 전하였고 공손지는 스스로 자리를 옮겨 거리에 엎드렸다. 그리고 백리해는 담당 관리로 하여금 공손지에게 해당하는 형벌을 가하게 하였다.

관직을 나누어 분담하게 하는 것이 옛 사람이 법을 세운 취지이다. 이제 목공은 그것을 따라 행하였으니 서융(西戎)의 패자(覇者)가 된 것이 어찌 마땅하지 않은가.

秦繆公相百里奚 晉使叔虎¹⁾ 齊使東郭蹇如秦 公孫枝²⁾請見之 公曰 請見客 子之事歟 對曰 非也 相國³⁾使子乎 對曰 不也 公曰 然則子事非子之事⁴⁾也 秦國僻陋戎夷⁵⁾ 事服其任 人事其事 猶懼爲諸侯笑 今子爲非子之事 退將論而⁶⁾罪 公孫枝出 自敷⁷⁾於百里氏 百里奚請之 公曰 此所聞於相國歟 枝無罪 奚⁸⁾請 有罪 奚請焉 百里奚歸 辭公孫枝 公孫枝徙 自敷⁹⁾於街 百里奚令吏行其罪 定分官¹⁰⁾ 此古人之所以爲法也 今繆公鄉¹¹⁾之矣 其霸西戎 豈不宜哉

1) 叔虎(숙호) : 진(晉)나라의 대부(大夫).
2) 公孫枝(공손지) : 진(秦)나라의 대부.
3) 相國(상국) : 재상(宰相). 백리해(百里奚)를 가리킨다.
4) 子事非子之事(자사비자지사) : 객(客)을 만나고자 하는 일은 그대 개인적인 일이 아니다. 앞의 자(子)는 불필요한 글자요 앞의 사(事)는 객을 만나고자 하는 일.
5) 夷(이) : 융족(戎族)과 마찬가지로 중국 주변에 있던 미개한 족속.
6) 而(이) : 너, 그대, 여(汝)와 같다.
7) 敷(부) : 진술(陳述)하다. 진(陳)과 같다.
8) 奚(해) : 어찌, 어찌하여. 하(何)와 같다.
9) 敷(부) : 엎드리다. 복(伏)과 같다.
10) 定分官(정분관) : 관직(官職)을 나누어서 담당하다. 공손지(公孫枝)는 자기의 담당이 아닌 일을 간섭하려다가 처벌을 받은 것이다.
11) 鄕(향) : 고인(古人)의 정신을 따라서 행한다는 뜻. 향(嚮)과 같다.

마. 상을 줄 때는 범위를 넓게 잡아야

진(晉)나라의 문공(文公)이 장차 제(齊)나라의 업(鄴) 고을을 공벌(攻伐)하고자 하니, 조쇠(趙衰)가 업 고을의 싸움에서 승리할 수 있는 계모(計謀)를 건의하였고, 문공은 그 계모를 채택하여 과연 승리를 거두어 업 고을을 차지하게 되었다. 회군(回軍)하여 이 싸움에 공로 있는 사람인 조쇠에게 상을 주려 하는데 조쇠가 아뢰었다.

"주군께서는 그 근본이 되는 사람에게 상을 주고자 하십니까, 아니면 그 말단에게 상을 주고자 하십니까? 그 말단에게 상을 주고자 하시면 직접 말을 타고 업 고을을 점령한 기병들에게 주셔야 하고, 그 근본에게 상을 주고자 하시면 이 싸움을 승리로 이끈 지휘자인 극자호(郤子虎)에게 돌아가야 할 것을 건의합니다."

그래서 문공은 극자호를 불러 보고는 말하였다.

"이번 싸움은 조쇠가 업에서 승리할 수 있는 계모를 건의하였으므로 그것으로써 업에서 이미 승리를 거두었으니 그에게 상을 주려고 하였으나 그가 말하기를 자호(子虎)에게 상을 주어야 마땅하다고 하니 그대 자호가 상을 받도록 하오."

이에 자호가 아뢰었다.

"그것을 말하기는 쉬우나 그것을 행하기는 어렵습니다. 신(臣)에게는 그것이 과한 줄로 아뢰옵니다."

그러나 문공이

"그대는 사양하지 마오."

하고 그에게 상을 주었다. 그래서 극자호는 감히 굳이 사양하지 못하고 그 상을 받았다. 무릇 상을 줌에 있어서는 범위를 넓게 잡을 필요가 있으니, 범위를 넓게 잡으면 남의 도움을 많이 받게 된다.

지금 극자호가 직접 건의하지는 않았지만 상은 오히려 돌아가서 그가 타게 되었으니 이것은 장차 대접을 덜 받는 사람들이 모두 그 지혜를 다하여 그 의견을 공헌하게 하는 것이다.

진(晉)나라의 문공은 타국으로 돌면서 오랜 동안 망명 생활을 하다가 진나라로 돌아온 뒤에 큰 어려움이 있었던 뒤를 이어서도 오히려 능히 패자(覇者)의 공을 세울 수 있었던 것은 그가 넓게 범위를 잡아 자호로 하여금 상을 탈 수 있게 한 것과 같은 방법으로 말미암은 것이다.

晉文公將伐鄴[1] 趙衰言所以勝鄴之術 文公用之 果勝 還將行賞 衰曰 君將賞其本乎 賞其末乎 賞其末則騎乘者存 賞其本則臣聞之

郤子虎²⁾ 文公召郤子虎曰 衰言所以勝鄴 鄴旣勝 將賞之曰蓋聞之於
子虎 請賞子虎 子虎曰 言之易 行之難 臣言之者也 公曰 子無辭 郤
子虎不敢固辭 乃受矣 凡行賞欲其博也 博則多助 今虎非親言者也
而賞猶及之 此疏遠者之所以盡能竭智者也 晉文公亡久³⁾矣 歸而因
大亂之餘 猶能以霸 其由此⁴⁾歟

1) 鄴(업) : 춘추시대 제(齊)나라 고을로 환공(桓公)이 축성(築成)한 것이나 문공(文公)이 이 고을을 차지하였고 전국시대에는 조(趙)나라의 고을이 되었다. 지금의 하남성(河南省) 임장현(臨漳縣) 서쪽에 위치한다.
2) 郤子虎(극자호) : 진(晉)나라 대부로 앞 대문의 글에 나오는 진(晉)나라의 사신으로서 진(秦)나라에 간 숙호(叔虎)와 동일 인물이다.
3) 文公亡久(문공망구) : 문공이 여희(驪姬)의 난(亂)을 피하여 북적(北狄)의 나라에 가서 12년, 그리고 여러 제후의 나라를 돌면서 5년, 아울러 17년 동안의 긴 세월 망명 생활을 하다가 진(晉)나라로 돌아온 것을 이르는 말.
4) 其由此(기유차) : 조쇠(趙衰)의 건의에 따라 대접을 덜 받은 사람에게까지 넓게 범위를 잡아 상을 받게 하는 방법을 쓴데에 말미암은 것이라는 뜻.

2. 유능한 자를 칭찬하는 것(二曰贊能)

가. 땅 천리보다 한 사람의 성인(聖人)이 낫다

현자(賢者)가 사람을 등용하는데 있어서는 사람의 덕(德)을 가지고 하고, 중간 정도의 사람이 사람을 임용하는데 있어서는 사람의 힘을 가지고 하고, 어리석은 사람이 사람을 임용하는데 있어서는 사람의 재물을 가지고 한다.

열 마리의 좋은 말을 얻는 것이 한 사람의 백락(伯樂)을 얻는 것만 같지 못하고, 열 자루의 좋은 칼을 얻는 것이 한 사람의 구야(歐冶)를 얻는 것만 같지 못하며, 땅 천리를 얻는 것이 한 사람의 성인(聖人)을 얻는 것만 같지 못하다.

그러므로 순(舜)임금은 고요(皐陶)를 얻어서 요(堯)임금의 선양(禪讓)을 받았고, 상(商)의 탕왕(湯王)은 이윤(伊尹)을 얻어서 하왕조(夏王朝)의 백성을 차지하였으며, 주(周)의 문왕(文王)은 여상(呂尙)을 얻어서 은(殷)나라의 백성들을 복종시켰으니, 대저 한 사람의 성인을 얻는 것을 어찌 이수(里數)로써 헤아릴 수 있으랴.

賢者善人以人[1] 中人以事[2] 不肖者以財[3] 得十良馬 不若得一伯樂[4] 得十良劍 不若得一歐冶[5] 得地千里 不若得一聖人 舜得皐陶而舜受之 湯得伊尹而有夏民[6] 文王得呂望而服殷商[7] 夫得聖人 豈有里數哉

1) 賢者善人以人(현자선인이인) : 현자가 사람을 등용함에는 사람의 덕(德)으로써 한다.
2) 中人以事(중인이사) : 중간 정도의 사람이 사람을 임용함에는 그 사람의 힘으로써 한다.
3) 不肖者以財(불초자이재) : 어리석은 사람이 사람을 임용함에는 그 재물로써 한다.
4) 不若得一伯樂(불약득일백락) : 백락(伯樂)은 말의 상(相)을 잘 보는 사람으로 백락을 얻는 것이 열 마리의 좋은 말을 얻는 것보다 낫다는 뜻.
5) 歐冶(구야) : 칼을 잘 만드는 사람.
6) 有夏民(유하민) : 하왕조(夏王朝) 걸왕(桀王)의 백성을 차지하였다는 말. 곧 천하의 왕자(王者)가 되었다는 뜻.
7) 服殷商(복은상) : 은(殷)과 상(商)은 같은 나라. 은(殷)의 주왕(紂王)의 무리가 주(周)의 문왕(文王)의 덕(德)에 복종하였다는 뜻.

나. 상을 주는데에는 그의 근본을 알아야 한다

관자(管子)가 노(魯)나라에 속박되어 있을 때다. 제(齊)나라 환공(桓公)이 포숙(鮑叔)을 재상으로 삼고자 하였다.

포숙이 아뢰었다.

"주군께서 패왕(覇王)의 업(業)을 이루고자 하시면 관이오(管

夷吾)가 저쪽 노나라에 있습니다. 신(臣)은 그를 따를 수가 없습니다."
이에 환공이 말하였다.
"이오(夷吾)는 과인의 적이오. 그는 일찍이 나를 쏘았으니 내 어찌 그를 등용할 수 있겠소. 그것은 안 될 말이오."
그래서 포숙이 다시 아뢰었다.
"이오는 그의 주군인 공자(公子) 규(糾)를 위하여 사람을 쏜 것입니다. 주군께서 만일 그를 얻어 신하로 삼으신다면 그는 또한 장차 주군을 위하여 사람을 쏠 것입니다."
그러나 환공은 포숙의 추천을 받아들이지 않고 굳이 포숙을 재상으로 삼으려 했다. 그러나 포숙이 완강하게 사양하니 환공은 마침내 포숙의 추천을 받아들였다. 그리하여 사람을 노나라에 보내 노나라 군주에게 고하였다.
"관이오는 과인의 원수입니다. 원컨대 그를 보내 주시면 과인이 그를 직접 처단하고자 합니다."
이에 노나라 군주는 환공의 청을 받아들여, 담당 관리로 하여금 관중의 두 손을 가죽 주머니로 싸고, 그의 두 눈을 갖풀로 붙이고 나서, 그의 몸뚱이를 가죽부대에 담아 수레에 싣고 제나라로 보내게 하였다.
관중을 태운 수레가 제나라 국경에 이르니 환공은 사람을 시켜 조정의 수레를 가지고 가서 그를 맞이하였다. 그의 몸에 붙은 부정한 것을 불에 그슬리고 멧돼지의 피를 발라 제거하고나서 자유롭게 활동할 수 있는 몸으로 제나라 국토까지 데리고 왔다. 그리고는 담당 관리에게 명하여 종묘를 소제하고 그를 조상에게 천(薦)하였다.
"저는 이오의 이야기를 들은 뒤로부터 눈이 더욱 밝아지고 귀가 더욱 총명해졌습니다. 저는 감히 정사를 전천(專擅)하지 않을 것을 선군(先君)께 고하나이다."
관자를 돌아보고 명하였다.
"이오는 나를 보좌(輔佐)하시오."

이에 관중은 물러나 두 번 절하고 머리를 조아려 명(命)을 받고는 종묘에서 물러나왔다.

관자가 제나라를 다스림에 있어 무슨 일에 공을 세우면 환공은 반드시 먼저 포숙에게 상을 내리면서 말하였다.

"제나라로 하여금 관자를 얻게 한 것은 포숙의 공로다."

환공은 상 주는 일(行賞)의 도리를 알았다고 말할 것이다. 무릇 상을 주는 일에 있어서는 그 근본을 파악해야 한다. 그 근본을 파악하면 잘못되는 일이 없을 것이다.

管子束縛在魯 桓公欲相鮑叔 鮑叔曰 吾君欲霸王 則管夷吾[1]在彼[2] 臣弗若也 桓公曰 夷吾寡人之賊也 射我者也 不可 鮑叔曰 夷吾爲其君[3]射人者也 君若得而臣之 則彼亦將爲君射人 桓公不聽[4] 强相鮑叔 固辭讓[5]而相 桓公果聽之 於是乎使人告魯曰 管夷吾寡人之讐也 願得之而親加手[6]焉 魯君許諾 乃使吏鞫其拳[7] 膠其目[8] 盛之以鴟夷[9] 置之車中 至齊境 桓公使人以朝車迎之 祓以爟火[10] 釁以犧猳[11]焉 身與之如[12]國 命有司除廟筵几而薦之曰 自孤之聞夷吾之言也 目益明 耳益聽 孤[13]弗敢專 敢以告於先君 因顧而命管子曰 夷吾佐予 管仲還走再拜稽首 受令而出[14] 管子治齊國 舉事有功 桓公必先賞鮑叔曰 使齊國得管子者 鮑叔也 桓公可謂知行賞矣 凡行賞欲其本也 本則過無由生矣

1) 管夷吾(관이오) : 이오(夷吾)는 관중(管仲)의 이름.
2) 彼(피) : 저쪽. 곧 노(魯)나라를 가리킨다.
3) 其君(기군) : 그의 주군. 곧 공자(公子) 규(糾)를 가리킨다.
4) 不聽(불청) : 들어 주지 않는다. 곧 포숙(鮑叔)의 천거(薦擧)를 받아들이지 않는다는 뜻.
5) 固辭讓(고사양) : 환공(桓公)이 포숙으로써 굳이 재상을 삼고자 하는 것을 포숙이 강경하게 사양하였다는 뜻.
6) 親加手(친가수) : 자기가 직접 처단(處斷)하겠다는 뜻.
7) 鞫其拳(곽기권) : 그의 손을 가죽으로 만든 주머니로 싸다 .곧 행동의 자유를 구속한다는 뜻.

8) 膠其目(교기목) : 눈을 갖풀로 붙이다. 곧 행동의 자유를 구속하다.
9) 盛之以鴟夷(성지이치이) : 가죽으로 만든 부대에 담다.
10) 祓以爟火(불이관화) : 그의 몸에 붙은 부정한 것을 불로 그슬러서 제거하다.
11) 釁以犧猳(흔이희가) : 멧돼지의 피를 몸에다 발라 몸에 붙은 부정한 것을 제거하다.
12) 如(여) : 가다. 지(之)·행(行)과 같다.
13) 孤(고) : 제후(諸侯)가 스스로를 일컫는 겸칭(謙稱).
14) 出(출) : 나오다. 곧 종묘에서 나왔다는 뜻.

다. 손숙오와 심윤경의 교우관계

손숙오(孫叔敖)와 심윤경(沈尹莖)은 서로 벗으로 사귀고 있었다. 손숙오가 초(楚)나라 도읍인 영(郢)에서 지내기 3년 동안에 그의 명성은 남에게 알려지지 못하였고, 몸을 닦아 자신을 세운 것도 남에게 알려지지 못하였다.

그래서 심윤경이 손숙오에게 일러 말하였다.

"의(義)를 설(說)하여, 나라를 다스리는 방법과 신의(信義)의 행함을 군주로 하여금 듣게 하여 위로는 왕자(王者)가 되게 하고 아래로는 패자(霸者)가 되게 하는데는 내가 그대만 같지 못하오. 세상에 살면서 세속(世俗)에 접(接)하고, 의(義)를 고르게 설하면서 그것으로써 군주의 마음에 적합하게 하는데에는 그대가 나만 같지 못하오. 그대는 잠시 돌아가 농사나 지으면서 지내지 않으리오. 나는 장차 그대를 위하여 유세(遊說)의 길을 떠나겠소."

그리하여 심윤경은 초나라의 수도인 영에서 지내기 5년 동안했는데 초나라 왕이 그를 등용하여 영윤(令尹)을 삼고자 하였다.

심윤경은 그것을 사양하면서 말하였다.

"기사(期思)의 시골 사람으로 손숙오라는 사람이 있는데 그는 이 시대의 성인입니다. 대왕께서는 꼭 그를 등용하십시오. 신(臣)은 그를 따를 수 없습니다."

이에 초나라 왕은 사람을 시켜 왕의 수레를 가지고 가서 손숙오를 맞이하게 하여 영윤을 삼았다. 이리하여 손숙오가 초나라의 영윤이 된 지 12년만에 초나라의 장왕(莊王)은 패자(覇者)를 일컫게 되었으니 이것은 심윤경의 힘이었다. 공적을 이루는데는 현자를 추천하는 일보다 더 큰 것은 없다.

孫叔敖沈尹莖[1]相與友 叔敖遊於郢[2]三年 聲問不知 修行不聞 沈尹莖謂孫叔敖曰 說義以聽 方術信行 能令人主上至於王 下至於覇 我不若子也 耦世接俗 說義調均 以適主心 子不若我也 子何以不歸耕乎[3] 吾將爲子游[4] 沈尹莖游於郢五年 荊王欲以爲令尹 沈尹莖辭曰 期思[5]之鄙人有孫叔敖者聖人也 王必用之 臣不若也 荊王於是使人以王輿迎叔敖 以爲令尹 十二年而莊王覇 此沈尹莖之力也 功無大乎進賢

1) 沈尹莖(심윤경) : 위의 여러 편에 보이는 심윤증(沈尹烝)·심윤서(沈尹筮)·심신무(沈申巫)·심윤화(沈尹華)와 동일한 인물로 그 자형(字形)이 서로 비슷한 데서 오는 오기(誤記)다.
2) 郢(영) : 초(楚)나라의 도읍.
3) 子何以不歸耕乎(자하이불귀경호) : 그대는 돌아가 농사를 짓지 않겠는가. 손숙오에게 얼마 동안 은퇴(隱退)할 것을 권하는 말.
4) 游(유) : 유세(游說).
5) 期思(기사) : 초나라 고을의 이름.

3. 자신을 아는 것(三曰自知)

가. 자신을 알지 못하여 죽은 사람들

수평인가 직선인가를 알고자 하면 반드시 준승(準繩)에 의거해야 하고, 모난 것과 원(圓)을 알고자 하면 반드시 규구(規矩)

에 의거해야 하듯이, 군주가 스스로를 알고자 하면 반드시 곧은 말 하는 현사(賢士)에게 의거해야 한다. 그러므로 천자가 보필하는 신하를 세우고 가르쳐서 이끌어주는 사보(師保)를 두는 것은 잘못을 바로잡으려는 까닭이다. 대저 사람은 본디부터 스스로의 잘못을 깨닫기가 어려운 것이다. 그중에서도 군주는 그것이 더욱 심하다. 존망(存亡)과 안위(安危)를 밖에서 찾지 말고, 힘써 그 잘못을 스스로 알려고 노력할 것이다.

그래서 요(堯)임금은 잘못을 간(諫)하게 하는 북이 있었고, 순(舜)임금에게는 잘못을 비방(誹謗)하는 나무가 있었으며, 탕왕(湯王)에게는 잘못을 바로잡아 주는 사람이 있었고, 무왕(武王)에게는 잘못을 경계하기 위해 치는 작은 북이 있었으니, 그것은 오히려 잘못을 스스로 깨닫지 못할 것을 두려워해서였다.

지금 군주들의 현명함은 요임금·순임금·탕왕·무왕과 같지 못하고, 그 잘못을 가리는 방법이 있으니 무엇에 의해 잘못을 스스로 깨달을 수 있겠는가.

초(楚)나라 성왕(成王)이나 제(齊)나라의 장공(莊公)은 잘못을 스스로 깨닫지 못해서 피살(被殺)되었고, 오왕 부차(吳王夫差)나 지백(智伯)은 잘못을 스스로 깨닫지 못해서 망하였고, 송(宋)나라 강왕(康王)이나 중산(中山)은 잘못을 스스로 깨닫지 못해서 멸망하였고, 진(晉)나라의 혜공(惠公)이나 조괄(趙括)은 잘못을 스스로 깨닫지 못해서 포로의 신세가 되었으며, 찬도(鑽荼)나 방연(龐涓)이나 태자(太子) 신(申)은 잘못을 스스로 깨닫지 못해서 죽었다.

실패는 잘못을 스스로 깨닫지 못하는 것보다 더 큰 것은 없는 것이다.

欲知平直[1]則必準繩[2] 欲知方圓[3]則必規矩[4] 人主欲自知則必直士[5] 故天子立輔弼 設師保[6] 所以擧[7]過也 夫人故[8]不能自知 人主猶其[9] 存亡安危 勿求於外[10] 務在自知 堯有欲諫之鼓[11] 舜而誹謗之木[12] 湯有司過之士[13] 武王有戒愼之鞀[14] 猶恐不能自知[15] 今賢非堯舜湯武

也 而有掩蔽之道 奚繇自知哉 荊成[16] 齊莊[17] 不自知而殺 吳王[18] 智伯[19] 不自知而亡 宋[20] 中山[21] 不自知而滅 晉惠公[22] 趙括[23] 不自知而虜 鑽荼 龐涓[24] 太子申[25] 不自知而死 敗莫大於不自知

1) 平直(평직) : 수평(水平)과 직선(直線).
2) 準繩(준승) : 준(準)은 수평을 헤아리고 승(繩)은 먹줄로 직선을 헤아리는 기구.
3) 方圓(방원) : 모난 것과 둥근 것.
4) 規矩(규구) : 규(規)는 둥근 것을 헤아리고, 구(矩)는 모난 것을 헤아리는 기구.
5) 直士(직사) : 군주에게 곧은 말로써 간(諫)하는 현사(賢士).
6) 師保(사보) : 군주를 가르쳐서 이끌어 주는 직책.
7) 擧(거) : 바로잡다. 정(正)과 같다.
8) 故(고) : 본디부터. 고(固)와 통한다.
9) 猶其(유기) : 홀로 심하다. 더욱 심하다. 독심(獨甚)의 오자(誤字).
10) 勿求於外(물구어외) : 밖에서 찾지 말라. 곧 자기 자신에게 있다.
11) 欲諫之鼓(욕간지고) : 간(諫)하고자 하는 자는 북을 친다.
12) 誹謗之木(비방지목) : 잘못된 점을 글로 써서 나무에다 표시하다.
13) 司過之士(사과지사) : 잘못된 점을 바로잡아 주는 사람. 사(司)는 정(正)과 같다.
14) 戒愼之韶(계신지도) : 경계하고자 하는 것을 작은 북을 쳐 알림.
15) 知(지) : 알다. 곧 잘못을 스스로 깨닫는다는 뜻.
16) 荊成(형성) : 초(楚)나라의 성왕(成王). 그는 참소(讒訴)를 믿고 현자를 멀리하다 공자(公子) 상신(商臣)에게 피살되었다.
17) 齊莊(제장) : 제(齊)나라의 장공(莊公) 그는 무도(無道)한 군주로서 최저(崔杼)에게 피살되었다.
18) 吳王(오왕) : 오(吳)나라 왕인 부차(夫差). 그는 오자서(伍子胥)의 말을 듣지 않다가 월왕(越王) 구천(句踐)에 의해 멸망하였다.
19) 智伯(지백) : 진(晉)나라의 경(卿)으로 장무(張武)의 말을 믿다가 조양자(趙襄子)에 의해 파멸(破滅)되었다.
20) 宋(송) : 송(宋)나라의 강왕(康王)을 말한다. 그는 무도(無道)하였으므로

제(齊)나라에게 멸망되었다.
21) 中山(중산) : 중산(中山)왕 언(偃)은 무도하여 위(魏)나라에게 멸망을 당하였다.
22) 晉惠公(진혜공) : 진(晉)나라의 군주로 진(秦)나라와의 약속을 지키지 않다가 한원(韓原)의 싸움에서 진(秦)나라의 포로가 되었다.
23) 趙括(조괄) : 조(趙)나라 자수로 진(秦)나라 장군인 백기(白起)의 포로가 되었다.
24) 鑽荼龐涓(찬도·방연) : 두 사람 다 위(魏)나라의 장군.
25) 太子申(태자신) : 위나라 혜왕(惠王)의 태자(太子). 방연(龐涓)과 더불어 제(齊)나라를 공벌하다 패하여 함께 전사하였다.

나. 자신의 과실을 듣기 싫어하는 인간

범씨(范氏)가 멸망한 뒤에 백성 중에 범씨의 종(鍾)을 얻은 자가 있어 그것을 등에 짊어지고 달아나려 하였으나 종이 커서 짊어질 수 없었다. 그래서 몽둥이로 두드려 그것을 부숴 버리려고 하니 종이 '쨍' 하고 큰 소리를 내는지라. 사람이 그 소리를 듣고 자신이 탄로날까봐 그것을 두려워하여 갑자기 자기의 귀를 가렸다.

남이 그 소리 듣기를 싫어하는 것은 그럴 수가 있다. 그러나 자기 스스로가 그 소리 듣기를 싫어하는 것은 잘못된 일이다.

군주가 되어서 자기의 잘못된 점 듣기를 싫어하는 것도 이와 같은 것이 아닌가? 사람이 자기의 잘못된 점을 듣고 싫어하는 것은 오히려 그럴 수 있는 일인 것이다.

范氏[1]之亡也 百姓有得鍾者 欲負而走 則鍾大不可負 以椎毁之 鍾況然有音 恐人聞之而奪己也 遽揜其耳[2] 惡人聞之可也 惡己自聞之 悖矣 爲人主而惡聞其過 非猶此也 惡人聞其過 尙猶可

1) 范氏(범씨) : 진(晉)나라의 경(卿)인 범무자(范武子)의 후예(後裔). 조간자(趙簡子)가 군대를 거느리고 범길사(范吉射)를 추방한 사실을 이르는 말이다. 일설에는 지백(智伯)이 범씨(范氏)를 토벌하여 멸망시켰다고도 한다.

2) 揜其耳(엄기이) : 귀를 막다. 곧 자기 스스로 그 귀를 막았다는 뜻.

다. 적황(翟黃)의 뛰어난 능력

위(魏)나라의 문후(文侯)가 연회를 베풀어 여러 대부와 함께 술을 마시는 자리에서 여러 대부로 하여금 자기에 대한 평(評)을 해 달라고 했다. 그때 문후를 지혜로운 군주라고 치켜 세우는 사람도 있었다. 임좌(任座)가 평할 차례가 되어 평하였다.

"주군께서는 어리석은 군주이십니다. 중산(中山)을 얻고는 그곳을 주군의 아우에게 봉(封)하지 않고 주군의 아들에게 봉하시었으니 그것으로써 주군의 어리석음을 알 수 있습니다."

이런 평을 들은 문후는 기분이 좋지 않아 그것이 안색에 나타났다. 분위기가 좋지 않아져 임좌는 그 자리에 그대로 앉아 있기 거북해서 빠른 걸음으로 밖으로 나가 버렸다.

다음 차례로 평할 사람은 적황(翟黃)이었다. 적황은 문후를 평하였다.

"주군께서는 현명한 군주이십니다. 신(臣)이 듣기로는 그 군주가 현명하면 그 신하의 말이 곧다고 하였습니다. 지금 임좌가 한 말은 곧은 말이었습니다. 이것으로써 주군의 현명하심을 알 수 있습니다."

이 말을 듣고 문후는 기분이 좋아져 물었다.

"임좌는 돌아올 것인가?"

이에 적황이 대답하였다.

"어찌 돌아오지 않겠습니까. 신(臣)은 충신은 그 충성을 다하고는 감히 죽을 죄를 피하지 않는다는 말을 들었습니다. 임좌는 반드시 지금 문 밖에서 기다리고 있을 것입니다."

그리고는 적황이 나가 보니 과연 임좌는 문 밖에 있는 것이었다. 그래서 군주의 명에 의해 임좌는 좌석으로 불려 들어왔다. 임좌가 들어오니 문후는 섬돌 아래로 내려가 그를 맞아들였다. 그리고 마침내 임좌로 하여금 그 좌석의 상객(上客)으로 삼았다.

문후에게 적황이 없었다면 충신을 거의 잃을 뻔하였다.
위로 군주의 뜻에 순응하고, 그것으로써 임좌의 현명함을 드러낸 것은 오직 적황의 이와 같은 능력에 있었던 것이다.

魏文侯燕飮[1] 皆令諸大夫論[2]己 或言君之智也 至於任座 任座曰 君不肖君也 得中山不以封君之弟 而以封君之子 是以知君之不肖也 文侯不說 知[3]於顏色 任座趨而出 次及翟黃 翟黃曰 君賢君也 臣聞其主賢者 其臣之言直 今者任座之言直 是以知君之賢也 文侯喜曰 可反歟[4] 翟黃對曰 奚爲不可 臣聞忠臣畢[5]其忠 而不敢遠其死 座殆[6]尙在於門 翟黃往視之 任座在於門 以君令召之 任座入 文侯下階而迎之 終座以爲上客 文侯微[7]翟黃 則幾失忠臣矣 上順乎主心以顯賢者 其唯翟黃乎

1) 燕飮(연음) : 연회를 베풀어 술을 마시다. 연(燕)은 연(宴)과 같다.
2) 論(논) : 논평(論評). 평(評)과 같다.
3) 知(지) : 나타나다. 현(見)과 같다.
4) 可反歟(가반여) : 돌아올 것인가. 곧 임좌(任座)가 좌석으로 돌아올 것인가를 묻는 말.
5) 畢(필) : 다하다. 진(盡)과 같다.
6) 殆(태) : 반드시. 必(필)과 같다.
7) 微(미) : 없었다면. 무(無)와 같다.

4. 마땅한 상(四曰當賞)

가. 상벌에 따라서 민중은 따른다

백성은 도(道)를 깨달아 말미암는 바가 없어도 하늘의 뜻을 알 수 있으니, 그것은 백성이 춥고 더운 것과 해와 달과 별과 별들의 사계절 운행에 따라서 하늘의 뜻을 아는 것이다.

사계절의 춥고 더운 것과 해와 달과 별과 별들의 운행이 마땅함을 얻으면 각종 생물, 혈기(血氣) 있는 모든 종류가 모두 그 자리를 얻어 그 생(生)을 편안하게 한다.

신하된 자 또한 도(道)를 깨달아 말미암는 바 없어도 그 군주를 알 수 있으니, 그것은 군주가 상벌(賞罰)과 작록(爵祿)을 베푸는 것에 따라서 군주를 알 수 있는 것이다.

군주의 상벌과 작록을 베푸는 일이 마땅함을 얻으면 친근하거나 소원하거나, 멀거나 가깝거나, 현명하거나 어리석거나 모두 그 힘을 다하여 군주의 바라는 바를 행할 것이다.

民無道知天 民以四時寒暑日月星辰之行知天 四時寒暑日月星辰之行當 則諸生[1]有血氣之類[2] 皆爲得其處而安其産[3] 人臣亦無道知主 人臣以賞罰爵祿之所加[4]知主 主之賞罰爵祿之所加者宜 則親疏遠近賢不肖 皆盡其力而以爲用矣

1) 諸生(제생) : 각종 생물(生物).
2) 有血氣之類(유혈기지류) : 혈기(血氣)가 있는 종류. 동물(動物).
3) 産(산) : 생(生).
4) 加(가) : 베풀다. 시(施)와 같다.

나. 상을 내리는데 마땅한 것을 얻은 문공(文公)

진(晉)나라의 문공(文公)이 망명생활을 하다 고국으로 돌아와 정권을 잡은 뒤에 망명 생활 중에 자기를 따르던 사람들에게 상(賞)을 내리는 일이 있었다. 이때 망명생활 중에 역시 문공을 따랐건만 도호(陶狐)는 그 상 받는 축에 끼이지 못하였다. 그래서 좌우의 신하들이 문공에게 그 까닭을 물었다.

"주군께서는 고국으로 돌아오신 뒤에 상으로 작록(爵祿)을 이미 세 번이나 내리셨습니다. 그러하온대 도호에게는 상을 내리지 않으시니 감히 묻자온대 그 까닭이 무엇입니까?"

이에 문공이 대답하였다.

"나를 보필함에 있어 의(義)로써 하고 나를 이끌어 줌에 있어 예(禮)로써 한 사람에게는 으뜸가는 상을 내리고 나를 가르침에 있어 선(善)으로써 하고 나를 굳세게 함에 있어 현(賢)으로써 한 사람에게는 그 다음 상을 내리며, 내가 하고자 하는 것을 못하게 막고 때때로 나의 잘못된 점을 들어 바로잡아 준 사람에게는 맨 끝의 상을 내렸다.

이 세 가지의 상은 공이 있는 신하에게 내리는 것이다. 만약 진(晉)나라의 근로(勤勞)한 무리에게 상을 준다면 그것은 장차 도호가 으뜸이 될 것이다."

이 이야기를 주왕실(周王室)의 내사(內史)인 흥(興)이 듣고 말하였다.

"진나라의 군주는 패자(霸者)의 일컬음을 들을 것인가? 옛날의 성왕(聖王)은 덕(德)을 먼저 하고 힘을 뒤로 하였으니 진나라 군주가 상을 내림에 있어 마땅함을 얻은 것이다."

晉文公反國 賞從亡者 而陶狐不與[1] 左右曰 君反國家 爵祿三出 而陶狐不與 敢問其說[2] 文公曰 輔我以義 導我以禮者 吾以爲上賞 敎我以善 彊我以賢者 吾以爲次賞 拂[3]吾所欲 數擧[4]吾過者 吾以爲末賞 三者所以賞有功之臣也 若賞唐國[5]之勞徒[6] 則陶狐將爲首矣 周內史興[7]聞之曰 晉公其霸乎 昔者聖王先德而後力 晉公其當之矣

1) 不與(불여) : 주지 않다. 곧 상(賞)을 내리지 않았다는 뜻.
2) 敢問其說(감문기설) : 그 뜻을 알고자 한다는 말.
3) 拂(불) : 하지 못하게 막는다는 뜻.
4) 擧(거) : 바로잡다. 정(正)과 같다.
5) 唐國(당국) : 진(晉)나라를 가리키는 말. 주왕조(周王朝)의 성왕(成王)이 당(唐)나라를 멸(滅)하고 숙우(叔虞)를 봉(封)한 뒤에 진(晉)으로 그 이름을 고쳤기에 이르는 말이다.
6) 勞徒(노도) : 근로(勤勞)한 무리. 곧 도호(陶狐)는 앞에서 말한 세가지 상에 해당하지 않는다는 뜻.
7) 內史興(내사 흥) : 주실(周室)의 대부(大夫).

다. 상(賞)이란 어지러움을 다스리는 것

진(秦)나라의 군주인 소주(小主)의 부인이 환관(宦官)인 변(變)을 등용하여 나라를 미혹되고 어지럽게 하니 많은 신하들이 그것을 좋지 않게 여겨 각자 은거하여 숨고 백성들은 그것을 원망하여 군주를 비방하였다.

그때 위(魏)나라에 망명중인 공자(公子) 연(連)이 고국의 이런 사정을 듣고, 그것을 바로잡고자 고국으로 돌아오려 하니 많은 신하와 백성들이 그를 맞이하여 정소(鄭所)의 요새(要塞)로부터 진(秦)나라로 들어오려고 하였다. 그러나 요새를 지키는 진나라의 관리인 우주연(右主然)이 그들을 받아들이지 않으면서 말하였다.

"신(臣)의 의(義)로서는 두 주인을 받들어 섬길 수 없으니 공자께서는 여기를 떠나 돌아가 주십시오."

그래서 공자 연은 할 수 없이 거기서 물러나 적지(翟地)로 가서 언씨(焉氏)의 요새로 해서 진나라로 들어오고자 하니 요새를 수비하는 관리인 균개(菌改)가 공자 연을 들어오도록 하였다.

공자 연이 언씨의 요새로 해서 진나라로 들어왔다는 말을 들은 소주(小主)의 부인은 크게 놀라 관리로 하여금 병력을 동원하라 명령하고 말하였다.

"도적이 변방(邊方) 요새에 있다."

이에 군대와 관리들이 처음에 출동할 때에는 모두

"가서 도적을 격퇴(擊退)시켜야 한다."

라고 하였으나, 중도에서 말을 바꾸어 말하였다.

"도적을 격퇴하는 것이 아니라 주군을 맞이하는 것이다."

그리하여 공자 연은 군대와 함께 도읍인 옹(雍)으로 들어와 부인을 포위하니 부인은 스스로 목숨을 끊었다. 이렇게 해서 공자 연이 진나라의 군주가 되니 이가 곧 헌공(獻公)이다.

헌공은 우주연이 정소의 요새에서 통과시키지 않았던 것을 원망하여 장차 무겁게 벌주고자 하고, 언씨의 요새를 통과시켜준 균개의 공을 높이 평가하여 그에게는 두터운 상을 내리고자 하였다. 이에 대부(大夫)인 감돌(監突)이 힘써 말하였다.

"아니 되옵니다. 지금 진나라 공자로서 외국에 나가 있는 분들이 많습니다. 만약 요새의 통과가 쉽게 이루어진다면 신하들이 모두 망명중인 공자들을 다투어 맞아들이고자 할 것입니다. 그것은 주군을 위하여 좋은 일이 아닙니다."

이 말을 듣고 헌공도 옳은 생각이라고 여겼다. 그리하여 우주연에게도 죄를 묻지 않고, 균개에게는 벼슬을 주어 대부(大夫)로 삼았다. 그리고 정소의 요새를 지킨 사람들에게는 각각 쌀 20석(石)씩을 하사하였으니 헌공은 상과 벌을 잘 분별하였다고 할 것이다. 무릇 상이라는 것은 그 사람을 사랑해서 주는 것이 아니요, 벌이라는 것은 그 사람을 미워해서 행하는 것이 아니라 그 사람의 행한 일을 보아서 시행하는 것이다. 그 행한 일이 옳으면 비록 그를 미워하더라도 또한 상을 줄 것이며, 그 행위가 옳지 않으면 비록 그를 사랑하더라도 또한 벌을 줄 것이다. 이것이 선왕(先王)이 어지러움을 다스리고 위태한 것을 편안하게 한 도리인 것이다.

秦小主[1]夫人用奄變[2] 群賢不說自匿 百姓鬱怨非上[3] 公子連[4]亡在魏 聞之 欲入 因群臣與民從鄭所之塞 右主然[5]守塞 弗入曰 臣有義不兩主[6] 公子勉去矣 公子連去 入翟[7] 從焉氏塞[8] 菌改[9]入之[10] 夫人[11]聞之大駭 令吏興卒 奉命曰寇在邊 卒與吏其始發[12]也 皆曰往擊寇 中道因變曰 非擊寇也 迎主君[13]也 公子連因與卒俱來至雍[14] 圍夫人 夫人自殺 公子連立 是爲獻公 怨右主然而將重罪之 德菌改而欲厚賞之 監突[15]爭之曰 不可 秦公子之在外者衆 若此則人臣爭入亡公子矣 此不便[16]主 獻公以爲然 故復[17]右主然之罪 而賜菌改官大夫 賜守塞者人米二十石 獻公可謂能用賞罰矣 凡賞非以愛之也 罰非以惡之也 用觀歸[18]也 所歸善 雖惡之 賞 所歸不善 雖愛之 罰 此先王之所以治亂安危也

1) 小主(소주) : 진(秦)나라의 군주로 진나라 여공(厲公)의 증손(曾孫)이요

혜공(惠公)의 아들이다.
2) 奄變(엄변) : 엄(奄)은 환관(宦官)이란 뜻이요, 변(變)은 이름. 소주(小主)의 부인이 엄변을 등용하여 나라를 미혹(迷惑)되고 어지럽게 하였다.
3) 非上(비상) : 군주를 비방(誹謗)하다.
4) 公子連(공자 연) : 공자인 연(連). 일명 원(元). 진나라 여공의 증손이요 영공(靈公)의 아들로 소주(小主)와는 재종(再從) 형제.
5) 右主然(우주연) : 진나라 요새(要塞)를 지키는 관리.
6) 有義不兩主(유의불양주) : 의(義)가 있으니 두 주인을 받들어 섬길수 없다. 공자 연을 받아들이면 두 군주를 섬기는 것이 되어 두 마음을 가지게 되므로 공자 연을 권하여 빨리 물러가도록 하는 말.
7) 翟(적) : 적(狄)과 같다. 북적(北狄).
8) 塞(새) : 안정(安定)에 있는 요새(要塞).
9) 菌改(균개) : 언씨새(焉氏塞)를 지키는 관리.
10) 入之(입지) : 공자 연을 나라 안으로 들어오게 하였다는 말.
11) 夫人(부인) : 소주(小主)의 부인을 가리킨다.
12) 發(발) : 출발(出發).
13) 主君(주군) : 공자(公子) 연(連)을 가리킨다.
14) 雍(옹) : 진(秦)나라의 도읍.
15) 監突(감돌) : 진나라의 대부(大夫).
16) 不便(불편) : 좋은 일이 아니라는 뜻.
17) 復(복) : 뒤집다. 곧 죄를 묻지 않는다는 뜻. 반(反)과 같다.
18) 歸(귀) : 행한 일.

5. 뜻을 움켜 잡는 것(五日博志) ※ 博은 搏과 동일

가. 공명(功名)을 이루는 방법

선왕(先王)에게는 큰 임무(任務)가 있었다. 그것은 그 유해(有

害)한 것을 제거하는 일이었다. 그러므로 하고자 하는 것으로써 반드시 그것을 얻고, 싫어하는 것으로써 반드시 그것을 제거하였다.

이것이 공명(功名)을 이루는 방법이었다. 그러나 세속적인 군주는 이런 이치에 밝지 못하여 큰 임무가 있되 유해한 것을 제거하지 못하니 공명을 세우지 못하는 것이다.

대저 유해한 것을 제거하고 유해한 것을 제거하지 못하는 것은, 현명하냐 현명하지 못하느냐 하는 것을 분별(分別)하는 기준이 된다.

노루로 하여금 빨리 달리게 하면 말이 그것을 따르지 못한다. 그것은 마침내 말이 먼저 이를 수 있건만 때때로 노루를 돌아다보기 때문이다. 기마(騎馬)가 하루에 천리를 달리는 것은 그 수레가 가벼워서다. 만일 수레에다 무거운 짐을 싣는다면 하루에 불과 몇 리(里)도 못갈 것이다. 그것은 그 짐이 무겁기 때문이다.

현자(賢者)는 일을 거행하여 공(功)을 이루지 못하는 일이 없다. 그러나 명성을 크게 떨치지 못하고 그 복(福)과 이로움이 후세에 미치지 못하는 것은 어리석고 현명하지 못한 사람에게 그 일을 맡겼기 때문이다.

겨울과 여름은 두 가지를 함께 이룰 수 없고, 풀과 곡식(稼)은 두 가지를 함께 이룰 수 없으며, 햇곡식이 영글면 묵은 곡식은 이지러진다.

무릇 뿔 있는 짐승은 윗니가 없고, 과실이 많이 열리는 나무는 그 가지가 반드시 낮게 늘어진다. 지혜를 편협하게 쓰는 사람이 공명을 이루기 어려운 것은 모두 자연적인 천수(天數)다.

그러므로 천자(天子)는 온전한 데에 처(處)하지 않고, 극(極)에 처하지 않으며, 꽉 찬 데에 처하지 않으니, 온전하면 반드시 결함이 생기고, 극에 이르면 반드시 돌아오게 되며, 꽉 차면 반드시 이지러지게 마련이다.

선왕은 만물이 두 가지가 함께 클 수 없다는 것을 안다. 그러므로 반드시 일의 적당한 것을 선택하여 처신한다.

先王有大務 去其害之者 故所欲以必得 所惡以必除 此功名之所以立[1]也 俗主[2]則不然 有大務而不能去其害之者 此所以無能成也 夫去害務與不能去害務 此賢不肖之所以分也 使獐[3]疾走 馬弗及 至已而得者 其時顧[4]也 驥一日千里 車輕也 以重載則不能數里 任[5]重也 賢者之舉事也 不聞無功 然而名不大立 利不及世者 愚不肖爲之任也[6] 冬與夏不能兩刑[7] 草與稼不能兩成 新穀熟而陳穀虧 凡有角者無上齒 果實繁者木必庳[8] 用智褊者無遂功 天之數也 故天子不處全 不處極 不處盈 全則必缺 極則必反 盈則必虧 先王知物之不可兩大 故擇務當而處之

1) 立(입) : 서다. 이루다. 성립(成立).
2) 俗主(속주) : 세속적(世俗的)인 군주. 곧 현명하지 않은 군주.
3) 獐(장) : 노루.
4) 其時顧(기시고) : 돌아보면서 그 가는 것을 생각하기 때문에 마침내 이룰 수 없다는 말.
5) 任(임) : 실려 있는 짐.
6) 愚不肖爲之任也(우불초위지임야) : 어리석고 현명하지 못한 사람에게 정사를 맡겼기 때문에 그 군주는 현명하다는 명성을 이루지 못하고, 그 복과 이로움이 후세에 미치지 못한다는 말.
7) 刑(형) : 이루다. 성(成)과 같다.
8) 凡有角者無上齒果實繁者木必庳(범유각자무상치과실번자목필비) : 무릇 만물은 두 가지가 함께 좋을 수가 없기 때문에. 뿔이 있는 짐승은 윗니가 없고 과실이 많이 달린 나무는 그것으로 해서 가지가 낮게 늘어진다는 뜻.

나. 문왕과 주공단을 꿈에 만나 도를 묻다

공자(孔子)와 묵자(墨子)와 영월(甯越)은 모두 포의(布衣)의 현사(賢士)들이었다.
그들이 천하를 다스리는 방술(方術)을 헤아려 생각해 보았지만 그것은 선왕(先王)들의 통치술(統治術)보다 더 좋은 것이 없었다고 한다.
 그러므로 그들은 밤과 낮을 가리지 않으며 그것을 학습하였고 학문에 유익한 것이 있으면 학습하지 않은 것이 없었다. 그리고 학문에 불리한 것이 있으면 결단코 그것을 하지 않았다.
 일찍이 들은 바로는 공구(孔丘)와 묵적(墨翟)은 낮에는 날마다 읊조리고 외면서 학업을 익혔고, 밤에는 직접 문왕(文王)과 주공단(周公旦)을 꿈에 만나 그 도(道)를 물었다고 한다. 그들이 뜻을 씀이 이와 같이 정치(精緻)하였으니 그 무엇인들 통달하지 못하였겠으며, 그 무엇인들 이루지 못하였겠는가.
 그래서 이르기를 정치(精緻)하게 그것을 익히면 귀신이 장차 그에게 일러준다고 한다. 그러나 그것은 귀신이 그에게 일러주는 것이 아니라 정치하게 하는데에서 저절로 이와 같이 숙달(熟達)되는 것이다.
 비유컨대 지금 여기 보검(寶劍)과 양마(良馬)가 있다고 하자. 그것을 가지고 노는 데에는 싫증을 느끼지 않고 보아도 권태를 느끼지 않는다.
 보행(寶行)과 양도(良道)는 하나로 되풀이되는 것이 아니다.
 자신의 몸을 편안히 하고 명성(名聲)을 빛나게 하는 일이란 이 또한 어려운 일이 아니겠는가.

 孔墨甯越[1] 皆布衣之士也 慮於天下以爲無若先王之術者 故日夜學之 有便於學者 無不爲也 有不便於學者 無肯爲也 蓋聞孔丘[2]墨翟[3] 晝日諷誦習業 夜親見文王周公旦而問焉[4] 用志如此其精[5]也 何事而不達 何爲而不成 故曰精而熟之 鬼將告之 非鬼告之也 精而熟之也 今有寶劍良馬於此 玩之不厭 視之無倦 寶行良道[6] 一而弗復 欲身之安也 名之章也 不亦難乎

1) 孔墨甯越(공묵영월) : 공자(孔子)와 묵자(墨子)와 영월(甯越). 영월은 중모(中牟) 사람으로 도술(道術)의 사(士)였다.
2) 孔丘(공구) : 공자. 구(丘)는 공자의 이름.
3) 墨翟(묵적) : 묵자. 적(翟)은 묵자의 이름.

4) 夜親見文王周公旦而問焉(야친견문왕주공단이문언) : 밤이면 직접 문왕과 주공단을 만나보고 그 도(道)를 물었다는 뜻.
5) 精(정) : 정치(精緻). 치밀(緻密).
6) 寶行良道(보행양도) : 불명(不明).

다. 어떻게 하면 괴로움을 면할 수 있을까

영월(甯越)은 중모(中牟)의 시골 사람으로 농사짓는 일에 시달려 괴로워하면서 그 벗에게 일러 말하였다.

"어떻게 하면 이 괴로움을 면할 수 있을까."

이에 그 벗이 대답하였다.

"책을 읽는 일보다 더 좋은 것은 없소. 책 읽기 30년이면 무엇이나 통달할 것이오."

이 말에 대하여 영월은 말하였다.

"15년이면 어떻겠소. 남이 쉴 때 나는 쉬지 않고, 남이 잠잘 때 나는 자지 않고 해내겠소."

그렇게 괴롭게 공부하기 15년에 그는 마침내 서주(西周) 위공(威公)의 스승이 되었다.

화살이 빠르게 날아간다고 해도 2리(里)를 지나지 못하여 멈추고, 사람의 걸음이 느리다고 해도 3천리를 가서도 멈추지 않는다. 지금 영월의 재능이 장구(長久)하도록 멈추지 않고 마침내 제후(諸侯)의 스승이 되니, 어찌 마땅한 일이 아닌가.

甯越中牟之鄙人¹⁾也 苦耕稼²⁾之勞 謂其友曰 何爲而可以免此苦也 其友曰 莫如學 學三十歲則可以達矣 甯越曰 請以十五歲 人將休 吾將不敢休 人將臥³⁾ 吾將不敢臥 十五歲而周⁴⁾威公師之⁵⁾ 矢之速也 而不過二里止也 步之遲也 而百舍⁶⁾不止也 今以甯越之材 而久不止 其爲諸侯師 豈不宜哉

1) 鄙人(비인) : 시골 사람.
2) 耕稼(경가) : 농사짓는 일.

3) 臥(와) : 눕다. 곧 잠을 자다.
4) 周(주) : 서주(西周).
5) 師之(사지) : 그를 스승으로 삼다. 곧 영월(甯越)을 스승으로 삼았다는 말.
6) 百舍(백사) : 3천 리. 1사(舍)는 30리(里).

라. 꿈속에서 기술을 배운 사람

양유기(養由基)와 윤유(尹儒)는 다 문예인(文藝人)이었다.

초(楚)나라 왕에게는 일찍이 신백원(神白猨)이라고 하는 원숭이가 있었는데, 초나라에서 활을 잘 쏘는 사람이라도 능히 이 원숭이를 맞추는 사람이 없었다.

초나라 왕이 양유기를 불러다 그 원숭이를 쏘아 보라고 하였다. 이에 양유기가 활을 고르고 나서 화살을 잡고 나가 아직 화살을 쏘지 않았는데 괄(括)이 그것을 맞추었다. 화살을 쏘기만 하면 원숭이는 꼭 화살이 날아오는 것에 따라 응하여 떨어진다. 곧 양유기는 쏘아서 맞추기에 앞서 먼저 원숭이를 마음으로 맞추는 것이다.

윤유(尹儒)는 말 부리는 것을 3년을 배웠으나 아직 완전히 배우지 못했다. 그래서 그것을 괴로워하고 있는데, 밤에 잠을 자다가 꿈에 그 스승으로부터 추가(秋駕)라고 하는 말 부리는 방법을 배웠다. 그 다음 날 조정에 나가 보니 그 스승이 바라보다가 그에게로 와서 일러 말하였다.

"내가 그 동안 기술을 아껴서 너에게 가르쳐 주지 않은 것이 아니라 네가 아직 그 정도에 이르지 못했을 것을 두려워해서였으나 오늘은 너에게 추가의 법을 가르쳐 주리라."

이 말을 듣고 윤유는 뒤로 물러나 북면(北面)하여 두 번 절하며

"어제 밤에 저는 이미 꿈속에서 스승님께 그 법의 가르침을 받았습니다."

하고 그 스승에게 꿈에 배운 것을 이야기하였다. 그런데 그 꿈속에서 배운 것이 확실히 추가의 말 부리는 법이었다.

위에서 말한 두 사람은 가히 잘 배웠다고 할 것이다. 저해(沮害)하는 것이 없이 오로지 마음을 다하여 배운 것이다. 이것은 후세에 보일 만한 일이다.

養由基 尹儒皆文藝之人¹⁾也 荊廷嘗有神白猨²⁾ 荊之善射者莫之能中 荊王請養由基射之 養由基矯弓操矢而往 未之射而括³⁾中之矣 發之則猨應矢而下 則養由基有先中中之者矣 尹儒學御三年而不得焉 苦痛之 夜夢受秋駕⁴⁾於其師 明日往朝 其師望而謂之曰 吾非愛道也 恐子之未可與也 今日將敎子以秋駕 尹儒反走 北面再拜曰 今昔臣夢受之 先爲其師言所夢 所夢固秋駕已 上二士⁵⁾者可謂能學矣 可謂無害之矣 此其所以觀⁶⁾後世已

1) 文藝之人(문예지인) : 양유기(養由基)는 활을 잘 쏘는 사람이었고, 윤유(尹儒)는 말을 잘 부리는 사람이었으니, 활 쏘는 일과 말 부리는 일은 다 육예(六藝)에 속한다.
2) 神白猨(신백원) : 원숭이의 이름.
3) 括(괄) : 활고자, 오늬.
4) 秋駕(추가) : 말 부리는 법의 이름.
5) 二士(이사) : 양유기(養由基)와 윤유(尹儒).
6) 觀(관) : 보이다. 시(示)와 같다.

6. 마땅히 귀한 것(六日貴當)

가. 고기덩이가 있으면 새와 까치가 모여든다

명호(名號 : 명성)를 크게 드러내는 데에는 억지로 그것을 구해서 되는 것이 아니라 반드시 그 도(道)에 말미암는 것이다.

물건을 다스리는 자는 그 물건에 있지 않고 사람을 다스리는 데에 있으며, 사람을 다스리는 자는 그 일에 있지 않고 바른 군주에게 있으며, 군주를 다스리는 자는 그 군주에게 있지 않고 바른 천자(天子)에게 있으며, 천자를 다스리는 자는 그 천자에게 있지 않고 탐욕(貪欲)을 다스리는 데에 있으며, 탐욕을 다스리는 자는 그 탐욕에 있지 않고 성정(性情)을 기르는 데에 있다.

이른바 성정이라는 것은 만물의 본능(本能)이니 늘여서 길게 할 수도 없고 줄여서 짧게 할 수도 없다. 그 본디부터 그러한 성정에 순응하여 수양(修養)을 더함에 있는 것으로, 이것은 자연의 법칙이다.

고기덩이를 보고 새와 까치가 모여들고, 살쾡이가 당상(堂上)에 있으면 많은 쥐들이 흩어지며, 상복(喪服)이 벌려 있으면 백성은 초상이 난 것을 알고, 피리와 비파가 벌려 있으면 백성은 좋은 일이 있는 것을 알며, 탕왕(湯王)과 무왕(武王)이 인의(仁義)의 덕행(德行)을 닦으니 천하가 이에 순종하고, 걸왕(桀王)과 주왕(紂王)이 인의의 행을 가벼이 여기니 천하가 이에 배반(背叛)하였다.

이런 일은 모두 자연에 순응하는 것이니 어찌 설명을 기다릴 것인가. 그러므로 군자는 힘써 밖에서 구하지 말고 자신의 행위를 분명하게 살피는 데에 있을 따름이다.

名號大顯 不可彊求 必繇[1]其道 治物者不於物 於人[2] 治人者不於事 於君[3] 治君者不於君 於天子[4] 治天子者不於天子 於欲[5] 治欲者不於欲 於性[6] 性者萬物之本[7]也 不可長 不可短 因其固然而然之[8] 此天地之數也[9] 窺赤肉而鳥鵲聚 貍[10]處堂而衆鼠散 衰絰[11]陳而民知喪 竽瑟[12]陳而民知樂 湯武修其行[13]而天下從 桀紂慢[14]其行而天下畔[15] 豈待其言哉 君子審在己者而已矣

1) 繇(요) : 말미암다. 유(由)와 같다.
2) 人(인) : 사람을 다스리는 일.
3) 君(군) : 바른 군주. 군주는 제후(諸侯)를 말한다.
4) 天子(천자) : 바른 천자.
5) 欲(욕) : 탐욕. 탐욕(貪欲)하지 않으면 천자는 안락하다.

6) 性(성) : 성정(性情).
7) 本(본) : 본능(本能).
8) 因其固然而然之(인기고연이연지) : 본디부터 그러한 성정에 순응하여, 거기에 수양을 더한다는 뜻.
9) 天地之數也(천지지수야) : 자연의 법칙. 천지(天地)는 자연(自然), 수(數)는 법칙(法則).
10) 貍(이) : 살쾡이. 이묘(狸猫).
11) 衰絰(최질) : 최는 상복(喪服), 질은 상복을 입고 머리와 허리에 띠는 끈. 상복(喪服).
12) 竽瑟(우슬) : 피리와 비파. 곧 악기(樂器).
13) 修其行(수기행) : 인의(仁義)의 덕행(德行)을 닦다.
14) 慢(만) : 가벼이 여기다.
15) 畔(반) : 배반(背叛).

나. 관상(觀相)을 잘 하는 사람

초(楚)나라에 관상(觀相)을 잘하는 사람이 있어, 그가 관상을 하고 나서 그 사람의 운명을 말하는 데에는 전혀 실수나 잘못이 없었다.

그 소문이 나라안에 퍼져 마침내 장왕(莊王)의 귀에까지 들려 장왕은 그를 불러 만나보고 그의 관상하는 술법에 대하여 물어보기에 이르렀다. 장왕의 물음에 대해 그는 대답하였다.

"신(臣)은 관상을 잘하는 것이 아닙니다. 다만 그 사람의 벗을 잘 관찰할 뿐이옵니다. 벼슬하지 않는 선비를 보면 그의 벗은 모두 부모에게 효도하고 형제간에 우애가 있으며 순결하고 근신하여 법을 잘 지키는 것을 볼 수 있습니다.

이와 같은 벗을 사귀는 사람의 집은 반드시 날로 부유해지고, 그 자신은 반드시 날로 영화롭게 됩니다. 이른바 길(吉)한 사람입니다.

그리고 군주를 섬기는 관리를 보면 그의 벗은 모두 성실하고 신의가 있으며 그의 행실은 선(善)을 좋아하는 것을 볼 수 있습니다.
 이와 같은 벗을 사귀는 사람은 군주를 섬김에 있어 반드시 날로 공근(恭謹)하고, 관직을 맡음에 있어 반드시 날로 진전이 있습니다. 이른바 길(吉)한 신하입니다.
 다음으로 군주를 보면 그 조정의 산하들은 현신(賢臣)이 많고 측근에는 충신(忠臣)이 많으며 주군에게 과실이 있으면 모두 서로 다투어 간(諫)합니다.
 이와 같은 신하를 둔 군주는 나라를 다스림에 있어 국가는 반드시 날로 안정되고 군주의 지위는 반드시 날로 존엄(尊嚴)해지며 천하가 모두 그 덕(德)에 감복(感服)합니다. 이른바 길(吉)한 군주입니다.
 신은 관상을 잘하는 것이 아니옵고 그 사람의 벗들을 잘 관찰할 뿐이옵니다."
 장왕은 그 말을 옳다고 여겨, 곧 현사(賢士)들을 모아들이고 밤낮으로 게으르지 않아 마침내 천하에 패자(覇者)의 일컬음을 듣게 되었다.
 그러므로 현명한 군주가 수시로 문학(文學)의 현사를 불러서 만나보는 것은 홀로 갖추기 위한 것이 아니라, 이것은 큰 일을 이루는 요인(要因)이 되는 것이다.

 荊有善相人者[1] 所言無遺策[2] 聞於國[3] 莊王見而問焉 對曰 臣非能相人也 能觀人之友也 觀布衣也 其友皆孝悌純謹畏令 如此者其家必日益[4] 身必日榮矣 所謂吉[5]人也 觀事君者也 其友皆誠信有行好善 如此者事君日益 官職日進 此所謂吉臣也 觀人主也 其朝臣多賢 左右多忠 主有失皆交爭証諫 如此者國日安 主日尊 天下日服[6] 此所謂吉主也 臣非能相人也 能觀人之友也 莊王善之 於是疾收士 日夜不懈 遂覇天下 故賢主之時見文藝之人也 非特具之而已也 所以就[7]大務也

1) 善相人者(선상인자) : 사람을 잘 보는 사람. 곧 남의 관상(觀相)을 잘하는 사람. 상(相)은 본다는 뜻.

2) 遺策(유책) : 실수와 잘못.
3) 聞於國(문어국) : 온 나라 사람들에게 그 소문이 퍼졌다는 뜻.
4) 益(익) : 부유해지다. 부(富)와 같다.
5) 吉(길) : 좋다. 선(善)과 같다.
6) 服(복) : 덕(德)에 감복(感服)한다는 뜻.
7) 就(취) : 이루다. 성(成)과 같다.

다. 큰 일이나 작은 일은 서로 통한다

  대저 일에는 크고 작은 것이 없이 그 성패(成敗)의 이치는 진실로 서로 더불어 통할 수 있는 것이다. 사냥할 때 산야(山野)를 달리면서 주살을 쏘고 사냥개를 달리게 하는 것은 현자(賢者)라고 해서 행하지 않는 것이 아니다.
  현자는 그것을 함으로써 지혜가 날로 얻어지는데 대하여, 어리석은 군주가 그것을 행함에 있어서는 지력(智力)이 날로 미혹(迷惑)됨을 더하여 간다.
  그러기에 옛날 기록인 '지(志)'에 이르기를
  "교만하고 사치하고 미혹된 일은 멸망하지 않고 무엇을 기다릴 것인가"
라고 하였다.
  제(齊)나라 사람으로 사냥을 좋아하는 사람이 있었다. 그러나 날을 헛되이 보내기 오래 되도록 짐승을 잡지 못하였다. 사냥을 좋아한다는 사람이 짐승을 잡지 못하고 집으로 돌아오니 먼저 집안 식구들에게 부끄럽고 집을 나서면 친구들과 마을 사람들에게 부끄러웠다.
  그런데 그가 사냥을 제대로 하지 못하고 돌아온 까닭은 오직 데리고 간 사냥개가 좋지 않아서였다. 그래서 좋은 개를 구하고자 했지만 집안이 가난해서 좋은 개를 구할 수가 없었다.
  이에 그 사람은 생각했다. 그것은 부지런히 농사를 지어야겠다는 생각이었다. 그래서 농사를 부지런히 지으니 집안에 여유가 생겼고 집안 살림이 넉넉해지니 좋은 사냥개를 살 수 있게 되었다. 좋은 사냥개를 구해서 사냥을 하니 짐승을 잡을 수가 있게 되었는데 짐승을 잡으면 항상 남보다 많이 잡았다.

비단 사냥에만 그런 것이 아니다. 모든 일이 다 이와 같다. 패왕(覇王)으로서 먼저 농사짓지 않고서 패왕의 업적을 성취한 사람은 고금(古今)에 있지 않으니, 이것은 현명한 군주와 어리석은 군주가 같지 않은 까닭이다.

현명하거나 어리석거나 바라는 바는 남과 같다. 요(堯)임금이나 걸왕(桀王)·유왕(幽王)·여왕(厲王)이 다 그러하나 그 행하는 바는 다르다.

그러므로 현명한 군주는 행할 일을 먼저 살피고 나서 해서는 안 될 일은 하지 않고 해야 할 일은 한다. 그것을 함에는 반드시 그 도(道)에 말미암아 하면 다른 사물은 그것을 저해(沮害)하지 못한다. 이것이 공업(功業)의 서로 떨어지기 만배(萬倍)나 되는 까닭이다.

夫事無大小 固相與通 田獵馳騁 弋射走狗 賢者非不爲也 爲之而智日得焉 不肖主爲之 而智日惑焉 志¹⁾曰 驕惑之事 不亡奚待²⁾ 齊人有好獵者 曠日持久 而不得獸 入則愧³⁾其家室 出則愧其知友州里 惟其所以不得之故 則狗惡也 欲得良狗 則家貧無以⁴⁾ 於是還疾耕⁵⁾ 疾耕則家富 家富則有以求良狗 狗良則數得獸矣 田獵之獲常過人⁶⁾矣 非獨獵也 百事也盡然 覇王有不先耕⁷⁾而成覇王者 古今無有 此賢者不肖之所以殊也 賢不肖之所欲與人同 堯桀幽厲皆然 所以爲之異 故賢主察之 以爲不可 弗爲 以爲可 故爲之 爲之必繇其道 物莫之能害 此功之所以相萬⁸⁾也

1) 志(지) : 옛날의 기록(記錄).
2) 不亡奚待(불망해대) : 망하지 않고 무엇을 기다리랴. 곧 꼭 망하고 만다는 뜻.
3) 愧(괴) : 부끄럽다. 괴(愧)와 같다.
4) 無以(무이) : 좋은 사냥개를 살 수 없다는 뜻.
5) 疾耕(질경) : 부지런히 농사짓는다는 뜻.

6) 過人(과인) : 남보다 많이 잡는다는 뜻.
7) 耕(경) : 여기서는 반드시 농사짓는다는 것이 아니라 제나라 사람이 사냥개를 구하기 위해 농사를 부지런히 지었듯이, 패왕(霸王)의 업(業)을 성취하기 위한 기초를 부지런히 닦았다는 뜻.
8) 萬(만) : 만배(萬倍).

제25권 순리(順理)와 비슷한 것
(卷二十五 似順論:第五, 凡六篇)

거대한 제방(堤防)이
작은 개미집으로 인해 물이 새어들어
마침내 한 고을에 물이 넘치고
사람들을 물에 빠져 죽게 하며,
굴뚝에 한 가닥 연기와 불길이 새어들어
사람이 사는 집을 태우고
쌓아둔 곡식을 연소(延燒)시킨다.
또 장수의 잘못된 한 차례 군령(軍令)으로써
군대는 깨어지고 자신도 죽음에 이르며,
군주의 한마디 잘못된 말이
국가의 멸망을 가져오고
명성을 수치스럽게 하여
후세의 비웃음거리가 된다.

제25권 순리와 비슷한 것

1. 순리와 비슷한 것(一曰似順)

가. 바르게 된 것이 거꾸로 된 것이다

허다한 일이 언뜻 거꾸로 된 것 같이 보이면서도 실은 그것이 바로 된 것이고, 언뜻 바르게 된 것 같이 보이면서도 실은 그것이 거꾸로 된 것이 많다.

사람이 바르게 된 듯한 것이 거꾸로 된 것이고, 거꾸로 된듯한 것이 바르게 된 것임을 알면 더불어 사물의 변화에 대하여 이야기할 수 있다.

하지(夏至)의 지극히 긴 날이 변화하여 짧아지고, 동지(冬至)의 지극히 짧은 날이 변화하여 길어지는 것은 천도(天道)의 법칙(法則)이다.

事多似倒[1]而順[2] 多似順而倒 有知順之爲倒 倒之爲順者 則可與言化[3]矣 至長[4]反短 至短反長 天之道[5]也

1) 倒(도) : 거꾸로 되다. 역(逆)과 같다.
2) 順(순) : 바르게 되다.
3) 化(화) : 변화(變化).
4) 至長(지장) : 하지(夏至)의 지극히 긴 낮. 하지에는 낮이 가장 길다. 그것이 점차로 짧아져 추분(秋分)에는 밤과 낮이 같아지고 동지(冬至)가 되면 반대로 낮의 길이가 가장 짧아진다.

5) 天之道(천지도) : 하늘이 차고 비고 없어지고 자라고 하는 법칙.

나. 진나라는 정벌할 수 있습니다
초(楚)나라의 장왕(莊王)이 진(陳)나라를 공벌(攻伐)하고자 하여 사람을 시켜 그 나라의 실정을 살피게 하였다.

사자(使者)가 실정을 살피고 돌아와 보고하였다.

"진나라는 공벌할 수 없습니다."

그래서 장왕이 물었다.

"그것은 무슨 까닭인가."

사자가 대답하였다.

"진나라는 성곽이 높고, 성곽 둘레의 도랑이 깊으며, 축적된 전비(戰備)가 많기 때문입니다"

이 말을 듣고 난 영국(寧國)이 말하였다.

"진나라는 공벌할 수 있습니다. 대저 진나라는 작은 나라인데 축적된 전비가 많다는 것은 세금을 무겁게 거두어 들인 것이니 세금을 무겁게 거두어 들이면 백성은 그 군주를 원망합니다.

성곽이 높고 성곽 둘레의 도랑이 깊으면 그 공사에 부역(賦役)으로 동원되느라 백성들의 힘이 지쳐 있을 것입니다. 이런 때를 이용하여 군사를 일으켜 공벌한다면 진나라는 빼앗을 수 있을 것입니다."

이말을 장왕이 받아들여 마침내 진나라를 차지할 수 있었다.

荊莊王欲伐陳 使人視之 使者曰 陳不可伐也 莊王曰 何故 對曰 城郭高 溝洫¹⁾深 蓄積多也 寧國²⁾曰 陳可伐也 夫陳小國也 而蓄積多 賦斂重也 則民怨上矣 城郭高 溝洫深 則民力罷矣 興兵伐之 陳可取也 莊王聽之 遂取陳焉

1) 溝洫(구혁) : 성곽 둘레에 파놓은 도랑.
2) 寧國(영국) : 초(楚)나라의 신하.
※ 성곽이 높고 성곽 둘레에 파놓은 도랑이 깊으며 축적된 전비가 많은 것은 보

기에 바르게 된 것 같지만, 실은 백성의 원성이 높고 백성이 지쳐 있음을 뜻하는 것으로 거꾸로 된 것이었다.

다. 전성자(田成子)가 제나라를 차지한 것은

전성자(田成子)가 제(齊)나라를 차지하여 오늘날까지 지탱할 수 있었던 것은 그의 형인 전완자(田完子)가 있었기 때문이다.

전완자는 어질고도 또한 용감하였다.

월(越)나라에서 군사를 일으켜 전성자를 주살(誅殺)하려 하자 질책(叱責)하면서 말하였다.

"무슨 까닭으로 군주를 죽이고 나라를 차지하였는가."

전성자는 그것을 근심하였다.

이때 전완자가 사대부(士大夫)를 영솔(領率)하여 월나라 군대를 맞아 싸우겠다고 청하는 것이었다. 그리고 또 청하기를 반드시 싸우고, 싸워서 반드시 패하고, 패하면 반드시 다 죽겠다고 하는 것이었다. 이 청에 대하여 전성자가 말하였다.

"반드시 월나라 군대와 맞서 싸우겠다는 것은 좋습니다. 그러나 싸워서 반드시 패하고, 패하면 반드시 다 죽겠다고 하는 것은, 과인(寡人)으로서는 의심스럽습니다."

이에 대하여 전완자가 말하였다.

"주군께서 나라를 차지하시니 백성들은 주군을 원망하고 현량한 신하들이 또한 함께 죽지 못한 자신을 수치스럽게 여기고 있습니다. 이 완(完)이 그것을 보건대 국민은 이미 그것을 두려워하고 있습니다.

지금 월나라는 군사를 일으켰고, 신(臣)은 그들과 싸워서 패할 것이요, 패하면 현량한 신하들이 다 전사할 것이고, 전사하지 못한 사람은 두려워서 감히 나라로 돌아오지 못할 것입니다. 주군과 여러 아비 없는 자식들은 나라 안에서 지키십시오 그것으로써 신이 살피건대 국가는 이것을 쫓아 안정이 될 수 있을 것입니다."

그리고 전완자는 출발하였고 이에 전성자는 울면서 형을 전송하였다.

대저 전사하는 것과 패전하는 것은 누구나 싫어 하는 바다. 그렇건만 그는 그것을 안정시키는 길이라 하였다. 그러니 어찌 일정한 도리로만 말할 수 있겠는가.

그러므로 군주는 듣는 것이 넓고 사인(士人)은 학식이 넓지 않을 수 없는 것이다.

田成子[1]之所以得有國至今者 有兄曰完子 仁且有勇 越人興師誅田成子曰 奚故殺君[2]而取國 田成子患之 完子請率士大夫以逆[3]越師 請必戰 戰請必敗 敗請必死 田成子曰 夫必與越戰可也 戰必敗 敗必死 寡人疑焉 完子曰 君之有國也 百姓怨上[4] 賢良又有死之臣 蒙恥[5] 以完觀之也 國已懼[6]矣 今越人起師 臣與之戰 戰而敗 賢良盡死 不死者不敢入於國 君與諸孤處於國 以臣觀之 國必安矣[7] 完子行 田成子泣而遣之 夫死敗人之所惡也 而反以爲安 豈一道哉 故人主之聽者 與士之學者 不可不博[8]

1) 田成子(전성자): 전상(田常). 제(齊)나라의 신하로 군주인 간공(簡公)을 죽이고 제나라를 차지하여 스스로 제후(諸侯)가 된 사람.
2) 殺君(살군): 군주를 죽이다. 전성자가 군주인 간공을 죽인 사실을 말한다.
3) 逆(역): 맞이하다. 영(迎)과 같다.
4) 上(상): 군주. 전성자를 가리킨다.
5) 臣蒙恥(신몽치): 신하가 수치를 당하다. 곧 전성자가 주군인 간공을 죽인 사실을 수치스럽게 여긴다는 뜻.
6) 國已懼(국이구): 전성자가 나라를 차지하고 나서 반대파를 제거할 것을 두려워한다는 뜻으로 나라의 형편이 불안한 것을 알 수 있다.
7) 國必安矣(국필안의): 현량한 신하들이 다 죽거나 죽지 않은 자는 나라로 돌아올 수 없으면 나라가 불안하여 거꾸로 되는 것 같으나, 그들 불만을 품은 세력을 제거하는 기회가 되므로 도리어 바른 것이 되어 나라가 안정된다는 뜻.
8) 不可不博(불가불박): 듣는 것이 넓으면 의(義)에 통달하고 배우는 것이 넓으면 도(道)에 통달하기 때문이다.

라. 수치는 위태로움보다 더 큰 것이 없다

윤탁(尹鐸)이 진양(晉陽)을 다스릴 때 남쪽으로 내려와 조간자(趙簡子)를 알현(謁見)하고 지시를 청하였다.

이에 조간자가 지시하였다.

"돌아가 저 보루(堡壘)를 깎아 편편하게 하라. 내 장차 진양으로 가고자 한다. 가서 보루를 보는 것은 나를 포위한 중행인(中行寅)과 범길사(范吉射)를 보기 위함이니라."

그러나 지시를 받고 돌아간 윤탁은 도리어 보루를 더 높고 크게 쌓았다. 뒤에 조간자가 북쪽으로 올라가 진양에 이르러 더욱 높고 크게 쌓은 보루를 바라보고 노기(怒氣)를 띠우면서

"아아, 윤탁이 나를 속였구나."

하고는, 진양 교외(郊外)에 머물러 있으면서 장차 사람을 시켜 윤탁을 죽이고자 하였다.

이때 손명(孫明)이 나아가 간(諫)하였다.

"신(臣)이 생각하건대 윤탁은 상을 주어야 마땅할 것 같습니다. 윤탁이 일찍이 말하기를 즐거움을 보면 음일(淫佚)하고 사치해지며, 근심스러움을 보면 충고하고 다스림을 도모하는데, 이것은 인지상정(人之常情)이라고 하였습니다. 지금 주군께서는 보루를 보시고 생각이 근심에 미치시니 어찌 하물며 많은 신하와 백성에게 있어서이겠습니까.

국가에 유익하고 주군에게 유리한 일이라면 비록 죄를 아울러 무겁게 더한다 하더라도 윤탁은 또한 그렇게 할 것입니다. 대저 명령에 순종함으로써 기뻐하는 것은 일반인이 할 수 있는 일이거든 어찌 하물며 윤탁에게 있어서이겠습니까. 청하옵건대 주군께서는 다시 헤아려 주시옵소서."

손명의 이 말을 들은 조간자는 말하였다.

"그대의 말이 아니었다면 과인(寡人)은 거의 실수할 뻔하였느니라."

이에 난(難)을 모면하게 한 상으로써 윤탁에게 상을 내렸다.

무릇 높은 덕을 갖춘 군주라면 그 기쁨과 노여움이 반드시 이치에 합당하여 절도에 맞고 그 다음으로 이치에 합당할 수 없는 것은 반드시 몇차례 다시 새롭게 고친다.

아직 대현(大賢)에 이르지 않았다 하더라도 오히려 흐린 세상을 덮고자 하는데, 조간자가 이에 해당한다 하겠다.

세상의 군주된 사람의 근심할 바는, 알지 못하는 것을 수치스럽게 여기고 스스로 쓰는 것을 크게 자랑하며, 잘못된 데로 돌아가기를 좋아하고 간언(諫言) 듣기를 싫어함으로써 위태로움에 이르는 것이니, 수치는 위태로움보다 큰 것이 없다.

尹鐸[1]爲晉陽[2] 下有請於趙簡子 簡子曰 往而夷[3] 夫壘 我將往 往而見壘 是見中行寅與范吉射[4]也 鐸往而增之[5] 簡子上[6]之晉陽 望見壘而怒曰 譆 鐸也欺我 於是乃舍於郊 將使人誅鐸也 孫明[7]進諫曰 以臣私之 鐸可賞也 鐸之言固曰 見樂則淫侈 見憂則諍治 此人之道也 今君見壘 念憂患 而況群臣與民乎 夫便國而利於主 雖兼於罪 鐸爲之 夫順令以取容[8]者 衆能之 而況鐸歟 君其圖之[9] 簡子曰 微子之言 寡人幾過 於是乃以免難之賞賞尹鐸 人主太上[10]喜怒必循理 其次不循理 必數更[11] 雖未至大賢 猶足以蓋濁世矣 簡子當此 世主之患 恥不知而矜自用 好愎過而惡聽諫 以至於危 恥無大乎危者[12]

1) 尹鐸(윤탁) : 조간자(趙簡子)의 가신(家臣).
2) 爲晉陽(위진양) : 진양(晉陽)을 다스리다. 위(爲)는 다스린다는 뜻으로 치(治)와 같고, 진양(晉陽)은 조(趙)나라의 고을로 지금의 태원(太原)에 해당한다.
3) 夷(이) : 허물어 편편하게 하다. 산평(剗平).
4) 中行寅與范吉射(중행인여범길사) : 중행인(中行寅)과 범길사(范吉射)가 난(亂)을 일으키니 조간자(趙簡子)는 진양(晉陽)으로 달아났고 범씨(范氏)와 중행씨(中行氏)가 진양을 포위하니 진양에 보루(堡壘)를 쌓은 것이다. 그런데 조간자는 그들의 포위한 상태를 보기 위해 윤탁(尹鐸)으로 하여금 그 보루를 허물어 편편하게 하라고 명했던 것이다.

5) 增之(증지) : 조간자의 지시에도 불구하고 도리어 보루를 높고 크게 쌓았다는 말.
6) 上(상) : 조간자가 곡옥(曲沃)에 있었는데, 곡옥은 남쪽에 있으면서 저지(低地)였으므로 조간자가 북쪽에 있는 높은 곳인 진양으로 북상(北上)하였다는 뜻. 따라서 윤탁이 조간자를 만나러 남쪽인 낮은 땅 곡옥으로 간 것은 남하(南下)다.
7) 孫明(손명) : 조간자의 신하.
8) 容(용) : 기뻐한다는 뜻. 열(說)과 같다.
9) 圖之(도지) : 윤탁의 처벌에 대하여 다시 헤아려 달라는 뜻.
10) 太上(태상) : 상덕(上德)의 군주.
11) 更(경) : 새롭게 고치다.
12) 恥無大乎危者(치무대호위자) : 알지 못하는 것을 수치로 여기는데 알지 못하면 위태로워지므로, 수치로 여기는 알지 못하는 것이 가장 위태롭다는 뜻.

2. 종류를 분별하는 것(二曰別類)

가. 작은 지혜는 큰 지혜와 근원이 다르다

자신이 아는 것을 안다고 하고 모르는 것을 모른다고 하는 것을 상등(上等)의 인간이라 한다. 지나친 사람의 근심거리는 알지 못하면서 스스로 안다고 생각하는 것이다. 천하의 사물은 많이 서로 비슷하여 그런 것 같으면서 실은 그렇지가 않다. 그래서 국가의 멸망과 백성의 살육(殺戮)이 서로 이어져 그치지 않는다.

비유컨대 풀에는 신(莘)이라는 것이 있고 유(藟)라는 것이 있어 그것만을 따로 먹으면 사람이 목숨을 잃게 되지만 그 두가지를 함께 먹으면 병을 고쳐 목숨을 연장시켜 준다.

만근(萬菫)은 독약(毒藥)이지만 사람을 죽게까지는 하지 않는다. 칠뇨(漆淖)와 수뇨(水淖)는 다 유동체(流動體)이지만 이

두 가지를 혼합하면 오히려 응결(凝結)되어 굳어지고, 다시 물을 더하여 젖게 하면 도리어 건조(乾燥)해진다.

금(金)은 부드럽고 연한 것이고, 석(錫) 또한 부드럽고 연하다. 그러나 이 두 가지를 혼합하면 변하여 강(剛)하고 단단해지는데, 그것을 다시 불에다 달구면 엉기어 진흙과 같은 유동체(流動體)가 된다. 혹은 물을 더하여 적시면 도리어 건조해지고, 혹은 불에 달구면 진흙처럼 유동체가 된다.

그러므로 사물은 진실로 미루어 추측할 수가 없는 것이다.

소방(小方)은 대방(大方)과 같은 종류이고, 작은 말은 큰 말과 같은 종류이다. 그러나 작은 지혜는 큰 지혜와 같은 종류가 아니다.

知不知上矣 過者之患 不知而自以爲知 物多類然而不然 故亡國僇民無已 夫草有莘有藟 獨食之則殺人 合而食之則益壽[1] 萬菫不殺[2] 漆淖水淖 合兩淖則爲蹇[3] 濕之則爲乾 金柔錫柔 合兩柔則爲剛 燔之則爲淖[4] 或濕而乾 或燔而淖 類固不必可推知也[5] 小方 大方之類也 小馬 大馬之類也 小智 非大智之類[6]也

1) 合而食之則益壽(합이식지즉익수) : 사람을 죽게 하는 두 가지 독초(毒草)인 신(莘)과 유(藟)를 혼합해서 함께 먹으면 약이 되어 병을 낫게 하므로 도리어 목숨을 연장시켜 준다는 뜻.
2) 萬菫不殺(만근불살) : 만근(萬菫)은 사람을 죽이지 않는다. 곧 근(菫)은 오두(烏頭) 또는 부자(附子)라고 하는 독약이지만 만근(萬菫)은 먹어도 죽지 않는다는 뜻. 만근(萬菫)의 뜻은 알 수 없다.
3) 蹇(건) : 응결(凝結)되어 굳어진다는 뜻. 곧 칠(漆)과 물의 두 가지 유동체(流動體)를 혼합하면 굳어진다는 뜻.
4) 燔之則爲淖(번지즉위뇨) : 불에 달구면 금이나 석(錫)은 녹아서 흐른다는 뜻.
5) 類固不必可推知也(유고불필가추지야) : 칠(漆)은 습기(濕氣)를 얻어 도리어 굳어지고 금은 불에 달구면 유동체가 되는 것은 모두 그 동류(同類)가 아니기 때문이니 미루어 추측해 알 수가 없다는 말.
6) 小智非大智之類(소지비대지지류) : 큰 지혜는 남이 알지 못하는 것을 알며 일우(一隅)를 보고 삼우(三隅)를 아는데 반하여, 작은 지혜는 열을 듣고 그

하나를 알 수 있으므로, 작은 지혜는 큰 지혜의 동류가 될 수 없다는 뜻이다.

나. 죽은 사람을 살아나게 한다는 공손작

노(魯)나라에 공손작(公孫綽)이라는 사람이 있어, 어떤 사람에게 말하기를

"나는 능히 죽은 사람을 다시 살아나게 할 수 있다."

라고 자랑하였다. 그래서 그 사람이 죽은 사람을 살리는 방법이 무엇이냐고 물으니, 그가 대답하였다.

"나는 본디 반신불수(半身不遂)의 병인 편고(偏枯)를 고칠 수 있다. 지금 내가 편고의 약을 배(倍)로 써서 치료하면 죽은 사람을 살려내는 치료가 될 것이다."

사물은 진실로 작은 것을 다스릴 수 있는 것으로써 큰 것을 다스릴 수 없고, 반(半)을 할 수 있는 것으로써 온전한 것을 할 수 없는 것이다.

魯人有公孫綽者 告人曰 我能起死人 人問其故 對曰 我固能治偏枯[1] 今吾倍所以爲偏枯之藥 則可以起死人矣 物固有可以爲小 不可以爲大 可以爲半 不可以爲全者[2]也

1) 偏枯(편고) : 반신불수(半身不遂)의 병.
2) 不可以爲全者(불가이위전자) : 반을 잘하는 자가 반드시 전부를 잘할 수 없다. 곧 신체의 반쪽을 못쓰게 된 사람을 고칠 수 있으니 약을 2배로 쓰면 신체를 온전히 쓸 수 없는 죽은 사람도 고칠 수 있다는 말의 편고를 고치는 것은 소지(小智)요, 죽은 사람을 살리는 것은 대지(大智)인데, 어찌 소지가 대지와 동류가 될 수 있겠냐는 뜻.

다. 충신(忠臣)이 걱정하는 것

검(劍)을 살펴보고 그 질(質)을 평(評)하는 사람이 말하였다.

"흰 것은 굳음을 나타내는 것이요, 누런것은 질김을 나타내는

것이다. 그러므로 누런 것과 흰 것이 섞이면 굳고도 질긴 것이니, 그런 것이 양검(良劍)이다"
이 말에 대하여 반박(反駁)하는 사람이 말하였다.
"흰 것은 질기지 못함을 나타내고 누런 것은 굳지 못함을 나타내는 것이니, 누런것과 흰 것이 섞이면 굳지도 못하고 질기지도 못하다. 그리고 부드럽고 연하면 말리기 쉽고, 굳고 단단하면 부러지기 쉽다. 검(劍)이 부러지기 쉽고 또한 말린다면 그것이 어떻게 이검(利劍)이 될 수 있겠는가."
검의 실정은 아직 변화시켜 보지도 않고 어떤 사람은 그것을 좋다고 하고, 어떤 사람은 그것을 나쁘다고 하는데 이것은 말이 그와 같게 만드는 것이다. 그러므로 총명(聰明)으로써 말을 들으면 망령되게 말하는 자는 말을 멈추고, 총명으로써 말을 듣지 못하면 그것은 요(堯)임금이나 걸왕(桀王)이나 다를 바 없다.
이것은 충신(忠臣)이 근심하는 것으로 현자(賢者)가 버리고 쓰지 않는 까닭이다. 무릇 의(義)에 합당한 것은 작게 하면 작게 복(福)되고 크게 하면 크게 복되지만, 화환(禍患)에 있어서는 그렇지 않아, 작은 화환이라도 있으면 완전하게 없는 것만 같지 못하다.
과녁을 향해 쏘는 사람은 그 맞는 것이 작기를 바라고, 짐승을 쏘는 사람은 그 맞는 것이 크기를 바란다. 다 같이 하나를 쏘되 맞추는 목적은 같지 않다. 세간의 사물도 반드시 그렇게 할 수가 없으니, 어찌 미루어 알 수 있겠는가.

相劍者[1]曰 白所以爲堅也 黃所以爲牣[2]也 黃白雜則堅且牣 良劍也 難者[3]曰 白所以爲不牣也 黃所以爲不堅也 黃白雜則不堅且不牣也 又柔則錈[4] 堅則折 劍折且錈 焉得爲利劍 劍之情未革 而或以爲良 或以爲惡 說使之也 故有以聰明聽說 則妄說者止 無以聰明聽說 則堯桀無別[5]矣 此忠臣之所患也 賢者之所以廢[6]也 義小爲之則小有福 大爲之則大有福 於禍則不然[7] 小有之不若其亡也 射招[8]者欲其中小也 射獸者欲其中大也 物固不必 安可推也

1) 相劍者(상검자) : 검(劍)을 살펴보고 그 검의 질을 평하는 사람.
2) 韌(인) : 질기다. 인(靭)과 같다.
3) 難者(난자) : 비난(非難)하는 자. 곧 반박(反駁)하는 자.
4) 錈(권) : 말리다. 권(卷)과 같다.
5) 堯桀無別(요걸무별) : 요임금이나 걸왕(桀王)의 구별이 없다. 곧 현명함과 어리석음을 알지 못한다는 뜻.
6) 賢者之所以廢(현자지소이폐) : 흑백(黑白)을 분별하지 못하므로 버리게 된다는 뜻.
7) 禍則不然(화즉불연) : 화(禍)는 그렇지 않다. 곧 화는 비록 작더라도 작은 것이 쌓여서 커지므로 몸을 위태롭게 하고 나라를 멸망시키기 때문이다.
8) 招(초) : 과녁. 적(的)과 같다.

라. 생나무로 집을 지으면 집이 무너진다

고양응(高陽應)이 장차 살 집을 건축하고자 하는데, 장인(匠人)이 말하였다.

"아직 지을 수가 없습니다. 나무가 아직 마르지 않았으니 거기다가 흙을 바르면 앞으로 반드시 나무가 휘어질 것입니다. 생나무로 집을 지으면 당장은 보기에 좋겠지만 뒷날 반드시 무너질 것입니다."

이 말에 대하여 고양응이 말하였다.

"네 말대로라면 집은 무너지지 않을 것이다. 생나무가 점차로 마르면 나무는 단단해질 것이고, 바른 흙이 점차로 마르면 가벼워질 것이다. 나무가 점차로 단단해지고 바른 흙이 점차로 가벼워진다면 집은 무너질 염려가 없다."

이 말에 대하여 장인은 대답하지 않고 명령대로 집을 지었다.

그런데 장인의 말대로 집을 처음 지었을 때는 보기가 좋았으나 얼마 뒤에 과연 집은 무너지고 말았다.

고양응은 작게 살피기를 좋아하고 흙과 나무의 물리(物理)를 통하여 깨닫지 못하였다. 천리마(千里馬)인 기(驥)나 오(驁)나녹이(綠耳)가 태양을 등지고 서쪽을 향해 달리는데, 저녁 때가 되니 등지고 달린 태양이 눈앞에 있었다.

허다한 사물이 실제로는 눈으로 볼 수 없는 것이 있고, 지혜의 능력으로도 진실로 알 수 없는 것이 있으며, 술수(術數)도 진실로 미치지 못하는 것이 있으니, 그 말의 그러한 까닭을 알지 못해서 그러한 것이다. 성인은 사실에 순응하여 제도를 마련하는 것이요 마음을 조그마한 일에 쓰지 않는 것이다.

高陽應[1]將爲室家[2] 匠對曰 未可也 木尙生[3] 加塗[4]其上 必將撓 以生爲室 今雖善 後將必敗 高陽應曰 緣[5]子之言 則室不敗也 木益枯則勁 塗益乾則輕 以益勁任益輕 則不敗 匠人無辭而對 受令而爲之 室之始成也善 其後果敗 高陽應好小察 而不通乎大理也 驥鷔綠耳[6] 背日而西走 至乎夕則日在其前矣 目固有不見也 智固有不知也 數固有不及也 不知其說所以然而然 聖人因而興制 不事心焉

1) 高陽應(고양응) : 송(宋)나라의 변사(辯士).
2) 室家(실가) : 사는 집.
3) 木尙生(목상생) : 나무가 아직 마르지 않았다. 곧 나무가 아직 생나무라는 뜻.
4) 塗(도) : 바르다. 곧 흙을 바르다.
5) 緣(연) : 따르면. 의하면. 의(依)와 같다.
6) 驥鷔綠耳(기오녹이) : 기와 오와 녹이. 모두 천리마(千里馬).

3. 법도가 있는 것(三曰有度)

가. 남의 말을 듣는데도 법도가 있어야 한다

현명한 군주가 남의 말을 듣고 일을 행하는 데에는 모두 법도(法度)가 있으므로 잘못되는 일이 없다.

법도가 있어 그 법도로써 남의 말을 들으면 잘못되는 일이 있을 수 없고, 당황하는 일이 있을 수 없고, 두려워할 일이 있을 수 없고, 기뻐할 일이 있을 수 없다. 일반인의 지혜로써 한다면 이미 아는 일에 대해서는 진실로 어둡지 않을 수 있으나, 알지 못하는 일에 대해서는 어두워 잘못되기 쉽고 당황하기 쉽고 두려워하기 쉽고 기뻐하기 쉽다. 이것은 모두 아는 것을 분명하게 살피지 않은 데에서 이루어지는 것이다.

賢主有度[1]而聽 故不過 有度而以聽 則不可欺[2]矣 不可惶矣 不可恐矣 不可喜矣 以凡人之知 不昏乎其所已知 而昏乎其所未知 則人之易欺矣 可惶矣 可恐矣 可喜矣 知之不審也

1) 度(도) : 법도(法度).
2) 欺(기) : 잘못되다. 오(誤)와 같다.

나. 순임금의 재능을 알 수 있겠는가?

객(客)이 있어 계자(季子)에게 물었다.
"무엇으로써 순(舜)의 재능을 알 수 있습니까?"
계자가 대답하였다.
"요(堯)는 실제로 이미 천하를 다스렸소. 순(舜)은 천하를 다스리는 도리를 말하여 요의 의견과 서로 부합(符合)되었소. 그것으로써 그의 재능을 알 수 있는 것이오."
이에 대하여 객이 또 말하였다.
"비록 그의 재능을 안다고 하더라도 또 무엇에 의해 그가 사(邪)되지 않다는 것을 알 수 있습니까."
계자가 대답하였다.
"무릇 천하를 잘 다스리는 사람은 반드시 성명(性命)의 정(情)에 진실로 통달하게 마련이니 그는 마땅히 사특한 마음이 없는 것이오. 비유컨대 여름에 갖옷을 입지 않는 것은 갖옷을 아껴서가 아니라 날씨가 더워서 남음이 있기 때문이고, 겨울에 부채를 쓰지 않는 것은 부채를 아껴서가 아니라 날씨가 추워서 남음이 있기 때문이며, 성인이 사사롭게 하지 않는 것은 비용을 아껴서가 아니라 자기를 절제(節制)하기 위해서이오.

　자기를 능히 절제할 수 있으면 비록 탐내고 더러운 마음이 있는 사람이라 하더라도 오히려 사사로운 생각을 또한 멈출 수 있는 것이니 또 어찌 하물며 성인에게 있어서이겠소.

　허유(許由)가 요(堯)의 선양(禪讓)을 물리친 것도 억지로 그런 것이 아니라 그 마음속에 통달한 바가 있어서이니, 통달한 바가 있으면 탐욕(貪慾)과 더러운 사사로운 생각은 버릴 수가 있는 것이오."

　客有問季子[1]曰 奚以知舜之能也 季子曰 堯固已治天下矣 舜言治天下而合己[2]之符 是以知其能也 若雖知之[3] 奚道知其不爲私[4] 季子曰 諸能治天下者 固必通乎性命之情者 當無私矣 夏不衣裘[5] 非愛裘也 暖有餘也 冬不用箑[6] 非愛箑也 淸[7]有餘也 聖人之不爲私[8]也 非愛費也 節乎己也 節己雖貪汙之心猶若止 又況乎聖人 許由非彊也 有所乎通[9]也 有所通則貪汙之利外[10]矣

1) 季子(계자) : 호계자(戶季子)로 요(堯)임금 시절의 제후(諸侯).
2) 己(기) : 자기. 곧 요임금을 가리킨다.
3) 知之(지지) : 그것을 알다. 그것은 순(舜)의 재능.
4) 私(사) : 사(邪)와 같다.
5) 衣裘(의구) : 갖옷을 입다. 의는 입는다는 뜻. 구는 짐승의 가죽으로 만든 옷.
6) 箑(삽) : 부채. 삽(箑)과 같다.
7) 淸(청) : 춥다. 한(寒)과 같다.
8) 私(사) : 사사로운 생각. 자기를 위한 생각. 사심(私心)
9) 通(통) : 통달(通達)하다. 곧 무위(無爲)에 통달했다는 뜻.
10) 外(외) : 버리다. 기(棄)와 같다.

다. 마음을 비워야 한다

　공자(孔子)·묵자(墨子)의 제자와 그를 따르는 무리가 천하에 두루 퍼져 인의(仁義)의 술(術)을 써서 천하의 모든 사람을 교도(敎導)하려 하나 행(行)할 곳이 없다.

가르친 자도 술법을 오히려 행하지 못했거늘 또 어찌 하물며 가르침을 받은 제자들의 무리에 있어서랴.

어째서 그러한가. 그것은 인의의 술(術)이 밖에 있기 때문이다. 밖에 있는 인의의 술이 안에 있는 인간의 마음을 변화시키는 것이다.

필부(匹夫)들은 그것을 배우고서도 능히 행동으로 옮기지 못하거늘 또 어찌 하물며 세속적(世俗的)인 군주에 있어서이겠는가. 오직 홀로 성명(性命)의 정(情)을 통달(通達)한 사람이 있어야 인의가 저절로 행하여지는 것이다.

선왕(先王)은 만물을 다 알 수 없으므로 하나의 도(道)를 잡아 지켜서 만물의 이치를 다스릴 수 있었으니, 일반 사람들로 하여금 하나의 도를 잡아 지키게 할 수 없는 것은 외물(外物)의 유혹(誘惑)을 받기 때문이다.

그러므로 이르기를 뜻 가운데의 패란(悖亂)을 통달하고, 마음 가운데의 무혹(繆惑)을 풀어 없애고, 덕행(德行)의 연루(連累)를 제거(除去)하고, 대도(大道)의 막힌 것을 개통(開通)해야 한다고 하였다.

귀(貴)·부(富)·현(顯)·엄(嚴)·명(名)·이(利)의 여섯 가지는 사람의 뜻을 패란(悖亂)하는 것이요

용(容)·동(動)·색(色)·이(理)·기(氣)·의(意)의 여섯 가지는 사람의 마음을 유혹하는 것이요

오(惡)·욕(欲)·희(喜)·노(怒)·애(哀)·락(樂)의 여섯 가지는 덕행(德行)을 더럽히는 것이요

지(智)·능(能)·거(去)·취(就)·취(取)·사(舍)의 여섯 가지는 대도(大道)를 막히게 하는 것이다.

이 네 종류의 각각 여섯 가지의 가슴속에 있는 방탕한 마음을 움직이지 않으면 마음이 바르게 된다.

마음이 바르면 고요해지고, 고요하면 청명(淸明)해지고, 청명

하면 허(虛)해지나니, 허하면 하는 일이 없되 되지 않는 것이 없다.

　孔墨之弟子徒屬[1] 充滿天下 皆以仁義之術 敎導於天下 然而無所行 敎者術[2] 猶不能行 又況乎所敎[3] 是何也 仁義之術外也 夫以外勝內 匹夫徒步不能行 又況乎人主[4] 唯通乎性命之情 而仁義之術自行矣 先王不能盡知[5] 執一而萬物治 使人不能執一者 物感[6]之也 故曰[7] 通意之悖[8] 解心之繆[9] 去德之累[10] 通道之塞[11] 貴富顯嚴名利六者 悖意者也 容動色理氣意六者 繆心者也 惡欲喜怒哀樂六者 累德者也 智能去就取舍六者 塞道者也 此四六者不蕩乎胸中則正 正則靜 靜則淸明 淸明則虛[12] 虛則無爲而無不爲也

1) 徒屬(도속) : 따르는 무리. 곧 신봉(信奉)하는 사람들.
2) 敎者術(교자술) : 가르치는 자의 술법. 곧 공자·묵자(墨子)의 인의(仁義)의 술(術).
3) 所敎(소교) : 공자·묵자의 제자와 도속(徒屬).
4) 人主(인주) : 여기서는 세속적(世俗的)인 군주. 속주(俗主).
5) 先王不能盡知(선왕불능진지) : 선왕이 만물에 대하여 다 알 수가 없다. 그래서 하나의 도(道)를 잡아 지켜서 만물을 다스렸다는 말.
6) 感(감) : 혹(惑)의 오자(誤字)로서 유혹(誘惑)의 뜻.
7) 故曰(고왈) : 이하(以下)의 말은 다 도가(道家)인 장자(莊子) 경상초편(庚桑楚篇)에 보이는 말이다.
8) 悖(패) : 패란(悖亂).
9) 繆(무) : 무혹(繆惑). 유혹
10) 累(누) : 연루(連累). 누를 끼침.
11) 塞(색) : 막히다.
※ 패(悖)·무(繆)·누(累)·색(塞)의 네 가지는 사람의 마음과 도덕의 병적(病的)인 존재로 모두 정욕(情欲)에서 오는 것이다. 다만 하나의 도(道)를 잡아 지키는 자는 막힘을 제거하여 옹폐(壅閉)되지 않는다.
12) 虛(허) : 도(道). 도(道)는 공허무위(空虛無爲)로 하지 않고도 사람이 그것을 행하면 또 자유자재하여 되지 않는 것이 없다.

4. 직책을 나누는 것(四曰分職)

가. 수레를 타는 도리를 아는 것

　선왕(先王)은 자기가 가지지 않은 지능(智能)을 운용(運用)함이 마치 자기의 소유인 것처럼 하는데 그것은 군주(君主)의 도(道)에 통달한 것이다.

　이른바 군주의 도라고 하는 것은 허(虛)에 처(處)하여 소박하고 질박하며 지혜를 가지지 않는 것이므로 능히 많은 사람의 지혜를 사용할 수가 있다. 지혜는 아무것도 능한 것이 없는 것(無能)으로 돌아가므로 많은 사람의 재능을 사용할 수가 있다. 능히 무위(無爲)를 잡아 지킬 수가 있으므로 많은 사람의 위(爲)를 사용할 수가 있다.

　무지(無智)와 무능(無能)과 무위(無爲)는 군주가 마땅히 잡아서 지켜야 할 바다. 그런데 군주가 미혹(迷惑)되는 바는 이와 같지 않은 데에 있다.

　그 지혜로서 남과 지혜를 다투고, 그 재능으로써 남과 재능을 다투고, 그 위(爲)로써 남과 위(爲)를 다투니, 이것은 신하의 직위(職位)에 처(處)해 있는 것이다. 신하의 직위에 처해있으면서 막히어 통하지 않는 일이 없기를 바라는 것이다. 이와 같은 일은 비록 순(舜)임금과 같은 성군(聖君)이라도 그 막히어 통하지 않는 일을 없게 할 수는 없다.

　무왕(武王)에게는 보좌하는 다섯 사람이 있었는데 이 다섯 사람들이 일 처리하는 것보다는 무왕이 무능하였다. 그러나 세상에서는 천하를 차지한 사람은 무왕이라고 말한다. 그러므로 무왕은 자기가 지니지 않은 지능(智能)을 운용하기를 자기의 소유인 것처럼 한 것이다. 그것은 군주의 도에 통달해서이다.

군주의 도에 통하면 능히 지자(智者)로 하여금 계모(計謀)하게 할 수 있고, 용자(勇者)로 하여금 힘을 쓰게 할 수 있으며, 변자(辯者)로 하여금 말하게 할 수 있다.

준마(駿馬)는 백락(伯樂)이 그것을 살피고 조보(造父)가 그것을 부린다. 현명한 군주는 그 수레에 타고 앉아서 하루에 천리를 달리며, 말을 살피고 말을 부리는 수고 없이 달릴 수가 있는 것이다. 이것이 수레를 타는 도리를 아는 것이다.

先王用非其有 如己有之 通乎君道者[1]也 夫君也者 處虛素服[2]而無智 故能使衆智也 智反無能 故能使衆能也 能執無爲 故能使衆爲也 無智 無能 無爲[3] 此君之所執也 人主之所惑者則不然 以其智彊智[4] 以其能彊能 以其爲彊爲 此處人臣之職[5]也 處人臣之職而欲無壅塞 雖舜不能爲[6] 武王之佐五人[7] 武王之於五人者之事 無能也 然而世皆曰 取天下者武王也 故武王取非其有 如己有之 通乎君道也 通乎君道 則能令智者謀矣 能令勇者怒矣 能令辯者語矣 夫馬者伯樂[8]相之 造父[9]御之 賢主乘之 一日千里 無御相之勞 而有其功[10] 則知所乘矣

1) 通乎君道者(통호군도자) : 군주(君主)의 도리에 통달(通達)한 사람.
2) 素服(소복) : 소박하고 질박한 상태.
3) 無智無能無爲(무지무능무위) : 군주는 하나를 잡아 지킴으로써 변화를 이룸을 이르는 말.
4) 以其智彊智(이기지강지) : 그 지혜로써 남과 지혜를 다툰다는 뜻.
5) 處人臣之職(처인신지직) : 남의 신하된 사람이 할 직분이라는 뜻.
6) 雖舜不能爲(수순불능위) : 이와 같은 것을 비록 순(舜)임금과 같은 성군(聖君)이라도 막힌 것을 없앨 수가 없다는 말. 그러니 하물며 미혹(迷惑)된 자에게 있어서겠느냐는 뜻.
7) 五人(오인) : 주공단(周公旦)·소공석(召公奭)·태공망(太公望)·필공고(畢公高)·소공분생(蘇公忿生)의 다섯 사람.
8) 伯樂(백락) : 말을 잘 관찰해서 말의 능력을 잘 판단한 사람. 진(秦)나라 목공(穆公)의 신하.

9) 造父(조보) : 말을 잘 부린 사람. 주(周) 목왕(穆王)의 신하.
10) 功(공) : 천리를 달린 공(功)을 가리킨다.

나. 국가가 위태로워지는 까닭은

지금 손님을 초청하여 술을 마시고 술 기운이 한창 무르익은 상태에서 노래하고 춤추며 비파를 타고 피리를 불어 술자리의 흥(興)을 돋우었다.

다음 날 손님은 자기를 즐겁게 해준 사람들에게 사례하지 않고 그 주인에게 사례하는데, 그것은 모두 그 주인이 그들을 시켜서 흥을 돕게 했기 때문이다.

선왕(先王)이 공명(功名)을 세우는데 있어서도 이와 같은 것이 있다. 많은 사람의 재능과 많은 사람의 현명함을 사용하여 공명이 세상에 크게 세워졌건만 그를 보좌한 현명한 사람과 재능이 있는 사람에게 공이 돌아가지 않고 홀로 그 군주에게만 돌아가는 것은 많은 현명한 사람과 재능이 있는 사람은 군주가 그들을 시켜서 한 것이기 때문이다.

이것을 비유해서 말하건대 궁실(宮室)을 건축하는 것과 같다. 반드시 기교(技巧)있는 공장(工匠)에게 맡기는 것은 무슨 까닭인가. 말하기를 공장이 기교가 없으면 궁실을 아름답게 지을 수 없기 때문이라고 한다. 국가는 가장 중요한 것이니, 만일 다스림이 좋지 않은 것을 어찌 다만 궁실에 비교할 수 있겠는가.

기교 있는 공장이 궁실을 지음에 있어 원(圓)을 만들려면 반드시 규(規)를 사용하고 모를 만들려면 반드시 구(矩)를 사용하며, 수평을 만들려면 준(準)을 사용하고 직선을 만들려면 반드시 승(繩)을 사용하여 만드는데, 궁실이 완성되면 규나 구나 승묵(繩墨)의 공로는 알지 못하고 공장(工匠)의 기교만을 칭찬한다.

기교 있는 공장이 건축한 궁실이 이미 완성된 뒤에는 사람들은 모두 좋구나 이것은 어느 제후(諸侯) 또는 어느 왕의 궁실이라 하면서 기교 있는 공장의 존재를 생각하지 않는다. 이것은 살피지 않을 수 없는 일이다.
 군주의 도를 통하여 깨닫지 못하는 군주는 이와 같지 않아서 자기 스스로 백성을 다스리지는 못하면서 현자(賢者)에게 맡기기를 싫어하고 어리석은 자와 그것을 의논한다.
 이것은 공명(功名)에 상처를 입히는 까닭이 되며 국가가 위태로워지는 까닭이 되는 것이다.

 今召客者酒酣 歌舞鼓瑟吹竽 明日不拜¹⁾樂己者²⁾ 而拜主人 主人使之也 先王之立功名 有似於此³⁾ 使衆能與衆賢 功名大立於世 不予⁴⁾佐之者 而予其主 其主使之也 譬之若爲宮室 必任巧匠⁵⁾ 奚故曰 匠不巧則宮室不善 夫國重物⁶⁾也 其不善也豈特⁷⁾宮室哉 巧匠爲宮室 爲圓必以規 爲方必以矩 爲平直必以准繩 功已就 不知規矩繩墨 而賞匠巧 匠之宮室已成 不知巧匠 而皆曰善 此某君某王之宮室也 此不可不察也 人主之不通主道者則不然 自爲人則不能 任賢者則惡之 與不肖者議之 此功名之所以傷 國家之所以危

1) 拜(배) : 배사(拜謝). 사례(謝禮).
2) 樂己者(낙기자) : 자기를 즐겁게 해준 사람. 곧 노래 부르고 춤추며 비파를 타고 피리를 분 사람들. 창우(倡優)들.
3) 有似於此(유사어차) : 이와 같은 것이 있다. 곧 주인이 악인(樂人)을 시켜서 흥을 돋운 것과 같은 것.
4) 不予(불여) : 주지 않다. 돌아가지 않다.
5) 巧匠(교장) : 기교(技巧)있는 공장(工匠). 재주 있는 장인(匠人).
6) 重物(중물) : 가장 중요한 것.
7) 特(특) : 다만.

다. 자기 것이 아닌 것을 쓰는 도리
 대추는 가시나무의 소유(所有)요, 갖옷은 여우의 소유이지만 사람이 가시나무의 대추를 먹고 여우의 가죽을 입는다.
 선왕(先王)은 진실로 자기의 소유가 아닌 것을 사용하여 자기의 소유와 같이 하는 것이 있다.

 탕왕(湯王)과 무왕(武王)은 하루 안에 하왕조(夏王朝)와 상왕조(商王朝)의 백성을 다 소유하고, 하왕조와 상왕조의 영토를 다 소유하였으며, 하왕조와 상왕조의 재산을 다 소유하여, 그들 백성으로써 국가를 안정시켜 천하에 감히 위태롭고 해롭게 하는 사람이 없게 하였고, 그들의 영토를 공신(功臣)들에게 나누어 봉(封)함으로써 천하에 감히 기뻐하지 않는 사람이 없게 하였으며, 그들의 재물로 나누어 상(賞)을 줌으로써 천하 사람이 모두 분발하게 하였으며 또 위(郼)나 기주(岐周)의 백성을 동원하거나 재물을 사용하는 일이 없어서 천하가 모두 탕왕과 무왕을 대인(大仁)이라 일컫고 대의(大義)라 일컫게 하였다.

 이것은 탕왕과 무왕이 그 소유가 아닌 것을 쓰는 도리에 통달(通達)하였기 때문이다.

 棗 棘之有[1] 裘狐之有[2]也 食棘之棗 衣狐之皮 先王固用非其有而已有之 湯武一日而盡有夏商之民 盡有夏商之地 盡有夏商之財 以其民安 而天下莫敢之危 以其地封 而天下莫敢不說 以其財賞 而天下皆競 無費乎郼[3]與岐周[4] 而天下稱大仁 稱大義 通乎用非其有

1) 棘之有(극지유) : 가시나무의 소유(所有). 곧 대추나무에는 가시가 많은데서 이르는 말.
2) 裘狐之有(구호지유) : 갖옷은 여우의 소유다. 곧 갖옷은 여우의 가죽으로 만든데서 이르는 말.
3) 郼(위) : 상왕조(商王朝) 탕왕(湯王)의 본토(本土).
4) 岐周(기주) : 주왕조(周王朝) 무왕(武王)의 본토.

라. 인색하여 목숨을 잃은 백공승(白公勝)

 백공승(白公勝)이 이미 초(楚)나라를 차지하고는 그 재물창고(府庫)에 간직되어 있는 재물을 풀어 백성들에게 나누어 주지 못하고 있었다.

그렇게 하기 7일이 되어 석걸(石乞)이 말하였다.
"화환(禍患)이 닥칠 것입니다. 재물창고의 재물을 백성들에게 나누어 줄 수 없으시다면 차라리 그것들을 불살라 버리십시오. 그렇게 함으로써 백성들로 하여금 우리를 해치는 일이 없게 하십시오."

그러나 백공(白公)은 또한 그렇게 하지 못하고 머뭇거리고 있었다.

9일이 되는 날 섭공(葉公)이 초나라 도읍에 이르러, 곧 태부(太府)에 소장(所藏)된 재화(財貨)를 풀어 대중에게 나누어 주고, 또 고고(高庫)에 소장된 무기를 풀어 백성들에게 나누어 주면서 그들로 하여금 백공을 공격하게 하니, 19일이 지난 뒤에 백공은 스스로 목숨을 끊어 죽었다.

국가는 본디 백공의 소유가 아니었는데 국가를 차지하고자 하였으니 지극한 탐욕(貪慾)이라 이를 것이다.

재물창고에 간직된 재화가 있건만 운용하여 백성에게 나누어 주지 못하고 자기도 또한 쓸 수 없었으니 지극한 어리석음이라 이를 것이다.

비유컨대 백공의 인색(吝嗇)함은 부엉이가 그 새끼를 사랑함과 같은 것이었다.

白公勝[1]得荊國 不能以其府庫分人 七日 石乞[2]曰 患至矣 不能分人則焚之 毋令人以害我 白公又不能 九日 葉公[3]入 乃發太府之貨 予衆 出高庫之兵[4]以賦[5]民 因攻之 十有九日而白公死 國非其有也 而欲有之 可謂至貪矣 不能爲人[6] 又不能自爲[7] 可謂至愚矣 譬白公之嗇 若梟之愛其子[8]也

1) 白公勝(백공승) : 영윤(令尹)인 자서(子西)와 사마(司馬)인 자기(子期)를 죽이고 초(楚)나라를 차지하였던 사람.
2) 石乞(석걸) : 백공(白公)의 신하.
3) 葉公(섭공) : 초나라 섭현(葉縣)의 대부(大夫)인 심제량(沈諸梁)의 아들 고(高).

4) 兵(병) : 무기(武器).
5) 賦(부) : 주다. 여(與)와 같다.
6) 不能爲人(불능위인) : 백성들에게 나누어 주지 못했다는 뜻.
7) 不能自爲(불능자위) : 자기가 쓰지도 못했다는 뜻.
8) 梟之愛其子(효지애기자) : 부엉이는 그 새끼를 사랑하는데 그 새끼는 자라서 그 어미를 잡아먹는다. 곧 백공(白公)이 부고(府庫)의 재화(財貨)를 아끼다 결국 자기 자신이 죽은 것을 비유하는 말.

마. 군주의 도를 안 위나라의 영공

위(衛)나라의 영공(靈公)이 추운 날씨에 못을 파고자 하니 완춘(宛春)이 간(諫)하였다.

"날씨가 추운데 백성을 부역(賦役)에 동원하면 백성들이 다칠까 두렵습니다."

이에 영공이 말하였다

"날씨가 그렇게 추운가."

완춘이 다시 말하였다.

"공(公)께서는 여우의 갖옷을 입으시고 곰의 가죽으로 된 자리에 앉으셨으며, 집 모퉁이에는 불 아궁이가 있으니 춥지 않으실 것입니다. 그러하오나 지금 백성들은 해진 옷을 깁지도 못한 채 입고 신발이 꿰져도 다시 삼아서 신지 못하고 있습니다. 주군께서는 춥지 않으셔도 백성들은 춥습니다."

이 말은 들은 영공은

"좋은 말이다."

하고는, 명령을 내려 백성들의 부역을 중지시켰다. 이에 좌우의 신하들이 나아가 간하였다.

"주군께서는 못을 파게 하심에 날씨의 추움을 알지 못하시었고 완춘이 그것을 알았으니, 완춘이 추운 것을 말씀드려 공사가 정지된 것을 백성들이 알면 그 은덕은 장차 완춘에게로 돌아가고 원망은 주군께로 돌아갈 것입니다."

영공이 말하였다.

"그렇지 않다. 완춘은 본디 노(魯)나라의 평민인 것을 내가 등용하였으니 백성은 아직 그의 좋은 점을 알지 못한다. 오늘 백성들로 하여금 그의 좋은 점을 알게 하리라.

그리고 또한 완춘에게 착한 덕이 있음은 과인(寡人)의 소유 같으나 완춘의 착한 덕은 완춘의 착한 덕이지 과인의 착한 덕은 아니지 않은가."

영공의 완춘에 대한 평론은 군주의 도(道)를 터득한 것이라 이를 수 있다. 이른바 군주된 사람은 본디 맡은 직분이 없고 직위(職位)로써 임무를 받는 것이니, 잘하고 잘못하는 것은 아래에 있고 상과 벌은 법에 따르는 것이다. 군주가 어찌 그것을 일삼을 것인가.

이와 같이 되면 공(功)을 이루어 상을 받는 자는 공을 내세울 것이 없고, 죄로 말미암아 주벌(誅罰)을 당하는 자는 원망이 없을 것이다.

사람은 모두 반성하여 자기에게서 그것을 구할 뿐이니 이것이 다스리는 도의 지극한 것이다.

衛靈公天寒鑿池 宛春諫曰 天寒起役 恐傷民 公曰 天寒乎 宛春曰 公衣狐裘 坐熊席 陬隅有竈 是以不寒 今民衣弊不補 履決不組 君則不寒矣 民則寒矣 公曰 善 令罷役 左右以諫曰 君鑿池不知天之寒也 而春也知之 以春之知之也 而令罷之 福將歸於春也 而怨將歸於君 公曰 不然 夫春也魯國之匹夫也 而我擧之 夫民未有見[1]焉 今將令民以此見之 曰春也有善於寡人有也 春之善非寡人之善歟 靈公之論宛春 可謂知君道矣 君者固無任 而以職受任 工拙下也 賞罰法也 君奚事哉 若是則受賞者無德 而抵[2]誅者無怨矣 人自反而已 此治之至也

1) 民未有見(민미유견) : 백성은 그의 좋은 점을 알지 못한다. 백성은 아직 그의 착한 덕을 보지 못하고 있다.
2) 抵(저) : 당하다. 당(當)과 같다.

5. 일을 처리하는 방법(五曰處方)

가. 근본을 자세히 살펴야 한다

무릇 다스리는데 있어서는 반드시 먼저 명분(名分)을 확실하게 정해야 하는 것이다. 그것은 임금과 신하, 아비와 자식, 남편과 아내다.

임금과 신하, 아비와 자식, 남편과 아내의 여섯 가지 지위가 각각 그 마땅함을 얻으면, 아래 있는 자는 절도(節度)를 넘어 위를 범(犯)하지 않고, 위에 있는 자는 구차(苟且)하지 않으며, 나이 어린 자는 흉한(凶悍)하고 사악(邪惡)하지 않으며, 연장자(年長者)는 게으르고 태만하거나 예를 잃지 않는다.

쇠와 나무는 그 쓰임이 서로 다르고, 물과 불은 그 하는 바가 서로 다르며, 음(陰)과 양(陽)은 그 변화가 같지 않지만 이 여섯 가지가 사람을 위하여 쓰이는 바 그 복(福)을 주고 이로움을 주는 것은 한가지다.

그러므로 다른 것이 안전한 까닭은 같고, 같은 것이 위태로운 까닭은 다르다. 같고 다른 것의 명분과 귀하고 천한 것의 분별과 연장자와 어린 사람의 의리는 선왕(先王)이 중시(重視)한 것으로 다스려지고 어지러워지는 것이 거기서 생기는 것이다.

대저 활쏘는 사람이 가는 터럭을 열심히 바라보아 큰 담장을 보지 못하고, 그림 그리는 사람이 모발(毛髮)을 주시(注視)하여 얼굴의 모양을 가벼이 여기는 것은 그 근본을 자세히 살핌을 말하는 것이다. 그 근본을 살피지 않으면서 다스리고자 하면 비록 요(堯)임금이나 순(舜)임금이라 하더라도 능히 다스리지 못한다. 그러므로 무릇 위태롭고 어지러운 것은 반드시 가까운 데에서 시작한 뒤에 먼 데까지 미치고, 반드시 근본에서 시작한 뒤에 끝까지 미치는데, 편안하게 다스려짐도 또한 이와 같다.
　그러므로 백리해(百里奚)가 우(虞)나라에 있을 때는 우나라가 멸망하였고 진(秦)나라에 있을 때에는 진나라가 패자(覇者)가 되었으며, 향지(向摯)가 상왕조(商王朝)에 있을 때는 상왕조가 멸망하였고 주왕조(周王朝)에 있을 때에는 주왕조가 천하의 왕자(王者)가 되었다.
　백리해가 우나라에 있으면서 그의 지혜의 힘이 모자라서가 아니었고 향지가 상왕조에 있으면서 그 법전(法典)이 나빠서가 아니었으니, 그것은 다스릴 수 있는 근본이 없었기 때문이었다. 백리해가 진나라에 있으면서 그의 지혜의 힘이 증가해서가 아니었고 향지가 주왕조에 있으면서 그 법전을 개선(改善)해서가 아니었으니, 그것은 다스릴 수 있는 근본이 있었기 때문이었다.
　이른바 근본이라는 것은 임금과 신하가 각각 그 지위에 당면하여 명분을 확실하게 정하는 것을 이르는 말이다.

　　凡爲治必先定分 君臣父子夫婦 君臣父子夫婦六者當位 則下不踰節 而上不苟爲矣 少不悍辟[1] 而長不簡慢[2]矣 金木異任 水火殊事 陰陽不同 其爲民利 一也[3] 故異所以安同也 同所以危異也 同異之分 貴賤之別 長少之義 此先王之所愼 而治亂之紀[4]也
　　今夫射者儀毫[5]而失牆 畫者儀髮[6]而易貌 言審本[7]也 本不審[8] 雖堯舜不能以治 故凡亂也者 必始乎近[9]而後及遠[10] 必始乎本[11]而後及末[12] 治亦然[13] 故百里奚處乎虞而虞亡[14] 處乎秦而秦覇[15] 向摯處乎商而商滅[16] 處乎周而周王[17] 百里奚之處乎虞 智非愚也 向摯之處乎商 典[18]非惡也 無其本[19]也 其處於秦也 智非加益也 其處於周也 典非加善也 有其本[20]也 其本也者 定分之謂也

1) 悍辟(한벽) : 흉한(凶悍)하고 사악(邪惡)하다.
2) 簡慢(간만) : 게으르고 교만하다.
3) 其爲民利一也(기위민리일야) : 금(金)·목(木)·수(水)·화(火)·음(陰)·양(陽)의 여섯 가지는 모두 사람이 이용하는 것이기 때문에 하는 말이다.
4) 治亂之紀(치란지기) : 치(治)와 난(亂)이 거기서 생긴다. 곧 성인은 잘 다스

리고 어지러운 사람이 난세(亂世)를 만드는 것이 이것으로 말미암는다는 뜻.
5) 儀毫(의호) : 가는 터럭을 바라보다. 열심히 들여다보다. 의(儀)는 망(望)과 같다. 곧 활쏘는 사람이 가는 터럭을 열심히 들여다보고 큰 담장을 보지 않으므로 능히 대상을 맞출 수 있다는 말.
6) 儀髮(의발) : 머리털을 바라보다. 얼굴을 그리는 사람이 머리털을 보고 얼굴을 그리는데, 그 머리털을 바라보면서 얼굴의 모양을 잃지 않으므로 얼굴을 그리기가 쉽다는 말.
7) 審本(심본) : 근본을 자세히 살피기 때문에 활을 쏘면 적중(的中)하고, 그림을 그리면 사람의 모양을 나타낼 수 있다는 말.
8) 本不審(본불심) : 본(本)은 몸이요, 심(審)은 정(正). 몸을 바르게 가지지 않고 다스리고자 하면 요임금이나 순임금도 다스릴 수가 없는 것이니, 하물며 범인(凡人)에 있어서이겠느냐는 뜻.
9) 近(근) : 소(小)와 같다.
10) 遠(원) : 대(大)와 같다.
11) 本(본) : 신(身)과 같다.
12) 末(말) : 국(國)과 같다.
13) 治亦然(치역연) : 아직 자기 몸을 다스리고서 나라가 어지러웠다는 말을 듣지 못하였으므로, 또한 그렇다는 말이다.
14) 處乎虞而虞亡(처호우이우망) : 우(虞)나라의 군주가 구슬과 말의 뇌물을 탐하여 간언(諫言)을 듣지 않고 탐하다가 진(晉)나라에 의해 멸망한 사실을 말한다.
15) 處乎秦而秦霸(처호진이진패) : 진(秦)나라의 목공(穆公)이 백리해의 건의를 받아들여 서융(西戎)을 겸병(兼倂)하여 패자(霸者)가 된 사실을 말한다.
16) 向摯處乎商而商滅(향지처호상이상멸) : 향지(向摯)는 은왕조(殷王朝 : 商) 주왕(紂王)의 태사령(太史令)이었다. 주왕이 그의 말에 따르지 않으므로 주(周)로 망명했는데, 만 1년만에 주왕이 멸망한 사실을 말한다.
17) 處乎周而周王(처호주이주왕) : 주왕조(周王朝)의 무왕(武王)이 그의 말에 따랐으므로 천하의 왕자(王者)가 된 사실을 말한다. 왕자(王者)는 천자(天子)를 뜻한다.
18) 典(전) : 법전(法典).

19) 無其本(무기본) : 우(虞)나 상(商)의 군주가 자기 몸을 다스리지 못하였으므로 스스로 멸망의 길을 택했다는 말.
20) 有其本(유기본) : 진(秦)과 주(周)의 군주가 자기 몸을 바르게 하여 다스렸다는 말.

나. 장수의 본분을 안 장자(章子)

제(齊)나라에서 장자(章子)로 하여금 장수가 되어 한(韓)나라·위(魏)나라와 더불어 초(楚)나라를 공격하게 하였다.

초나라에서는 당멸(唐蔑)을 장수로 삼아 맞아 싸우게 하였는데, 양군(兩軍)이 서로 대치하기 6개월이 되도록 접전(接戰)을 하지 않았다.

제나라에서는 주최(周最)를 시켜 장자에게 빨리 싸우라고 독촉을 하게 했는데 그 말이 매우 각박하였다. 이에 장자가 주최에게 말하기를

"나를 죽이거나 나를 파면하거나 혹은 나의 집안을 멸망시키는 일은 왕이 능히 신하를 시켜 할 수 있는 일이나, 싸울 수 없는 것을 싸우게 하고 싸울 수 있는 것을 싸우지 못하게 하는 일은 왕이 신하를 시켜서 할 수 없는 일입니다."

하고는, 초나라 군사와 비수(沘水)를 사이에 두고 대진(對陣)하였다. 그리고 장자는 정탐꾼으로 하여금 물이 얕은 곳을 가려 건널 수 있는가를 살피게 하니, 초나라 군대에서 활을 쏘아 물가 가까이에 갈 수 없게 하는 것이었다. 그런데 물가에서 꼴을 베고 있던 사람이 정탐꾼에게 말하였다.

"물의 얕고 깊은 것은 알기가 쉽습니다. 초나라 군대가 많이 지키는 곳은 모두 얕고, 초나라 군대가 적게 지키는 곳은 모두 깊습니다."

그래서 정탐꾼은 그 꼴베는 사람을 수레에 태워 함께 돌아와 장자와 만나게 하니 장자는 매우 기뻐하였다. 그리하여 병졸을 선발하여 훈련시켜 꼴베는 사람의 말에 따라 밤에 초나라 군대가 많이

지키는 곳으로 물을 건너 공격하여 초나라 장수인 당멸을 죽였다. 장자는 장수의 본분을 알았다고 이를 것이다.

齊令章子將而與韓魏攻荊 荊令唐蔑[1]將而應[2]之 軍相當六月而不戰 齊令周最趣[3]章子急戰 其辭甚刻[4] 章子對周最曰 殺之免之 殘其家 王能得此於臣 不可以戰而戰 可以戰而不戰 王不能得此於臣 與荊人夾沘水而軍 章子令人視水可絶[5]者 荊人射之 水不可得近 有芻水旁[6]者 告齊候者曰 水淺深易知 荊人所盛守[7] 盡其淺者也 所簡守[8] 皆其深者也 候者載芻者與見章子 章子甚喜 因練卒以夜奄[9]荊人之所盛守 果殺唐蔑 章子可謂知將分[10]矣

1) 唐蔑(당멸): 초(楚)나라의 명장(名將).
2) 應(응): 응전(應戰). 맞아 싸우다.
3) 趣(취): 독촉(督促).
4) 刻(각): 각박(刻薄)하다. 급박(急薄)하다.
5) 絶(절): 건너다. 도(渡)와 같다.
6) 水旁(수방): 물가. 수변(水邊).
7) 盛守(성수): 많은 사람이 수비하다.
8) 簡守(간수): 적은 사람이 수비하다.
9) 奄(엄): 엄습(掩襲).
10) 將分(장분): 장수의 직분. 장수의 본분. 장자는 왕의 빨리 싸우라는 독촉을 듣지 않았는데, 장수는 밖에 나와 있으므로 작전상 필요에 따라 군주의 명령에 따르지 않을 수가 있다. 이것이 장수의 직분인 것이다.

다. 법이라는 것은 많은 사람이 함께 하는 것

한(韓)나라의 소리후(昭釐侯)가 사냥을 하러 나가는데, 수레를 끄는 말의 가슴걸이가 한편으로 느즈러져 수레의 균형이 잡히지 않아 앉은 자리가 편안하지 않았다.

그래서 소리후가 수레에 앉아서 마부에게 물었다.

"말의 가슴걸이가 한편으로 느즈러진 것이 아니냐?"

제25권 순리(順理)와 비슷한 것 179

마부가 대답하였다.
"그렇습니다."
드디어 교외 사냥터에 이르러 소리후가 새 사냥을 하기 위해 수레에서 내려 새를 잡으러 간 동안에 수레 오른쪽에 참승(參乘)했던 사람이 가슴걸이 끈을 바로잡아 조정해 놓았다.
소리후가 사냥을 마치고 돌아가기 위해 수레에 올라타고 보니 말의 가슴걸이가 제대로 되어 있는지라, 잠시 후에 물었다.
"아까는 말의 가슴걸이가 한편으로 느즈러져 있었는데, 지금은 바르게 조정이 되어 있으니 어찌 된 일이냐?"
이에 오른쪽에 참승했던 사람이 뒤에서 대답하였다.
"지금 신(臣)이 바로잡아 놓았습니다."
돌아온 뒤에 소리후가 거령(車令)에게 책임을 물어 꾸짖으니 각각 자리를 피해 죄를 청하였다.
그러므로 자기 마음대로 망령된 짓을 하여 비록 그것이 잘 되었다 하더라도 현명한 군주는 그런 일을 용납하지 않는다.
지금 여기 사람이 있어 자기 마음대로 명령하는 일을 고쳐서 국가의 화환(禍患)을 모면하고 경중(輕重)을 이롭게 함이 저울대와 같고, 모나고 둥글게 함이 규구(規矩)와 같다면 그것은 재주요 솜씨다. 그러나 그것을 따를 수는 없다.
법이라는 것은 많은 사람이 함께 하는 바요, 현명하거나 어리석거나 공동으로 힘을 써야 하는 것이니, 계모(計謀)가 쓰지 못할 데에서 나오거나 행하는 일이 함께 하지 못할 데에서 나오는 것은 모두 선왕(先王)이 버리고 쓰지 않는 것이다.

韓昭釐侯出弋[1] 靷[2]偏緩 昭釐侯居車上 謂其僕 靷不偏緩乎 其僕曰 然 至舍[3] 昭釐侯射鳥 其右攝[4]其一靷適之 昭釐侯已射 駕而歸 上車選間曰 鄕者靷偏緩 今適 何也 其右從後對曰 今者臣適之 昭釐侯至 詰車令[5] 各避舍[6] 故擅爲妄意之道雖當 賢主不由[7]也 今有人於此 擅矯行則免國家 利輕重則若衡石 爲方圓則若規矩 此則工矣巧矣 而不足法 法也者 衆之所同也 賢不肖之所以其力也 謀出乎

不可用 事出乎不可同 此爲先王之所舍也
1) 弋(익) : 주살. 사냥하는 기구로 사냥이라는 뜻. 엽(獵)과 같다.
2) 靷(인) : 가슴걸이. 마소를 수레에 매기 위하여 가슴에 거는 끈. 가슴걸이가 한 편으로 느즈러지면 수레의 균형이 잡히지 않아 앉은 자리가 편안하지 않다.
3) 舍(사) : 여기서는 사냥터로 풀이된다.
4) 攝(섭) : 잡다. 취(取)와 같다.
5) 詰車令(힐거령) : 거령(車令)에게 책임을 물어 꾸짖다. 거령은 수레의 감독을 책임지는 담당 관원.
6) 各避舍(각피사) : 각각 자리를 피하여 죄(罪)를 청한다는 뜻. 각각이란 거령과 수레 오른쪽에 참승한 두 사람을 가리킨다. 거령은 수레가 출발하기 전에 검사를 소홀히 한 책임이요, 오른쪽에 참승한 사람은 자기의 직분이 아닌 것을 자기 마음대로 말의 가슴걸이를 바로 잡아 조정한 잘못으로 죄를 청하는 것이다.
7) 由(유) : 쓰다. 용납하다. 용(用)과 같다.

6. 작은 것을 삼가는 것(六曰愼小)

가. 모든 일은 작은 것에서부터 시작

군주는 존귀(尊貴)하고 신하는 비천(卑賤)하다. 비천하면 작은 일로써 그 군주를 관찰할 수 없고, 존귀하면 교만하고 방자(放恣)해진다. 교만하고 방자하면 작은 일이나 작은 것을 가볍게 여긴다.

작은 일이나 작은 것을 가볍게 여기면 군주는 신하의 뜻을 알 길이 없고 신하는 군주의 뜻을 알 길이 없다. 군주와 신하가 서로의 뜻을 알지 못하여 오해가 생기면, 군주는 그 신하를 비난하고 신하는 그 군주를 원망한다.

남의 신하된 정으로는 원망하는 군주를 위하여 충성을 다할 수 없고, 군주되는 사람의 정으로는 그 싫어하는 신하를 사랑할 수 없으니, 이것은 군주와 신하가 서로 그 도(道)를 잃는 일이다.

그러므로 현명한 군주는 작은 일이나 사소한 일로 좋아하고 싫어함을 논하는 것을 삼가는 것이다.

거대한 제방(堤防)이 작은 개미집으로 인해 물이 새어들어 마침내 한 고을에 물이 넘치고 사람들을 물에 빠져 죽게 하며, 굴뚝에 한 가닥 연기와 불길이 새어들어 사람이 사는 집을 태우고 쌓아둔 곡식을 연소(延燒)시킨다.

또 장수의 잘못된 한 차례 군령(軍令)으로써 군대는 깨어지고 자신도 죽음에 이르며, 군주의 한마디 잘못된 말이 국가의 멸망을 가져오고 명성을 수치스럽게 하여 후세의 비웃음거리가 된다.

上[1]尊下[2]卑 卑則不得以小觀上 尊則恣 恣則輕小物[3] 輕小物則上無道知下 下無道知上 上下不相知 則上非下 下怨上矣 人臣之情不能爲所怨 人主之情不能愛所非 此上下大相失道也 故賢主謹小物以論好惡[4] 巨防[5]容螻[6] 而漂邑殺人 突洩一熛[7] 而焚宮[8]燒積[9] 將失一令 而軍破身死 主過一言 而國殘名辱 爲後世笑

1) 上(상) : 군주.
2) 下(하) : 신하.
3) 小物(소물) : 작은 것. 소사(小事).
4) 好惡(호오) : 좋아하고 싫어하는 것.
5) 巨防(거방) : 거대(巨大)한 제방(堤防).
6) 螻(누) : 땅강아지. 여기서는 개미의 뜻. 의(蟻)와 같다.
7) 熛(표) : 연기. 불길.
8) 宮(궁) : 사람이 사는 집.
9) 積(적) : 쌓아둔 노적가리. 쌓아둔 곡식.

나. 개미집에 걸려 넘어지는 사람들

위(衛)나라 헌공(獻公)은 손림보(孫林父)·영식(甯殖)과 함게 식사할 것을 약속하였다. 그런데 그날 궁중에서 조수(鳥獸)를 기르는 유(囿 : 동산)라는 곳에 많은 홍조(鴻鳥)들이 날아왔다.

그래서 유(囿)를 관리하는 사람이 그 사실을 헌공에게 보고하니 헌공은 유로 가서 홍조 사냥을 하였다.

이날 헌공과 식사 약속을 한 손림보와 영식 두 사람은 헌공과의 약속 시간이 지나 늦도록 기다렸으나 헌공은 사냥을 하느라 오지 않았다. 그러다 늦게야 나타난 헌공은 사냥할 때 쓰는 피관(皮冠)을 쓴 채로 들어와 두 사람을 만났다. 이것은 기다리던 두 사람을 무시하는 처사였다. 그래서 손림보와 영식 두 사람은 대단히 불쾌하게 여겨 마침내 헌공을 몰아내고 공자(公子)인 검(黚)을 세워 위나라의 군주로 삼으니 이가 장공(莊公)이다.

장공은 위나라의 군주가 된 뒤에 석포(石圃)를 쫓아내고자 하였다. 그래서 장공은 대(臺)에 올라 멀리 융주(戎州)를 바라보면서 시중드는 사람에게 물었다.

"저 곳은 어디인가."

시자(侍者)가 대답하였다.

"저 곳은 융인(戎人)들의 고을입니다."

이 말에 대하여 장공은

"나의 성(姓)은 희씨(姬氏)이다. 융인이 어찌 감히 내 나라안에 살 수 있단 말인가."

하고는, 영(令)을 내려 그의 주택을 빼앗고, 융주를 훼멸(毁滅)시켜 버렸다.

진(晉)나라에서 위나라를 공격해 왔는데 융주 사람들이 그 기회를 이용하여 석포와 연합해서 장공을 죽이고 그의 동생인 공자(公子) 기(起)를 군주로 세웠다.

이것은 작은 일·작은 것에 대하여 자세히 살피고 삼가지 않았기 때문이다. 그러므로 세상 사람들은 때때로 산에 걸려 넘어지지 않고 보잘것없는 개미집에 걸려 넘어지는 것이다.

衛獻公戒[1]孫林父甯殖[2]食 鴻集于囿[3] 虞人以告[4] 公如囿射鴻 二

子[5] 待君 日晏[6] 公不來至 來不釋皮冠[7] 而見二子 二子不說 逐獻公
立公子黚 衛莊公立 欲逐石圃[8] 登臺以望見戎州 而問之曰 是何爲
者也 侍者曰 戎州也 莊公曰 我姬姓[9]也 戎人安敢居國 使奪之宅 殘[10]
其州 晉人適攻衛 戎州人因與石圃殺莊公 立公子起[11] 此小物不審[12]
也 人之情不蹶於山 而蹶於垤[13]

1) 戒(계) : 문맥으로 보아 여기서는 약속으로 풀이된다. 약(約).
2) 孫林父甯殖(손림보영식) : 손림보는 손문자(孫文子). 영식은 혜자(惠子).
3) 囿(유) : 동산. 궁중 안에 있는 조수(鳥獸)를 기르는 동산으로 큰 것을 원(苑)
   이라 하고, 작은 것을 유(囿)라 한다.
4) 虞人以告(우인이고) : 우인(虞人)이 유(囿)에 홍조(鴻鳥)가 모여든다는 사
   실을 알렸다는 뜻. 우인(虞人)은 유(囿)를 관리하는 관원.
5) 二子(이자) : 손림보(孫林父)와 영식(甯殖)의 두 사람.
6) 晏(안) : 늦다. 만(晚)과 같다.
7) 皮冠(피관) : 사냥할 때 쓰는 모자로 이 모자를 쓴 채로 두 사람 앞에 나타난
   것은 두 사람의 존재를 무시한 것이 된다.
8) 欲逐石圃(욕축석포) : 석포(石圃)는 위나라의 경(卿)인 석악(石惡)의 아들
   로 장공이 망명 생활을 하다 위나라로 다시 오고자 하는 것을 석포가 받아들
   이지 않았으므로 장공은 그를 미워하고 있었다.
9) 我姬姓(아희성) : 나는 희씨(姬氏) 성이다. 중화인(中華人)이라는 말로 중
   화인의 나라에 미개인인 융인(戎人)이 어찌 살 수 있냐는 말.
10) 殘(잔) : 멸망시키다. 훼멸(毁滅)하다.
11) 起(기) : 장공의 동생.
12) 不審(불심) : 자세히 살피지 않다. 곧 삼가지 않았다는 뜻.
13) 垤(질) : 개미둑. 개미집. 의질(蟻垤). 의총(蟻塚). 곧 보잘것없이 작은 것
    이므로 가볍게 여기다 발에 걸려 넘어지는 수가 있다는 말.

다. 세 마디의 말로써 현명한 군자라 칭송받다

제(齊)나라 환공(桓公)은 즉위(卽位)한 지 3년만에 세 마디
의 말을 하고서 천하의 현명한 군주라는 칭송을 들어 많은 신하

들이 모두 기뻐하였다. 그 세 마디의 말은, 고기를 먹는 짐승을 없애고, 곡식을 먹는 새를 없애고, 실로 짠 그물을 없앤다는 말이었다.

　齊桓公卽位三年 三言而天下稱賢 群臣皆說 去肉食之獸[1] 去食粟之鳥[2] 去絲罝之網[3]

1) 去肉食之獸(거육식지수) : 백성이 먹어야 할 고기를 먹는 짐승이니 없앤다는 말.
2) 去食粟之鳥(거식속지조) : 백성이 먹을 곡식을 먹는 새이므로 없앤다는 말.
3) 去絲罝之網(거사저지망) : 그물이 촘촘해서 작은 고기를 상하게 하므로 없앤다는 말.

※ 위의 세 가지는 다 작은 일·작은 것이나 백성을 사랑하고 물건을 아끼는 어진 마음의 발로이므로 현명한 군주라는 것이다.

라. 오기(吳起)가 상벌을 믿게 한 이유

　오기(吳起)가 서하(西河)를 다스리면서 그 백성들에게 신의(信義)를 밝히고자 하였다. 그래서 밤 늦게 남문(南門) 밖에다 말뚝 하나를 박아 놓고, 고을 안에 영(令)을 내렸다.
　"내일 남문 밖에 세워 둔 말뚝을 넘어뜨리는 사람에게는 그 상으로 장대부(長大夫)를 삼겠다."
　그러나 다음 날 저녁때가 되도록 말뚝을 넘어뜨리는 사람이 없었다. 그리고 백성들끼리 말하였다.
　"이것은 믿을 수 없는 일이다."
　그러면서 그 중의 한 사람이
　"시험삼아 가서 그 말뚝을 넘길 것이다. 상을 타지 못하면 그뿐이지 손해 볼 것이 없다."
라고 하면서 가 그 말뚝을 넘기고 오기에게 그 사실을 말하였다. 이에 오기는 직접 가서 확인하고는 그 사람에게 상으로 장대부의 벼슬을 주었다.
　그러고는 또 밤 늦게 다시 말뚝 하나를 세워 놓고는 고을 안에

다 영을 내리기를 먼저와 같이 하였다. 그러니 고을 사람들은 남문에 지키고 있다가 다투어 그 말뚝을 넘어뜨리려 하였다. 그러나 이번에는 말뚝을 넘길 수 없도록 깊이 땅에다 단단히 박았으므로 넘어뜨리는 사람이 없었고 그래서 상을 타는 사람이 없었다.

그뒤로부터 백성들은 오기의 상벌(賞罰)을 믿게 되었다. 백성들에게 상벌을 믿게 하면 무슨 일인들 이루지 못하겠는가. 어찌 군사를 부리는 일뿐이겠는가.

吳起¹⁾治西河 欲諭²⁾其信於民 夜日置表³⁾於南門之外 令於邑中曰 明日有人能償南門之外表者 仕長大夫⁴⁾ 明日日晏矣 莫有償表者 民相謂曰 此必不信 有一人曰 試往償表 不得賞而已 何傷 往償表 來謁⁵⁾吳起 吳起自見而出 仕之長大夫 夜日又復立表 又令於邑中如前 邑人守門爭表 表加植⁶⁾ 不得所賞 自是之後 民信吳起之賞罰 賞罰信乎民 何事而不成 豈獨兵乎

1) 吳起(오기) : 위(衛)나라 사람으로 위(魏)나라 무후(武侯)를 섬겨 서하(西河)를 지키고 있었다.
2) 諭(유) : 밝히다. 명(明)과 같다.
3) 置表(치표) : 말뚝을 세우다. 치는 입(立)과 같고 표는 말뚝.
4) 長大夫(장대부) : 상대부(上大夫). 관작(官爵)의 명칭.
5) 謁(알) : 여기서는 고(告)하다의 뜻.
6) 表加植(표가식) : 말뚝을 넘길 수 없도록 땅에다 깊이 단단히 박았다는 말.

제26권 선비의 용모
(卷二十六 士容論:第六, 凡六篇)

백성이 농사를 지으면
생산이 풍성하고 많아지며,
생산이 풍성하고 많아지면
그 땅에 편안히 살기를 바라
옮겨 다니는 것은 어렵고 무겁게 여기며,
그 땅에 편안히 살기를 바라
옮기는 것을 어렵고 무겁게 여기면
그 땅을 죽도록 지켜서
두 마음을 가지지 않는다.

제26권 선비의 용모

1. 선비의 용모(一曰士容)

가. 국사(國士)의 모습과 태도

 군자(君子)는 불편부당(不偏不黨)하며 부드러우면서 견고하고 허한 것 같으면서 충실하다.
 외모(外貌)는 시원하고 명랑하되 너무 지혜롭고 민첩하지 않아 그 무엇 하나를 잃은 것 같다. 작은 일을 가벼이 여기되 지향하는 바는 높고 크며, 용기가 없는 듯하되 위협을 두려워하지 않으며, 견고하게 잡고 굳세고 용감하여 감히 행하는 것을 욕되게 하지 않고 해롭게 하지 않으며, 환난(患難)을 당하여도 의(義)에 처(處)하여 잃는 일이 없다.
 나라의 군주가 되어 과인(寡人)이라고 일컬어도 망령되게 스스로 교만하게 굴지 않으며, 일단 뜻을 얻어 백성에게 군림하고 나서 사해(四海) 밖으로 덕화(德化)를 넓히고자 하며, 일을 함에는 매우 높게 하되 작은 이로움에 매달리지 않으며, 듣고 보는 것은 세속을 떠나 맑고 높아 나라를 안정시킬 수 있다.
 부귀(富貴)를 이루려 하지 않고 빈천(貧賤)에서 벗어나려고 하지 않으며, 도덕과 의리를 존중하고 재주있고 거짓된 일을 수치스럽게 여긴다.
 마음이 너그러워 남을 헐뜯지 않고, 중심(中心)이 매우 높아 쉽게 남을 용납하지 않는다. 물질에 유혹되지 않고 망령되이 스스로 꺾이려하지 않는다. 이것이 국사(國士)의 모습이며 태도다.

士[1]不偏不黨 柔而堅 虛而實 其狀朖然[2]不儇[3] 若失其一[4] 傲[5]小物而志屬於大 似無勇而未可恐狼[6] 執固橫敢而不可辱害 臨患涉難而處義不越[7] 南面[8]稱寡而不以侈大[9] 今日君民而欲服海外[10] 節物[11]甚高而細利弗賴 耳目遺俗[12]而可與定世 富貴弗就而貧賤弗揭[13] 德行尊理而羞用巧衛[14] 寬裕不訾而中心甚厲[15] 難動以物而必不妄折 此國士之容[16]也

1) 士(사) : 군자(君子).
2) 狀朖然(상낭연) : 상은 외모(外貌). 낭연은 시원하고 명랑한 모양.
3) 儇(현) : 지혜롭고 민첩하다.
4) 一(일) : 도(道).
5) 傲(오) : 가벼이 여기다.
6) 狼(낭) : 늑대. 곧 사나운 위협을 뜻한다.
7) 越(월) : 잘못되다. 잃다. 실(失)과 같다.
8) 南面(남면) : 나라의 군주. 군주는 반드시 남쪽을 향하여 자리하기 때문에 군주의 뜻이다.
9) 侈大(치대) : 교만하고 잘난 체하다.
10) 服海外(복해외) : 복(服)은 복종시킨다는 말로, 곧 덕화(德化)를 넓힌다는 뜻이요, 해외(海外)는 사해(四海)의 밖. 곧 중원(中原) 이외의 지역인 외국(外國).
11) 節物(절물) : 일을 행(行)하다.
12) 耳目遺俗(이목유속) : 듣고 보는 데에 세속(世俗)을 버리다. 곧 맑고 뜻이 높음을 뜻한다.
13) 揭(걸) : 버리다. 거(去)와 같다.
14) 巧衛(교위) : 재주와 거짓. 교위(巧僞).
15) 厲(여) : 높다.
16) 容(용) : 모습과 태도.

나. 모든 것은 정성을 쏟는데 있다

제(齊)나라에 개를 관찰하여 잘 판별하는 사람이 있었다. 이웃집에서 그 사람에게 쥐를 잘 잡는 개를 사도록 해달라고 부탁해서 1년만에 그런 개를 구할 수 있었다.

개를 잘 관찰하는 사람이

"이것은 좋은 개입니다."

해서, 그 개를 샀는데 몇 해를 길러도 쥐를 잡지 못하는지라 그 사람에게 따지니 그가 말하였다.

"이 개는 좋은 개입니다. 그 뜻이 노루·고라니·멧돼지·사슴 따위에 있고 쥐에게 있지 않으니 반드시 쥐를 잡고자 하시면 그 개의 발에다 족쇄를 채우십시오"

그래서 주인이 개의 뒷발에다 족쇄를 채우니 그제서야 그 개가 쥐를 잡는 것이었다.

무릇 기(驥)나 오(鷔)의 기개(氣槪)나 홍(鴻)이나 곡(鵠)의 지기(志氣) 등 사람의 마음을 깨우쳐 줄 수 있는 것은 정성이 있는데에 말미암는다.

사람도 또한 이와 같으니 정성이 지극하면 귀신이 감동한다고 하는데 어찌 말로써 깨우쳐주기에 족하겠는가. 이것을 일러 말하지 않아도 말한 것과 같은 것이라 한다.

齊有善相狗者[1] 其隣假[2]以買取鼠之狗 朞年乃得之曰 是良狗也 其隣畜之數年 而不取鼠 以告相者 相者曰 此良狗也 其志在獐麋豕鹿 不在鼠 欲其取鼠也 則桎之 其隣桎其後足 狗乃取鼠 夫驥鷔之氣 鴻鵠之志 有諭乎人心者誠也 人亦然 誠有之 則神應乎人矣 言豈足以諭之哉 此謂不言之言[3]也

1) 相狗者(상구자) : 개를 관상(觀相)하는 사람. 곧 개를 관찰하여 그 개의 성능을 판정하는 사람.
2) 假(가) : 청하다. 부탁하다.

3) 不言之言(불언지언) : 말하지 않아도 말한 것과 같은 말. 곧 말로써가 아닌 도(道)로써 감화(感化)시킨다는 뜻.

다. 군자같이 보이나 군자는 아니다

객(客)이 전병(田騈)과 만나 이야기를 나누고 있는데, 입고 있는 의복이 단정하고 행동거지(行動擧止)가 바르고, 빠른 몸가짐과 편안한 자세가 의젓하고 품위가 있으며, 말씨가 겸손하고 민첩하였다. 이야기를 끝내고 객이 나가니 전병은 그를 눈으로써 전송하였다. 제자가 전병에게 물었다.

"객은 군자였습니까?"

이에 전병이 말하였다.

"그는 군자같이 보이지만 군자는 아니다. 객이 깊이 감추면서 속을 드러내지 않아 표면상 군자인 듯이 보이는 것이다. 군자는 깊이 감추고 드러내지 않는 것이니, 객이 그렇게 보인 것은 그럴 듯하지만 군자는 아니다."

그러므로 불을 한쪽 구석에만 밝히면 방의 반쪽은 밝지 않다. 골절(骨節)이 조숙(早熟)하고 발육(發育)이 좋지 않으면 신체는 반드시 크게 자라지 못한다. 많은 사람이 같이 꾀하지 않고 서로 바라보기를 꺼리면 비록 사람이 많더라도 선(善)한 일을 하지 못한다. 뜻을 세움이 공정하지 않으면 공(功)을 이루기 어렵다. 받는 것은 좋아하고 주는 것은 싫어하여 인색하면 비록 나라가 크더라도 왕업(王業)을 이루지 못하고 재앙이 날로 닥쳐온다.

그러므로 군자의 모습과 태도는 순수하고 아름답기가 종산(鍾山)의 옥(玉)과 같고, 바르고 곧기가 언덕위의 나무와 같으며, 돈후(敦厚)하고 온화하며 근신하고 삼가하여 스스로 만족함을 즐기지 않는다. 스스로 노력하고 쉬지 아니하며 취하고 버리는 일에 있어 기뻐하지 않고 그 마음이 매우 소박(素樸)하다.

客有見田騈¹⁾者 被服中法²⁾ 進退中度³⁾ 趣翔 閑雅 辭⁴⁾令遜敏 田騈

聽之畢而辭之 客出 田騈送之以目 弟子謂田騈曰 客士[5]歟 田騈曰 殆[6]乎非士也 今者客所弇斂[7] 士所術施[8]也 士所弇斂 客所術施也 客殆乎非士也 故火燭一隅 則室偏無光 骨節蚤成[9] 空竅哭歷[10] 身必不長 衆無謀方 乞謹視見 多故不良 志必不公 不能立功 好得惡予 國雖大 不爲王 禍災日至 故君子之容 純乎[11]其若鍾山之玉[12] 桔乎[13]其若陵上之木 淳淳乎[14]愼謹畏化 而不肯自足 乾乾乎[15]取舍不悅 而心甚素樸

1) 田騈(전병) : 제(齊)나라 사람으로 도서(道書) 25편을 지었다.
2) 被服中法(피복중법) : 옷을 단정하게 입었다는 뜻.
3) 進退中度(진퇴중도) : 행동거지(行動擧止)가 바르다는 뜻.
4) 辭(사) : 보내다. 송(送)과 같다.
5) 士(사) : 군자(君子).
6) 殆(태) : 거의 가깝다. 근(近)과 같다.
7) 弇斂(엄렴) : 깊이 감추고 드러내지 않는다는 뜻.
8) 術施(술시) : 도술(道術)로써 세상 사람을 현혹(眩惑)시킨다는 뜻이나 여기서는 엄렴(弇斂)과 상반되게 겉으로만 그럴듯하게 나타내 보인다는 뜻.
9) 骨節蚤成(골절조성) : 발육(發育)이 좋지 않음을 뜻하는 말. 조(蚤)는 조(早)와 같다.
10) 空竅哭歷(공규곡력) : 신체의 발육이 좋지 않다는 뜻으로 풀이되나 곡력(哭歷)이 무슨 뜻인지는 알 수 없다.
11) 純乎(순호) : 순수하고 아름다운 것(純美).
12) 鍾山之玉(종산지옥) : 종산의 구슬. 굳어서 사흘 낮 사흘 밤을 고열(高熱)에 달구어도 변색(變色)되지 않는다고 한다.
13) 桔乎(길호) : 바르고 곧다는 뜻.
14) 淳淳乎(순순호) : 돈후(敦厚)하고 온화하다.
15) 乾乾乎(건건호) : 자강불식(自彊不息).

라. 사(史)가 되기를 부끄럽게 여긴 당상(唐尙)

당상(唐尙)이 사(史)가 되는 적당한 시기에 이르렀다. 그의 친구가 당상이 사(史)가 되기를 원한다고 생각하고 당상에게 말했다.
당상이 말하였다.
"나는 사(史)가 될 수 없는 것이 아니라 부끄러워서 하지 않는 것이오."
그러나 그 친구는 그가 사(史)가 되는 것을 부끄럽게 여기는 것을 믿을 수가 없었다. 그러다가 위(魏)나라가 조(趙)나라의 도읍인 한단(邯鄲)을 포위함에 이르러 당상이 위나라 혜왕(惠王)을 설득하여 그 포위를 풀게 해줌으로써 그 공으로 백양(伯陽) 땅을 받았다. 그제서야 비로소 그 친구는 당상이 사 되는 것을 부끄럽게 여기는 것을 믿었다.
그런 뒤 얼마 있다가 그 친구가 그의 형(兄)을 위하여 도움을 구하니, 당상이 말하였다.
"위(衛)나라 군주가 죽었으니 내가 그대의 형님을 주선해서 대신 위나라 군주가 되게 하겠소."
이에 그 친구는 그것을 진실로 믿고 재삼 고맙다고 인사하였다.
대저 믿을 수 있는 것을 믿지 않고, 믿을 수 없는 것을 믿는 것은 어리석은 자의 근심거리다. 사람의 형편을 알아 스스로 그 탐욕(貪欲)을 버리지 못하면서 군주가 된다면 비록 천하를 차지한다 하더라도 그것이 무슨 유익함이 있겠는가. 그러므로 패(敗)하는 일은 어리석음보다 더 큰 것이 없다. 어리석은 자의 병통은 스스로 쓰는 일의 괴팍한 데에 있으니, 스스로 쓰는 일을 괴팍하게 하면 고지식한 사람이 도리어 좇아서 그것을 하려 한다.
나라를 가짐이 이와 같다면 없는 것만 같지 못하다. 옛 사람이 그 지위를 현자(賢者)에게 전한 것은 그 아들이 어리석었기 때문에 생긴 것이니, 그 자손을 미워해서가 아니었고, 그 이름을 과시(誇示)하기 위해서가 아니었다. 이것은 도리어 그 실(實)을 구하는 것이었다.

唐尙敵年爲史[1] 其故人[2]謂唐尙願之 以謂唐尙 唐尙曰 吾非不得爲史也 羞而不爲也 其故人不信[3]也 及魏圍邯鄲[4] 唐尙說惠王[5]而解

之圍 以與伯陽[6] 其故人乃信其羞爲史也 居有間[7] 其故人爲其兄請[8]
唐尙曰 衛君死 吾將汝兄以代之 其故人反興再拜而信之 夫可信[9]而
不信 不可信[10]而信 此愚者之患也 知人情不能自遺[11] 以此爲君 雖
有天下何益 故敗莫大於愚 愚之患在必自用 自用則戇陋之人從而
賀之 有國若此 不若無有 古之與賢[12] 從此生[13]矣 非惡其子孫也 非
徼[14]而矜其名也 反其實也[15]

1) 敵年爲史(적년위사) : 마침 사(史)가 되는 해를 당함. 적(敵)은 적(適)과 같다. 학동(學童)의 나이 17세 이상이 되면 처음으로 주서(籀書) 9천자를 외우는 시험을 보는데 통과되면 사(史)가 된다.
2) 故人(고인) : 오랜 친구. 당상(唐尙)의 친구인 구징(咎徵).
3) 不信(불신) : 믿을 수 없다. 곧 당상이 사(史)되는 것을 부끄럽게 여기는 것을 믿을 수 없다는 말.
4) 邯鄲(한단) : 조(趙)나라의 도읍.
5) 惠王(혜왕) : 위(魏)나라 문후(文侯)의 손자요, 무후(武侯)의 아들로 '맹자(孟子)' 첫머리에 나오는 양혜왕(梁惠王)이다.
6) 伯陽(백양) : 지명(地名). 혹은 인명(人名)이라고도 하나 여기서는 지명으로 본다.
7) 居有間(거유간) : 얼마 뒤에. 얼마 지난 뒤에.
8) 爲其兄請(위기형청) : 그 형의 벼슬길을 구해 달라고 부탁하다.
9) 可信(가신) : 믿을 수 있는 것. 당상(唐尙)이 사(史)되는 것을 부끄럽게 여긴 것.
10) 不可信(불가신) : 형으로 하여금 위(衛)나라 군주가 되게 해주겠다는 말. 위나라 군주는 될 수 없는 일이니 믿을 수 없는 말이건만 그것을 믿으니 믿을 수 없는 것을 믿는다는 말이다.
11) 不能自遺(불능자유) : 스스로 탐욕(貪欲)의 정을 버리고 잊지 못한다. 곧 반드시 멸망한다는 뜻.
12) 古之與賢(고지여현) : 요(堯)임금이 아들이 아닌 현자(賢者)인 순(舜)임금에게 천자의 지위를 전하고 순임금이 아들이 아닌 현자(賢者)인 우왕(禹王)에게 천자의 지위를 전한 사실을 이르는 말이다. 여기에서 여(與)는 전(傳)의 뜻.

13) 從此生(종차생) : 그 아들이 어리석었기 때문에 생긴 일이라는 뜻.
14) 徼(요) : 구하다. 구(求)와 같다.
15) 反其實也(반기실야) : 나라를 현인(賢人)에게 전하면 번영하고, 어리석은 자손에게 넘기면 멸망할 것이기 때문이었다는 말.

2. 큰 것을 힘쓰는 것(二曰務大)

가. 큰 것의 편안한 것은 작은 것에 의지한다

일찍이 시험삼아 상고(上古)의 기록을 관람(觀覽)하니, 삼왕(三王)을 보좌한 사람으로서 그 명성이 현영(顯榮)하지 않은 이가 없고, 실제로 몸을 마칠 때까지 안락하지 않은 이가 없었으니 그것은 공업(功業)이 성대(盛大)하였기 때문이다.

세속적(世俗的)인 군주를 보좌한 사람 또한 그 명성과 실제의 안락을 바라는 것은 삼왕을 보좌한 사람과 서로 같으나 그 명성의 결과는 치욕(恥辱)되지 않은 사람이 없고, 실제로는 위태롭지 않은 사람이 없었으니 그것은 공업을 이루지 못했기 때문이다.

그들은 모두 자신이 그 나라에서 현귀(顯貴)해지지 않을 것을 근심하고, 그 군주는 천하에 이름을 드날릴 수 없을 것을 근심한다. 이것은 영화롭고자 하나 더욱 치욕되고, 안락하고자 하나 더욱 위태로워지는 것이 된다.

공자(孔子)는 말하기를 연작(燕雀)은 서로 더불어 한 지붕 밑에서 깃들여 살면서 어미와 새끼가 서로 먹이를 물어다 먹이고 받아먹고 하면서 뜻을 얻어 서로 더불어 안락하며 스스로 편안하게 지낸다. 그런데 아궁이와 굴뚝이 망가져 집마루가 타고 있어도 연작은 낯빛하나 변하지 않는다. 이것은 무엇 때문일까. 그들은 장차 재화(災禍)가 자기들에게 닥쳐 올 것을 모르고 있기 때문이니 이것은 어리석은 일이 아니냐고 하였다.

남의 신하가 되어 연작의 생각을 면할 수 있는 사람은 많지 않다. 이것은 남의 신하가 되어 다만 자기의 작록(爵祿)이 나아가고 부귀(富貴)가 더하여지는 것만을 알고, 부자(父子)와 형제가 서로 더불어 무리를 짓고 뜻을 얻어 함께 향락을 누린다. 그러면서 그 국가가 위태로워짐이 아궁이나 굴뚝의 망가져 가는 것과 같아져도 마침내 그것을 알지 못하니, 그것이 연작의 지혜와 다를 것이 무엇인가.

그러므로 말하기를 천하가 크게 어지러우면 편안한 나라가 있을 수 없고, 한 나라가 모두 어지러우면 편안한 집안이 있을 수 없으며, 한 집안이 다 어지러우면 자기 몸이 편안할 수 없다고 하였으니, 이것을 이르는 말이다.

그러므로 작은 것의 편안함은 반드시 큰 것에 의지하고, 큰 것의 편안함은 반드시 작은 것에 의지하여, 작고, 크고, 천하고, 귀한 것이 서로서로 도운 연후에 모두 그 즐거움을 얻는 것이다.

嘗試觀於上志[1] 三王[2]之佐[3] 其名無不榮者 其實無不安者 功大故也 俗主之佐 其欲名實也 與三王之佐同 其名無不辱者 其實無不危者 無功故也 皆患其身不貴於其國也 而不患其主之不貴於天下也 此所以欲榮而逾[4]辱也 欲安而逾危也 孔子曰 燕爵[5]爭善處於一屋之下 母子相哺也 區區焉[6]相樂也 自以爲安矣 竈突決 上棟焚 燕爵顏色不變 是何也 不知禍之將及之也 不亦愚乎 爲人臣而免於燕爵之智者寡矣 夫爲人臣者進其爵祿富貴 父子兄弟相與比周於一國 區區焉相樂也 而以危其社稷 其爲竈突近矣 而終不知也 其與燕爵之智不異 故曰天下大亂 無有安國 一國盡亂 無有安家 一家盡亂 無有安身 此之謂也 故細之安必待大 大之安必待小 細大賤貴 交相爲贊 然後皆得其所樂

1) 上志(상지) : 고기록(古記錄), 상고(上古)의 문헌(文獻).
2) 三王(삼왕) : 하왕조(夏王朝)의 우왕(禹王), 상왕조(商王朝)의 탕왕(湯王), 주왕조(周王朝)의 문왕(文王)·무왕(武王)을 아울러 이르는 말. 주왕조의 문왕과 무왕은 함께 일컫는다.

3) 佐(좌) : 보좌(補佐).
4) 逾(유) : 더욱. 익(益)과 같다.
5) 燕爵(연작) : 제비와 참새. 작(爵)은 작(雀)과 같다. 연작(燕雀).
6) 區區焉(구구언) : 뜻을 얻다. 득의(得意). 득지(得志).

나. 나의 것은 천승(千乘)에 불과합니다

박의(薄疑)가 위(衛)나라 사군(嗣君)에게 왕자(王者)로서 나라를 다스리는 방법을 진언(進言)하였다.

사군이 말하였다.

"내가 지금 소유하고 있는 것은 천승(千乘)에 불과합니다. 바라건대 작은 나라를 다스리는 방법으로써 가르쳐 주십시오"

박의가 대답하였다.

"오획(烏獲)은 능히 천균(千鈞)을 들 수 있었거늘 어찌 하물며 한 근(斤)이겠습니까."

薄疑說衛嗣君¹⁾以王術²⁾ 嗣君應之曰 所有者千乘³⁾也 願以⁴⁾受敎 薄疑對曰 烏獲奉千鈞⁵⁾ 又況一斤⁶⁾

1) 衛嗣君(위사군) : 위(衛)나라 평후(平侯)의 아들로 평후의 뒤를 이은 군주인데 진(秦)나라에서는 그를 깎아내려 후(侯)라 하지 않고 군(君)이라고 일컬었다.
2) 王術(왕술) : 왕자(王者)로서 나라를 다스리는 방법.
3) 所有者千乘(소유자천승) : 병거(兵車) 천승(千乘)을 소유하는 작은 나라. 왕자(王者)는 만승(萬乘)을 소유한다.
4) 以(이) : 작은 나라로써.
5) 烏獲奉千鈞(오획봉천균) : 오획(烏獲)은 옛날의 역사(力士)로 천균(千鈞)을 들었다. 천균은 3만근(三萬斤).
6) 況一斤(황일근) : 위나라 군주로서 현명하여 왕자(王者)가 나라를 다스리는 방법으로 나라를 다스린다면 오획의 힘으로써 한 근을 드는 것과 마찬가지로 쉬운 일이라는 뜻.

다. 주(周)나라를 안정시킬 수 있는 방법은
두혁(杜赫)이 천하를 안정시킬 방도를 동주(東周)의 소문군(昭文君)에게 설(說)하는데, 소문군이 두혁에게 말하였다.
 "나는 다만 주(周)를 안정시킬 수 있는 방도를 가르쳐 주기 바랄 뿐이오."
두혁이 대답하였다.
 "신(臣)이 말씀드리는 것을 쓰실 수 없으시다면 주를 안정시킬 수 없으시고 신이 말씀드리는 것을 옳게 여기시어 쓰시면 주는 저절로 안정이 될 것입니다."
이것은 이른바 안정되지 않은 것으로써 안정시키는 것이다.

杜赫以安天下說周昭文君[1] 昭文君謂杜赫曰 願學所以安周 杜赫對曰 臣之所言者不可 則不能安周矣 臣之所言者可 則周自安[2]矣 此所謂以弗安而安者[3]也

1) 周昭文君(주소문군) : 동주(東周)의 군주.
2) 周自安(주자안) : 인의(仁義)를 행하면 안정이 된다는 말. 소문군때는 인의가 행하여지지 않았다.
3) 弗安而安者(불안이안자) : 소문군 당시에는 인의(仁義)가 행하여지지 않았지만 인의는 반드시 나라를 안정시키는 근본이므로 안정되지 않은 인의를 행함으로써 안정시킨다는 뜻이다.

라. 죽지 않고 망하지 않는 것
정(鄭)나라 군주가 피첨(被瞻)에게 물었다.
 "들으니 선생의 주장은 군주를 위해 죽지 않고 군주를 망하게 하지 않는 것이라 하니 진실로 그럴 수 있는 것입니까?"
피첨이 대답하였다.
 "그럴 수 있습니다. 말이 받아들여지지 않고 도(道)가 행하여지지 않으면 본디부터 군주를 섬길 수 없습니다. 만약 말이 받아들여지고 도가 행하여진다면 나라가 다스려질 것인데 또 어찌 반드시 죽고 망하겠습니까."

그러므로 피첨의 죽지 않고 망하지 않는다는 것은 실은 죽고 망하는 것보다 현명한 것이다.

鄭君¹⁾問於被瞻²⁾曰 聞先生之義³⁾不死君 不亡君 信有之乎 被瞻對曰 有之 夫言不聽 道不行 則固不事君也 若言聽道行 又何死亡哉⁴⁾ 故被瞻之不死亡⁵⁾也 賢乎其死亡者也

1) 鄭君(정군) : 정(鄭)나라 군주. 곧 목공(穆公)이다.
2) 被瞻(피첨) : 문공(文公)을 섬기던 신하다. 그래서 목공이 즉위(卽位)하면서 피첨이 행하는 주장이 진실인가 아닌가를 물은 것이다.
3) 義(의) : 여기서는 주장(主張)으로 풀이된다.
4) 又何死亡哉(우하사망재) : 현신(賢臣)의 말을 들어 따른다면 죽고 망하는 일이 없다는 뜻.
5) 被瞻之不死亡(피첨지불사망) : 군주가 무도(無道)하면 신하가 바로잡을 수 없으니 곧 죽고 망할 뿐이나 현신의 말을 받아들여 도(道)가 행하여지면 죽지 않고 망하지 않으므로 죽고 망하는 것보다 현명하다고 말할 수 있는 것이다.

마. 대도를 시행하고자 하다 이루지 못한 자

옛날에 순(舜)임금은 위엄(威嚴)으로 사해(四海) 밖을 굴복시키고자 하다가 이루지 못하였으나 그는 이미 제업(帝業)을 성취하기에 충분하였다.

하왕조(夏王朝)의 우왕(禹王)은 제(帝)를 일컫고자 하다가 이루지 못하였으나 그는 이미 해내(海內)에서 왕자(王者)를 일컫기에 충분하였다.

상왕조(商王朝)의 탕왕(湯王)이나 주왕조(周王朝)의 무왕(武王)이 하왕조의 우왕을 계승하고자 하다가 이루지 못하였으나 그들은 이미 통달하여 그 왕도(王道)를 행하기에 충분하였다.

오패(五伯：五覇)는 탕왕이나 무왕을 계승하고자 하다가 이루지 못하였으나 그들은 이미 제후(諸侯)의 장(長)으로서 패자(覇者)를 일컫기에 충분하였다.

공자나 묵자가 세상에 대도(大道)를 시행하고자 하다가 이루지 못하였으나 그들은 이미 명성(名聲)을 이루어 현영(顯榮)하기에 충분하였다.

대저 대의(大義)를 이루지 못하였으나 이미 성취된 바 있으니, 그러므로 뜻을 세워 큰 일에 힘써야 할 것이다.

昔有舜欲服海外而不成 旣足以成帝矣 禹欲帝而不成 旣足以王[1] 海內矣 湯武欲繼禹而不成 旣足以王通達矣 五伯欲繼湯武不成 旣足以爲諸侯長矣 孔墨欲行大道[2]於世而不成 旣足以成顯榮矣 夫大義之不成 旣有成已 故務事大[3]

1) 王(왕) : 왕자(王者). 곧 천자(天子).
2) 大道(대도) : 공자의 대도(大道)는 유도(儒道)요, 묵자(墨子)의 대도는 겸애설(兼愛說)이다.
3) 故務事大(고무사대) : 순(舜)임금·우왕(禹王)·탕왕(湯王)·무왕(武王) 및 오패(五伯)·공자(孔子)·묵자(墨子)가 모두 큰 것에 힘써서 성취한 사람들이다.

3. 농업을 높이는 것(三日上農)

가. 농사는 천하의 근본이다

고대의 성왕(聖王)이 백성을 교도(敎導)하는 데에는 먼저 농사에 힘쓰게 하는 것이니, 백성이 농사에 힘쓰는 것은 다만 토지가 생산하는 이로움만을 위해서가 아니라 농민이 지향(志向)하는 바를 중요시하는 것이다.

백성이 농사를 지으면 질박(質樸)해지고, 질박하면 이용하기가 쉽고, 이용하기가 쉬우면 변방이 편안하고 군주의 지위가 존중된다.
　백성이 농사를 지으면 온화하고 진중해지고, 온화하고 진중하면 사사로운 생각이 적고, 사사로운 생각이 적으면 공법(公法)이 서고 역량(力量)이 집중된다.
　백성이 농사를 지으면 생산이 풍성하고 많아지며, 생산이 풍성하고 많아지면 그 땅에 편안히 살기를 바라며 옮겨 다니는 것을 어렵고 무겁게 여기며, 그 땅에 편안히 살기를 바라며 옮겨 다니는 것을 어렵고 무겁게 여기면 그 땅을 죽도록 지켜 두 마음을 갖지 않는다.
　이에 반(反)하여 백성이 근본을 버리고 말단을 일삼으면 영(令)이 잘 서지 않으니, 영이 잘 서지 않으면 이용하여 지킬 수 없으며, 공격하여 싸울 수 없다.
　백성이 근본을 버리고 말단을 일삼으면 산업이 적어지나니, 산업이 적어지면 옮기는 일을 가볍고 쉽게 여기며, 옮기는 일을 가볍고 쉽게 여기면 국가에 화환(禍患)이 있을 때를 당하여 모두 멀리 떠날 뜻을 가져 편안하게 살 마음이 없어진다.
　백성이 근본을 버리고 말단을 일삼으면 지혜 겨루기를 좋아하게 되고, 지혜 겨루기를 좋아하면 반드시 거짓된 일을 많이 하게 되며, 거짓된 일을 많이 하면 법령을 교묘하게 농간하게 된다. 그럼으로써 옳은 것을 그르다 하고 그른 것을 옳다고 하게 된다.

　古先聖王之所以導其民者 先務於農 民農非徒爲地利也 貴[1]其志也 民農則樸 樸則易用 易用則邊境安 主位尊 民農則重 重則少私義 少私義則公法立 力專一[2] 民農則其産復[3] 其産復則重徙[4] 重徙則死其處而無二慮 民舍本而事末[5]則不令[6] 不令則不可以守 不可以戰 民舍本[7]而事末則其産約 其産約則輕遷徙[8] 輕遷徙則國家有患 皆有遠志[9] 無有居心 民舍本而事末則好智[10] 好智則多詐 多詐則巧法令 以是爲非 以非爲是

1) 貴(귀) : 귀하게 여기다. 중시(重視)하다.
2) 力專一(역전일) : 역량(力量)이 집중(集中)된다.
3) 産復(산복) : 생산이 풍성하고 많다.
4) 重徙(중사) : 옮기는 일을 어렵고 무겁게 여기다.
5) 事末(사말) : 말단(末端)을 일삼는다.
6) 不令(불령) : 영(令)이 잘 서지 않는다.
7) 本(본) : 농사를 가리킨다.
8) 遷徙(천사) : 옮기어 다른 지방으로 이사 하는 일.
9) 有遠志(유원지) : 멀리 떠날 뜻을 가지다.
10) 好智(호지) : 지혜 겨루기를 좋아하다.

나. 남자와 여자가 서로 돕는 것

후직(后稷)이 이르기를
"농사짓고 방직(紡織)하는 일에 힘쓰게 하는 까닭은 그것이 교화(敎化)의 근본이기 때문이다."
라고 하였다. 그런 까닭에 천자가 친히 제후를 거느리고 제(帝)의 적전(籍田)을 갈아 대부(大夫)와 사(士)가 모두 일정한 공업(功業)이 있는 것이다. 농사철에 농부는 나라의 도읍에는 보이지 않는 것이니 그것으로써 백성에게 토지의 생산을 존중하도록 가르치는 것이다. 동시에 후(后)와 비(妃)는 구빈(九嬪)을 거느리고 교외(郊外)에 나가 누에치는 일을 다스려 공전(公田)에서 뽕을 딴다.

그리하여 춘(春)·하(夏)·추(秋)·동(冬) 사계절에 맞추어 베·모시·명주실을 잣는 공(功)이 있으니 이것은 부녀자(婦女子)의 가르침에 힘을 다하는 것이다.

이로 인하여 남자는 방직을 하지 않고도 옷을 입을 수 있고, 여자는 밭갈고 씨뿌리지 않고도 밥을 먹을 수 있는 것으로 남자와 여자가 서로 돕는 것으로써 함께 오래 살 수 있는 것이다.

이것은 성인(聖人)이 정한 바의 법제(法制)다. 그러므로 남자는 농사짓고 여자는 방직(紡織)하여 모두 때를 삼가고 날을 아껴서 노인이 아니면 놀지 않고, 병자가 아니면 쉬지 않고 죽지 않으면 멈추지 않는다.

后稷¹⁾曰 所以務耕織者 以爲本教也 是故天子親率諸侯耕帝籍田²⁾ 大夫士皆有功業³⁾ 是故當時之務⁴⁾ 農⁵⁾不見于國⁶⁾ 以教民尊地産⁷⁾也 后妃率九嬪蠶於郊 桑於公田 是以春秋冬夏 皆有麻枲絲繭之功 以力婦教也 是故丈夫不織而衣 婦人不耕而食 男女貿功以長生 此聖人之制也 故敬時愛日 非老不休 非疾不息 非死不舍

1) 后稷(후직) : ①순(舜)임금 때 농업을 관장(管掌)하던 신하로 후대(後代) 주왕조(周王朝)의 조상이 된다. ②농서(農書)의 이름이기도 한데 여기서는 농서의 이름으로 볼 것이다.
2) 籍田(적전) : 군주가 친히 경작하는 땅.
3) 皆有功業(개유공업) : 모두 공업(功業)이 있다. 곧 천자가 적전을 경작할 때, 천자는 쟁기를 세 번 밀고, 수행한 삼공(三公)은 다섯 번 밀고 제후와 경(卿)·대부(大夫)는 각각 아홉 번씩 민다. 그러므로 대부와 사(士)가 모두 공업이 있다는 말이다.
4) 當時之務(당시지무) : 농사철을 당하여 농사짓는 일.
5) 農(농) : 농부(農夫).
6) 國(국) : 국도(國都). 도읍.
7) 教民尊地産(교민존지산) : 백성에게 토지에서의 생산물을 존중할 것을 가르친다.

다. 농사철에 금지하는 다섯 가지 법령

상등(上等)의 농토 백묘(百畝)에서는 아홉 사람을 먹일 곡식을 거둘 수 있고 하등의 농토 백묘에서는 다섯 사람을 먹일 곡식을 거두는데, 더욱 증산(增産)하는 것은 좋으나 감소(減少)되어서는 안 된다. 대개 한 사람이 농사지어 그것으로 열 사람을 먹이고, 집에서 기르는 가축들의 사료도 모두 거기서 생산된다. 이것은 토지의 생산력을 크게 늘리는 방법이다.

그러므로 농사철을 당하여 응당 주의해야 할 것은 토목 공사를 일으키지 않으며, 군대나 많은 사람을 동원하지 않으며, 평민은 관례(冠禮)를 행하지 않으며, 아내를 맞이하거나 딸을 시집 보내거나 제사를 지내고 나서 많은 사람을 모아 술잔치 베풀지 말며, 농부의 이름이 관(官)에 통하여 감히 사람을 사서 대신 경작하게 하지 않는 일이니, 이것은 농사철을 방해하는 일이기 때문이다.

그러한 뒤에 야금(野禁)을 제정하는데 야금에는 다섯 가지가 있다.

첫째, 동성(同姓)끼리는 혼인을 하지 않는 것이니, 동성이 아니면 구태여 농부가 사는 고장 밖의 여자와 혼인하지 말고, 딸을 멀리 외지(外地)로 시집 보내지 않는데, 까닭은 편안하게 농사지을 수 있게 하기 위해서다.

둘째, 토지가 아직 경작할 만큼의 개간이 덜 되었으면 삼 농사를 짓지 말고, 분비(糞肥)를 밖으로 내보내지 않는다.

셋째, 나이가 아직 어린 사람은 동산에서 나무를 심거나 과실 가꾸는 일에 종사하지 않는다.

넷째, 스스로 헤아려 힘든 일 하기에 힘이 모자라는 사람은 굳이 도랑을 파서 경작하는 일에 종사하지 않는다.

다섯째, 농민은 감히 상업을 경영하여 행상(行商)에 나서지 않으며, 그밖의 다른 일은 하지 않는다.

이런 일은 모두 농사철에 방해가 되는 것이므로 금지하는 것이다.

그러한 뒤에 다시 사시(四時)의 금법(禁法)을 제정한다.

산위의 재목감을 베어 내려서는 안 된다. 택인(澤人)은 감히 풀을 베어 태워 재를 만들어서는 안 된다. 물고기나 짐승을 잡는 그물들을 문 밖으로 내보내서도 안 된다. 물고기를 잡는 그물을 깊은 못에 넣어서는 안 된다. 배를 주관하는 관원이 아니면 못에서 배를 타고 낚시질을 하지 못한다. 이것은 모두 뜻대로 할 수 없는 것이니 농사철에 방해가 되기 때문이다.

만약 백성이 농사철을 지키지 않고 농사일에 힘쓰지 않으면 그 집안에 축적(蓄積)된 가축을 모두 몰수한다.

　上田夫[1]食九人 下田夫食五人 可以益不可以損[2] 一人治[3]之 十人食之 六畜皆在其中矣 此大任地之道[4]也 故當時之務 不興土功[5] 不作師徒[6] 庶人不冠弁[7] 娶妻 嫁女 享祀 不酒醴聚衆 農不上聞[8] 不敢私籍於庸[9] 爲害於時也 然後制野禁[10] 苟[11] 非同姓 農不出御[12] 女不外嫁[13] 以安農也 野禁有五[14] 地未辟易[15] 不操麻 不出糞[16] 齒年未長 不敢爲園囿 量力不足 不敢渠地而耕 農不敢行賈 不敢爲異事 爲害於時也 然後制四時之禁 山不敢伐材下木 澤人不敢灰僇 繯網置罘[17] 不敢出於門 罛罟[18] 不敢入於淵 澤非舟虞[19] 不敢緣名 爲害其時也 若民不力田 墨[20]乃家畜

1) 上田夫(상전부) : 상전(上田)은 상등(上等)의 농토 부(夫)는 면적의 단위인데 육척(六尺)이 일보(一步), 백보(百步)가 일묘(一畝), 백묘(百畝)가 일부(一夫)다. 그러므로 부(夫)는 백묘(百畝)다.
2) 不可以損(불가이손) : 생산량이 줄어서는 안 된다는 말.
3) 治(치) : 다스리다. 곧 농사짓다.
4) 大任地之道(대임지지도) : 토지의 생산력을 크게 늘리는 방법.
5) 土功(토공) : 토목 공사.
6) 師徒(사도) : 사(師)는 군대. 도(徒)는 대중(大衆).
7) 冠弁(관변) : 관례(冠禮).
8) 上聞(상문) : 이름이 관(官)에 통한다는 뜻.
9) 私籍於庸(사적어용) : 사람을 고용하여 대신 경작하게 한다는 뜻.
10) 野禁(야금) : 농민이 해서는 안 될 일.
11) 苟(구) : 진실로. 성(誠)과 같다.
12) 不出御(불출어) : 멀리 밖에 나가서 아내를 맞이하지 않는다. 어(御)는 아내를 맞이한다는 뜻.
13) 外嫁(외가) : 멀리 외지(外地)로 시집보내다.
14) 野禁有五(야금유오) : 이 네 글자는 마땅히 위의 연후제야금(然後制野禁) 다음으로 자리가 옮겨져야 한다.
15) 地未辟易(지미벽역) : 토지가 아직 경작할 만큼 개간이 덜 되었다.

16) 不出糞(불출분) : 분비(糞肥)를 밖으로 내보내지 않는다. 곧 토지의 개간이 덜 되었으므로 거름을 내보내지 않고 그것으로 그 토지를 비옥하게 만들어야 한다는 뜻.
17) 繯網罝罦(현망저부) : 각각 종류에 따른 그물의 이름.
18) 罬罟(고고) : 각각 그물의 이름.
19) 舟虞(주우) : 배에 관한 일을 관장하는 관원.
20) 墨(묵) : 몰수(沒收)한다는 뜻.

라. 말단을 알고 근본을 모르면

국가가 편안하게 다스려지기 어려운 것은 세 가지 의심스러운 것이 이에 극(極)에 이르러 근본에 배리(背離)되고 법칙에 위반되기 때문이니, 이렇게 되면 반드시 국가를 훼멸(毁滅)하기에 이른다. 무릇 백성이 성장하여 성년(成年)이 되면 농(農)·공(工)·상(商)의 세 가지 업종으로 분속(分屬)되는 것이다.

농업은 곡식을 다스리고, 공업은 기구(器具)를 다스리며, 상업은 재화(財貨)를 다스려 각각 그 시기가 있으니, 그 시기와 그 일이 합치되지 않는 것을 대흉(大凶)이라 이른다.

토목 공사로써 그 시기를 빼앗으면 농사일을 제때에 하지 못함으로써 잘못되게 되어 농민으로 하여금 근심을 끊이지 않게 하고 마침내 그 곡식의 수확을 상실하게 한다.

치수(治水) 공사로써 그 시기를 빼앗으면 실제로는 농민들에게 농사에 도움이 되는 일이므로 입을 열어 말을 하지 못하지만 이것은 이미 농사철을 잃는 것으로, 또 이것을 계속하여 기뻐하고 즐거워한다면 주위의 나라들이 그 허(虛)를 틈타 침입할 것이다.

병사(兵事)로써 농사철을 빼앗아 전쟁의 화(禍)로 인하여 농민으로 하여금 몇 해 동안이나 제대로 농사짓지 못하게 하여 농민의 농사철을 빼앗으면 필연코 큰 기근(饑饉)이 닥쳐온다.

이에 들에 농기구를 버리게 되고, 농민은 스스로 빨리 어둠이 이르기를 기다려 혹은 잡담이나 하고 혹은 노래나 부르면서 시일을 헛되이 보내니 곡식의 상실(喪失)은 그 수를 헤아릴 수가 없다.

이것은 모두 그 말단(末端)을 알고 그 근본을 알지 못하는 것이니 진실로 크게 총명하지 못한 것이다.

國家難治 三疑乃極[1] 是謂背本反則[2] 失毀其國 凡民自七尺[3] 以上 屬諸三官 農攻粟 工攻器 賈[4]攻貨 時事不共 是謂大凶 奪之以土功 是謂稽[5] 不絶憂唯 必喪其粃 奪之以水事[6] 是謂籥[7] 喪以繼樂 四隣[8] 來虛 奪之以兵事 是謂厲 禍因胥歲 不擧銍艾[9] 數奪民時 大饑乃來 野有寢耒[10] 或談或歌[11] 旦則有昏 喪粟甚多 皆知其末 莫知其本眞

1) 三疑乃極(삼의내극) : 그 뜻을 자세히 말할 수 없으나 삼의(三疑)는 삼의(三擬)로서 삼관(三官) 곧 농(農)·공(工)·상(商)을 뜻함.
2) 反則(반칙) : 법칙(法則)을 위반하다.
3) 七尺(칠척) : 사람이 자라 7척이 되다. 곧 성년(成年)이 된다는 뜻.
4) 賈(고) : 상업(商業).
5) 稽(계) : 농사일이 늦어지고 잘못된다는 뜻.
6) 水事(수사) : 제방(堤防)을 쌓고 물길을 뚫고 하는 수리(水利) 공사.
7) 籥(야) : 입을 열어 말하지 못한다는 뜻. 곧 농민을 위하는 치수 사업이므로 불평을 말하지 않는다는 뜻.
8) 四隣(사린) : 이웃의 여러 나라.
9) 不擧銍艾(불거질예) : 농사일을 제대로 하지 못한다.
10) 野有寢耒(야유침뢰) : 들에 잠자는 쟁기가 있다. 곧 농기구를 들에다 버린다는 뜻.
11) 或談或歌(혹담혹가) : 농민이 농사를 게을리 한다는 뜻

4. 맡은 토지(四曰任地)

가. 나쁜 땅을 좋은 땅으로 바꿀 수 있는가?
후직(后稷)이 이르기를

"너는 능히 움푹하게 구렁진 땅을 불룩하게 솟은 땅으로 만들어서 사용할 수 있는가.

너는 능히 마르고 토박한 땅을 없애고 습기 있고 기름진 땅으로 만들 수 있는가.

너는 능히 토양(土壤)으로 하여금 정결하여 해가 없게 하고 도랑을 쳐서 물을 뽑아 흙을 씻어 내게 할 수 있는가.

너는 능히 토양으로 하여금 습기를 보존하여 땅 속에 편안히 있게 할 수 있는가.

너는 능히 밭 속의 관이(藋薐) 등의 잡초가 덩굴져서 뻗어나가지 못하게 할 수 있는가.

너는 능히 너의 들로 하여금 언제나 가벼운 화풍(和風)이 있게 할 수 있는가.

너는 능히 벼로 하여금 마디가 많게 하고 벼의 줄기를 굳세게 할 수 있는가.

너는 능히 벼 이삭으로 하여금 비대(肥大)하게 하고 굳음을 고르게 할 수 있는가.

너는 능히 낟알을 기름져서 영양이 있게 하고 먹어서 사람으로 하여금 강건하게 할 수 있는가. 이것이 없으면 어떻게 할 것인가." 하였다.

后稷曰 子能以窐[1]爲突[2]乎 子能藏其惡[3]而揖[4]之以陰[5]乎 子能使吾土[6]靖[7]而甽[8]浴士[9]乎 子能使保澤[10]安地而處乎 子能使藋夷[11]毋淫[12]乎 子能使子之野盡爲泠風[13]乎 子能使藁[14]數節而莖堅乎 子能使穗大而堅均乎 子能使粟圓而薄糠乎 子能使米多沃而食之彊乎 無之若何

1) 窐(규) : 움푹하게 패인 땅. 와(窪)와 같다.
2) 爲突(위돌) : 볼록하게 솟은 땅으로 만들다.
3) 惡(악) : 마르고 토박한 땅.
4) 揖(읍) : 덮다. 엄(掩)과 같다.
5) 陰(음) : 습기 있고 기름진 땅.

6) 士(사) : 토(土)의 잘못된 글자.
7) 靖(정) : 편안하다.
8) 甽(순) : 도랑. 견(畎)과 같다.
9) 浴土(욕사) : 물을 뽑아 흙을 씻어 내다. 사(士)는 토(土)의 오자.
10) 保淫(보습) : 습기(濕氣)를 보존하다. 습(淫)은 습(濕)과 같다.
11) 藿夷(관이) : 관이(藿薒). 관과 이 둘 다 덩굴져서 번지는 잡초.
12) 淫(음) : 덩굴져서 뻗어나간다는 뜻. 만연(蔓延).
13) 泠風(영풍) : 곡식을 성숙하게 하는 바람. 화풍(和風)과 같다.
14) 藳(고) : 벼. 볏짚. 화(禾)와 같다.

나. 땅을 경작(耕作)하는 대원칙

무릇 경작(耕作)의 대원칙(大原則)은 굳은 땅은 부드럽게 만들고 싶고 부드러운 땅은 굳게 만들고 싶으며, 쉬고 있는 땅은 경작하고 싶고 경작을 오래 한 땅은 쉬게 하고 싶으며, 메마른 땅은 기름지게 만들고 싶고 기름진 땅은 메마르게 만들고 싶으며, 급하게 경사진 땅은 완만(緩慢)하게 만들고 싶고 완만하게 경사진 땅은 급히 경사지게 만들고 싶으며, 습기(濕氣)가 있는 땅은 건조(乾燥)하게 만들고 싶고 건조한 땅은 습기 있게 만들고 싶어진다.

높고 건조한 밭에는 높은 밭두둑 위에 농작물을 심어서는 안되고 낮고 습기 있는 밭에는 밭도랑에 농작물을 심어서는 안된다.

농작물을 심기 전에 다섯 번 땅을 갈고 이미 심은 뒤에는 다섯 번 김을 매서 모두 정밀하게 살펴 정성을 다한다. 갈고 심는 깊이는 반드시 땅속의 습기 있는 흙에 이르도록 해야 하며, 거칠고 더러운 잡초가 나지 않게 하고, 명충(螟蟲)과 역충(蜮蟲) 등의 해충(害蟲)이 없도록 해야 한다.

금년 가을에 좋은 벼를 거두어야 내년 여름에 좋은 보리를 거둘 수 있다.

이것이 여섯 자의 가래를 써서 경작지의 두둑을 이루고, 여덟

치 넓이의 칼로서 흙을 일으켜 도랑을 만드는 까닭이다.
　김매는 호미자루의 길이는 일척(一尺)이요, 호미의 넓이는 여섯 치로 규정되어 있는데, 이것은 묘(苗) 사이의 잡초를 호미로 제거 할 수 있게 하기 위해서다.
　땅을 사용함에는 비옥하게도 해야 하고 또 척박하게도 해야 한다. 사람이 경작하는 데에는 반드시 토양이 아직 습기가 있을 때에 해서 토양을 더부룩하게 하여 벼의 싹이 뿌리를 내리기 쉽게 해 준다.
　사람이 김을 매 줄 때는 반드시 토양이 건조한 시기를 가려서 땅속의 수분을 감소하고 발산시켜 땅이 비옥해지고 흙이 부드러워지게 한다.

　　凡耕之大方[1] 力者[2]欲柔 柔者[3]欲力 息者[4]欲勞 勞者[5]欲息 棘者[6]欲肥 肥者[7]欲棘 急者[8]欲緩 緩者[9]欲急 濕者[10]欲燥 燥者[11]欲濕 上田[12]棄畝[13] 下田棄甽 五耕五耨 必審以盡 其深殖之度 陰土[14]必得 大莫不生 又無螟蜮 今兹美禾[15] 來兹美麥 是以六尺之耜[16] 所以成畝也 其博八寸 所以成甽也 耨柄尺[17] 此其度也 其耨六寸 所以間稼也 地可使肥 又可使棘 人肥必以澤 使苗堅而地隙 人耨必以旱 使地肥而土緩

1) 大方(대방) : 대도(大道). 대원칙(大原則).
2) 力者(역자) : 굳은 땅.
3) 柔者(유자) : 부드러운 땅.
4) 息者(식자) : 쉬는 땅.
5) 勞者(노자) : 경작을 오래 계속한 땅.
6) 棘者(극자) : 척박(瘠薄)한 땅.
7) 肥者(비자) : 비옥(肥沃)한 땅.
8) 急者(급자) : 경사가 급한 땅.
9) 緩者(완자) : 경사가 완만한 땅.
10) 濕者(습자) : 습기가 있는 땅.
11) 燥者(조자) : 건조한 땅.

12) 上田(상전) : 높고 건조한 밭.
13) 棄畮(기묘) : 밭두둑을 버리다. 곧 밭두둑에 농작물을 심지 않는다.
14) 陰土(음토) : 습기 있는 흙.
15) 今玆美禾(금자미화) : 금년에 좋은 벼를 거두다. 금자(今玆)는 금년(今年). 자(玆)는 연(年)과 같다.
16) 六尺之耜(육척지사) : 여섯 자의 가래. 이것은 진(秦)나라 때의 농기구의 규격이다. 아래의 농기구의 길이도 다 그렇다.
17) 耨柄尺(누병척) : 호미 자루의 길이는 한 자.

다. 동지 이후 57일에 창포가 나온다

 온갖 풀은 한겨울(孟冬)의 달인 시월(十月)에 쇠락(衰落)하고 동지(冬至) 후 57일에 창포(菖蒲)가 처음으로 나온다.
 창포는 온갖 풀 중에서 가장 먼저 나온다. 이때에 비로소 농사일을 시작한다.
 한여름(孟夏)의 끝무렵에 제채(薺菜)·정력(葶藶)·석명(蒵蓂) 등 세 가지 식물은 말라서 죽고, 대맥(大麥)은 성숙하여 수확을 거둔다.
 하지(夏至)에 고채(苦菜)는 죽고 질려(蒺藜)는 처음으로 난다. 그리고 삼과 콩을 심는다. 이에 백성에게 땅에서 나는 보배가 다 끝났음을 알린다.
 무릇 온갖 풀이 모두 봄과 여름에 생장하여 가을과 겨울에 죽나니, 춘분(春分)에 모든 풀이 돋아난다.
 희수(狶首)가 출생하면 보리는 이미 푸른 잎이 없어져서 응당 창고에 저장하게 된다. 그리하여 백성에게 보리 베는 일이 이미 다했음을 알린다.
 1년 오시(五時) 중에서 온갖 풀의 생장을 보고서 씨를 뿌리고 온갖 풀의 죽는 것을 보고서 거두어 들인다.
 그러므로 하늘은 사시(四時)를 내리고, 땅은 재물(財物)을 내는 것이 자연의 도리로서, 사람과 더불어 도모하는 것은 아니다.

草諲大月[1] 冬至後五旬七日[2] 菖始生 菖者百草之先生者也 於是始耕 孟夏之昔[3] 殺三葉[4] 而穫大麥 日至[5] 苦菜死而資[6]生 而樹麻與菽[7] 此告民地寶盡死 凡草生藏 日中[8]出 猶首[9]生而麥無葉 而從事於蓄藏 此告民究[10]也 五時[11] 見生[12]而樹生 見死[13]而種死 天下時 地生財 不與民謀

1) 草諲大月(초전대월): 풀은 맹동(孟冬)에 쇠락(衰落)한다. 전(諲)은 쇠락한다는 뜻. 대월(大月)은 맹동. 곧 음력 시월(十月)달.
2) 冬至後五旬七日(동지후오순칠일): 동지 지나서 57일. 곧 입춘(立春) 후 11일.
3) 昔(석): 끝. 종(終)과 같다.
4) 殺三葉(살삼엽): 세 가지 풀이 죽는다. 삼엽(三葉)은 제채(薺菜)·정력(葶藶)·석명(菥蓂)의 세 가지 풀을 가리킨다.
5) 日至(일지): 하지(夏至).
6) 資(자): 질려(蒺藜).
7) 菽(숙): 콩.
8) 日中(일중): 춘분(春分).
9) 猶首(희수): 풀의 이름.
10) 告民究(고민구): 백성에게 보리 베는 일이 끝났음을 알린다. 구(究)는 끝났다는 뜻으로 필(畢)과 같다.
11) 五時(오시): 금(金)·목(木)·수(水)·화(火)·토(土)의 오행(五行)이 생살(生殺)하는 때를 말한다.
12) 見生(견생): 봄과 여름에 씨 뿌리어 성장하는 것을 본다는 뜻.
13) 見死(견사): 가을과 겨울에 거두어 들이는 것을 본다는 뜻.

라. 수확 후 토신에게 제사를 지낸다

　곡식의 수확이 있으면 토신(土神)에게 제사지내고, 곡식의 수확이 없어도 토신에게 제사지낸다.
　농민에게 농사철을 잃지 않게 하고는 그들로 하여금 농사에 종사하게 하지 않는 것은 밝지 못한 생각이다.

가난해지는 방술(方術)과 부자가 되는 방술을 알게 하여 때가 되면 힘써 일하고 때가 다하면 쉬게 하며, 늙은이와 약한 사람을 논할 것 없이 모두 한번 일어나 동작하는 것이 일은 반을 하고 그 공효(功效)는 갑절이 되게 하는 것이다.

사리(事理)를 알지 못하는 사람은 농사철이 아직 이르지 않았는데 먼저 경작하고, 농사철이 이미 지나고서야 생각하고 후회하게 한다.

적당한 농사철을 가볍게 여기고 지나치게 하여 백성으로 하여금 농사철을 잃게 하였다. 이미 때를 잃고 나서 좋은 때를 생각하게 하니, 이것은 일을 다스리는 하책(下策)이다.

이렇게 일을 하면 괴롭고 이것의 상책과 하책을 알지 못하면 백성은 구차히 편안하게 대처하여, 이른벼를 심어서 이른벼가 되지 않고 늦은벼를 심어서 늦은벼가 되지 않는다.

이로 인하여 곡식은 적게 얻고 농작(農作)의 공효(功效)를 잃게 된다.

有年瘞土[1] 無年瘞土[2] 無失民時 無使之治下[3] 知貧富利器[4] 皆時至而作 渴時而止 是以老弱之力可盡起 其用日半 其功可使倍 不知事者 時未至而逆[5]之 時旣往而慕[6]之 當時而薄[7]之 使其民而郄[8]之 民旣郄乃以良時慕 此從事之下[9]也 操事則苦 不知高下 民乃逾處 種稺禾[10]不爲稺 種重禾[11]不爲重 是以粟少[12]而失功

1) 有年瘞土(유년예토) : 곡식의 수확이 있으면 토신(土神)에게 제사지낸다. 연은 곡(穀)과 같고, 예는 제사지낸다는 뜻. 풍년에 대한 보답의 제사.
2) 無年瘞土(무년예토) : 곡식의 수확이 없도 토신에게 제사지낸다. 다음 해의 풍년을 기원하는 제사.
3) 治下(치하) : 하책(下策)과 같다. 곧 농사에 대하여 밝지 못한 생각.
4) 利器(이기) : 이용지기(利用之器). 곧 방술(方術). 그 때에 따라 그것을 하고, 그 때가 아니면 그것을 멈춘다.
5) 逆(역) : 어기다. 거스르다. 농사철을 제대로 가리지 못한다는 뜻.
6) 慕(모) : 사(思)와 같다.

7) 薄(박) : 가볍고 쉽게 여긴다는 뜻.
8) 郄(극) : 역(逆)과 같다.
9) 從事之下(종사지하) : 일을 다스리는 하책(下策).
10) 種稑禾(종육화) : 이른벼. 조도(早稻).
11) 重禾(중화) : 늦은벼. 만도(晚稻).
12) 粟少(속소) : 그 때를 맞추지 못했기 때문이다.

5. 땅을 분별하는 것(五日辯土 : 辨土)

가. 곡식에 있어서의 세 가지 도둑

무릇 땅을 쟁기로 가는 도(道)는 모름지기 먼저 마르고 굳은 땅을 갈아 수분을 적게 하고 흙을 깊게 파서 건고(乾枯)시킨다.

그러한 뒤에 다시 습하고 연한 땅을 갈아서 토양이 습하고 윤택하게 한다. 비록 그러한 뒤에 갈아도 오히려 때에 미처 씨를 심을 수가 있다. 이로 인하여 전토(田土)가 수분을 머금은 뒤에 경작하고 굳고 단단한 것을 먼저 경작하여 연약해지면 윤택을 더한 뒤에 경작한다.

높은 곳의 밭은 마르기 쉬우므로 그 토양을 뒤집어 덮고, 낮은 곳의 밭은 습하기 쉬우므로 그 모인 물을 다 흐트러뜨린다. 세 종류의 싹을 해치는 도둑과 함께 토지를 쓰지 말아야 한다.

춘하추동에 따라 농사의 경험을 제공하여 주는데도 큰 밭도랑과 작은 밭두둑이 청어(靑魚)가 물을 잃은 것 같은 모양이고 생장하는 바의 싹을 심는데 직립함이 말갈기 털이 곤두선 것 같으면, 이것은 경지가 좋지 않은 데서 말미암는 것이며, 또한 해가 되는 소치로서 땅이 훔치는 것이다.

경작하는 것이 만일 적당한 행렬이 없으면 싹을 심어 나오되 자라지 않으니 이것은 씨를 너무 빡빡하게 뿌려서이므로 싹과 싹이 스스로 서로 해가 되는 소치로서 싹이 훔치는 것이다.

다만 만일 행렬이 너무 성기면 싹 사이에 잡초가 자라서 잡초를 제거하지 않으면 거칠어지고, 제거하면 땅이 허(虛)해지고 싹의 뿌리가 흔들리니, 이것은 잡초로 말미암아 해가 되는 소치로서 풀이 훔치는 것이다.

그러므로 이 세가지 도둑을 없앤 뒤라야 곡식의 생산량을 많이 얻을 수 있다.

凡耕之道 必始於壚[1] 爲其寡澤[2] 而後枯 必厚[3] 其靱[4] 爲其唯厚而及 麀者荏之[5] 堅者耕之 澤其靱而後之 上田則被其處 下田則盡其汙 無與三盜[6] 任地 夫四序參發 大畎小畝爲靑魚脺 苗若直獵 地竊之也 旣種而無行 耕而不長 則苗相竊也 弗除則蕪[7] 除之則虛[8] 則草竊之也 故去此三盜者 而後粟可多也

1) 壚(노) : 검은 빛깔의 굳고 단단한 땅.
2) 寡澤(과택) : 수분을 적게 한다.
3) 厚(후) : 심(深)과 같다.
4) 靱(?) : 음과 뜻 아울러 미상(未詳).
5) 麀者荏之(포자임지) : 포와 임이 다 발음만 있고 뜻이 자세하지 않다.
6) 三盜(삼도) : 세 가지의 싹을 해치는 도둑. 곧 땅이 훔치는 것으로 지절(地竊), 싹이 훔치는 것으로 묘절(苗竊), 풀이 훔치는 것으로 초절(草竊)의 세 가지 도둑.
7) 蕪(무) : 잡초가 무성하여 거칠어지다.
8) 虛(허) : 잡초를 제거하다 싹의 뿌리를 건드려 싹이 약해진다는 말.

나. 곡식의 파종은 때를 맞추어야

지금 이른바 농사꾼이 농사를 짓되 수확을 얻을 수 없는 까닭은 그 하나를 갈아서 파종(播種)하는 데에 있어 시령(時令)에 맞지 않아서이다. 이르면 때를 앞지르고 늦으면 때에 미치지 못하여 이로 말미암아 추위와 더위가 맞지 않아 심은 싹이 성숙하지 않은 쭉정이가 많이 생기기 때문이다.

 그 다음은 밭두둑을 다스림이 마땅하지 않아 높아서 위태로우면 수분이 흩어져 없어지고, 기울어 경사가 지면 흙이 담처럼 쌓여 심은 싹이 바람을 만나면 쓰러지고, 흙을 높이 북돋우면 땅 위로 튀어나온 것 같아 추위를 만나면 시들고 더위를 만나면 마르고 오그라들며, 한 때에 대여섯 차례나 죽을 수 있으므로 수확을 거둘 수가 없다.

 이로 말미암아 심은 싹이 함께 살고 함께 죽지 못하고, 대개 흙이 허(虛)하여 싹의 뿌리가 움직여져 먼저 죽은 뒤에 여러 도둑이 이에 기회를 이용하려 하니, 멀리서 바라보면 좋은 것 같이 보이나 가까이 가서 자세히 살피면 모두 땅이 허하고 뿌리가 움직인다.

 농부가 그 밭을 경작하는 것은 알되 그가 심은 싹이 성기어서 적당하지 않은 것은 알지 못하고, 그 밭의 잡초를 제거해야 하는 것은 알되 심은 싹이 박혀 있는 토양이 허하고 들떠서 싹의 뿌리가 흔들리는 것은 알지 못한다. 잡초를 제거하지 않으면 밭의 흙이 거칠어지고, 잡초를 제거하면 밭의 흙이 허하고 들뜨는 것은 농사가 상하고 망가지는 까닭이다.

 그러므로 밭두둑을 다스림에는 넓고 평평하게 해야 하고, 밭도랑을 다스림에는 좁고 깊게 해야한다. 아래는 음습(陰濕)할 수 있게 하고, 위는 양광(陽光)을 얻을 수 있게 한 뒤에 심은 싹이 모두 생장(生長)할 수가 있다.

 所謂今之耕也 營而無獲者 其蚤[1]者先時 晚者不及時 寒暑不節[2] 稼乃多秕實[3] 其爲畮[4]也 高而危則澤奪[5] 陂則埒[6] 見風則僵[7] 高培則拔 寒則雕 熱則脩[8] 一時而五六死 故不能爲來[9] 不俱生而俱死 虛[10]稼先死 衆盜[11]乃竊 望之似有餘 就之則虛 農夫知其田之易[12]也 不知其稼之疏而不適也 知其田之際也 不知其稼居地之虛也 不除則蕪 除之則虛 此事之傷也 故畮欲廣以平 甽欲小以深 下得陰[13] 上得陽[14] 然後咸生

1) 蚤(조) : 조(早)와 같다.
2) 寒暑不節(한서불절) : 곡식을 너무 일찍 심으면 더위속에 성장할 싹이 추위서 얼고, 때늦게 심으면 더위 속에 결실을 맺어야 할 곡식이 추워서 맺지 못한다는 뜻.
3) 菑實(치실) : 쭉정이.
4) 畮(모) : 밭두둑. 묘(畝)의 고자(古字).
5) 澤奪(택탈) : 수분이 흩어져 없어진다는 뜻.
6) 陂則埒(피즉랄) : 경사가 지면 흙이 담처럼 쌓아진다.
7) 見風則儼(견풍즉궐) : 바람을 만나면 쓰러지다. 견(見)은 만나다. 당하다의 뜻이요, 궐(儼)은 궐(蹶)과 같다.
8) 脩(수) : 여기서는 마르고 오그라든다는 뜻.
9) 來(래) : 크게 이루어지다. 곧 수확을 거둔다는 뜻.
10) 虛(허) : 힘이 없다는 뜻.
11) 衆盜(중도) : 지절(地竊)·묘절(苗竊)·초절(草竊)의 삼도(三盜).
12) 易(역) : 다스리다. 곧 경작하다. 치(治)와 같다.
13) 陰(음) : 음습(陰濕).
14) 陽(양) : 양광(陽光).

다. 많은 곡식을 얻는 방법

벼의 씨를 뿌려서는 연한 흙에서 나서 견실(堅實)한 흙에서 자라게 해야 한다.

반드시 파종(播種)을 삼가 조심하여 너무 많이 뿌리지 말고 너무 드물게 뿌리지 말며, 흙을 갈아 종자를 덮음에 있어서는 너무 얇게 덮지 말며, 또한 너무 두껍게도 덮지 말 것이다. 종자에서 싹이 나면 또 고무래로 흙을 덮어 주는데 꼭 북돋우어 주어야 한다.

흙을 덮는데는 싹이 설 수 있게 하고, 싹이 서서 살면 반드시 빠르게 한다. 흙을 덮는데는 고르게 덮고 고르게 덮으면 모의 뿌리가 견실(堅實)해진다.

그러므로 두둑이 넓고 편편하면 모의 뿌리를 다치지 않는다. 그 줄기가 땅 위로 나와 두둑 면적의 5분의 1을 차지한다.

　모의 줄기가 나와서 각각 줄을 이루므로 빠르게 자랄 수 있고 여리고 작을 때에 서로 방해를 하지 않으므로 빨리 클 수가 있다. 가로의 줄은 반드시 득(得)이 되고, 세로의 줄은 반드시 곧고 통달한다.

　줄이 바르므로 바람이 통하고 그 중앙을 트며, 가볍고 부드러운 바람으로 하여금 모 사이를 좇아 통과 할 수 있게 한다. 모는 여리고 작을 때는 성기게 홀로 서서 서로 방해를 하지 않고자 하고 커진 뒤에는 서로 의지해 서서 쓰러지지 않고 성숙한 뒤에 벼 이삭이 늘어지는 것을 서로 받들어 주고 상하거나 꺾어지지 않게 하고자 한다.

　그러므로 심을 때 통상 세 포기로써 하나로 모아 자라게 하면 쓰러져서 다치거나 부러질 근심이 없고, 이에 많은 곡식을 얻을 수 있다.

　稼欲生於塵[1]而殖於堅者[2] 愼其種[3] 勿使數[4] 亦無使疏 於其施土[5] 無使不足[6] 亦無使有餘[7] 熟有耰[8]也 必務其培 其耰也植 植者其生也必先[9] 其施土也均 均者其生也必堅 是以晦廣以平則不喪本 莖生於地者五分之一地 莖生有行[10]故遫[11]長 弱不相害故遫大 衡[12]行必得 縱行必術[13] 正其行 通其風 夬[14]心中央 帥爲泠風 苗其弱也欲孤 其長也欲相與居 其熟也欲相扶 是故三以爲族[15] 乃多粟

1) 生於塵(생어진) : 연한 흙에서 나다. 진(塵)은 연토(軟土).
2) 殖於堅者(식어견자) : 견실(堅實)한 흙에서 자라다. 식(殖)은 장(長)과 같다.
3) 種(종) : 씨뿌리다. 파종(播種).
4) 數(촉) : 빡빡하다.
5) 施土(시토) : 흙을 갈아 종자를 덮는다는 뜻.
6) 不足(부족) : 얇다.
7) 餘(여) : 두껍다.
8) 熟有耰(숙유우) : 종자에서 싹이 나와 고무래로 덮어 주다. 숙은 싹이 나온다는 뜻이요, 우는 고무래로 흙을 덮어 준다는 뜻.

9) 先(선) : 빨리 하다.
10) 行(행) : 열(列)과 같다.
11) 遬(속) : 속(速)과 같다.
12) 衡(횡) : 횡(橫)과 같다.
13) 術(술) : 곧고 통달한다는 뜻.
14) 夬(쾌) : 터지다. 결(決)과 같다.
15) 族(족) : 취(聚)와 같다.

라. 농사를 가장 잘 짓는 방법

무릇 벼농사에 있어서의 근심거리는 함께 나고 함께 죽지 않는 것이니 이로 말미암아 먼저 난 쌀은 좋고 뒤에 난 쌀은 쭉정이가 된다. 그러므로 모에 김을 맬 때는 형뻘이 되는 먼저 난 벼는 북돋우어 기르고 나중에 난 아우뻘이 되는 벼는 없애버려야 한다.

기름진 땅에 심어서 무성(茂盛)하게 하지 말고, 메마른 땅에 심어서 무리지어 나와 빽빽하게 모여 살게 하지 말아야 한다. 기름진 땅에서 무성하게 자라면 쭉정이가 많이 지고, 메마른 땅에 빽빽하게 모여 살면 말라서 많이 죽는다.

씨뿌려 심는 것을 알지 못하는 사람은 모에 김을 맬 때 먼저 난 형뻘 되는 것을 뽑아 버리고, 동생뻘 되는 나중에 난 것을 북돋우어 길러 곡식을 수확하지 못하고 그 쭉정이만 수확한다.

모는 흙의 위와 아래가 적당히 고르지 못하면 벼는 많이 말라 죽고, 덮은 흙이 너무 두꺼우면 모의 눈이 트지 못하고 너무 얇으면 종자가 말라 눈을 트지 못한다.

노토(壚土)와 식토(埴土)에는 습기가 있고 빛깔이 어두울 때에 심고, 강토(剛土)에는 먼저 갈아 부드럽게 한 뒤에 심어서 힘써 갈고 김을 매어 잡초를 제거하면 농사가 가히 적당함을 얻는다.

凡禾之患 不俱生而俱死 是以先生者美米 後生者爲粃 是故其耨也 長其兄而去其弟[1] 樹肥無使扶疏[2] 樹墝[3]不欲專生而族居[4] 肥而

扶疏則多粃 墝而專居則多死 不知稼者 其耨也去其兄而養其弟 不收其粟而收其粃 上下不安⁵⁾ 則禾多死⁶⁾ 厚土則孽不通⁷⁾ 薄土則蕃轓⁸⁾而不發 壚⁹⁾埴¹⁰⁾冥色 剛土柔種 免耕殺匿 使農事得

1) 長其兄而去其弟(장기형이거기제) : 먼저 난 것을 북돋우어 기르고 나중에 난 것을 뽑아 버린다. 곧 큰 것을 살리고 작은 것을 죽인다는 말. 형(兄)은 먼저 난 것, 제(弟)는 나중에 난 것.
2) 扶疏(부소) : 성긴 것을 돕다. 성긴 것을 도우면 무성(茂盛)해진다.
3) 墝(요) : 메마른 땅.
4) 族居(족거) : 무리지어 나와서 빽빽하게 살다.
5) 上下不安(상하불안) : 흙의 위와 아래가 적당히 고르지 못하다.
6) 禾多死(화다사) : 흙이 깊으면 스스로 나오지 못하므로 죽는 벼가 많다는 말.
7) 孽不通(얼불통) : 모의 눈이 트지 못하다.
8) 蕃轓(번번) : 종자가 마른다는 뜻.
9) 壚(노) : 검은 빛이 나는 마르고 굳은 흙.
10) 埴(식) : 찰흙.

6. 때를 살피는 것(六曰審時)

가. 사람의 힘이 가장 필요한 농사

무릇 농사의 원칙은 풍성한 수확을 거둠으로써 보배로 삼는다. 마치 벌목(伐木)은 적당한 시기가 아니면 베어 낼 수가 없는 것과 같이 농사를 지음에 있어서도 반드시 이삭의 결실을 기다려서 거두어 들여야 하는데, 이미 이삭이 성숙한 뒤에도 거두어 들이지 않으면 반드시 천재(天災)를 만나게 된다.

대저 씨뿌리고 가꾸는 일은 사람이 하는 것이요, 그것을 생장하게 하는 것은 땅의 힘이며, 그리고 그것의 양육은 천시(天時)에 말미암는 것이다. 이 세가지 가운데 사람의 힘이 가장 필요하다.

그러므로 농사를 지으려면 모와 모 사이에 사람의 발이 들어가야 하고 김을 매려면 모와 모 사이에 호미가 들어가야 하며, 그런 일을 하려면 사람의 손에 의거해야 한다.
　이것이 모두 농사를 짓는 원칙이라 이를 것이다.

　凡農之道 厚[1]之爲寶 斬木不時不折 必穗 稼就而不穫 必遇天菑[2] 夫稼 爲[3]之者人也 生之者地也 養之者天也 是以人稼之容足 耨之容耨 據之容手 此之謂耕道

1) 厚(후) : 두껍다. 곧 풍성(豐盛)한 수확(收穫)이라는 뜻.
2) 天菑(천재) : 천재(天災). 재는 재(災)와 같다.
3) 爲(위) : 다스리다. 치(治)와 같다.

※ 농사를 짓는 일은 천시(天時)와 지리(地利)와 인력(人力)에 의하는 것이지만, 그 중에서도 인력이 가장 중요하다는 이야기다.

나. 제때에 심어야 수확이 많다

　때에 맞추어 심은 벼는 포기가 탐스럽고 이삭이 크며, 뿌리가 크고 줄기가 굳으며, 벼 포기가 성기고 이삭이 크며, 곡식이 둥글고 껍질이 얇으며, 쌀이 기름져서 먹으면 힘이 있으니, 이와 같으면 기운이 흩어지지 않는다.
　때를 앞질러 심은 벼는 줄기와 잎에 까끄라기가 있고 벼 포기의 키가 작으며, 이삭이 비록 크다고 해도 자방(子房)이 떨어져 나가 쌀이 제대로 영글지 않고 맛이 없다.
　때 늦게 심은 벼는 줄기와 잎에 까끄라기가 있고 벼 포기가 작으며, 이삭이 뾰족하게 날카로우며 여물기 전에 먼저 떨어지며 쭉정이가 많고 쌀알이 올차지 못하다.

　是以得時之禾[1] 長秱[2]長穗 大本[3]而莖殺[4] 疏機[5]而穗大 其粟圓而薄糠[6] 其米多沃而食之彊[7] 如此者不風[8] 先時者[9]莖葉帶芒以短衡[10] 穗鉅[11]而芳奪[12] 秕米[13]而不香[14] 後時者[15]莖葉帶芒而末衡[16] 穗閱[17]

而靑零[18] 多粃而不滿[19]

1) 得時之禾(득시지화) : 제때에 알맞게 심은 벼.
2) 桐(동) : 벼의 포기로 풀이된다.
3) 本(본) : 뿌리.
4) 莖殺(경살) : 줄기가 굳은 것으로 풀이된다. 경견(莖堅).
5) 機(기) : 벼. 또는 벼의 포기로 풀이된다.
6) 糠(강) : 겨. 벼의 껍질.
7) 彊(강) : 힘이 있다.
8) 風(풍) : 바람에 흩어지다.
9) 先時者(선시자) : 제때보다 앞서 심은 벼.
10) 短衡(단형) : 벼 포기의 키가 작다는 뜻.
11) 鉅(거) : 크다는 뜻.
12) 芳奪(방탈) : 자방(子房)이 떨어지다. 방(芳)은 방(房)과 같으며, 탈(奪)은 떨어져 나간다는 뜻.
13) 秱米(태미) : 쌀이 제대로 영글지 않다. 태(秱)의 음이 미상.
14) 不香(불향) : 맛이 없다.
15) 後時者(후시자) : 때 늦게 심은 벼.
16) 末衡(말형) : 벼 포기의 키가 작다. 단형(短衡)과 같다.
17) 閱(열) : 뾰족하게 날카롭다. 첨예(尖銳).
18) 靑零(청령) : 여물기 전에 먼저 떨어진다는 뜻.
19) 不滿(불만) : 올차지 못하다.

다. 기장도 제때에 심어야 맛이 있다

때에 맞게 심은 기장은 가늘고 길게 자라고 곧으며, 이삭에 까끄라기가 있으며 길고, 기장의 알갱이가 둥글며 껍질이 얇고 찧어서 낟알 만들기가 쉽고 먹으면 싫증을 느끼지 않고 맛이 있는데, 이와 같은 기장은 달지 않다.

때를 앞질러 심은 것은 뿌리가 크고, 무성하고, 줄기가 오그라들며 잘 자라지 못하고, 잎은 살찌고 윤택하나 이삭은 작다.

때 늦게 심은 것은 줄기가 작고, 가늘고 길며, 이삭이 작고 껍질이 두꺼우며, 기장의 알이 작고 황흑색(黃黑色)이 있으며, 먹어서 맛이 없다.

得時之黍 芒莖而徼下¹⁾ 穗芒以長 搏米²⁾而薄糠 舂之易³⁾而食之不噮⁴⁾而香 如此者不飴⁵⁾ 先時者 大本而華⁶⁾ 莖殺⁷⁾而不遂⁸⁾ 葉藁⁹⁾短穗
後時者 小莖而麻長¹⁰⁾ 短穗而厚糠 小米鉗¹¹⁾而不香

1) 芒莖而徼下(망경이요하) : 가늘고 길게 자라고 곧다. 망은 가늘고 길다는 뜻. 요는 곧다는 뜻.
2) 搏米(단미) : 기장의 알갱이.
3) 舂之易(용지이) : 찧어서 낟알 만들기가 쉽다.
4) 不噮(불연) : 싫증을 느끼지 않는다.
5) 不飴(불이) : 달지 않다로 풀이된다.
6) 華(화) : 무성(茂盛)하다.
7) 莖殺(경쇄) : 줄기가 오그라들다.
8) 不遂(불수) : 잘 자라지 못한다.
9) 葉藁(엽고) : 잎이 살찌고 윤택하다.
10) 麻長(마장) : 가늘고 길다로 풀이된다.
11) 鉗(겸) : 검(黔)으로, 엷은 황흑색(黃黑色).

라. 제때에 심어야 잘 자라는 벼

때에 맞게 심은 벼는 뿌리가 크고 줄기가 더부룩하게 무더기로 나서 벼 포기가 잘 자라고 포기가 성기며, 이삭이 말의 꼬리와 같이 탐스럽다. 낟알이 크고, 까끄라기가 없으며, 낟알이 둥글고 껍질이 얇아 찧기가 쉽고, 먹으면 맛이 있다. 이와 같으면 먹는데 목이 메지 않는다.

때를 앞질러 심은 것은 뿌리가 크고 줄기와 잎이 바싹 달라 붙으며, 벼 포기가 작고 이삭도 작으며, 쭉정이가 많고 껍질이 두꺼우며, 좋지 않은 쌀로서 까끄라기가 많다.

때 늦게 심은 것은 줄기가 가늘고 번성(繁盛)하지 않으며 껍질이 두껍고 쭉정이가 많으며, 낟알이 작다. 그 성숙할 때를 기다리지 못하고 하늘을 우러러 말라서 죽는다.

得時之稻 大本而莖葆¹⁾ 長秱疏機 穗如馬尾²⁾ 大粒無芒 摶米而薄糠 舂之易而食之香 如此者不益³⁾ 先時者 本大而莖葉格對⁴⁾ 短秱短穗 多粃厚糠 薄米多芒 後時者 纖莖而不滋⁵⁾ 厚糠多粃 疰辟米⁶⁾ 不得恃定熟⁷⁾ 卬⁸⁾天而死

1) 葆(보) : 더부룩하게 무리지어 나다. 총생(叢生).
2) 穗如馬尾(수여마미) : 이삭이 말의 꼬리와 같이 탐스럽다는 뜻.
3) 不益(불익) : 익은 익(噎)으로 열(噎)과 같으며, 불열(不噎)은 목이 메이지 않는다는 뜻.
4) 格對(격대) : 바싹 달라붙다.
5) 不滋(부자) : 번성(繁盛)하지 않다.
6) 疰辟米(?벽미) : ?(疰)는 알 수 없고, 벽(辟)은 작다는 뜻이니, 낟알이 작다는 뜻.
7) 恃定熟(시정숙) : 성숙(成熟)할 때를 기다리다. 시는 대(待)와 같다.
8) 卬(앙) : 우러르다. 앙(仰)과 같다.

마. 황충이 덤비지 않는 대마(大麻)

때에 맞게 심은 대마(大麻)는 반드시 가늘고 길며, 마디가 성기고 빛깔이 선명(鮮明)하며, 뿌리가 작고 줄기가 단단하며, 섬유(纖維)가 두껍고 고르며, 성숙한 종자는 두껍고 꽃이 많다. 중추(仲秋)에 다시 싹이 튼다.

이와 같은 대마에는 황충(蝗蟲)이 덤비지 않는다.

得時之麻¹⁾ 必芒以長²⁾ 疏節而色陽³⁾ 小本而莖堅 厚枲⁴⁾以均 後熟多榮⁵⁾ 日夜分⁶⁾復生⁷⁾ 如此者不蝗⁸⁾

1) 麻(마) : 삼. 대마(大麻).

2) 芒以長(망이장) : 가늘고 길다. 망(芒)은 세(細)와 같다.
3) 色陽(색양) : 빛깔이 윤택하고 선명하다.
4) 枲(시) : 대마를 쪄서 얻어낸 섬유(纖維).
5) 後熟多榮(후숙다영) : 성숙(成熟)한 종자는 두껍고 꽃이 많다. 후(後)는 후(厚)요, 영(榮)은 꽃으로 화(花)와 같다.
6) 日夜分(일야분) : 밤과 낮이 같을 때, 곧 중추(仲秋)의 추분절(秋分節)을 뜻한다.
7) 復生(부생) : 다시 난다. 곧 다시 싹이 튼다는 뜻.
8) 不蝗(불황) : 해충(害蟲)인 황충(蝗蟲)이 덤비지 않는다.

바. 제때에 심어야 콩도 수확이 많다

때에 맞게 심은 콩은 강하고 크게 자라며, 밑둥의 줄기가 짧고, 깍지는 이칠(二七)로 무리를 지으며, 가지가 많고 마디가 많으며, 잎이 빽빽하고 열매가 번성하다. 큰 콩은 둥글고, 작은 콩은 둥글며 볼록하고 그 분량은 무겁다고 일컫는데 먹고 호흡해 보면 향기가 있다. 이러한 콩에는 벌레가 생기지 않는다.

때를 앞질러 심은 콩은 반드시 가늘고 길게 덩굴이 지며, 잎이 적고 마디가 성기며, 깍지가 작고 잘 영글지 않는다.

때 늦게 심은 콩은 줄기가 짧고 마디가 성기며, 뿌리가 허약하고 결실이 되지 않는다.

得時之菽[1] 長莖而短足[2] 其莢[3] 二七[4] 以爲族 多枝數節 競葉[5] 蕃實 大菽則圓 小菽則摶以芳[6] 稱之重 食之息[7] 以香 如此者不蟲 先時者必長以蔓 浮葉[8] 疏節 小莢不實 後時者短莖疏節 本虛不實

1) 菽(숙) : 콩, 대두(大豆).
2) 短足(단족) : 콩나무 전체를 받치는 밑둥의 줄기가 짧다. 족(足)은 간(幹)과 같다.
3) 莢(협) : 깍지, 콩깍지.
4) 二七(이칠) : 14개로 풀이되는데, 7개와 7개로 풀이하기도 한다.

5) 競葉(경엽) : 잎이 빽빽하다는 뜻.
6) 芳(방) : 방(房)으로서, 볼록하다로 풀이된다. 곧 팽대(膨大).
7) 息(식) : 기식(氣息). 호흡하는 기운.
8) 浮葉(부엽) : 잎이 적다는 뜻.

사. 보리도 제때에 심어야 한다

때에 맞게 심은 보리는 포기가 길고 이삭이 검으며, 그 보리의 알이 이칠(二七)로써 줄을 지어 엷은 작(糕)으로 덮히고, 살쪄서 차 있으며 붉은 빛이다. 이를 일컬어 분량이 무겁다고 한다. 이것을 먹으면 향기가 있고, 사람의 살갗을 윤택하게 하며, 또한 힘이 있게 한다. 이와 같은 보리는 구저(蚼蛆)의 충해(蟲害)가 없다.

때를 앞질러 심으면 여름 장마철이 이르기 전에 부종(腑腫)과 벌레가 생기고 병이 많으며, 그 보리의 알이 작고 알차지 못한다.

때 늦게 심으면 싹이 약하고 이삭이 푸르며, 빛깔이 엷고 헛되이 까끄라기만 아름답다.

得時之麥 桐長而頸[1]黑 二七以爲行 而服薄糕而赤色 稱之重 食之致香以息 使人肌澤且有力 如此者不蚼蛆[2] 先時者暑雨未至腑動[3]蚼蛆而多疾 其次羊以節[4] 後時者弱苗而穗蒼狼[5] 薄色而美芒

1) 頸(경) : 영(穎)의 오자(誤字)로 이삭.
2) 蚼蛆(구저) : 벌레의 일종(一種).
3) 腑動(부동) : 부종(腑腫).
4) 羊以節(양이절) : 보리알이 작고 알차지 못하다.
5) 穗蒼狼(수창랑) : 이삭이 푸르다.

아. 제때의 곡식을 먹어야 총명하다

이런 까닭으로 때에 맞추어 농사를 지으면 흥성(興盛)하고, 제때를 잃어서 농사를 지으면 생산이 줄어 든다.

서로 같은 줄기에서 취하는 그 분량을 달면 제때에 맞춘 것은 무겁고 그 곡식의 양이 많다. 양이 서로 같은 곡식을 찧어 껍질과 겨를 벗겨 버리면 때에 맞추어 심은 쌀의 양이 많다. 양이 서로 같은 쌀로 밥을 지어서 먹으면 제때에 맞추어 심은 쌀은 능히 배고픔을 견딜 수 있다.

그러므로 제때에 맞추어 농사지어 생산된 식량은 그 냄새가 향기롭고 그 맛이 달며 기운이 왕성하다. 이것을 백일 동안 먹으면 이목(耳目)이 총명해지고 심의(心意)가 밝고 지혜로워지고 사지(四肢)가 강건해지고 흉(凶)한 기운이 들어오지 못하며 몸에 질병이 없어진다.

그러므로 황제(黃帝)는 말하였다.

"사람의 몸에 사시(四時)의 기운이 바르지 않으면, 먼저 오곡(五穀)을 바르게 할 뿐이다."

是故得時[1]之稼興 失時之稼約[2] 莖相若稱之[3] 得時者重 粟之多量粟相若[4]而舂之 得時者多米 量米相若而食之 得時者忍饑 是故得時之稼 其臭香 其味甘 其氣章[5] 百日食之 耳目聰明 心意叡智 四衛[6] 變彊 殃[7]氣不入 身無苛殃[8] 黃帝曰 四時之不正也 正五穀而已矣

1) 得時(득시) : 제때에 맞추다.
2) 約(약) : 감약(減約)한다. 감산(減産)한다.
3) 稱之(칭지) : 저울로 단다는 뜻.
4) 量粟相若(양속상약) : 곡식의 분량이 서로 같다.
5) 氣章(기장) : 기운이 왕성하다.
6) 四衛(사위) : 사지(四肢).
7) 殃(흉) : 흉(凶)과 같다.
8) 苛殃(가앙) : 질병(疾病).

8람, 6론(八覽六論)이란 어떤 책인가?

12기(十二紀)의 서문에서 언급하였지만『8람(八覽)』『6론(六論)』이란 무엇을 뜻하였는가.

먼저『8람(八覽)』이란 8(八)은 방위의 8방(八方)을 뜻하고 람(覽)은 주람(周覽)을 말한다. 곧 동서남북(東西南北)의 8방을 두루 관찰한다는 뜻으로『주역(周易)』에서 8괘(八卦)가 방위를 뜻하는 데서 8을 취한 것이다. 각권마다의 8편을 합하여 64편으로 64괘와 같은 뜻을 지녔다고 하겠다.

이는 우주와 인생의 사항을 두루 본다는 의미이기도 하다. 천지가 창조됨으로 천지의 안에 존재하는 모든 것을 관조(觀照)한다는 것이다.

'8람'은 13권에서 20권까지 8권으로 구성되어 있으며 각권마다 8편씩으로 이루어졌다. 다만 제13권의 유시람(有始覽)만이 7편으로 1편이 분실되어 있다. 분실된 1편은 '염효(廉孝)'라고 중국의 윤중용(尹仲容)은 말하고 있다.

일설에는『여씨춘추(呂氏春秋)』는 8람을 기초로 하여 이루어졌다고 했다. 그래서『여씨춘추』를 '여람(呂覽)'이라고 한 것은 이 람을 기본으로 한 것이라고 했다.

『사기(史記)』'여불위전(呂不韋傳)'에도 8람(八覽)·6론(六論)·12기(十二紀)를 여불위가 지었다고 하여 8람을 제일 먼저 꼽았으며 세칭 여씨춘추를『여람(呂覽)』이라고 했다고 하였다.

또 '6론(六論)'은 21권에서 26권까지 6권으로 이루어졌으며 각 권이 모두 6편으로 이루어졌다.

이것은『주역』의 육효(六爻)에서 6이라는 숫자를 추출한 것 같으며, 각권이 6편으로 총 편수는 36편인데 36이라는 숫자는 『주역』의 노양(老陽)의 수이기도 하다. 또 '인간은 육합(六合)에서 논다'는 것을 근거한 것 같다.

『여씨춘추』는 천문, 지리, 인사 행정을 유학(儒學) 사상에 기초하여 노장(老壯)·묵가(墨家)·병가(兵家)·명가(名家)·음양가(陰陽家) 등 고대 중국의 모든 사상을 총망라한 것으로 세상에서는 흔히 고전의 '대백과전서'라고 일컫는다.

230

원문자구색인(原文字句索引)

〔가〕

嘉氣趣至/上180
稼乃多菑實/下216
假乃理事也/中233
可得以故易官/中256
歌舞鼓瑟吹竽/下169
家無怒咨/上207
苟病起朝不肅/中193
苟病失也/中192
加富三等/上361
加斧鑕其上/中347
家不處亂國/下78
家富則有以求良狗/中147
可不可無辨/中300
嫁不必生也/中104
稼非有欲也/上271
稼生於野而藏於倉/上271
可襲而冀之/中36
可勝在彼/上247
可與卑窮者/中377
可與言極言/下86
可與爲終/中377
可與爲直/中438
可與尊之/中377
歌曰候人兮猗/上183
稼欲生於塵而殖於堅者/上218
可謂能觀人矣/中441
可謂能守行矣/中345
可謂能終矣/中60
可謂能聽矣/中44
可謂廉矣/上328
可謂無害之矣/下142
可謂不以國傷其生矣/上62
可謂不簡人矣/中431
可謂不窮矣/中431
可謂士矣/上369
可謂士乎/中226
可謂善養矣/中58
可謂有功矣/上330
家爲而國爲/中272
可謂知君道矣/下173
可謂至愚矣/下171
可謂至貪矣/下171
可謂忠且孝矣/中349
可謂孝矣/中58.60
可謂後得之矣/下380
可以居高明/上146

駕而見太子曰/下15
可以觀怪/中50
可以歸乎/中340
可以登山陵/上146
可以美土疆/上175
可以便之/下31
可以糞田疇/上175
加以死虜/中36
可以成小/上82
可以守至藏/中122
可以勝人之長鐃利兵/上238
可以勝人之精士練材/上238
可以勝人之行陳整齊/上238
可以勝人之厚祿教卒/上238
可以言君道也/中235
可以遠眺望/上146
可以養牛/上158
可以爲王者佐矣/中376
可以爲之莽莽也/中189
可以爲天下/上101
可以爲天下正/中235
可以有萬乘之國而辭之/上313
可以益不可以損/下205
可以見而不戰/下178
可以知其所未得矣/中47
可以處臺榭/上146
可以託天下/上61
假人之長/上137
可長有者/上304
加之以來餓饑寒之患/上219
賈出矣不穀知之矣/中289
可以身先取/上97
假乎其輕俗誹譽也/中135
却舍延尸/中157
却而去不自快/中340
却而自發/中342
各一則不設/中87
覺乎其不疑有以也/中135
簡公日非而細人所能識也/中269
簡公謂馬太息曰/中269
簡練桀儁/上202
姦邪去賢者至成大化/中151
簡士壅蔽/中433
簡選精良/上239
干辛任威/中119
諫於簡公日/中269
姦僞邪辟之塗可以息/中229
姦僞賊亂貪戾之道興/中80
諫而不聽/下90

姦人聞之/上294
簡則事窮矣/中431
簡子可謂好從諫矣/下23
簡子乃去犀蔽屛櫓/下84
簡子當止/下155
簡子艴然作色曰/下83
簡子不賢/中423
簡子死已葬服襄召大臣而告之曰/中92
簡子上之晉陽/下155
簡子曰微子之言/下155
簡子夫殺人以活畜/上251
簡子曰不如而言也/下23
簡子日往新夷夫擧我特往/下155
簡子投桴而歎曰/下83
墾田大邑/中253
姦止則說者不來而情論矣/中256
簡車三百乘/上240
狠乎其誠自有也/中135
竭力以養人/中405
渴時而止/下213
易爲攻矣/下31
易爲其不易也/中247
監工日雖無悖於時/上91
鑒其表而棄其意忤/中304
邯鄲以壽陵困於萬民/中78
監突爭之日/下135
甘露時雨/上44
敢問其故/中60
敢問其說/中435.下133
敢問必乎何以至於此/中331
敢問王亦其堯邪/中282
敢問王爲有臣乎/中437
敢問荊國爲有臣乎/中437
敢問荊國爲有主乎/中437
敢不良圖/下45
敢不敬從/中185
敢不敬乎/中57
堪士不可以驕恣屈也/中141
甘水所多好美人/上95
感於心則蕩乎音/上186
敢以告于先君/下124
感而不知/上111
甘而不噦/中67
感而後知/上155
感則百姓衆辞/上186
感乎己而發乎人/上280
甲在門矣/下45
甲之事兵之事也/中153

彊國令其民爭樂用也/中373
强大未必王也/下61
强大之國誠可知/下63
强大行之危/下61
康樂歌謠好悲/中178
彊力則鄙矣/中147
彊令之哭不悲/上82
彊令之笑不樂/上82
彊令之爲道也/上82
彊不足以成此也/中431
彊辭三日而聽/上270
江上之丈人/上306
强相鮑叔/下124
彊識之士闕矣/中237
彊我以賢者/下133
康王園宋五月/中268
康王蹙足謦欬/中150
彊爲之謂之太一/上151
彊者彊此者/中60
彊者勝其敵也/中116
剛土柔種/下220
降通漻水以導河/上167
江浦之橘/中68
江河之水/中350
江漢之珠/上39
皆可動也/中332
皆可謂能禮士矣/中44
皆巧言辯辭以自防禦/上105
蓋君子之無所醜也若此乎/中99
皆墐其戶/上259
皆近知本矣/中48
皆能用非其有也/中361
皆能以公及其私矣/中46
皆多故矣/中39
皆多驕矣/上357
皆得其利/中151
皆得逸樂/中187
皆令諸大夫論己/下131
皆離吾網/上310
皆勉處矣/下27
皆無其具也/中328
蓋聞古之清世/上371
蓋聞孔丘墨翟/下139
蓋聞君子猶鳥也/中279
開府庫出幣帛周天下勉諸侯/上88
皆不能用其民也/中360
皆不知反諸己也/中284
皆非適也/上158

경·전문(經傳文) 자구 색인 231

皆死久矣/上80	皆形於樂/上186	居四累之上/中151	遽解左驂以贖之/中185
皆上相天子至賤也/下66	開戶始出/上57	擧事有功/下124	去行心猶不自快/中340
皆先登而獲甲首/上251	開化其上/上149	擧事義且利/中159	居鄕則悌/中226
疥癬之病也/下93	皆患其家之不富也/中46	去絲罝之網/下184	去荊之秦/中354
皆成乎邪也/中80	皆患其身不貴於其國也/下196	遽使奚施歸告/中198	擧凶器必殺/上234
皆所染者得當也/上80	皆患其身不貴於國也/中46	居三年公曰/中193	擧凶器行凶德/上234
皆修封疆/上29	皆獲其所惡者/上66	居三年晉果亡/中178	乾乾乎取舍不悅/下192
蓋是國也/上306	咯咯然遂伏地而死/上357	居三日魏王乃聽起賈/中324	建木之下/中24
皆時至而作/下213	皆肯爲寡人少來靜郭君乎/中270	去三者不任則治/上246	褰裳涉洧/下69
皆甚苦之/下37	客所術施也/下192	去想去意/中258	蹇叔諫曰/中196
皆與師行/中196	客衛人也/中387	擧書其數/上92	蹇叔對曰/中196
皆曰上天弗恤/中119	客有見田駢者/上191	遽召掌史曰/中437	蹇叔非不能爲內史廖
皆曰往擊寇/下135	客有聞季子曰/下163	居數年越報吳/中93	之所爲也/下117
皆曰一而已/下110	客有語之於昭文君者曰/中145	去視無以見則明/上246	蹇叔送師門外而哭曰/中196
皆爲得其處而安其產/上132	客有言之於王子光者/中73	去食粟之鳥/下184	蹇叔曰君以告內史廖/下117
皆有麻枲絲繭之功/上203	客有言之於鄭子陽者/上187	去愛惡之心/中257	蹇叔謂其子曰/中196
皆有分職/上107	客有言之於楚王者/中76	居於剛猷之中/上338	蹇叔有子曰申輿視/中196
蓋有不辨和調者/中111	客有吹籟見越王者/中104	跽於堂而與之言/中139	建輿連尹將以方城外反/下45
皆有所達也/上402	客有進狀有惡其名/中106	居於車上而任驥/中229	乾澤涸漁/中29
皆有所以/中67	客以聞伍子胥/中73	遽拾其栗/下129	乞謹視見/下192
皆有所乎尤也/上35	客將何以敎寡人/上150	苦敖公有難/中396	桀旣奔走/上240
皆有遠志/中119,下201	客請勿復言/中280	擧五種之要/上256	桀迷惑於末嬉/中119
皆有自起/中67	客請之王子光/中73	据傲荒怠/上223	桀用羊辛/上261
蓋有自云也/上444	客胡爲若此/上369	巨爲危而罪有功/中369	桀爲無道/中119
皆以寇之近也報而死/下104	客或不遇/中145	客殊非非士也/下192	桀爲非而衆非來/中29
皆以其氣之鬚臾與力之盛/中196	更敎祝曰/上310	居有間其故人爲其兄謀/下194	桀愈自賢/中119
皆以孫叔敖之遇荊莊	更易其俗/中412	居有閒乎公又聞都黃羊曰/上50	桀紂貴爲天子/上84
王爲幸/上71	更立衛於楚丘/上241	去肉食之獸/下184	桀紂慢其行而天下畔/下143
蓋以楊門之扇/中193	更立衛姬嬰兒校師/上269	擧矣而不踣/中429	桀紂不能離/中372
皆夷吾與五子之能也/中253	去苛令三十九物/中179	居二年中山果亡/中178	桀紂不亡/中87
皆以爲調矣/上338	遽擊金而卻之/中361	居一年乃惡之曰/下45	桀紂用其材而以我而亡/上310
皆以仁義之術/下165	遽契其舟曰/中172	去一焉則不成/中156	桀紂以去之之道致之也/上82
皆以一歸/上361	遽告太公/中165	鉅子可謂公矣/上51	桀紂以亡/上245
皆以賢者爲後/上111	去巧故而游意乎無窮之次/上104	居者無食/中180	桀紂之禁不勝數/中369
皆益其祿加其級/上223	去國居衛/下98	居者無載/中192	桀紂之臣不獨義/上231
皆盍於爲/上205	居君之國而窮/中187	去翟過衛/中354	桀紂天子/上363
愷者大也/上318	擧其尾能以爲旌/中424	去鄭而之許/上306	桀天子也而不得息/中365
介子推不肯受賞/上355	擧其秀士/上223	去鄭之荊/中354	桀乎其必不淪移也/中135
介子推之離俗遠矣/上355	去其一分以下生/上177	去齊之曹/中354	劍皆加於肩/中361
開敵之塗/上237	去其帝王之色/中135	去曹過宋/中354	劍及諸門/上431
皆靜無爭/中373	去器之無用/上319	去之能速/中196	劍不徒斷/中359
凱弟君子/中407	去其害之者/下138	去智無以知則公/中246	黔首利莫厚焉/上214
皆知其末/下207	去其荊而可矣/下44	去之未失/上407	黔首無所告愬/上211
皆知其所甚惡/上66	去其火則止矣/上96	據之容手/上221	黔首不定/中275
皆盡其力而以爲用矣/下132	去魯國五十里而封之/中379	去之終身不反/中338	黔首安寧/上167
蓋天地之中也/中24	舉大族不偏/上434	去秦將入趙魏/下53	黔首已親矣/中252
皆天下之良工也/中444	去德之累/下165	擧錯以數/上105	黔首之苦不可以加矣/上211
皆天下之豪士也/下270	居無去車/中229	居處不莊非孝也/中57	黔首知不死矣/上221
開春始雷/下13	居無幾何/中269,306,310,下25	擧天下之仁義顯人/下74	黔首畢樂其志/中252
皆出身棄生以立其意/上361	居無不安/上134	擧天下之貪暴可羞人/下74	黔如作虜首/中250
介蟲爲妖/上348	巨防容螻/下181	擧天下之顯榮者/上79	儉節者以爲陋/上293
介蟲敗穀/上205	擧兵凡攻之/中212	去則齊國必侵矣/上352	劍折且銳/下159
開通道路/上89	袪步堂下/中422	擧必有功/上96	劍之情未革/下159
皆布衣之士也/下139		去駭從不駭/中279	儉則不發/上301
皆鄕里之所遺/上299		去駭從駭/中279	劫王而奪之/上321

怯勇無常/上245
怯勇虛實/上245
擊其所輕/下35
激水則旱/中220
鶡牛鳴反舌無聲/上143
擊牛角疾歌/中387
激主則悖/中220
擊之不中/中150
隔宅而異之/中441
見客雖勞/中219
見敬愛者人也/中113
見骨輿蜀/中78
見棺之前和/下15
堅窮廉直忠敦之士畢
　競勸騁鶩矣/中229
見權親勢及有富厚者/中134
見其所嘗見物於中國
　者而喜矣/中37
見其人而心與志皆見/中294
見其長老而敬禮之/上223
見老者而使之戰/中285
見樂則淫佚/下155
見聲夫人因也/中167
見利之聚無之去/上82
見馬之一徵也/中444
見木甚美長大/中109
見反裘負蒭息於塗者/中185
堅白之察/中237
見瓶水之冰/中169
遣使於齊客而謝焉曰/中428
見犯而穫死/下212
見祥而為不善/上187
見信於天下/中380
見臣而有慙色/中297
見夜漁者得魚則舍人/中331
見野人方將食之於岐
　山之陽/上249
堅與赤性之有也/上358
見妖而為善/上187
見憂則諍治/中155
見鴥桑之下/中143
見魏王曰/中280
犬戎之國/下66
蠲而餔之/中143
見而下壺飧以餔之/上357
見人方引嬰兒而欲投
　之江中/上172
見人操金/中221
見人之急也/中147
見一丈人刺小船方將漁/上306
堅者耕之/下215
見紂之愈亂迷惑也/中175
見之而惡其貌/中73
見晉公之驕倍無德義也/中178
見秦師利而因擊之/中200

見妾而有動色伐衞也/中297
犬戾乃連/上196
見許公而問所之/上306
見賢人則往不可止/中78
見荊王曰/下33
抉其目著之東門曰/下93
潔白清廉中繩/中334
結罟罔揖蒲葦織笆屨/中352
決於知此而已矣/上252
決獄折中/中253
決伊闕溝/中161
決漳水灌鄴旁/中208
兼國十九/下84
兼愛天下/中283
兼愛天下之心也/中283
兼用六物/上317
敬可能也安為難/中60
景公苦之/下48
景公未之行/中344
景公與陳無宇公孫竈
　公孫蠆誅封/下48
景公致廩丘以為養/中344
驚懼而爭之/上321
敬其親不敢慢人/中56
輕其賢良/中175
敬段干木/中385
卿大夫大恐懼患之/中286
敬聞命矣/中147
輕物則無備/中433
慶封相景公/下48
慶封又欲殺崔杼而代之相/下48
慶封謂崔杼曰/下48
慶封以其屬鬭/下48
慶封出獵/下48
慶賜遂行/上27
莖殺而不遂/中223
慶賞不當/上223
莖相若稱之/下227
莖生於地者五分之一地/下218
莖生有行故遫長/下218
輕小物則上無道知下/下181
輕水所多禿與癭人/上95
敬守一事/中258
經旬必得/中61
敬愛人者也/中113
競葉蕃實/下225
輕用民死/中36
敬弛期更擇葬日/下15
耕而不長/下215
敬人而不必見敬/中113
輕任新節/上52
輕者為重父/上33
徑庭歷級非禮也/上302
敬祭之術/上129
卿諸侯大夫九推/上28

傾造大難/中275
輕重先定也/上361
輕重之法/上257
鏡之明己也功細/中422
輕遷徙則國家有患/下201
輕必失之/下53
敬行其身/中60
經乎生世而來者也/中169
驚惶亟革/上196
谿極則不鑒/上158
戒其子曰/上304
季冬生大呂/上178
季冬之月/上345
季冬行秋令則山露蚤降/上348
雞卵多毈/上196
繼文之業/中159
繼嗣皆得其澤/中398
季成弟也/中385
季成進之/中385
季孫氏劫公家/中383
季氏為之金距/中216
季氏之雞不勝/中216
季之無道無上久矣/中216
季子曰燕雀爭善/中52
季子曰燒固已治天下矣/下163
季子曰諸能治天下者/下163
季秋生不射/上178
季秋之月在房/上255
季秋行夏令/上259
季春生姑洗/上178
季春行冬令/上92
季平子怒/中216
季夏生林鐘/上178
季夏之月在中桴/中171
季夏行春令/上175
故可與為霸/上86
故可以為王伯/上52
故可以為庖/上52
故假人者/上137
鼓角而角動/中27,410
故簡子之時/下23
固皆用兵也/中412
故去此三盜者/下215
故桀紂雖不肖/中87
故見賢者而不肖/中43
苦耕稼之勞/下140
故敬時愛日/下203
故鼓宮而宮應/中410
罵不敢入於淵/下205
故古之命令不通乎今
　之言者/中169
故古之善為君者/上78
故古之聖王/372

故古之聖王有義兵而
　無有偃兵/上207,210
故古之王者/中350
故古之人/上36
故古之人得其意則舍
　其言矣/中304
故古之人身隱而功著/中350
故古之人賤之也/上96
故古之至兵/上234
故古之治與天下者/上70
故古之賢王有義兵而
　無有偃兵/上206
故功名成/上260
故功名立/上365
告公子糾曰/下39
故公子小白得以為君/下39
故孔子以六尺之杖/上312
故功績銘乎金石/下66
故觀於上世/中264
故教也者/上131
故狗似玃/下71
姑求肉乎/上334
故久而不弊/中67
故國皆殘亡/下74
故國廣巨兵彊富/上310
故國亂非獨亂/中410
故國亂非獨亂也/中29
故國亡身死也/下71
故國殘身死/下74
故國殘身危/中226
故國霸諸侯也/下71
故君道立則利出於群/中391
故君雖尊/中29
故君臣之義/中391
故君人者/上246
故君子反道以修德/上186
故君子不處幸不處苟/中101
故君子誠乎此而論乎彼/上280
故君子之說也/中223
故君子之容/下192
故君子責則以人/中382
鼓宮而宮動/中27
故克其國不及其民/中223
古今無有/中358,147
古今無有也/中38
古今一也/中169
古今無有/中174
古今前後一也/上336
古今之法/中169
故其禍及後世/中124
固其數也/中89
故箕子窮于商/中194
故其禍禍亦不同/上133
故內省而不狂於道/中99
故老耼則至公矣/上44

경·전문(經傳文) 자구 색인　233

故怒筍不可優於家/上207	故民命敵焉/中372	固非曰我知聖也耳/中282	故聖人於事志焉/中439
故論人無以其所未得/中47	故民無常處/上82	故比翼之鳥死乎木/中101	故聖人之事/中272
故論人必以以所親/中56	故民不可與慮化擧始/中201	故非之弗爲邸/上270	故聖人之所貴唯時也/中76
故能使衆能也/下167	故民因而身爲戮/中369	故士達作爲五弦瑟/中161	故聖人之制萬物也/中35
故能使衆爲也/下167	故民之於上也/中365	故思慮自心傷也/中241	故聖人聽於無聲/中291
故能使衆智也/下167	故博聞之人/中237	故事莫功焉/上99	故聖人必先適欲/上40
故能以一聽政者/上151	故迫生不若死/下66	固辭讓而相/下124	鼓聲則似雷/下25
故能以必死見其義/中401	顧反過而弗辭/中441	故使雨雪甚/下15	故成湯之時/上187
故湛於巧智/上136	故反其道而身善矣/上98	高赦爲首/中85	姑先生應鐘/上177
故當功以以受賞/上343	故反以相非/上301	故死而揆金椎以葬曰/上332	故細人之言/中220
故當今之世/上84.中36.44	高培則拔/下216	故士自行/下52	故細之安必待大/下196
故當時之務/下205	故百里奚處乎應而處亡/下175	故使莊王功迹/上71	姑先之月/上180
故大貴之生常速盡/上70	故凡擧事/上265	故師之教也/上121	故世之患/上219
故大亂天下者/上219	故凡擧事必循止以動/中171	故使之者至/中80	故小大輕重/中262
故德莫盛焉/上99	故凡能全國完身者/中275	故士盡力竭智/上363	故所生長/上138
皐陶作刑/中241	故凡亂也者/下175	故師盡智竭道以敎/中123	故小臣呂尙聽/中261
孤獨則父兄怨賢者誹 亂內作/上243	故凡兵勢險阻/上242	故師必勝理行義然後尊/中122	故所欲以必得/下138
故argument道忌人/中233	故凡說與治之務莫若誠/中332	故三年而士盡果敢/下84	故所謂尊生者/上66
故亂國之使民/中369	故凡養生莫若知本/上93	故三代之所貴/中416	故小之定也必作大/中52
故亂國之主/下106	故凡用意不可不精/中29	故相季成/中385	故宋國之長者曰/上307
故亂世之主/上197	故凡人必別宥然後知/中221	故賞罰之所加/中80	故宋未亡而東家扭/上301
故亂天下/上214	故凡立功名/中328	故上失其道則邊侵於敵/上99	聲曳乃拌五弦之瑟/上165
故令師從東方出於國 西以進/中119	故凡作亂之人/下110	固相與通/下40	故雖不疑/中40
故令者人主之所以爲命也/上109	故凡葬必於高陵之上/中293	姑相歡乎/上334	苦水所多危與偶人/上95
故令鮑叔傅公子小白/中156	故凡戰必悉熟備備/中214	故相鄭十八年/中139	刳獸食胎/中29
故禮煩則不莊/中369	故凡鬪爭者/上301	固相助權物莫此其過也/中216	故曁陽穀之進酒也/中127
故雷則抩耳/上66	故凡學非者能法/中127	故商周以見/上245	故水鬱則爲汚/中417
故龍逢誅比干戮/中107	故辯而不當理則僞/中300	古帝多由布衣定一世者矣/中361	孤雖知要領不屬/上264
故流于兗/中365	故兵彊焉/上99	故釋宋而攻鄭/中414	故勝書能以不言說/中293
故亡國廖民無已/下157	故兵入於敵之境/上221	固善公子印/下52	故勝於西河/中275
故亡國非無智士也/中189	故伏其罪而死/上322	故善敎者不以實罰而敎成/中80	故詩曰赴其卦夫/中143
固妄誹誉/中400	告宓子曰/中331	故善說者/中147	故詩曰毋過嗣門/下107
故每動爲亡敗/上69	固封壤備邊境/中287	古聖人之所以傳其民者/上201	故詩曰何其久也/中289
故明堂茅茨蒿柱/中414	故不可知之道/下61	故先王之法/中267	故臣曰晉先亡也/中178
故名不正/中233	故不過行其情也/上67	故先王之葬必儉/上301	故信之爲功大矣/中375
故命也者就之未得/中407	故不能與爭/下45	故先王之制禮樂也/上159	故身親耕/下31
故命之曰伊尹/中63	故不能爲來/下216	故先王必託於音樂以 論其敎/上159	故審近所以知遠也/中68
故嘆母執乎黃帝/中104	故不能學者師則不中/上136	故善爲君者/中252	故審堂下之陰/中169
故嵫欲廣以平/下216	故不得壽/下33	故善爲君者無識/中237	故心得而聽得/上99
故務事大/下200	故不得淸/下33	故善諭威者/上234	故審知今則可知古/中336
故無所得/中193	故父母之於子也/上281	故革車三百/中165	告我憂也/中441
故武王取非其有/下167	故復右主然之罪/下135	故善學者/下137	故樂愈侈而民愈鬱/上152
故巫醫毒藥/上96	故夫妻之知憖於子胥也/下93	善響者不於響於聲/上98	故樂之務在於和心/上156
故務在事事在大/下50	故不肯主無賢者/下85	故說雖彊誤雖辨/上209	故樂之所由來者尙矣/中167
固無恒心/下134	故北面而問焉/中137	故說義而王公大人益 好理矣/上221	故按其實而審其名/中231
固無休息/中178	不可解也/下239	故雪殿之恥而/下117	故晏子與崔杼盟而不 變其義/中402
故墨子見岐道而哭之/下55	孤弗敢事/下124	故王不務爵之者/上81	故愛其親不敢惡人/中56
故文王得之/中184	故弗禁也/中414	古聖王有義兵而無偃兵/上206	故若簡子者/中438
故文王得之而王/中44	固不足恃/中243	古聖王之貴義士奧忠臣也/中417	故若大師文者/中239
故物莫不爲用/中80	故不知其孟賁也/中111	故誠有誠/中332	故若顏闔者/上64
故物莫不爲用/中80	故不至之爲害大矣/中200	古聖人不以感私傷神/中405	高陽應曰/下161
故物莫見其而知其志/中294	固不知悖也/上213	故聖人上知千歲/上336	高陽應將爲室家/下161
故未免年累/中109	固非眞人之志也/中280	故聖人於物也無不材/中311	高陽應好小察/下161
故未嘗見/中188	固非求生也請必行/上269		故言無遺者/中286

故言不足以斷小事/中298	故用則裏動則暗作則倦/中250	故人之欲多者/中371	故至於此/中143
故與桀紂幽厲皆也/中299	高元作室/中250	故因則功專則拙/中167	故至言去言/中295
故如石戶之農北人無擇	故為大鐘/中131	故喜具酒肉/中109	古之與賢/下194
卜隨務光者/中338	故威不可無有/中363	故日功而不衰/上105	古之王者/中264
故如兒說之弟子者/中239	故為師之務/上122	故曰殺傷而不止/上105	古之王者其所為少/上246
孤與吳王接頭交臂而僨/中264	故為天下長慮/中393	故一勝而王天下/中83	古之有國者必賢者也/中313
故曰懸懸屢虎尾終吉/中122	固有近之而遠/中76	故曰慎一日/上182	古之有天下也者七十一聖/下64
故染不可不慎也/上74	故有道不察所召/上39	故曰夜學之/下139	鼓之而士不起/下83
故榮富非自至也/中47	故有道之言也/中179	故一也者制令/上151	故智而用利/上47
故伍員流乎江/中107	故有道之士未遇時/中76	故一則治異則亂/中270	苦之以驗其志/上106
故吳起邱墟/下90	故有道之世/上158	故廩大利而不易其義/上328	古之人貴能射也/上312
故去聰無以聞則聰/中246	故有道之主/中258	故任天地而有餘/中382	古之人非無寶也/上304
故君道知無為/中246	故惟得道之人/上149	故任天下而不疆/中241	古之人審其所以使/中80
故玫原得衛者/中374	故唯聖人為能和樂之本也/中72	故立為天子/上240	古之人有藏於廣野深
故曰其令彊者其敵弱/上232	故有以知君之狂也/中237	故立天子/上206	山而安者矣/上293
故曰其本在得賢/中61	故唯而聽唯止/上109	故子貢問孔子曰/上131	故知一則明/上151
故曰夔一足/下72	故有以聰明聽說/下159	古者有天下而亡者矣/中359	故知一則應物變化/中104
故曰大匠不斲/上46	故有葬死之義/上291	故子路揄雄而復釋之/上271	古之駿馬也/中335
故曰德之速/中351	故有職者安其職/中256	古者有以王者/上239	故至棄智/上246
故曰道之真以持身/上65	故尹文問其故/中223	皐子眾惡取國/下69	古之至兵/上232
故曰同氣賢於同義/中29	故殷周以亡/中40	古者之貴善御也/中312	故知一知/上104,105
故曰樂之為觀也深矣/上186	故義兵至/上211,224	故子華子曰/上101,197,中258	孤之志必將出焉/上264
故曰良劍期乎斷/中171	故義者百事之始也/下50	故作為舞以宣導之/上161	古之天子其害且如此/中286
故曰文王智矣/上262	故義之為利博矣/中354	故廠得牲於我/上252	故至治之務/中233
故曰迫生不若死/上66	故以禁則必止/下61	故適心之務/上157	古之賢者與/上123
故曰封人子高為之言也/上17	故以大畜小吉/中264	高節死義/上266	故直躬之信/上333
故曰不出於戶而知天下/中237	故以龍致雨/中27	高節亂家/中338	故疾病惡來/上96
故曰非吳喪越/中89	故以萬乘合乎上乘身/中267	故精神安乎形/上93	故執不可勝之術/上247
故曰善者得之/中400	固以不悖為悖/上342	告齊候曰/下178	故察己則可以知人/中169
故曰薛不量其力/中147	故異所以安同也/下175	故趙氏至今有刺箏之證/中93	故擅為妄意之道雖當/下179
故成王不唯以身卜郢/中335	故以繩墨取木/中335	故釣於滑門設觀之/中72	故曰以此罰我也/上189
故小利大利之殘也/中129	高而危則澤奪/下216	高宗乃言曰/中286	故天子不處全/下138
故小忠大忠之賊也/中127	故以義為之決/中407	姑妭知之曰/中104	故天子有不勝細民者/中116
故曰身者非我私有也/中60	故李子曰/上250	高宗天子也/中286	高泉之山/中68
故堯之容若委衣裘/下72	固以貴為昏/中221	故周公旦曰/上182	故天下之而不容也/中382
故曰週也無當說道然也/中104	故以眾勇無畏乎孟賁矣/中139	故周明堂外戶不閉/中122	故聽無事治/中203
故曰以滕費則勞/中264	故耳之欲五聲/上67	故周書曰/中375	故出若言/下80
故曰以身為家/中272	古人得道者生以壽長/上70	故舟而不游/中58	故忠臣廉士/中393
故曰作者憂因者平/中241	故人雖時有自失者/上70	故誅太子/下354	故忠臣之諫者/中437
故曰精而熟之/下139	故人雖智而不遇時無功/中76	故眾正之所積/上193	故取攻伐者不可非/上216
故曰中欲不出謂之扃/中235	故人曰固不死乎/中304	古之君民者/中365	故治國無法則亂/中171
故曰地道方/上107	告人曰我能起死人/下158	故至今不失/上304	故治亂存亡/中209
故曰地道圓/上107	故人子尚可以見人乎/下158	古之大立功名/中141	故治世之音安以樂其
故曰天無形而萬物以成/中237	告人曰之秦之道乃之楚乎/中76	古之道也/上338,400	政平也/上158
故曰天下大亂/中52,196	故仁人之於民也/上31	古之道也不可易/上216	故致千里/中364
故曰通意之悖/下165	故仁節之為功大矣/中414	古之得道者/中99	故治天下及國/中267
故曰行也成也/下13	故人不可不蓄分分也/中231	古之得道者/上193	故治天下之要/中257
故曰黃鐘之宮/上163	故人主有大功/中87	故知美之惡/中34	固則難亡/中284
故往教者不化/上121	故人主之性/中40	故知非難也/中248	故太鉅太小太清太濁/上158
故王者不四/上182	故人主之欲求士者/中96	古之事君者/中48	故太上先勝/中131
故王天下/上74,240	故人主大立功名者/上349	故智士賢者相與積心	故擇務當而處之/下138
故堯為善而眾善至/中29	故人主之欲廉士者/中341	愁慮以求之/中209	故擇務而貴取一也/中382
故堯之刑也/下18	故人主之聽者/下153	鼓之三軍之士/中253	故擇先王之成法/中169
故欲求有道之士/上183	故人之可得用/中372	古之善相馬者/中444	苦痛之夜夢受秋駕於其師/下142
故欲勝人者必先自勝/上101	刳人之腹/中153	故至神逍遙/中241	故敗莫大於愚/下194

경·전문(經傳文) 자구 색인   235

故覇諸侯/上74
故亨獸不足以盡獸/上133
故鱉君之儻於孟諸請誅/中431
故隆其非君/上391
故布衣人臣之行/中334
故布衣行此/中424
故暴骸骨無量數/上219
故被瞻之不死亡也/下199
固以通乎性命之情者/下163
高下使之然也/上271
高何縣子石/上127
故學士曰/上137
故割地寶器/中30
故割地寶器戈劍/中410
故許由歲乎潁陽/上99
故獻公聽驪姬/下110
故賢王秀士之欲憂黔首者/上37
故賢者所惡於物/下63
故賢者之致功名也/上20
故賢者聚焉/下68
故賢主謹小物以論好惡/下111
故賢主得賢者而民得/中174
故賢秀士之欲憂黔首者/中78
故賢主於安思危/中116
故賢主之求有道之士/中63
故賢主之使其下也必
 義審賞罰/中409
故賢主之所說/上320
故賢主之時見文藝之人也/中145
故賢主之於賢者也/下68
故賢主之畜人也/中140
故賢主察之/下147
故賢主必憐人之困也/上248
故賢必使其威利無敵/下61
固嫌於危/下80
故形骸相離/下57
故惡王布冠而拘於鄭/中313
故惑之中有曉焉/中299
故鴻範曰/上44
故火燭一隅/下192
故福分福之所倚/上187
故黃帝立四面/上63
故孝已疑曾子悲/上107
故孝子忠臣親父交友/上301
故呴呴之中/中208
曲加其祀禮/上223
哭國之法若何/下80
穀不堅則五種不成/下377
曲失其宜/上69
曲狀甚長/中369
鵠乎其羞周智慮也/中135
困窮顏色愁悴不瞻者/中264
崑崙之頞/中68
崑崙之井/中68
昆吾作陶/中241

鮌爲諸侯/中424
担其谷而得其鈇/中32
担之必大富/上298
孔甲迷惑/上182
孔甲曰嗚呼有疾命矣夫/上182
公慨焉歎涕出曰/中193
攻擊人而不止者/上35
蚤蚤距虛必負而走/中155
共工氏固大作難矣/上206
空空乎其不爲巧故也/中135
孔丘墨翟/中151
孔丘墨翟欲行大道於
 世而不成/下50
公懼召子韋而問焉曰/上191
恐君之不變也/中423
空竅哭歷/下192
恐其不信/中119
恐魯君之聽讒人/中330
公怒不審/中216
功亡故也/中45,下196
攻亂則服/中30
攻亂則義/中30,410
攻亂則脆/中30
功大成之/上167
功名大立於世/下169
功名大立天也/中94
功名猶可立/中361
功名著乎槃盂/中264
功名傳於後世/上74
功名之立/中61
功無大乎進賢/下126
攻無道而伐不義/上214
功無不立矣/中372
公無與孔穿辯/中307
攻無罪之國以索地/中36
孔墨是也/中151
孔墨宵越/下139
孔墨欲行大道於世而不成/下200
孔墨之弟子徒屬/上165
孔墨之後學顯榮於天
 下者衆矣/上80
孔墨布衣之士也/上363
共伯和修其行好賢仁/下13
攻伐不可取/上216
攻伐之與救守一實也/上213
公不說曰/中420
公不愛趙/中322
功不存焉/中43
功非不大也/下54
共射其一招/上35
孔思對曰/下279
孔思之對魯君也亦過矣/中279
孔思請行/下279
公上語墨子之義/中345

公上過曰/中345
公上過往復於子墨子/中345
功先名事先功言先事/中38
公孫竭與陰者之事/中54
公孫宏可謂不侵矣/上369
公孫宏見昭王/上368
公孫宏敬諾/上368
公孫宏對曰/上368,369
公孫宏對曰百里/上368
公孫宏敬諾/上369
公孫宏謂孟嘗君曰/上368
公孫龍子/上283
公孫龍說燕昭王以偃兵/上320
公孫龍言藏之三乎其辯/中307
公孫龍曰/上306,320
公孫龍之說燕昭王以偃兵/上38
公孫鞅西游秦/上342
公孫鞅以其私屬與母韄奴/下52
公孫鞅鄭平續經公孫
 竭是已/下50
公孫鞅之居魏也/下52
公孫鞅之於秦非父兄也/下52
公孫與見而與入/中54
公孫枝對曰/中96
公孫枝得而說之/中96
公孫枝徒/下119
公孫枝請見之公曰/下119
公孫枝曰/中119
公孫枝出/下119
工誦之士稱之/中287
公輸般九攻之/下33
公輸般高雲梯以攻宋/下33
功雖成乎外/上71
公誰欲相/上46
公叔對曰/上342
公叔之病甚矣/上342
公息忌對曰/下33
公息忌難多爲組何偶也/下33
公息忌雖無組/下33
公息忌謂郯君曰/下33
公息忌知組之行也/下33
公息忌之所以欲用組者/下33
公惡乃使汝墨/下97
功若此其大也/下17
共養之不宜者/上259
公如圍射鴻/下182
公玉丹答曰/上275
公可可/上191
公曰告仲父若是三/中247
公曰今寬也非周公/中400
公曰諾/中193,434
公曰民死寡人將誰爲
 君乎寧獨死/上191
公曰不然/下173

公曰善令罷役/下173
公曰歲害則民飢/上191
公曰信國之寶也/上374
公曰我欲食/中193
公曰易牙烹其子以慊寡人/中192
公曰然則子事非子之事也/下119
公曰吾於衛無故/中297
公子無辭/下121
公子何以知之/上191
公曰宰相所與治國家也/上191
公曰仲父安識之/中297
公曰天寒乎/下173
公曰鮑叔牙可乎/上46
公曰何故/中193
公曰何若/中159
龔王駕而往視之/中127
龔王欲復戰而謀/中127
公往必得死焉/上269
公又曰嘗之巫者於死生/中192
公又曰嘗可自宮以近寡人/中192
公又曰我欲飮/中193
公又曰衛公子啓方事寡
 人十五年矣/中192
空雄之遇/中306
恐爲社稷憂/中419
工有不當/上288
功已就不知規矩繩墨/下169
恐人聞之而奪己也/下129
孔子見魯哀公/上102
孔子見溫伯雪子/中294
孔子見齊景公/中344
孔子見之以細/中210
孔子徑庭而趨/上302
孔子窮於陳蔡之間/中98
孔子窮乎陳蔡之間/中248
孔子貴仁/中270
公子糾與公子小白皆
 歸俱至/下39
公子糾外/中156
公子糾走魯/下39
孔子起曰/中248
公子沓無以應/中285
公子沓相周/中285
公子沓譽之/中285
孔子道彌子瑕/中167
孔子望見顏回攫其甑
 中而食之/中248
公子欲夫乎/下135
孔子聞而服之/中104
孔子聞之曰/上44,333,
 中83,124,351,414,441,
 下95,116
孔子聞之曰善哉/上50
孔子卜得賁/下63
公子不聽/下52

孔子不應/中295	孔子歎曰/中248	寡人莫有之國於此者/中313	寬裕不訾而中心甚屬/下189
孔子辭不受/中344	孔子曰/中248	寡人富乎財/下25	寬裕和平/上180
公子小白無母而國人憐之/中156	孔子布衣也/中344	寡人不擾/下29	關尹貴清/中270
公子小白奔莒/下39	孔子荷杖而問之曰/上312	寡人弗敢廢/中92	關尹子曰/上272
孔子始用於魯/中202	孔子學於老聃孟蘇夔靖叔/上79	寡人弗怨也/中226	關尹子曰可矣/上272
公子食我曰/中280	孔子行道而息/中113	寡人事優兵十餘年矣	關尹子未可/上272
公子食我之辯/中281	孔子弦歌於室/中98	而不隨/中283	官以是豕來也/中246
公子食我至於魏/中280	公作則遲/中229	寡人善孟嘗君/上369	管夷吾寡人之讐也/下124
公子佯爲不見之/中248	公將嘗膳/中354	寡人所殺者衆矣/中310	管夷吾百里奚聽/中261
公子言之公子之主/下52	公將以某日薨/中193	寡人少殊不知此/上270	寡人主也/下145
公子連去入翟/下135	攻戰不休/上99	寡人所有者齊國也/中273	管子可謂能因矣/中153
公子連立在魏則之欲入/下135	公朝而與管仲謀伐衛/中297	寡人甚好士/中226	管子恐魯之止而殺已也/中153
公子連因與卒俱來至	工則下也/下173	寡人與大夫能皆毋忘	管子得於魯/中153
雍圍夫人/下135	空中之無澤陂也/中50	夫子之言/下86	管子復於桓公曰/中253
公子連立/下135	功之難立也/中208	寡人與仲父爲樂將幾	管子死豎刁易牙用/中160
孔子烈然返瑟而弦/中99	公之事何如/中324	之請夜之/中420	管子召忽居公子糾所/中156
孔子曰丘嘗與之言曰/中331	公之主曰/中324	寡人願與客計之/中320	管子束縛在魯/下124
孔子曰魯人必拯溺者矣/中210	公之學去尊/上35	寡人疑焉/下153	管子曰邪豈伐莒者/中291
孔子曰諾/上52	公直無私/中349	已令吏弗誅矣/上51	管子以爲小白死/下39
孔子曰龍食乎清而游乎清/中383	貢屬之數/上257	寡人以爲迂言也/上102	管子人臣也/中253
孔子曰沒人能取之/中295	孔穿公孫龍相與論於平	寡人自主國居衛/下98	管子治齊國/下124
孔子曰不吉/下63	原君所深而辯/中307	寡人將誰屬國/上46	管子鮑叔佐齊桓公擧事/中160
孔子曰夫白而白黑而黑/下63	孔穿不應/中307	寡人之國小/中145	官長利官/中393
孔子曰非謂其蹂也/上101	孔穿曰然幾能令藏三牙	寡人之國地數千里/上368	官在魯司寇/中344
孔子曰賜失之矣/中210	矣雖然難/中307	寡人之亂子/中331	管仲可謂能因物矣/中380
孔子曰昔者舜欲以樂	孔穿之議公孫龍/中38	寡人之無使而身將	管仲可謂能立行矣/中420
傳教於天下/下72	恐聽謬而遣使者罪不	是衆也/下83	管仲敬諾曰/上46
孔子曰詩云無競惟人/下70	若審之/上64	寡人之在東宮之時/中282	管仲對曰/上46,中192,193
孔子曰是何言也/中99	孔青歎齊不尸恥如何/中157	寡人知終不踐諸侯笑矣/中297	管仲死盡逐之/中193
孔子曰審此言也/上101	公出於道/上149	寡人之駿也/中129	管仲觸桓公日暮矣/中420
孔子曰若夫人者目擊	供寢廟之芻豢/上348	寡人盡聽子矣/上208	管仲因國必有死矣/中291
而道存矣/中294	何事比施於滕螟乎/中316	寡人請今止/中437	管仲曰君過矣/中420
孔子曰燕爵爭善處於	公侯千城/中143	寡人興師無知何如/中196	管仲曰君舍衛乎/中297
一屋之下/下196	恐麓其義而辭之/中345	過之之患/下157	管仲曰君之揖朝也恭/中297
孔子曰以汝爲死矣/中123	寡君固聞大國之將至久矣/中198	果之美者/中68	管仲曰不可/中156,380
孔子曰吾何足以稱也/上131	寡君也辛寡寡大國憂/中198	過顑濩冠/上269	管仲曰卜其晝/中420
孔子曰此非迂言也/上102	寡君之無使也/中198	過天子之城/中198	管仲曰我不言伐莒/中291
孔子曰淄澠之合者/中295	寡伏劍而死/上328	瓜瓠不成/上319	管仲曰君之衛君/中380
孔子曰胡爲不可/中295	夸父之野/下51	棺槨數襲/上294	管仲曰齊鄲人有惡曰/中192
孔子往弔之/上302	過北郭騷之門而辭/上352	冠其冠帶其劍/上270	管仲曰此必是已/中291
孔子畏於匡顏淵後/上123	果殺唐蔑/下178	觀其音而知其俗矣/上158	管仲有病/上46
孔子欲論術則見外/中383	過勝之勿求於他/上232	觀其意而知其德/上158	管仲有疾/中192
孔子爲客/中415	過是以迷惑/中198	觀其志而知其德/上186	管仲之辭名實審也/中226
公子夷吾居屈/中354	果實繁者木必庳/下138	冠帶有常/上228	管仲鮑叔進/中380
公子夷吾自屈奔梁/中354	果實不成/上161	官無以對/中246	管仲抒弓射公子小白中鉤/下39
公子夷吾重賂秦以地	果實早成/上146	官復自司/中258	管仲還走再拜稽首/下124
而求人/下110	過於宋不先假道/中431	官費又恐不給/下15	官職受而行之/上109
孔子周流海內/上101	過五鹿如齊/中354	管事君者/上145	官職日進/下145
公子重耳居蒲/中354	果於鼎生烹文摯/上324	管商亦因齊象之民也/中360	管青相賸胂/中444
公子重耳自蒲奔翟/中354	寡而衆之/中55	寬少者弗識也/中400	觀布衣也/下145
公子耳重胳秦以地	寡人士生而有之也/下106	蘧水之魚名曰鮭/中68	觀行者不識辭/上185
孔子之勁擧國門之關/中124	寡人光乎地/下25	關市無索/上144	觀化遠也/中211
恐子之未可與也/下142	寡人幾過/中155	觀於春秋/下64	觀驪愉問書意/上129
孔子之所知人難也/中248	寡人豈責之令太子必	關龍逢王子比干/上84	廣門之官/上251
孔子之弟子從遠方者十/上312	如寡人也哉/下106	官爲司空/中424	廣門之官左七百人/上251
孔子憀然推琴/中99	寡人寧以臟爲司徒無卯/中324		

경·전문(經傳文) 자구 색인   237

光燿加於百姓/中56
狂而以行賞罰/下104
狂而操吳干將也/上331
廣墾深耰大谷/上219
曠日持久/下147
狂者非不武也/上149
匡章曰公都之代乎其不與/下35
匡章曰齊王之所以用
　兵而不休/上35
匡章謂惠子於魏王之前曰/中316
匡章謂惠子曰/下35
匡章之非/中316
曠之而不穀得焉/上337
曠之而不穀喪焉/上337
廣之則極宇宙窮日月/中272
膠鬲不信也/中165
膠鬲曰揭至/中165
膠鬲曰事若能成/中165
膠鬲曰西伯將何之/中165
教寡人者衆矣/下29
教大議也/上137
教導於天下/下165
巧謀並行/上99
教變容改俗/中350
橋死於中野/中355
交相爲恃/中52
交相爲贊/下196
教成而賞罰弗能禁/中80
教成則雖有厚賞嚴威
　弗能禁/中80
教我以善/下133
蹻然不困/上69
巧佞之近/上69
交友故舊邑門郭/上106
交友未篤/中47
交友不信/中377
交及則信/中226
教人則不精/上136
教者術猶不能行/下165
巧匠爲宮室/下169
教卒萬人/上241
巧拙之所以相過/上245
巧智者詔矣/上258
驕則恣恣則極物/中366
苟可得已/中338
求劍若此/中172
九卿諸侯大夫/上27
溝洫深蓄積多也/下151
區區焉相樂也/下196
具區之菁/中68
求國之長者/中178
九竅五藏六府/中417
九竅寥寥/上69
求其孤寡而振恤之/上223
丘其螾邪/中383
求其衣被則與之/中111

求其車馬則與之/中111
狗乃取鼠/下190
求能之若此/下73
久湛而不去則若性/中372
溝瀆修利/上180
求良臣必不於墨者矣/中357
狗良則數得獸矣/中147
苟慮危人/中153
苟慮害人/中153
丘陵成而穴者安矣/上101
求馬則名牛/中231
丘聞之得於於身者/上102
佝犯對曰/中83
佝犯曰不可/中159
佝犯曰事若能成/中159
佝犯曰天子避叔帶之難/中159
佝犯之謀也/中83
佝犯之言/中83
苟便死死/中295
苟便於主利於國/上325
句兵鉤頸/中407
求福不回/中407
求復者曰/上352
口不可滿/上69
口不可以食/上71
口不甘味/上69
口不厚味/中264
口弗能言/中67
九沸九變/中67
苟非同姓/下205
求舍便居/上299
苟事親未孝/中47
求索無厭/上223
救守不可非/上216
救守不可取/上216
口雖欲滋味/上61
仇讐敵戰之國也/中89
救守之說出/上219
驅市人而戰之/上238
口食之必懷/上34
拘於銅罌/中280
究於四海/中56
求魚者濡/中295
求師師必不於墨者矣/中357
求王子搜而不得/上62
旋絲之君將斬岸堙谿
　以迎鐘/中131
狗牛獨可以爲人唱/中78
求牛則名馬/中231
求有道之士/中44
寇戎來征/上59
歐而教之/上134
懼以魯國不勝季氏/上216
久而相信/下49
苟已王之疾/上324

救溺者濡/中383
蚯蚓結蘩角解水泉動/上318
救人之患者/下18
九日葉公入/中171
懼者不得後/中270
懼者以拙/中361
救災患禁淫慝/下110
九戰九勝/中74
求之其末/中61
求之其本/中61
求之塗見婦人衣緇衣/中309
具之三年而未能成/中437
具之三年而弗能成/中437
寇至王自投車上驅而走/下104
口之欲五味情也/上67
求之愈不得者/中233
救之義也/上248
懼之以驗其特/上106
口之情欲滋味/上156
求之乎國中/中262
求之乎信疑/中262
具桎曲撩筐/上89
久彰而愈長/中80
句踐試其民於寢宮/中361
臼出水而東走毋顧/中63
求賢必不於墨者矣/中357
裴狐之有/上170
口喑不言/中293
口悟之命不愉/中169
久興而不息/中80
國家空虛/中316
國家難治/下207
國家大危/上69
國家之福也/中366
國家之所以危/下169
國久則固/中284
國君利國/中393
國幾大危也/中219
國乃有疾/上31
國乃有大恐/上231
國多固疾/上348
國多風欬/上175
國莫敢言/中419
國無不利矣/上111
國無尉其誰可而爲之/上50
國無刑罰/上207
國彌大家彌富葬彌厚/上294
國不亂身不危奚待也/中223
國不虛存/上43
國非其有也而欲有之/下171
國士得矣/上248
國士知其若此也/中407
國雖疆大/中116,410
國雖疆大者/中31
國雖大民雖衆何益/中167

國雖大不爲王/下192
國雖大勢難便辛雖衆何益/中358
國雖小其食足以食天
　下之賢者/中141
國雖小辛雖少/中361
國雖小請以客共之/中145
國安寧而猶若此/上301
麴蘖必時/上316
國亦有染/上74
國亦有鬱/中417
國鬱處久/中417
國危無日矣/中270
國危甚矣/下104
國爲而天下爲/中272
國愈亂主愈卑/上152
國有大忽/上92
國有大兵/上319
國有士若此/上325
國愈危身愈尊/上78
國有游蛇西東/上196
國有此物/上196
國有此五者/中180
國有行飛/上196
菊有黃華豺則祭獸戮禽/上255
國已懼矣/下153
國已亂矣/下80
國人皆謗/中419
國人皆曰王乃沈尹華
　之弟子也/中220
國人恐矣/下104
國人離九門礦轂以擧春氣/上92
國人大崩/中119
國人大怨動作者/下45
國人道之/下73
國人不說大非主/上276
國人弗諱/上46
國人說之/下45
國人甚安/下104
國人愈危身愈危累則
　失賓之情矣/上152
國人稱善焉/上50
國將有不誅者乎/上333
國之亡也/上272,中179,233
國之人常豺不苦/中160
國之殘亡亦猶此也/中208
國之存也/上272
國之興也/下179
國治身逸/下20
國必廣大/上379
國必滅亡/中380
國必安矣/下153
國必有君/中271
國必殘亡/中106
君可以出矣/中420
君擧臂而指/中291

君呿而不唫/中291
軍驚而壞都舍/中171
君固愁身傷生以憂之
　戚不得也/下29
君恐不得爲臣/上368
君過而遺先生食/中187
群狗相與居/中373
君子則正/上249
君其圖之/下155
君其勿疑/中159
君其重圖之/中196
君其許之/中380
君寧死而又死乎/中379
軍大辛多而不能鬭/上245
君道立也/中391
君道何如/中391
君獨不聞成王之定成
　周之說乎/中400
君同則來異則去/中29
君令不行/中122
君令赦之/中349
君利勢也次官也/中363
君無乃爲不好士乎/中187
君民孤寡而不可障壅/中241
君反國家/下133
君服性命之情/中256
君不若遺之/下117
君不肖君也/下131
君不禮也/中354
君不若使人問之/中387
君不若使人命守其本/上368
君不任其命/中192
君不知不可謂智/中380
君非麗姬居不安食不甘/中354
君非自知我也/中187
軍師皆諫曰/下15
君使宮人與鶴戰/上330
君相當六月而不戰/下178
君誠知我而使我單能/中443
軍雖不惠/中426
群臣皆恐且請移之/上189
群臣皆說/下184
群臣敬諾/中92
群臣多諫於太子者日/下15
群臣大說/中289
群臣亂王/下38
群臣亂擾/中243
群臣莫敢諫/中437
群臣莫敢諫王/中437
群臣父子夫婦/上175
君臣父子夫婦六者當位/下175
君臣不信/中377
君臣不定/中243
群臣賓客所獻書者/中205
群臣相疑/中275
群臣相賊/上193
群臣上下之所以立也/中178
群臣上下親疏之所由起也/上232
群臣易操/中243
群臣擾亂/中219
群臣離散/上74
群臣爭之日/中387
群臣之謀又莫吾及也/中435
群臣之際者/中320
群臣或賢或不肖/中207
君者以無當爲當/中237
君若得而臣之/中124
君若得而封之則大名/中280
君若不欲則可也/中23
君若欲之諸侯伐之/下23
君若欲治國彊兵/中253
群孽大至/中106
君與絕孤處於國/下153
君亦許之而已/下83
君延年二十一歲/上191
君曰大國爲懽而子逆之
　不祥子釋之/中131
君曰勿身/上99
君曰善/中297
君曰吾以其耳也/中246
君曰何故/中330
君王者伐齊而勝之/下93
君王之令必行於上國/下93
君欲置相/中385
君欲霸也/中253
君用其言而賞敎其身/上83
君又不足以治之/上206
君爲明君/中96
君爲行/中380
君有至德之言三/上191
君因斬崖塞谿以迎鍾/中131
君子計行慮義/下42
君者固無任/下173
君子達於道之謂達/中99
君子無行咒步而忘之/中60
君子不與交友/上131
君子不由/中47
君子小人/上186
君子審在己者而已矣/下143
君子齋戒/上145
君子齋戒處必岑/上318
君子在憂不救不祥/下18
群者衆也/上416
君子之德長且大者/上318
君子之自行也/中113,343
君子之學也/上131
君子自藏則莫之敢禁/中250
君子必在己者/上113
君將賞其本乎/下120
君將擾之乎/下29
群帝所食/中68
群鳥養羞/上227
君從以難之未晩也/中368
群衆不周/中258
群之可聚也/中391
君之功也/中205
君之賂以欲岑鼎也/上274
君之明也/中96
君之立也出於長/上206
君鑿池不知天之寒也/下173
君賤人則寬/上249
君則不寒矣/下173
軍必有將/中271
君笑不納之/中159
君笑患哉/中246,下173
君笑患焉/中129
君賢者也/下131
群賢不從自匿/下135
君乎難不可以舍我乎/上62
屈產之乘/中129
躬耕帝籍田/上28
窮困無以自進/中387
宮室居處/中372
窮之道之謂窮/中99
窮於陳蔡/中99
窮亦樂達老樂/中99
窮矣賤矣/上355
窮而不知其窮/中258
窮之罰之也/上214
宮之奇諫曰/中129
宮徵商羽角各處其處/上111
窮則觀其所不受/上106
權輕重審大小多建財/中267
桧桧乎后之爲人也/中338
權鈞則不能相使/中262
權威分移/中229
權而用其長者當舉也/中387
權而不得/中256
厥也愛君之醜也/中423
厥也愛我/中423
蹶有患害也/中155
厥之加之於背/下88
貴其意也/中122
貴其志也/下201
貴乃薦伃誠/上167
貴德貴貴貴老敬長慈劬/中57
貴樂弗爲變/中420
歸未有時相見/下52
貴富而不知道/上36
富貴顯嚴名利六者/上165
鬼神不害/下68
歸已君乎/下68
歸而糧絕/中143
歸而賞有功者/上321
歸而欲勿予/中380
歸而因大亂之餘/下121
貴人相與射吳起乎/下37
鬼將告之/下139
歸之於鄭/中354
歸之者非獨衛也/中375
貴知化也/下90
貴賤相輕/中377
貴賤少長如一/上119
貴賤長少賢者不肖相與同/上209
貴賤之等級/上287
貴賤之別/上175
貴則觀其所進/上106
歸則愧於父母兄弟/上134
貴乎天子/上232
貎氣不通/中424
貎滿則盡任力矣/中33
揆吾家苟可以催耦饒糅者/上269
貎藏不通/下66
窺赤肉而烏鵲聚/下143
揆之以量/中40
菌改入之/下135
均琴瑟管簫/上144
鈞其死也/上380
均薪施火火就燥/中27
均者其生也必起/下218
殛鯀於虞而用禹/下18
戟非矛也/中340
極星東西俱游/中24
極也不能用威適/中369
極言之功也/下89
戟亦兵也/中340
郄宛不我貴人也/下45
郄宛欲飮令尹酒/下45
郄宛將殺令尹/下45
極遠極勞/下64
克夷而後去之/中212
極日月之所燭/中350
棘者欲肥/下210
鄰子虎不敢固辭乃受矣/下121
極則復反/上148
極則必反/下138
謹耕耨之事/中87
筋骨不足以從利辟害/中391
筋骨瑟縮不達/上161
筋骨欲其固也/中417
筋骨沈滯/上69
近梁五優施/下110
勤勞恆民/下34
近臣盡規/中419
謹養之道/上129
勤以待時/中76

경・전문(經傳文) 자구 색인 239

勤者同居則薄矣/中29
勤天子之難/中159
今可得其國/中345
今可以王齊王/下35
今甲子不至/中165
今去境五十里/中380
今擧大木者/中311
今蘧伯玉爲相/中415
今去西河而泣何也/中341,中443
今乞所以養母/上352
今故興事動衆/上189
今哭而送之/中196
今功伐甚薄/中47
今公行子多者數百乘/中316
今寡人實不若先生/中313
今管乃乃以容貌音聲/中297
今魁死而王攻齊/中428
今丘也拘仁義之道/中99
今君見釁念義患/下155
今君王見殆不足益所有餘/下37
今君有憂色何/中124
今君讒人之議/中341,中443
今諶未有功/中282
今敲滿矣/中33
今祔服回建/中198
今金贏勝故/中26
禁嗜慾安形性/上318
今祈矣論先王之德/下18
今多不先定其是非/上301
禁言則不行/中369
今大王萬乘之主也/中151,153
今大王曰/中320
今得而務疾逃之/上355
今樂而益齡/中420
今亂而無責/中243
今來而得死/上252
今合尹父用之殺衆不辜/下45
今蘭離佀石入秦/中283
今孟嘗君之地方百里/上368
今兔子於患/中185
今繆公鄉之矣/下119
今無他而欲爲堯舜許由/中313
今無道不義存/上214
今無存者矣/中182,360
今無此之危/上294
今民衣弊不補/中173
今病在於朝夕之中/上46
今兵之來也/上223
今服而攻之/中89
今夫攻者砥厲五兵佗
  衣美食/上277
今夫君之不令民/上299
禁婦女無觀/上89
今夫射者儀毫而失牆/中175
今夫塞者/下20
今夫蟪蟬者/下22
禽夫差戮吳相/上264
今夫惑者非知反性命之情/中42
今不見符/中356
今不聞其聲而以其容輿臀/中291
今不別其義輿不義/上216
今不爲而知其不可解也/中239
今不接而自以爲智忤/中189
今非徒矣於刑戮死辱也/下127
今使爵祿鴻鵠鳳皇慮/中400
今死而弗往死/中396
今徙之是末國之求韜者
  不知吾處也/中414
今使天下書銘於君之前/中29
今使楚人長平戎/上138
今賞罰甚數/中398
今昔臣夢受之/下142
今釋越而伐齊/中93
今昔天子夢西方有日/中119
今昔葵惑其徙三舍/上191
今說景公/中344
今誠利將軍司死/中347
今世皆稱簡公良公爲賢/中203
今世上卜筮禱祠/上96
今世俗大亂之主/上293
今世俗之君子/上65
今世之說者/上122
今世之言治/中357
今世之僕兵疾設者/上209
今世之人多欲治其國/中303
今世之人主/中365
今世之人主皆說世勿失矣/上111
今世之人者/上33
今世之主法先王之法也/中171
今世之逐利者/上355
今世之惑/上32
今召客者酒酣/下169
今壽國有道/下64
今受其先人之爵祿/下27
今雖未能王/中141
今修兵而反以自攻/上32
今錦衣吹笙因也/中167
今雖柔豬堅於木/中385
今水已變而益多矣/中171
禽獸胎涓不殖/上193
琴瑟不張/上101
今施布衣也/中313
今臣將有遠行/中192
今我得地之道/中424
今我非其主也/上311
今我何以子之千金劍爲乎/上306
今晏子見疑/上352
今晏子功兔人於陌矣/中185
今謁者駕曰無馬/中309
今也見客之志/上185
今也報其情死/下104
今夜辱吾/中342
今御驪馬者使四人/中271
今焉知無百里笑哉/中96
今焉知天下之無平阿餘
  子與叔無孫也/中341
今汝拔劍則不能擧臂/上328
今女欲官則相位/中139
今嬰之命者何懸矣/中407
今吾倍時以爲偏枯矣/下158
今吳越之國/上264
今五音之無不應也/上111
今吾笑爲處乎此哉/上361
今吾好士六年矣/中438
今王得茹黃之狗/下88
今王非賢主也/中428
今王塞下之口/中419
今王勝天/下100
今王爲大室/中437
今王寢疾五日而地動/上189
今外之則不可以拒敵/中358
今辱之如此/中111
今又私患/下104
今又往死之/中396
今又王齊王/下35
今虜夏殷周無存者/中284
今越人起師/下153
今爲殘子矣/中171
今有良醫於此/下20
今有利劍於此/上238
今有寶劍良馬於此/下139
今有聲於此/上34
今有樹於此/上320
今有臣若此/中330
今有羿逢蒙/中328
今有人於此/上224,298,
  中47,56,231,283,
  下26,179
今有人於此以隨佚之珠/上65
今有千里之馬於此/上266
今以木擊木則拊/上236
今以金輿搏兵以示兒子/上308
今以不穀之不肯也/中435
今以脣越之材/下140
今以衆地者/中229
今人臣死而不當/中431
今人曰某氏多貨/中36
今日吾民欲服海外/上189
今日南面/上252
今日釋璽辭官/中275
今日將教子以秋駕/下142
今日之事我爲制/中214
今日之戰/中127
今子諫何故/中288
今者客所拎斂/中192
今子得兔而去之亦善矣/上328
今子得而舍之何也/中331
今者夢見先君/中248
今玆美禾/下210
今者臣適之/中179
今子爲非子之事/下119
今自以賢過於堯舜/下106
今者任座之言直/中131
今者戰亡戟得矛/中340
今子之衣襌縕也/中309
今將令民以此見之/中173
今將輸之粟輿之食/中89
今葬有日矣/下15
今適何也/下179
今氏之德行無所於積/中124
今尊不至於帝/上125
今周見殷之僻亂也/上361
今周室旣滅/中44,183
今主欲留而不許/中420
今之饑此越之輻而吳
  之禍也/中89
禁止伐木無覆巢/上30
今之法多不合乎古之法者/中169
今之世當之矣/中44,183
今之世之寒矣至熱矣/上83
今之學者多非乎攸/上212
今之所爭者/下29
今之古也/上336
今至我而辭之故何也/中398
今之於後世/上336
今之爲車者數官然後成/中237
今之人貴能射也/上31
今之人學紆/上310
禁之者是息有道/上214
今晉公子之從者皆賢者也/中354
今秦令缺矜/下52
今晉文公出亡/上355
今秦王獨不助趙/中306
今秦欲攻魏/中306
今室閉戶牖動/上187
今此相爲謀/上357
今處官則荒亂/中46
今妻子有饑色矣/中187
今天下彌羣/中36
今天下闉/上361
今聽而不復問/中387
今擇而不去二人/中385
今割國之錙錘矣/中324
今行數千里/中196
今行者見大樹/下63
今賢非堯舜湯武也/下127
今惠王之老也/中219

今惠子之遇我尙新/中318	其功已成/下25	其樂甚美於是襄子曰/中92	其兵之於天下也/上232
今虎非親言者也/下121	其肱一臂三面之鄕/下66	其亂加矣/中165	棄寶者必離其咎/上152
禽滑釐學於墨子/上80	欺交反主/下53	其亂甚矣/中165	其福無不及也/上193
今侯渫過而弗辭/中441	其謳歌而引/中153	其亂至矣/中165	其僕曰君胡爲軾曰/下179
及匡章之難惠子以王齊王也/中52	飢狗盈窖嘷然/中78	其令信者其敵詘/上232	其僕曰然/下179
及歸廬所以取代/中92	其求之彌彊者/上104	其利不利/下61	其僕曰嫗舍吾右宰穀臣之觴吾子/中441
及其穿井告入曰/中73	其國乃饑/上146	其離仁義亦遠矣/下25	
及其莽年也/中37	其國乃昌/上107	其吏普卜其故/上187	其僕謂吳起曰/上341
及文王之時/上97	其君令烊人養之/中63	其利害在察此論出/上213	其僕謂之曰/中443
及禹之時/中26	棄君之命不信/下97	其隣假以買取鼠之狗/下190	其僕將馳/中407
及魏圍邯鄲/下193	其竅通則比干不死矣/中95	其隣之父梧樹之不善也/中221	其本也者/上175
及應空洛之遇也/中38	其根不屬也伏答是/上277	其隣之子非變也/中32	其封建衆者其臨長其名彰/中264
及而殺之/中111	其器高以牬/上115.171	其隣疲其後足/下190	起奉公子重耳以攻懷公/下110
急者欽緩/下210	其器高以粨養壯佼/上143	其隣畜之數年/下190	豈不可哉/下35
急爭之而不能得/上324	其器宏以拿/上285.315.345	其馬不進/中362	其文告之/中292
及帝之大臣/上346	其器廉以深/上227.255	其馬必敗/中367	豈不過哉/下20
及之國郊/上352	其器疏以達/上25.55.87	其亡遇湯武也/中87	其父母以爲然/中104
及秦墨者之相妬也/中35	其器廉以深/上201	其名無不辱者/中196	肌膚不足以扦寒暑/中391
急疾捷先/上236	其氣也不屬天/上196	其名無不榮者/中45.196	豈不悲哉/上64.71.下106
及湯之時/中26	嗜其脯則幾矣/中133	其名曰雲旃/上196	其父死而不敢辭哭/中192
及饗日惟門左右而寘甲兵焉/下45	其器圓以掠/上176	其名曰衡/上196	其不相知/上64
	莽年乃得之曰/下190	其名曰滑馬/上196	其不善也豈特宮室侈/下169
矜過善非/中119	莽年而有扈氏服/上101	其名又甚不榮/中153	其雖善游/中172
矜服性命之情/中252	其寧生而又生乎/中379	其命維新以繩/上167	其父信之曰/下59
矜勢好尤/上136	其耨也去其兄而養其弟/中220	其名蚩尤之旗/下59	其父曰吾恃爲鞠以食三世矣/中414
矜勢知智/上69	其耨六寸/下210	其母常識之/下59	肌膚欲其比也/中417
其家多爲組也/中33	豈能獨狀/中106	其貌適吾所甚惡也/中73	豈不宜哉/下119.140
其可得用亦多/中371	其能使之也/上111	其目非不可以見也/中243	其父竊羊/上333
豈可不察哉/上252	豈能蹯五湖九江/中89	其無不可用也/中91	其之忍/中193
其可與言樂乎/上149	其能致主霸王/上369	氣霧冥冥/上319	其父出而見商咄/中34
起賈曰公甚賤於公之主/中324	孿能和之以平天下/下72	其無辭乎/中38	豈不惑哉/下27
豈可爲之隣哉/中221	其多不若少/中264	其無使齊之大呂陳之廷/下80	其分審也/上111
其可以免乎/上189	其當世之急/下31	其爲爲相安利也/中439	其不可漫以污也/上358
其可以移之乎/上189	豈不久哉/中318	豈無鄭衛之音哉/中311	豈不難哉/中46.172.220
起賈出遇孟卯延曰/中324	豈不其言哉/中143	豈無他士/下70	其不鳴將以驚民則也/中289
其干戚之音在人之游/下80	其大無外/中135	其味甘其臭香/上176	其不飛將以長羽翼也/中289
其甘雨則不降/上193	其大不若小/中264	其味苦其臭焦/上115.143.171	豈不悲哉/上298.342.中171.301.400
其皆入室/上257	其大若山陵/中296	其米多沃而食之彊/下221	
其去聖王亦久矣/中37	豈得言哉/上282.中294	其味酸其臭羶/上55.87	豈不甚哉/上355
其去俗亦遠矣/上185	其大益百畝/中437	其味辛其臭腥/上201.227.255	其不如在民也/中284
豈遠心哉/中331	其道固窮/中258	其未遇時也/中95	其不如在上也/中284
棄劍以全己/中404	其道固無二也/中246	其味鹹其臭朽/上285.315.345	豈不遠哉/上357.中187.193.397
其劍自舟中墜於水/中172	其道無他/中141	其民麋鹿禽獸/中393	豈不宜哉/中214
其輕於韓又遠/下29	其獨兵乎/下185	其民不爲用也/中359	驥不自千里也/中64
旣局而又閉/中235	其獨以亡何故/中366	其不好空言虛辭/中256	其不知丘亦甚矣/中344
其苦愁勞務從此生/中106	其動人心不神/中332	其民非不可用也/中358	幾不出乎魏庭/中313
其故乃信其羞爲史也/下194	氣同則合/中27.410	其民日君之所予位祿者鶴也/上330	豈不惑哉/上293
其故人反興再拜而信之/下194	其得魚也大/上245		豈不獲得/中83
其友人不信也/下194	其得用亦少/中371	其民聚生群處/中391	豈非命也哉/中187
其故人謂唐尙願之/下193	其得中繩也哉/中383	其民必怨/上154	豈非用賞罰當邪/中85
其故何也/上291.294.310.下35	其得至乾侯而卒獨追/中216	其博八寸/下210	其非有甚於白圭/上318
祈穀於上帝/上28	其得之以公/上44	其罰愈疾/中300	豈非以自譽邪/中223
其功可使倍/上213	期得之則可/中342	其法皆不同/中171	其讐何如/中231
	其樂不樂/上197		

경·전문(經傳文) 자구 색인 241

其社蓋於周之屛/下80
其師望而謂之日/下142
其鬥不可/上121
其祀門祭先肝/上201.227.255
祈祀四海大川名原/上317
其可城子罕之謂乎/中414
其使誰嗣之/中203
其事雖殊/下95
其辭甚刻/下178
其辭若是也/中400
其辭曰不與崔氏而與
  公孫氏者/中407
其辭曰先出也衣絺紵/下80
其辭曰惟余一人/中400
其辭猶不可服/中304
其事已集矣/下45
其祀竈祭先肺/上115.171
其士卒衆慝宿多壯矣/上357
其祀中霤祭先心/上176
期思之鄙人有孫叔敖
  者聖人也/下126
其事則金/中26
其事則木/中26
其事則水/中26
其事則土/中26
其事則火/中26
其祀行祭先腎/上285.315.345
其祀戶祭先脾/上55.87
其產復則重徙/下201
其產約則輕遷徙/下201
箕山之東/中68
其三年不動/中289
其霜雪則不時/上193
其嘗所用不過五石/下106
其上有涌泉焉/中68
其祥一也/中34
其色尚白/中26
其色尚赤/中26
其色尚靑/中26
其色尚黃/中26
其色尚黑/中26
其色若碧/中68
其色如玉/中68
其索之彌遠者/上104
其生多驚/中119
其生之與樂也/上154
其生必傷/上154
其緖餘以爲國家/上65
其說固不行/中246
其設闕庭爲宮室/中296
其說我有大甚者/中318
其說忠臣之聲與賢主同/下115
其星角亢氏/中21
其城郭庫/中36
其星箕斗牽牛/中21

其星東壁奎婁/中21
其星婺女虛危營室/中21
其星房心尾/中21
其星輿鬼柳七星/中21
其性禮其事視/上115
其星昴畢觜/中21
其星有熒惑有彗星/上196
已成而天子成/中68
其星觜觿參東井/中21
其星張翼軫/中21
其勢可穴也/中36
其勢固不安矣/上294
其勢不俱勝不兩立/上221
其勢不厭尊/中264
其細者以劫弱暴寡也/上312
豈小功也哉/下15
其所求者瓦之間隙/中400
其所能接/中188
其所同彌精/中29
其所同彌粗/中29
其小無內/中135
其所寶者異也/上304
其所非乃/上301
其所非也/上301
其所生長者不可耳/上138
其所是乃/上301
其所是也/上301
其所欲者之遠/上111
其所謂非未嘗非/上39
其所謂是未嘗是/上39
其少魏王大甚/中319
其所爲欲同/中169
其所爲異/中169
其所謂正/上192
其所以加者義/中80
其所以得之/下64
其所以聞見甚淺/中246
其所以相者不同/中444
其所以爲照/中188
其所以入之與人異/中437
其所以爲/中246
己所制也/中47
其所唱適石走/中153
其所取彌精/上308
其所取彌粗/上308
其所擇而莫如己者亡/中435
其粟圓而薄糠/下221
其誰可而爲之/上50
其誰能當/中365
其數不得不然/中440
其樹若林藪/上296
既受息實/中106
其誰以我爲君乎/上191
其數八其味酸/上25

其孰不與者/下50
其熟也欲相扶/下218
其術一也/下61
其時顧也/下138
其視貴富也/中338
其始相助/下48
其始若秋旻/中209
其視爲天子也/中370
其視爲彭祖也/中370
其時有臣不子囊輿/中347
其視有天下也/中370
其時已與先王之法虧矣/中171
其視天下若六合之外人
  之所不能察/中338
其施土也均/下218
棄食不祥/中248
其神句芒/上25
其神句芒其宗鱗/上55.87
覊神於世/上136
其神尊敎其蟲毛/上201.227.255
其臣之言直/下131
其身之忍又將何於君/中192
其神祀竈其蟲羽/上115.143.171
其臣蔽之/中250
其神玄冥其蟲介/上285.315.345
其神后土其蟲鱗/上176
其實無不安者/中45.下196
其實無不危者/中46.下196
其室培濕守狗死/中36
其實不厭多/中264
其實人則甚不安之/中153
其失之必以偏/上44
其非不可以知也/中243
其深殖之度/下210
其心以忠也/中127
期十五日而成/下17
其樂不勝/上149.154
其野人大說相謂曰/中113
其於國也/上46
其於利民一也/下35
其於物無不受也/上35
其於物也/上46.69
其於聲色滋味也多惑者/上34
變於是正六律和五聲/下72
其於應侯交也/下53
其於人也/上46.361
其於人必驕之以理/上71
其與桀紂同/上68
其與橋言無擇/中304
其與伯成子高周公旦
  戎夷也/下397
其如舜也/上106
其與燕爵之智不異矣/下196
其與燕雀之智不異矣/中52
其與人穀言不異/上38

其餘盡舞於季氏/中216
其與秦之野人相去赤遠矣/中345
己亦得其所欲/中153
期吾君驟/上251
驂驌綠耳背日而西走/上161
其王年少寡智寡才輕/中89
其王不久矣/下376
其王不難矣/中36
其王遇桀紂也/中87
其妖孼有生如帶/上196
其要必因人所喜/中32
其欲名實也/中46.下196
嗜欲不辟/上149
嗜欲易足/上104
豈用彊力哉/中147
其用半年/下213
其用齒角爪牙也/上247
其友皆誠信有行於善/下145
其皆孝悌純謹畏令/下145
其右攬其一軶適之/下179
暗時也/中95
其愚心將以忠於君王之身/上321
其耰也植/下218
其友曰莫如學/下140
其友曰自以爲不知故去/中396
其友謂竈者曰/上352
其友謂之曰/中395
其友因奉以託/上352
其右從後對曰/下179
其雲狀有若大/上196
其雄鳴爲六/上163
其願見之/下37
豈越越多業哉/中68
其月有薄蝕有暉珥有偏旦/上196
其爲宮室臺榭也/上42
其爲利甚厚/上294
其爲晦也/下216
其爲民利一也/下175
其威不威/下61
豈謂不慈哉/下59
其爲三萬五萬尙多/中358
其爲聲色音樂也/上42
其爲輿馬衣裘也/上42
其爲欲使一也/中372
其爲飮食酏醴也/上42
其爲人甚險/中218
其爲人也/上349
己爲人之所惡/中165
豈爲一人言哉/下13
其爲諸侯師/下140
其爲竈突近也/中52
其爲竈突近矣/下196
幾爲天下笑矣/中437
其爲害也亦大/上245
其爲賢者慮/中400

其爲禍也亦大/上245
其惟江上之丈人乎/上306
其惟莒乎/中291
豈有里數哉/下122
其有辯不若無辯/中304
其有辯乎/中38
其有父者可知也/上123
其有師者可知也/上123
其唯士乎/中422
其唯先有度/中220
既有成矣已/中50
既有成已/下200
其唯聖人矣乎/中270
其有所自而得之/中93
其唯信乎/中377
其唯深見此論邪/中363
其由甚微/上245
其有若此者/上289
其唯有道乎/中429
其唯仁且節輿/中414
其唯子產乎/中139
其唯翟黃乎/下131
其唯知反於己身者乎/上102
其唯知長短贏絀之化邪/中275
己有之則天地之物畢爲用矣/中376
其惟此邪/中131
其唯此也/上304
其由此歟/下121
其有處自狂也/中241
其有侵奪者/上318
其惟賢者也/上266
其惟和調近之/中111
嗜肉者非腐鼠之謂也/上66
其晉角律中姑洗其數八/上87
其晉角律中夾鐘其數八/上55
其晉宮律中黃鐘之宮
其數五/上176
其晉商律中南呂其數九/上227
其晉商律中無射其數九/上255
其晉商律中夷則其數九/上201
其晉若熙熙淒淒蕭蕭/上163
其晉英英/上163
其晉羽律中大呂其數六/上345
其晉羽律中應鐘其數六/上285
其晉羽律中黃鐘其數六/上315
其晉徵律中蕤賓其數七/上143
其晉徵律中林鐘其數七/上171
其晉徵律中仲呂其數七/上115
其何類吾夫之甚也/中394
其晉匈匈/上196
其衣服冠帶/中372
其儀不忒/上98
其義不行也/下117
其義不臣乎天子/上352

棄義聽讒/中175
其義則不足死/下358
既而國殺無知未有君/下39
其已東至開梧/上246
饑而不食/中89
其已安之也/上293
其以爲樂也/上149,193
其以爲安也/中141
其以義進退邪/中431
期也一月/中415
其人苟/上121
其人求金甚多/中301
其人拜之以牛/上210
其人不說曰/上221
其人事審也/中365
其人事則不廣/中155
己因以知聖對昭王/中282
其甲乙/上25,55,87
其日庚辛/上201,227,255
豈一道哉/下153
其日丙丁/上115,143,171
其一鴈能鳴一鴈不能
鳴請奚殺/中109
其日有鬭蝕有倍僑/上196
其一人居東郭/上334
其一人居西郭卒然相
遇於塗曰/上334
驥一日千里車輕也/下138
其日壬癸/上285,315,345
其任小故也/中340
其子恐必死/上276
箕子狂惡來死桀封亡/上107
其子豈遽善游邪/中172
其子殺人/上51
箕子商容以此窮/上301
其子泣而觸地曰/下59
其子長而反其璧/上441
其自藏之奧在於上奚擇/中284
其子之忍/中192
其殘亡死喪/上196
其狀賊然不償/下189
其賦武通於周矣/上351
其長三寸九分/上163
其長也欲相與居/下218
其長也智/上47
其狀若鯉而有翼/中68
其藏於民心/上232
其民微子啓/上335
其莊王之謂邪/中289
其在於民而君弗知/上284
其在於上而民弗知/上284
其財足以禮天下之賢者/中141
其政乖也/上158
其情難得/中119
既靜而又寧/中235

其情一體也/上70
其情不相當矣/上296
其政險也/上158
其帝少皥/上201,227,255
其齊甚微/中67
其帝炎帝/上115,143,171
其弟子爲王視齊寇/下104
其弟子徐弱諫孟勝曰/中357
其帝顓頊/上285,315,345
其帝太皥/上25,55,87
其帝黃帝/上176
其朝臣多賢/下145
其蚤者先時/中216
既足以服四荒矣/中50
既足以成帝矣/中50,200
既足以成顯名矣/中50
既足以成顯榮矣/下200
既足以王道矣/中50
既足以王通達矣/中200
既足以王海內矣/下200
既足以正殊俗矣/中50
其尊彌薄/上66
其尊師甚此/上123
其卒果破齊以爲功/中320
其卒民果作難殺子陽/中187
其卒日汝天下之國士也/上328
其卒遞而相食/上357
其佐多賢也/中416
嗜酒甘而不能絕於口/中127
其主無由接故也/中189
其主不知/上196
其主弗知惡/中178
其主使之也/下169
其主任之也/上306
其主安輕/中275
其主安重/中275
其主必殺之/中165
其主賢其相仁/中414
其知彌少/中237
其知彌多/上308
其智彌精者/中29
其智彌知者/上308
其智彌鞴者/中29
氣志視聽動作無非者/中205
寄之我也/中441
其智若鏌矢也/下39
己之有也/下376
幾至將斫而後死/下40
其志在養藥豕豕不在鼠/下190

其之敵而不知其所以然/中350
其知之審也/下59
豈盡殺諸侯之使者哉/中429
其眞忍其父之不能反也/下59
其次可以霸也/下35
其次求諸人/上104
其次乃藉臣/中208
其次無事/中237
其次不循理必數更/下155
其次非知叡於五帝三王
之所以成也/下42
其次非之謂乎/中404
其次羊以節/下226
其次曰受德/上335
其次曰中衍/上335
其此義邪/中233
其次以功/上106
其次以兵/上215
其次以事/上106
其次以賞罰/中358
豈且忍相與戰也/下52
其次定一國/上349
其車足以乘天下之賢者/中141
其次知其不知/中42
其次之謂也/中372,下25
其此之謂乎/上301,中429
其妻望而拊心曰/上187
其處於周也/下175
其處於秦也/下175
其處女與吳之邊邑處
女桑於境上/中212
其妻目狀貌無似吾夫者/中394
其妻遙聞之/中92
其聽皆若咎犯者邪/中159
其推之彌疏/上104
其祝曰從天墜者/上310
其祝竈祭先肺/上143
其出彌遠者/中237
其蟲鱗其晉角/上25
其臭壇其祀戶祭先牌/上25
其臭香其味甘其氣辜/上227
其治薄者其樂治薄/上187
其治不治/中316
其治厚者其樂治厚/上187
己則變矣/中32
起則誦之/上215
其親戚兄弟妻妾知識/中104
其土苴以治天下/上65
豈特驥遠哉/上261
其霸西戎/下119
其霸猶少/下153
風雨則不適/上193
豈必彊說乎哉/上280
豈必苦形愁慮故/下20
豈必旗償將斃而乃知

경·전문(經傳文) 자구 색인   243

勝敗哉/中416
豈必勞形怵愁弊耳目哉/中250
豈必伏罪哉/中349
豈必用枹鼓干戈哉/上234
其必有死/上291
其必以嚴罰厚賞哉/中350
其必此之由也/中141
饑寒人之大害也/上248
豈亢責也哉/中340
其害稼亦甚矣/中316
祈奚曰吾聞小人得位
　　不爭不祥/下18
其幸大者其禍亦大/中101
莫幸以得活/上357
其行孝曰養/中60
其賢不肯與爲天子同/中95
其賢於孔墨也遠矣/中151
其英二七以爲族/下225
其兄曰如報其情/下104
其好之者是也/中234
其禍無不逮也/上193
其患不聞/中180
其患雖得之有不知/上325
其患又將反以自矣/中258
其患有物可以入而不入/中326
其患在平所謂賢從不肖也/中223
祁黃羊可謂矣/上50
祁黃羊對曰解狐可/上50
祁黃羊之論也/上50
其後果敗/下161
其邱成子之謂乎/中441
其後又使人往視/下104
其後在於魯/上79
其後齊日以大至於霸/上339
其蔽彌甚者也/上66
桔乎其若陵上之木/下192
金木異任/上175
金柔錫柔/下157
金鐵皮革筋角齒羽箭
　　幹脂膠丹漆/上91

〔ㄴ〕

裸入衣出因也/中167
亂國令其民爭爲不義也/中373
亂國之俗/中299
亂國之主未嘗知樂者/上192
煖氣早來/上59
亂難時至/上69
亂難之所以時作也/中393
難animoso以物而必不妄折/下189
亂莫大於無天子/中44,183
亂莫大焉/中36,231,下60
亂未嘗一/下110

亂辭之中又有辭焉/中305
亂世當之矣/中78
亂世之民/中37
亂世之民嘆然/中78
亂世之樂與此同/上152
亂世之樂與有似於此君
　　臣失位/上149
亂世之音怨心怒/上158
亂世則慢以樂矣/上187
欒水齧其墓/下15
難after非則行飾/中382
暖而有餘也/下163
亂而弗討/中412
難而懸之/上134
難者自白所以爲不初也/下159
亂之所由起而已矣/中223
難瞻則失親/中382
亂則用治則止/中412
亂則愚者之多幸也/中101
亂必有弟/下107
南家工人也/中413
南家之牆壁於前而不直/中413
南宮括對曰/中400
南極之崖/中68
南女貿功以長生/下203
男女切倚/中178
南呂生姑洗/上177
南面稱喜而不以授大/下189
南撫多嬰/中246
南方曰巨風/上21
南方曰炎天/中21
南方爲荊州楚也/中21
南北亦五億有九萬七千里/中21
南北二萬六千里/中21
南陽無令/上50
南呂之月/上180
南至交趾孫樸續滿之國/下66
南至北戶/中371
南至石梁/上241
南海之矩/中68
南鄕視者不覩北方/中32
內擧不避子/上50
乃見段喬/下17
乃告舟備具于天子焉/上88
乃矯鄭伯之命以勞之日/中198
乃勸種麥/上229
乃能解其一/中239
乃女災/上175
乃大得人也/中233
乃大得知也/中233
乃得行其術於宣文/中331
乃登爲帝惟天之命/上163
乃量吾國不足以傷吳/上264
乃令其妾候/上183

乃令復役/中291
乃令賓者延之出而上/中291
乃令幽王好小說以致大滅/下57
乃令重黎擧爕於草莽
　　之中而進之/下72
乃禮天子所御/中56
乃命大會秫稻必齊/上316
乃命同姓之國/上348
乃命四監收秩新絭/上346
乃命司服具飭衣裳/上228
乃命樂師習合禮樂/上116
乃命虞人入山行木/上174
乃命虞人入材葦/上172
乃命有司曰/上257
乃命有司趣民收斂/上229
乃命周公爲作大武/上167
乃命太史/上348
迺命太史守典奉法/上27
乃發太府之貨予衆/上171
乃伐薪爲炭/上259
乃復賜之脯二束輿錢/中143
乃不利有知不利之利者/下42
乃拊石擊石/上165
乃負石而沈於募水/中338
乃不釋皮冠而見之二子/下183
來不假道/中431
乃不正矣/上192
乃不誅也/上333
乃不知類矣/中36
乃不知禍之將乃已也/上52
內史廖對曰/下117
乃使牽其拳膠其目/下124
乃使苟息以屈產之乘
　　爲庭實/中129
乃使人請食於吳/中89
乃使蕉魚矯殺郈雠郡鎊至
　　于朝而陳其戶/中434
內使制其身/中106
乃使郈昭伯將師/中216
乃殺文無畏於揚粱之隄/中431
乃殺費無忌/下45
乃參於上/中24
來商旅貨賄/上230
乃嘗魚先廟寢廟/上346
乃先善之/中92
乃先佯善蔡侯/中90
乃稅馬於華山/中122
乃收繭稅/上119
乃遂封於汝南輿之盟/下380
乃修祭典/上30
乃修閭扇/上58
乃神乃武乃文/中50
乃失其行/上99
乃按兵輒不敢攻之/下25
乃與要離俱涉於江/上328

乃輿晉成歸惠公/下110
內熱而死/中113
乃令鱣先爲樂倡/上163
乃往見范宣子而說也曰/下18
乃爲卻四十里/中431
乃爲麥祈實/上88
乃爲幀以冒而死/下93
乃爲三象以嘉其德/上167
乃爲桐棺三寸/中347
乃懿公之肝/上330
乃以康帝德/上163
乃以麋鞨置缶而鼓之/上165
來而讓不取其金/中210
乃因其類/上230
乃入巢門遂有夏/上240
來茲美麥/下210
乃自伐之精者也/上320
來者不可待/中36
乃自殺夫差又取其身
　　而流之江/下93
乃自投於穎水而死/中338
乃自賢而少人/中40
乃作爲破斧之歌/上182
乃之阮隩之陰/上163
內之則諫其君之過也/下393
內之則不可以守國/中358
乃請令周太史更著其名/中316
乃觸廷槐而死/下97
乃趣獄刑/上257
內則用六畡四隱/上106
內親群臣/上264
乃擇元辰/上28
乃通於天/中332,377
乃退而自殺/上366
乃畢行山川之祀/上346
奈何其假之道也/中129
奈何而可/中83
乃合於情/上332
乃行雖不修/中138
乃厚賞之/上322
女子行乎莖左/中202
年得主七十九十猶尙幸/中106
年六十而無所挫辱/中342
寧過而賞淫人/下18
寧國曰陳可伐也/下151
寧用臧爲司徒無用公/中324
魯季孫有喪/上302
魯季氏輿郈氏鬪鷄/中216
魯公以削/下339
魯國皆恐/中216
魯國去境數百里/中380
魯國以訾/中383
魯之法/中212
魯君聞顏闔得道之人也/上63
魯君曰天下主亦猶寡

人也將焉之/中279
魯君載他鼎以往/中274
魯君之使者至/上63
魯君請於柳下季/上274
魯君太息而歎曰/中331
魯君許諾/下124
魯君後得之也/中331
魯君後得之者/中331
勞農勤民/上117
勞農夫以休息之/上289
老聃聞之曰/上44
老聃則得之矣/上35
魯鄙人遺宋元王閉/中239
怒殺而去之/中212
路說曰公欲/中322
路說謂周頗曰/中322
路說應之曰/中322
魯昭聽傷而不辯其義/上
魯束縛而檻之/中153
魯雖削有齊者亦必非
　呂氏也/上339
勞手足煩教詔/下21
壚埴冥色/中220
怒甚猛獸/中424
魯哀公問於孔子曰/下72
老弱凍餒/中36
老弱盡殺之矣/中212
老弱罷民/上238
勞於論人/上78
怒於堯曰/中424
怒王孰之壞壤也/中189
怒王則摯必死/上324
魯有惡者/中34
勞而無功/中61
耒而賜地也/下59
老而解則無名/中420
魯人可謂外有重矣/中35
魯人不敢輕戰/下78
魯人不贐人矣/中210
魯人驚誦之曰/中202
魯人爲公臣妾於諸侯/中210
魯人有公孫綽者/中158
勞者欲息/下210
魯自此削矣/上339
虜齊侯獻諸天子/中140
怒之以驗其箭/上106
路之人曰/中340
魯請比關內侯以聽/中379
怒則說者危/上85
老耽貴柔/中270
魯惠公使宰讓請郊廟
　之禮於天子/上79
鹿角解蟬始鳴/上146
祿圖幡薄從此生矣/中444
祿萬檐金千鎰/上306

鹿生於山而命懸於廚/中407
祿之以家/上223
祿之以國/上223
祿之以里/上223
祿之以邑/上223
祿之以鄉/上223
祿之則不受/中139
鹿布之衣而自飯牛/上63
論皆若此/中226
論其輕重/上39
論其貴賤/上39
論其安危/上39
論其罪人而救出之/中223
論士殆之日幾矣/中205
論人者又必以六戚四隱/上106
論早定也/上70
論早定則早壽/上70
農攻粟工攻器賈攻貨/中207
農乃登黍/上144
農乃不惑/上29
農乃升麥/上117
農不敢什賈/下205
農不見于國/下203
農不上聞不敢私籍於庸/下205
農夫知其田之易也/下216
農不出御/下205
農不去疇/中119
雷乃發聲/上319
雷乃發聲始電/上57
雷乃收聲/上230
雷電之所以生/中24
雷且發聲/上57
累德者也/下165
耨柄尺此其度也/下150
累世而有一聖人繼踵也/中182
累我者也/下182
累矣而不毀/中429
耨之容辱/下221
能去哲病/中192
能決斷則能若雷電飄
　風暴雨/上243
能觀人之友也/下145
能其難不能其易/上355
陵轢諸侯/中119
能令辯者語矣/下167
能令勇者怒矣/下167
能令人主上至於王/下126
能不兩工/下78
能使士待千里者/上266
能生死一人/上224
能審因而加勝/下247
能若崩山破潰/上244
能養天之所生而勿攖之/上32
能兩活者平/下404

能與不能也/中361
能用非己之民/中361
能意見齊宣王/下78
能意者使謹平論於主之側/下78
能以久處其適/上155
能以要領之死爭其土之過/上84
能以爲城/中424
能以一治其國者/上151
能以一治其身者/上151
能以一治天下者/上151
能自爲取財者王/中435
能自知人/上270
能自取友者存/中435
能全支體/中58
能天之所生/中127
能尊生雖貴富不以累傷身/上27
能之長短/中444
能盡害天下之民/上84
能執無爲/中167
能聽吾言用吾道乎/中345
能治可爲管商之師/中369
能厚以理督責於其臣矣/中438
溺者非不笑也/上149

〔다〕

多洎之則淡而不可食/中319
多故不良/下192
多其教詔/中229
多類是而非/下74
多弗能兗而反說之/上122
多枇而不滿/下222
多枇厚糠/下224
多似順而不同/下150
多詐則巧法令/下201
多實尊勢/中264
多陽則痿/上41
多欲衆之/中365
多勇者則爲制耳矣/下60
多有所无/中32
多陰則躝/上41
多以富貴驕人/上64
多以不當/中178
多以性養物/上33
多以嚴罰厚賞/中357
多枝數飴/下225
多智則謀/中109
多風而陽氣畜積/中161
多患多怨/中116
多刀磨也/上358
段干木蓋賢者也/下25
段干木光乎德/下25
段干木不肯受/下25
段干木富乎義/下25
段干木之敬/下25

段干木之隆/下25
段干木晉國之大驥也/下127
段干木學於子夏/上80
段干木賢者也/下25
旦建星中/上55
斷毅而行/中131
段喬使人夜解其吏之
　束縛也而出之/下17
段喬爲司空/下17
段喬執其吏而囚之/下17
段喬聽而行之也/下17
斷其頭以爲觸/中85
短桐短穗/下224
旦娶女中/上115
搏米而薄糠/下223,224
斷薄刑決小皋出輕繫/上118
亶父非寡人之有也/中331
斷事從義/中416
斷事則謀不虧/中416
丹山之南/中67
丹栗漆樹沸水/下66
斷首以易冠/下26
短穗而厚糠/下223
斷兩節間/上163
旦蒼鱃中/上227
丹績之狗/中342
丹知寡人/下98
斷之於耳而已矣/中42
端直無戾/上95
端道之遠/上69
旦則有昏/下207
丹漆染色不貞/中377
單蕩精神盡矣/上236
丹豹好術/中113
妲己爲政/中176
達徒七十人/中101
達道通路/上180
達士者達乎死生之分/中402
達師之教也/下133
達子死齊王走莒/中133
達子又帥其餘卒/中133
達子之所以死之也/下80
達天性也/上127
達乎分仁愛之心識也/中401
達乎死生之分/中402
澹而不薄/中67
儋耳之居无君也/中393
湛籩必潔/上316
澹乎四海/中350
答曰弗知也/上272
答曰臣之父不幸而殺
　人不得生/上280
唐姑果恐其之親謝子
　賢於己也/中218

경·전문(經傳文) 자구 색인 245

當今之世/上99
當今之世濁甚矣/上211
當今之時/下22
當其馬前曰/中340
當其時而已矣/下35
當理不避其難/上349
當上已應/下100
當無私矣/下163
當法勿赦/上180
堂上三百戶/上437
唐尙說惠王而解之圖/下193
唐尙曰吾非不得爲史也/下193
唐尙曰衛君死/下194
堂上已應/下100
唐尙敵年爲史/下193
堂上盡應/下100
當是時也/上270,363,中200
當時而薄之/下213
唐鞅對曰/中310
唐鞅之對也/中310
當與得不在於君/中237
當堯之時/中398
當禹之時/中360
當罪以受罰/中343
當此時也/中205,326,下86
當樞之下無晝夜/中24
堂下盡應/下100
當惠王之時/中316
大甘大酸大苦大辛大鹹/上93
大羹不和/上159
大鼓鐘磬管簫之音/上153
臺高則多陽/上41
大官人臣之所欲也/中324
大矩在下/上371
大國命弊邑封鄭之後/中280
大國弗憐也/中280
大國不至/上198
大國若宥圖之/中431
代君以善馬奉襄子/中92
代君至酒酣/中92
代君許諾/中92
代君之巫從中出曰/中193
待其功而後知其舜也/中282
大饑乃來/下207
大器晩成/中201
大鐘鼓/中36
大亂君臣之義者無過此/中395
大亂五小亂三訓亂三/下107
大亂天下者/上331
大呂生夷則/上177
對吏曰殊不見人/中221
大粒無芒/下224
大莫不生/下210
大明不小事/中233
大兵不寇/上46
大本而莖葆/下224

大本而莖殺/下221
大夫無等則朝庭亂/中267
大夫之盧/中435
大不出鈞/上158
大汾冥阨荊阮方城殽井陘
　令疵句注居庸/中21
大不善於宣王/上269
大不義也/中304
大史調之天子曰/上202
大聖無事而千官盡能/中237
大聖至理之世/上178
大樹非人之情親知交也/下63
大水深灑成而魚鱉安矣/上101
大菽刖圓/下225
大剛小畝爲青魚脰/下215
大術之愚爲天下笑/中316
大臣皆諫曰/中92
大臣鄉士之死者以百數/中110
大臣同患/中119
大失生本/上69
大實年也/上219
大雅曰上帝臨汝/中48
大樂君臣父子之長少之所
　歡欣而說也/上151
大呂上/上180
大熱在上/上82
大獄一衣/中302
對曰甲惡於此/中153
對曰君臣/中50
對曰君問可非聞臣之子乎/中50
對曰君之國小/中67
對曰君次之/中178
對曰其向終君之身乎/中179
對曰冬日則寒/中153
對曰百姓不敢諫怨矣/中165
對曰宓子不欲人之取
　小魚中/中331
對曰不也/下119
對曰非也/下119
對曰謝子東方之辯士也/中218
對曰昔吾先君獻公卽
　位五年/下84
對曰薛不量其力/中147
對曰城郭高/下151
對曰松下亂/中428
對曰聞君子善謀/中291
對曰臣聞君子有三色/中291
對曰臣非歡諫也/中288
對曰臣比在晉也/中178
對曰臣之兄犯暴不敬之名/上321
對曰臣宦於絳/中143
對曰然/中291
對曰然凡事人以偽利也/中304
對曰然臣遇之/中367

對曰午可/上50
對曰有三善言/上191
對曰有鳥止於南方之阜/中289
對曰意惡能直/下78
對曰以妻怨/下45
對曰子以死爲顧可以
　見人乎/中304
對曰齊人累之/上185
對曰中山次之/中178
對曰晉不善/上178
對曰譏應勝良/中165
對曰天生民而命有別/中178
對曰妾望君之入也/中297
對曰驟戰則民罷/中366
對曰賢者出走矣/中165
對曰荊甚固/中147
對曰興事動衆/上189
大王獨無意邪/中150,151
大王不好士/上369
大王猶若弗養/中320
大王盡養之/中320
大王賢主也/中429
大樸作甲子/中250
大勇不鬪/上46
大雨時行/上175
大雩帝用盛樂乃命百縣
　雩祭用百辟卿士/上144
大爲之則大有福/中159
大音希聲/中201
帶以弓鞲/上56
大益百畝/中437
帶益三副矣/下98
大人之居多無君/中393
大溢逆流/下34
戴任降于桑/上89
大者定天下/上349
大將愛子有禽舍也/中316
大智不形/中201
大之安也必恃小/中52
大之安必侍小/下196
大智之用固難賤也/中202
大之則尊於富貴也/上325
大餉監之/上317
大敗楚人/中212
大庖不豆/上46
大夏之鹽/中68
大寒旣至/上82,中99
大寒大熱大操大濕大
　風大霖大霧/上93
大割祠于公社及門閭
　饗先祖五祀/上289
大解陵魚其鹿野猺山揚島/下393
大饗之禮/上159
代火者必將水/中26
大喜大怒大憂大恐大哀/上93

德菌改而欲厚賞之/下135
德不盛義不大/中400
德衰世亂/中393
德也者萬民之宰也/上278
德耀乎海外/中233
德義之綏/上69
德自此衰/中398
德行昭美比於日月/上104
德行尊理而羞用巧衛/下189
德行彰矣/上121
德廻乎天地/中350
徒見金耳/中221
倒戈强弓/上107
盜求其囊中之載則輿之/中111
塗闕庭門閭築圖圃/上319
道其不濟夫/中401
陶器必良/上317
道多裸裼/上197
導達溝瀆/上89
道德之至言以示賢者/上308
道得於此/中99
道路不通/上146
道路以目/中419
盜不與期/下63
道不智聽智/下106
都鄙有服/中202
禱祠龜策占兆/上286
塗山氏之女/上183
盜相謂曰/中111
屠黍不對/上178
徒水則必不可/上82
道術之大行也/上135
道術之廢也/上135
導我以禮者/下133
道也者視之不見/上151
道也者至精也/上151
陶於河濱/中94
道易人通/上89
塗用輼沙用鳩山用樓/中267
道遇秦師曰/中198
度有短長/上228
盜有道乎/上332
道有殺人者/中349
徒以攻季氏/中216
道而不徑/中58
桃李之垂於行者莫之援也/中139
倒而投之鬻水/中362
塗齒乾則輕/下161
道者止彼在己/中68
盜賊大姦也/下63
度之於國/中343
倒之爲順者/下150
饕餮窮奇之徒/中393
道畢設單而不行/上215
逃乎丹穴/上62

獨樂其意/中338
獨亂未必亡也/中29,410
督名審實/中258
獨不如牛乎/中324
獨舍其肝/上330
獨手舉劍至而已矣/上237
獨食之則殺人/下157
獨如嚮之人/中113
獨仁於人/下31
獨誅所誅而已矣/上223
督聽則姦塞不皇/上99
敦顏而土色者忍醜/中423
突洩一標/下181
同居賢於同名/中29
東攻齊得城/中283
東郭牙至/中291
同氣而異息/上281
東南曰陽天/中21
東南曰熏風/中21
東南爲揚州越也/中21
東南嚮而唾/上306
同力嚮於同居/中29
東面望者不見西牆/中32
東方曰滔風/中21
東方曰蒼天/中21
東方曰青州齊也/中21
東方有士焉/上357
東方有日/中119
東方日不勝/中119
東方之墨者謝子/中218
冬不用簍/下163
東北曰變天/中21
東北曰炎風/中21
動不可禁/中78
動不緣義/中343
東西南北/中350
東西南北不出國郊/上189
東西五億有九萬七千里/中24
東西二萬八千里/中21
同所以危異也/下175
東勝齊於長城/中140
桐始華田鼠化爲駕/上87
同惡同好/中293
董安于御於側慍曰/上251
東野稷以御見莊公/中367
動於顏色/上281
冬與夏不能兩刑/下138
東衛之畝/上241
同義賢於同力/中29
動耳目搖蕩生則可矣/上152
動而不論其義/下45
同異之分/下175
同日而死/上264
冬日則食橡栗/中396
動作態度無似竊鈇者/中32

動作態度無爲而不竊鈇也/中32
冬藏殃敗/上259
桐長而頸黑/下226
東征至於庳廬/上242
洞庭之鱄/中67
東走十里/中63
東之德寒/中377
東至扶木/中371
冬至日行遠道/中24
冬之後五旬七日菖始生/下212
東布之衣/中342
東風解凍/上25
動必緣義/中343
冬夏不輟/上109
冬夏之命/中169
東海之極/中237
東海之鮞/中68
杜赫對曰/下198
杜赫說周文君以安天下/中52
杜林始安天下以說周昭文君/下198
遁焉性惡而不傷/上34
得其民諱/中316
得慶封負之斧質/下48
得其經也/上78
得其故民無所不用/中360
得其露雨/中355
得其末而失其本/上139
得其民能使之/下93
得其民不得使/下93
得舉而失其大/中422
得其數也/中231
得其要而已矣/中174
得其情也/上68
得其處所/上355
得丹之姬淫/下88
得道者必靜/中235
得道之人/上64
得道之人貴爲天子而不驕倨/中135
得道之人不可驕也/中137
得陶化盆眞窺橫革之交五人佐禹/下66
得良藥則活人/上209
得命之情/中241
得無嫌於欲亟葬乎/下15
得民虜奉而題歸之/上221
得民心則賢於千里之地/上262
得民滋衆/上224
得民必有道/上260
得白騾之肝病則止/上251
得寶劍於下邳/中403
得史驪趙騈以爲諫臣/中179
得死人之骸/上311
得死者患之/中301
得士則無此之患/中182

得士則不喜/上363
得所以用之也/中360
得尸三萬/中157
得時者多米/中227
得時者忍饑/中227
得時者重粟之多/下227
得時之稻/下224
得時之麻/下224
得時之麥/下226
得時之黍/下223
得時之菽/下225
得失之節也/下72
得十良劍/下122
得十良馬/下122
得惡藥則殺人/上209
得嬰兒於空桑之中/中63
得五員在爵執圭/上306
得原失寶/中374
得義蒔田邑而禮之/上178
得意則不慭得人君/上369
得二虜而問焉曰/中122
得一人之使/下73
得一後成/上104
得葬之情矣/上293
得之同則邀爲上/下36
得之無羚/上129
得地百里則喜之/上363
得之人失之於身者失人/上102
得之衆也/上140
得地之道者爲三公/中424
得地千里/下122
得之則何欲而不得/中44
得車二千/上157
得天之道者爲帝/中424
得則殺之/中419
得賢人國無不安/下64
得賢之化也/中61
得荊平王之夫人以歸/上212
登降辭讓/中253
等級之度/上173
登臺以望見戎州/下183
登山者處已高矣/上182
鄧析務難之/中302
鄧析曰安之/中301
鄧析又答之曰安之/中301
鄧析倚之/中300
鄧析致之/中300
登所擧吾又耳而目之/中261
登爲天子/中95
登自鳴條/上50
登太行而望鄭曰/上306
登夏屋以望是游也/中92

〔라〕

欒書中行偃劫而幽之/中434
欒盈有罪於晉/下18
涼風生候鴈來玄鳥歸/上227
涼風始至/上171
涼風至白露降/上201
藜羹不糝/中98
藜羹不斟/中248
慮莫如長有道而息無道/上212
慮福未及/下107
慮於天下以爲無若先王之術者/下139
藜秀蓬蒿竝興/上31
慮天下之長利/中397
慮禍之所以兒之也/下107
伶倫自大夏之西/上163
伶悝僨令其子速哭日/下40
潦之經吾宮也利/中414
螻蟈鳴丘蚓出/上115
僂嬰以督之/上295
蝸食平清而游平濁/下383

〔마〕

馬卻不肯進/上366
磨笄以自刺/中92
馬郡宜馬/中92
馬弗復乘/中122
馬與人敵/中275
馬牛乃言/上196
馬有生角/上196
馬逸食人之稼/中113
麻朝相頰/中444
馬之美者/中68
馬齒亦薄昊矣/中129
莫敢諫若非弗欲也/中437
莫敢不應不適也/下100
莫敢失禮/中85
莫敢直言/中119
莫見其形/下25
莫過乎所疑/中40
莫貴於生/上61
莫肯之爲曰/下116
莫大於成身/上131
莫大於利人/上131
幕動坼樗/上182
莫不非令尹/下45
莫不欲長生久視/上40
莫不爲利/上93
莫不爲害/上93
莫不有短人亦然/上137
莫不有聲/上148

경·전문(經傳文) 자구 색인 247

莫不咸當/上148
莫不與鬪/上245
莫不延頸擧踵/中151
莫不有輕/上361
莫不質良/上173
莫不驩然皆欲愛利之/中150
莫非王臣/中95
莫非王土/中95
莫邪不爲勇者興懼者變/中361
莫惡於不可知也/下63
莫如寡人矣/中435
莫如無動/上291
莫如無發/上291
莫如無有可利/上291
莫如以德/上350
莫如置君也/中393
莫如置天子也/中393
莫如行義/中350
莫榮於孝/上121
莫有償表者/下185
莫人不能/中233
莫之爭也/中139
莫知其端/上109,中135
莫知其門/中135
莫知其本眞/下207
莫知其始/中133
莫知其始/上109,中135
莫知其原/上109
莫知其源/中135
莫知其情/中234
莫知其終/上109,中135
莫知其他/上301
莫之愛則親盡矣/中180
莫之警則名盡矣/中180
莫顯於忠/上121
萬怪皆生/上197
萬國無一/中373
萬國之順也/中347
萬董不殺/下157
萬利之本也/下50
萬目皆起/中360
萬目皆張/中360
萬物皆被其澤得其利/上44
萬物群牛馬也/中231
萬物不同/上310
萬物散解/上161
萬物所出/上148
萬物殊類殊形/上107
萬物安寧/上149
萬物章章/上35
萬物之變/上93
萬物之酌大貴之生者衆矣/上70
萬物之形雖異/上70
萬民說其義/上240
萬民譽之/中95

萬民已利矣/上98
萬民之主/上44
萬夫有罪/上261
萬夫之長可以生謀/上50
萬邪並起/上229
萬乘難與比伉/中344
萬乘之國/上260,中358
萬乘之嚴主/上369
萬乘之主得一人用可爲師/中101
萬乘之主千乘之君/上363
萬乘之主必以國諫我/中111
蠻夷反舌殊俗異習皆
  服之德厚也/上81
蠻夷反舌殊俗異習之國/中372
滿而不溢/中213
萬人操弓/上35
晚而不及時/下216
末嬉言曰/中119
望見壘而怒曰/上155
芒苴而徹下/下223
亡虢而虜晉/中96
亡國戮民/上149
亡國不可勝數/中298
亡國相望/中182
亡國辱主驗衆/上99
亡國者亦有人/中261
亡國之器陳於廷/下80
亡國之社不得見於天/下80
亡國之臣似忠/下55
亡國之音不得於廟/下55
亡國之音悲以哀/上158
亡國之主/下100
亡國之主其皆甚有所宥邪/中221
亡國之主其耳非不可
  以聞也/上243
亡國之主多以多威使
  其民矣/中363
亡國之主反此/中40
亡國之主不聞賢/中87
亡國之主不自以爲惑/中299
亡國之主似智/下55
亡國之主一貫/上95
亡國之主必自驕必自
  智必輕物/中433
亡戟得矛/中340
亡其及我乎/中124
亡其得宋且不義/下33
亡其不與/下29
亡無日矣/中422
亡兵得兵/中340
亡夫太子建/下45
亡西河泣數行而下/中443
妄言想見/上71
亡而不知所以亡/中347
亡人之大美/中387

亡者同名則觕矣/中29
亡者亦樂其所以亡/中133
亡者亦有嗜乎暴慢也/中133
望之似有餘/下216
望之而泣/上270
望桓公而悲/中387
每居海上從蜻游/中292
每食必祭之祝曰/上306
埋一於共頭之下/上361
埋一於四內/上361
每朝與其友俱立乎衢/中342
每斯者以吾參夫二子者乎/下80
麥乃不熟/上59
盲禿傴尩/上197
孟冬生鐘鐘/上178
孟冬之月日在尾/上285
孟冬行春令/上289
孟賁過於河先其五/中111
孟賁庶乎患術/上139
孟賁之勇而死/下48
孟嘗君令人禮貌而親
  郊迎之/中147
孟嘗君聞於白圭曰/中385
孟嘗君曰善/中368
孟嘗君爲從/上368
孟嘗君前在於薛/中147
孟嘗君竊以諫郭君/上269
孟嘗君之所以卻荊兵也/中141
孟嘗君千乘也/上369
孟嘗君好士/上369
孟勝死弟子死之者百
  八十三人/中357
孟勝曰不然/中357
孟勝曰受人之國/中356
萌芽始震/上148
孟卯令秦得其所欲/中324
孟卯曰王應之謂何/中324
孟卯入見謂魏王曰/中324
孟卯太息曰/中324
萌而生生而長/上109
孟子已傳鉅子於我矣不聽/中357
萌者盡達/上88
孟秋生夷則/上178
孟秋之月日在翼/上201
孟秋行冬令/上205
孟春生大簇/上178
孟春之月/上25
孟春行夏令/上31
孟夏生仲呂/上178
孟夏之月/上115
孟夏行秋令/上119
免耕殺罷/下220
免民之死/下35
免宋之難者/下33

免於災終其壽全其天/上151
勉而自爲係/下116
滅三國焉/中298
滅其社稷/下93
滅腥去臊除羶/中67
滅鬚去眉/中394
名固不可以相分/上84
鳴鳩拂其羽/上89
明者非偏見萬物也/中256
明年公有病/中193
明年復伐之/中374
命農勉作/上117
明日加要離罪焉/上328
明日之市而醉/下59
命樂師大合吹而罷/上346
命吏罪之/中246
命吏誅之/上321
命理瞻傷察創視折/上203
冥冥之中有稻焉/中299
名無不榮/下64
名無不辱/下64
命百官貴賤無不務入/中256
命百官謹蓋藏/上287
命百官始收斂/上204
名寶散出/中316
命封黃帝之後於鑄/中122
名不徒顯/下22
名不可得而聞/上306
名不徒立/中43
名不正也/中233
命司農計耦耕事/上346
命司徒循行積聚/上287
命司徒循行縣鄙/上117
瞑士未嘗照/中188
命祀山林川澤/上30
名山大川四方之神/上172
名喪則亂/中223
命相布德和令/上27
名聲隳於外/上99
命神農將巡功/上174
名實不得/上31,410
名實相保/中255
命愛弟之義/中287
命也夫事君/中275
命野虞出行田原/上117
命也者不知所以然而
  然者也/中407
鳴若謚隘/上184
明兩則狂/上151
明於人主之所執故/中256
明於人主之所執也/中256
命曰勞酒/上28
名曰搖水/中68
名曰朱鼈/中68
名曰士英/中68

命曰玄明/中24
名曰鴻水/中34
名爲越石父/中185
命有司大儺/上346
命有司發倉廩/上88
命有司囹圄固去桎梏/上56
命有司申嚴百刑/上228
命有司曰/上287,316
命有司爲民新祀山川百原/上144
命有司除嗣誕几新舊之日/上124
明日孔穿朝/中307
明日君朝揖管仲而進之/中297
明日端復飲於市/下59
明日復見/上387
明日不拜樂己者/下169
明日設朝而見之/中67
明日召其友而告之曰/中342
明日召史起而問焉曰/中208
明日視日出水告其隣/中63
明日往朝/下142
明日謂公孫龍曰/中307
明日有人能償南門之
　外表者/下185
明日日晏矣/下185
明日將戰/中214
明日戰怒謂華元曰/中214
明日弟子問於莊子曰/中109
明日朝所進者五人/中289
明日之海上/中292
瞑者目無由接也/中188
命田舍東郊/上29
銘篆著乎壺鑑/中264
名正則人主不憂勞矣/中233
名正則治/中223
命周公日進殷之遺老/中122
命舟牧覆舟/上88
命主祠祭禽於四方/上258
命主書曰/中205
名之傷也/中233
命之曰爛腸之食/上36
命之曰大章/上165
命之曰無形/中293
命之曰無有/中233
命之曰叛/上131
命之曰背/上131
命之曰伐性之斧/下161
命之曰承雲/上163
命之曰逆/上348
命之曰暢月/上316
命之曰招蹷之機/下161
命之身/上23
命之曰咸池/上163
名之章也/下139
命冢宰農事備收/上256
命取水氷已入/上346
命太尉贊傑俊遂賢良
　舉長大/上116

名號大顯/下143
嗚呼是師必有疵/中198
名號已章矣/中252
名號至今不忘/中145
明火不獨在乎火在於闇/下22
命後車載之/中387
謀無不當/中96
謀未發而聞於國/中291
謀不虧則名實從之/中416
矛非戟也/中340
謀士言曰/中374
旄象之約/中67
暮宿於郭門之外/中387
謀大胸/上99
矛亦兵也/中340
牟而難知/中43
某日立冬/上286
某日立秋/上202
某日立春/上27
某日立夏/上116
母子相哺也/中196
謀志論行/中139
毎日不智/中106
謀出乎不可用/下179
目猴似人/下71
目見所惡/上66
目固有不見也/下161
木氣勝故/中26
目明矣耳聰矣/上35
目無有視/上236
目不可厭/上69
目不可以視/上71
目不樂色/上69
目不加明也/中148
目不觀靡曼/上264
目不失其明/上271
木尙生加塗其上必將撓/下161
目所未嘗見/上153
目雖見不可以視/中243
目雖欲色/上61
目視於無形/中293
目視之必慄/上34
木盜枯則勁/下161
目益明耳盆聰/下124
目之見也藉於昭/中193
目之欲五色/上67
目之情欲色/上156
穆行之意知之不爲勸/上322
歿簡子之身/上23
殁頭乎王廷/中349
夢有神告之曰/中63
夢有壯子白縞之冠/中342
蒙衣袂而絕乎壽宮/中193
矇箴師誦/中419
蒙厚純樸以事其上/中256

苗其弱也欲孤/下218
苗若直獵/下215
妙而難見/中43
無敢辭違/上325
無敢懈怠/上180
無擧大事以搖蕩於氣/上174
無季氏則吾族也死亡
　無日矣/216
無苦乎禹者矣/下34
無骨不可令知有土之
　君能察此言也/中243
無公故也/中46
無功故也/中196
繆公能令人臣時立其正義/下117
繆公聞之/中196,200
無功伐而求榮富詐也/中47
繆公不聽也/中196
繆公遂用之/中196
繆公曰買之五羊之皮
　而屬事焉/中96
無攻越猛虎也/上265
繆公以告蹇叔/中117
繆公以女樂二八人與
　良宰遺之/下117
繆公自往求之/上249
繆公歎曰/上249
母過而刑君子/下18
無官爲長/中151
務光辭曰隨上非義也/中338
務光曰強力忍訽/中338
務光曰非是事也/中338
務光曰吾不知也/中338
無及萬夫/上261
無肯爲使/中233
無肯爲也/中139
無器械舟車城郭隱匿之備/中391
無忌勸王奪/下45
無起大衆/上316
武其無岐/中264
無飢無飽/上95
撫其僕之手曰/中387
務其本也/中55
無其本也/下175
無忌說王曰/下45
無欺我也/中165
無忌曰令尹好甲兵/下45
無忌又欲殺/下45
無忌因謂令尹曰/下45
無氣則虛虛則怯/上245
無起土功/上117
無幾何疾乃止/上189
無以難乎/中140
無乃不可加兵乎/上25

無乃非爲人子之道賊/中200
無乃畏邪/上123
無乃天下笑乎/中96
無年瘥土/下213
無能與居者/中104
無大田獵/上117
無道與不義者存/上215
無道之世不踐其土/上338
無道至於爲紳也爲幸/中440
無得繆公/中96
無得相代少頃/中291
無樂親矣/下60
無亂人之紀/上31
無慮吾農事/中398
母令人以害我/上171
無禮慢易而求敬/中283
無鹿陂池/上58
無留獄訟/上180
無留有罪/上259
巫馬旗歸告孔子曰/中331
巫馬期問其故絃子曰/下21
巫馬旗問焉曰/中331
巫馬期以星出以星入/下21
巫馬期則不然/下21
無廥無廥/上30
無發蓋藏/上316
無發大事/上180
無發大衆/上117
無發令而下時/上174
無發無動/中291
無方而出之務者/中237
無伏于都/上117
務本莫貴於孝/中55
無不裏也/上35
無不爲也/下139
無不以也/下64
無不行也/下31
無不欣說/上116
無焚山林/上58
無不皆類其所生以示人/中27
無不敬以定其身/中113
無不戴說/中95
無不亡之國者/上298
無不以也/下65
無不從者/上294
無不知說美者/中104
無不咸獻其力/上348
無備召禍/中433
無豐乎郭與岐周/下170
無肆掠止獄訟/上56
無使放怜/中231
無使不足/下218
無射生仲呂/上177

경・전문(經傳文) 자구 색인 249

無使齊音充人之游/下80
無射之月/上180
無使之治/下213
無使太公之社蓋之畀/下80
無山林谿谷之險/中400
巫山之下/下66
無殺後蟲胎夭飛鳥/中30
無賞祿以利人/上79
無常 不用也/中358
無上下長幼之道/中391
無先有隨/中246
無說則死/下83
無所可用/中109,319
無所可用者/中319
無所稽留/上107
無所逃矣/上371
無所相侵/中414
無所束縛/上104
無所失矣/上106
無所壅/上109
無所雍者/上109
無所匿遲也/中229
無術之智/中270
無時乏絶/上80
無時休息/中393
無失經紀/上27
無失其理/中67
無失民時/下213
繆心者也/中165
無我大樹/上117
無訝無訾/中109
無惡不知/上137
無惡不處/下63
無惡於不可知/下60
務樂有術/上149
無若昭文君/中145
無若賢也/中416
無御相之勞/下167
無言無思/中246
無言之詔/中237
無與三盜任地/下215
無榮兄無親友/下60
武王見之/中165
武王果以甲子至殷郊/中165
武王怪之/中165
武王乃恐懼/中122
武大說以告諸侯曰/中175
武王得之矣/中83
武王使人候殷/中165
武王事之/中71
武王嘗窮於畢裎矣/中328
武王逄之而未成/中137
武王勝殷/中122
武王於是復盤庚之政/中122
武王與周公旦明日早要期/中165

武王曰其亂焉至/中165
武王曰不子欺/中165
武王曰尚未也/中165
武王曰焉至/中165
武王曰吾已令膠鬲以甲子之期報其主矣/中165
武王曰將以甲子至殷郊/中165
武王曰嘻/中165
武王往見之/中165
武王欲及湯而不成/中50
武王有戒愼之韶/下127
武王以武得之/下107
武入於殷/中165
武王之於五人者之事無能也/下167
武王至鮪水/中165
武王至殷郊係墮/下116
武王之弟也/中137
武王之佐五人/上167
武王疾行不輟/中165
武王避席再拜之/中122
武王虎賁三千人/上240
無欲者不可得用也/中371
武遇紂天也/中94
無爲而行/上371
無爲之道曰勝天/上99
無有敢墮/上90
無有居心/下201
無有壞壞/上117
無有丘陵沃衍/下34
遺父母惡名/中60
無有不禁/上316
無有不當/上27
無有不敎/上287
無由相得/中188
無有宣出/上256
無有所私/上257
無有所與/上348
無有所以知/下66
無有所以知者/上66
無有安家/中52,下196
無有安國/中52,下196
無有安身/中52,下196
無有捨敓/上286
無有障塞/上89
無由接見也/中193
無由接而知其忠信/中193
無由接而言見詭/中188
無由接之患/中189
無有羞衣/上317
無有忠於其君/中354
無衣服履帶宮室畜積之便/中391

無以去非性/中372
無以過焉/中367
無二道矣/中299
務以相過/上154
務以相警/中299
務以相毀/中169,299
無以烈味重酒/上95
無以爲之/上299
無以有之也/上355
無貳爾心/中48
無以一人之不敏/上261
務以自彊/上36
務以自樂/上36
務以自佚/上36
無以知此/中301
無以聰明聽說/下159
無以害其天則知精/中104
無益我者也/中182
無益也而絶鷙於世不可/中357
無益於勝/上245
無益於御/中363
無立錐之地至貧也/中371
武者不能革/上206
武者遂/中338
武者惡之表也/中412
舞者二人而已/中216
舞者操兵以鬪/中92
無作大事/上58
無爵位以顯人/上79
無狀之狀者/上151
務在自知/下127
務在知時/中75
務在乎明其火/下22
毋抵罪於先王/下88
無敵者安/中264
無絶地之用/上31
務除其災/中365
無存國矣/上258
無尊夫矣/下60
無罪之民其死者量於澤矣/下25
重國之意/下98
無智無能無爲/下167
無知不說殺襄公/下39
無之若何/下208
無地爲君/上191
無之而非是/上106
無職者責其實/中256
無進退揖讓之禮/中391
無徵表而欲先知/中440
無此之醜/上294
無唱者和/中246
無天子則疆者勝弱/中44,183
無醜 不能/上137
務蓄菜多積聚/上229

無出九門/上89
無聚大衆/上30,180
無置城郭/上30
無視戚兄弟夫妻男女之別/中391
誣悸之士/上213
巫彭作醫/中250
無偏無黨/上44
無偏無頗/上44
無割土地行重幣出大使/上204
巫咸作筮/中250
無幸必亡/上33,中180
無賢不肖/上40
無賢則不聞極言/下85
無或敢侵削衆庶兆民/上289
無或不良/上91
無或失時/上117,180,229
無或如齊慶封/下48
無或枉橈/上228
無或作事/上180
無或作惡/上44
無或作爲淫巧/上91,288
無或作好/上44
母或進之/中380
無或斬伐/上174
武侯使人召之/上341,中443
武侯曰善/中435
武侯曰驟戰而驟勝/中366
無厚之辯外矣/中237
無攜民心/上180
墨乃家畜/下205
墨者鉅子孟勝善荊之陽城君/中356
墨子見染絲者而歎曰/上74
墨子見荊王/中167
墨子九郤之/下33
墨子能以術禦荊/下33
墨子聞之自魯往/下33
墨者師對曰/中322
墨者師曰今趙興兵而攻中山/中322
墨者師曰然/中322
墨子設守宋之備/下33
墨子曰不唯越王不知翟之意/中345
墨子曰甚善/下33
墨子曰請令公輸般試攻之/下33
墨子曰必得宋乃攻之乎/下33
墨子守攻公輸般敗服而不肯以兵加/中124
墨者有鉅子腹䵍秦/上51
墨者有田鳩/中76
墨者以爲不聽鉅子/下357
墨者之法曰/上51
墨子學焉/上79
墨翟貴兼/中270

聞客之秦/中145	文王得朽骨以喩其意/上311	文侯師子夏/中385	未嘗少選不用/上209
聞乞人歌於門下而悲之/上281	文王流涕而咨之/中426	文侯曰段干木官之則不肯/中139	未嘗有也/上17
文公可謂智欲矣/上375	文侯貌受以告諸侯/下95	文侯曰善/中385	未賞而民勸/中398
文公可謂智矣/中159	文王武王師呂望周公曰/上125	文侯欲相之而未能決/中385	未嘗絶晉/中99
文公得之曹/中99	文王弗許/上167	文侯知之/中205	徵召公虎而絶無後嗣/中365
文公聞之曰譆/上355	文王非惡千里之地/上262	文侯賢主也/中205	未始有別也/上39
文公非不欲得原也/中374	文王曰更葬之/上311	文侯喜曰可反歟/下131	未有別也/上39
文公謝焉罷師/中354	文王父雖無道/中426	勿敢僞詐/上173	未失其四行也/中226
文公召郤子虎曰/下121	文王曰不可/上189	物感之也/下165	未失其四行者/中226
文公雖不終始/中83	文王曰若何其移之也/上189	物固莫不有長/上137	未失其所以爲士一/中226
文公施舍/下110	文王曰有天下者下/	物固不可全也/下380	彌遠彌小/中264
文公日輔我以義/下133	之主也/上311	物固有可爲小/上158	未有功而知其聖也/中282
文公曰吾其能乎/中159	文王曰此不穀之過也/上88	勿求於外/中127	未有不尊師者也/上121,125
文公用咎犯之言/中83	文王昌也請改行重	物豈可全哉/中382	未有不攻無道而罰不義也/上214
文大王將宋/下189	善以移之/上189	物多類然而不然/下157	未有不亡之國也/上298
文公用之果勝/下120	文王火氣勝/中26	物動則萌/上109	未有不守無道而救教也/上215
文公以咎犯言告雍季/中83	文王譆/下15	物勒工名/上288	未有愛利之心也/中150
文公將烹之/中354	文王以寧/中143	物莫之能動/上232	未有益也/中180
文公即位二年/下84	文王載拜稽首而辭曰/上262	物莫之能害/下147	未有蚩尤之時/上206
文公處其一/中83	文王在上/上167	物莫之妨/下68	徵二人寡人幾過/中331
文公聽之/中159	文王造之而未遂/中137	物無不爲/下80	美哉城乎/下17
問其故對曰/中143	文王卽位八年而地動/上189	物無不僞/下80	徵他單固幾不反/中429
問其故曰/中109	文王之德/上167	物無不僞/下80	尾絕力勤/上40
問其名族/上306	文王處岐事紂/上262	物而不物於物/中109	未接刃而桀走/中119
問其義社大祠/上223	文王千乘也/中44,184	勿身瞀瞶/上99	味衆珍則胃充/上41
聞大王將攻宋/下33	文王賢矣/上311	物也之所以養性也/下33	未之射而括中之/中142
門闒無閉/上144	門外庭中聞之/下100	勿言之而不成/中293	未之嘗有也/上121
門闒唯薄/中113	聞爲有道者妻子/中187	勿者則好學而不厭/下131	未至而人已先知之矣/上198
問馬齒圍人曰齒十二	聞殷有長者/中165	勿乎則閻朋可也/上46	未之曾有也/上260
與牙三十/中309	聞而不審/下71	物者扭之/上33	徵則勝顯名/上247
文武有常/中412	聞而不詔/中233	物之情也/中382	未必得鳥/上310
文無以復侍矣/中147	聞而審則爲福矣/下71	物之從同/中29	未必亡也/上87
文武之所由起也/中412	門人問之曰/中60	物則固難必/中156	未必收也/中87
文武盡勝/中158	門人說/上269	未暇在天下也/上61	未必安也/上310
聞文王賢/中72	文者愛之徵也/中412	未可知也/中279	未必王也/上87
聞北郭騷之以死白己也曰/上352	文摯乃死/上324	未敢求仕/上345	未必知也/中182
問事則前後相悖/上136	問之魯鄙人/中239	徵臣之爭也/上209	未必顯也/上310
聞先生之義不死君不亡君/上199	文摯曰君不召曰/下131	未見骨也/中78	迷乎其志氣之遠也/中135
聞先生之議曰爲聖易	文摯非不知活王之疾	未見芻也/中78	民固剝林木以戰矣/上206
有諸乎/上282	而身獲死也/上324	未見賢者也/中78	民口謹譁/中303
聞善爲國者/下18	聞之於宋君/下73	靡衺而斬/中202	民既乃以良時慕/下213
文繡有常/上228	文摯曰諾/上324	彌近彌大/中264	民氣鬱閼而滯著/上161
聞識疏達/中134	文摯曰誠欲殺我/上324	味禁重室禁重/上48	民飢必死/上191
文信侯曰/上371	聞之曰嘻/中431	味禁珍衣禁襲色禁二/上264	民氣解惰/上259
聞於國莊見而問焉對曰/上145	文摯因出辭以重怒王/上324	未擠則不可知/下101	民煖是利/上82
問於李克曰/上366	文摯不解履登牀/上324	徵獨舜湯/中334	民乃甚說/上261
問於和子/上265	文摯至視王之疾/上324	未得治國/中47	民乃處處/下213
問日請問介子推安在/上355	問之患其有小惡/中387	靡曼皓齒/上36	民農非徒爲地利也/下201
聞而驚/上69	問疾弔喪/上187	未無不知也/中258	民農則其產復/下201
聞甯喜之難作/中441	聞蜻蛩從女岳取而來/中292	未罰而民畏/中398	民農則樸/下201
聞五盡而更之/中180	文學雖博/上209	未卜其夜/中420	民農則重/下201
問日先生其聖乎/上282	文學之士不得進/上220	味不衆珍/上41	民多流亡/上289
文王苦/中71	文侯可謂好士矣/上140	未死而言死不論/下90	民多鼻窒/上259
文王嗜昌蒲菹/上104	文侯徵黃/中131	未嘗得聞此言也/下29	民多相掠/上59
文王得呂望而服殷商/上122	文侯不說/下131	未嘗聞踐繩之節/中408	民多疾癘/上319

경·전문(經傳文) 자구 색인 251

民大不服/中176
民得而城得/中174
民力不堪/上257
民無道知天/下132
民無非則非之/中226
民無常用也/中358
民無有不說/上260
民無罪則罰之/中226
民不堪命矣/中419
民不知怨不知說/中398
民舍本而事末則其產約/上201
民舍本而事末則不令/下201
民舍本而事末則好智/上201
民相與誦之曰/中202
民相連而從之/下27
民相謂曰/下185
民信吳起之賞罰/下185
民心乃服/中303
民甚愚矣/中284
民心積怨/中119
民狹於疫/上146
潛王慨焉太息曰/上275
潛王以大齊騷而殘/中429
民欲不達/中417
民猶無走民無走/上83
民有非則非之/中226
民有逆天之道/中223
民有畏王之令/中226
民有罪則罰之/中226
民以四時寒暑日月星
  辰之行知天/下132
民移之則成焉/中83
民以此三者怨上/中158
民人皆善之/中311
民人流亡/上74
民人呻吟/中149
民人怨謗/上69
民日夜新用而不可得/中364
民爭入水火/中361
民絕望矣/上83
民從於賢/中174
民之窮苦彌甚/中264
民之本教曰孝/中60
民之父母/中318
民之不用/中360
民之說也/上210
民之所不欲廢者而復興之/上223
民之所說豈衆哉/上260
民之所欲/中122
民之所走/上82
民之譽之若性/中80
民之安之若性/中80
民之於利也/上294
民之用也有故/中360
民之有威力性也/上206

民之情貴所不足/中334
民之主也/下97
民之走之也/中364
民之重命也/上232
民之治亂在於有司/中46
民之貪爭之心之止矣/中313
民之獻衣襦袴而學訟者/中302
民之號呼而走之/上210
民進而欲其賞/中369
民淸是走/上82
民聚其礫/中201
民則寒矣/下173
民親其上則皆樂爲其
  君死矣/上249
民必甚疾之/下15
民寒而欲火/下35
民懷其德/上223
密其踣路/上237
密須之民自縛其主而
  與文王/中361

〔바〕

搏其手而與之坐說畢/中73
縛襲陽驤兒之國多惡君/中393
薄米多芒/下224
薄賦斂宥罪戾/下110
薄色而美芒/中226
博言之豈獨齊國之政哉/中273
薄疑對曰/下197
薄疑設衛嗣君以王術/下197
薄疑曰不然/中284
薄疑應衛嗣君/中48
薄滋味無致和/上145
搏杖而揖之問曰/上312
博則多助/中121
博則無所逃矣/中143
搏則勝離矣/上247
樸則易用/下201
薄土則蓄輻而不發/下220
搏援則殪/上244
反桀之事/上240
反見翟黃/中139
反國四年而霸/中159
反國有萬乘/上355
反其實也/下194
反己以敎/上135
領其爵列等級田疇/上189
反斗而擊之/中92
反報婚周曰/中165
反報于亳曰/中119
反性命之情也/中42
反受其殃/上228
反修于招何益於中/上96

飯牛於秦傳鬻以五羊之皮/中96
反爲用矣/上301
反而告其隣曰/中34
反以相誹/中169
反以相是/上301
反而孽民/中106
反而爲賞/上83
反以自兵/上154
反而尊賢/上83
反而誅子胥/下93
反鄭之坤/上241
反諸己則車輕馬利/上105
反諸人情/上133
反是對也/中143
飯之美者/中68
反之於兵/上215
反執爵於太寢三公九卿
  諸侯大夫皆卻/上28
半夏生木菫榮/上146
反獲惠公以歸/上249
發蓋藏起大衆地氣且泄/中316
發巨橋之粟/中122
拔劍而刺之/下59
拔寶劍曰/上404
拔石社定天子之位/下84
拔矢而走/上38
髮植日裂髻指/中111
軛然充盈手足矜者/中291
發之則不時/上239
發之則殃應矢而下/下142
發且有日矣/上277
發則必弊/上301
方鼓琴而志在太山/中63
方其爲秦將也/下53
放丹之姬/下89
方冬不寒/上289
方雷而窺之于堂/上39
防民之口/中419
方三千里/中264
方數百里皆來會戰/上245
方術信行/下126
方若此也/中226
仿佯於野以患帝/中424
方葉之茂美/中76
方車二軌之遺君/中131
方車二軌以遺之/中131
旁礴出土牛以送寒氣/上346
方千里以爲國/中264
方則分定/上111
方圓不易/上107
背叛之人/中131
拜受而弗敢食也/中143
倍衛三十里/中441
排咠舊典/上223
背秦德而不予地/中110

白公問於孔子曰/中295
白公弗得也/中295
百工不信/中377
白公勝得荊國/下171
白公曰若以石投水奚若/中295
白公曰若以水投水奚若/中295
白公曰然則人不可與
  微言乎/中295
白公又不能/下171
百工咸理/上91
百官各處其職治其事
  以待主/上111
百官愼職/中255
百官有司之事擧力竭智矣/中254
百官靜事無刑/上145
百官衆有司也/中231
白圭固辭/中180
白圭對曰/中385
白圭無以應/中318,409
白圭問於鄒公子复后昝曰/中408
白圭聞之曰/中319
白圭新奧惠子相見也/中318
白圭曰利弗能使平/中408
白圭曰顯公子之母讓也/中408
白圭曰惠子之遇我尙新/中318
白圭之論自惇/中319
白圭之中山/中180
伯禽將行/上44
伯滕學相馬/上280
白露降三旬/上231
百吏皆請曰/上189
百里奚歸/下119
百里奚令吏行其罪/中119
百里奚之未遇時也/中96
百里奚之處乎/下175
百里奚請之公曰/下119
白民之南/中24
百病怒起/上69
百事乃遂/上230
百邪悉起/下85
百事也盡然/下147
百邪自正/中252
百姓皆見之/下15
百姓皆鬱悶/中178
百姓莫之哀/中434
百姓不敢請怨命曰刑勝/中165
百姓鬱怨非上/下135
百姓怨上/下153
百姓有得鍾者/下129
伯成子高不待問而知之/中398
伯成子高辭諸侯而耕/中398
伯成子高曰/中398
伯成子高立爲諸侯/中398

百世之利也/中83	凡亂人之動也/下48	凡六欲者/上66	辟土藝粟/中253
白所以爲堅也/下159	凡亂者刑名不當也/中223	凡音樂通乎政/上158	邊境不寧/上259
伯牙鼓琴/中63	范蠡流乎江/中194	凡音者產乎人心者也/上186	邊境四益/中414
伯牙破琴絕絃/中64	范蠡子胥予以此流/中301	凡應之理/中246	辯論則不審/上136
百越之際/中393	犯流矢蹈白刃/上219.294	凡耳之聞也藉於靜/中243	辨萬物之利以便生/上93
伯夷叔齊聞之/上361	凡謀物之成也/中50	凡耳之聞以聲也/中291	變法宜矣/中171
伯夷叔齊此二士者/上361	凡謀者疑也/中416	凡人倫以十際爲安者也/上60	變法者因時而化/中171
伯益作井/中250	凡聞言必熟論/下71	凡人物者陰陽之化也/中405	辨疏親之義/上312
百人逐之/中267	凡文王立國五十一年而終/上189	凡人不可不熟論/中345	卜隨辭曰/中338
百日食之/下227	凡物之然也必有故/中271	凡人三百六十節/中417	卜隨曰吾不知也/中338
百節虞歡/上95	凡味之本/中67	凡人亦必有所習其心/中38	變也者無他/中32
白之顧益黑/中233	凡民自七尺以上/下207	凡人主之與其大官也/中324	辨若此不如無辨/上332
百疾民多疾癘/上197	犯白刃冒流矢趣水火/中371	凡人主之信/中375	變容貌易姓名/上264
百戶之邑/上260	凡兵貴其因也/上247	凡人主必審分/中229	辨又曰必聽之/上270
百禍之宗也/中42	凡兵者威也/上206	凡人之攻伐也/中31.410	辨謂靜郭君曰/上269
繁弱於此/中328	凡兵欲急疾捷先/上236	凡人之性/中391	辨矣客之以說服寡人也/中151
煩爲教而過不識/中369	凡兵之勝/上247	凡人之所以惡爲無道	辯議不可不爲/上137
繁戰之君不足以詐/中83	凡兵之用也/中30.410	不義者/上214	辯議而苟可爲是教也/上137
燔之則爲淖/下157	凡兵天下之凶器也/上234	凡自行不可以幸爲必誠/中313	辯議而不可爲/上137
煩嘵數變而求靜/中283	凡四極之內/中24	凡在天下九州之民者/上348	辨而不當論/上331
伐木者止其旁而弗取/中109	凡事之本/上97	凡敵人之來也/上252	變化萬物/中252
罰不加重/下84	凡事之本在人主/中431	凡帝王者之將興也/中26	變化應求/中273
罰非以惡之也/下135	凡四海之內/中21	凡朝者/中257	別辨賈隊/上244
罰誡當雖赦之不休/中343	凡使賢不肖異/中409	凡鳥之擧也/中279	別宥則能全其天矣/中221
伐樹於宋/中99	凡賞者以愛之也/下135	凡主有識/中278	兵甲器械/上242
罰雖重刑雖嚴何益/上82	凡生非一氣之化也/上192	凡主之立也生於公/上44	兵械銛利/上239
凡姦邪陵陂之人必有	凡生於天地之間/上291	凡持國太土/中212	兵茍義攻伐亦可攻守亦可/上216
因也何誼哉/中241	凡生之長也順之也/上40	凡智之方/中90	幷氣專精/上236
凡甲之所以爲固者/中33	凡先王之法/中169	凡此十人者/中444	病萬變藥亦萬變/中171
凡學無易之事/中205	凡說者兌之也/上122	凡聽設所務不可不審也/中131	病變而藥不變/中171
凡舉事無逆天數/上230	凡說之行也/下106	凡聽於主/中385	兵不可偃乎/中283
凡居於天地之間/中439	凡聖人之動作也/上65	凡聽言以求善也/中219	兵不義攻伐不可攻守不可/上216
凡舉人之本/中106	凡所爲游而欲貴者/上52	凡聽必反諸己/中284	兵不接刃而民服若化/上224
凡耕之大方/下210	凡食無彊厚味/上95	凡聽必有以矣/中387	兵士已修用矣/上140
凡耕之道/下215	凡食之道/上95	凡草生藏日中出/下212	兵誡義以誅暴君而振苦民/上210
凡古聖王之所說貴樂者/上153	凡十二紀者/上371	凡古國令其民爭行義也/中373	兵所自來者久矣/上206.中412
凡功之立也/中268	范氏中行氏/上365	凡治亂存亡安危强弱/中87	兵於喪所/中356
凡冠帶之國/中264	范氏之亡也/下129	凡彼萬形/上104	屛王之耳目/下45
凡官者以治爲任/中243	凡樂天地之和/上150	凡學必務進業/上129	並有其職/中29
凡教守者/上215	凡言者也/上155	凡行賞欲其博也/上121	騈猶淺言之也/中273
凡國不徒安/下22	凡言者以諭心也/中305	凡行賞就其本也/下124	兵戎不起/上31
凡國之亡/中174	凡鹽之用/中363	凡行之墮也於樂/中420	兵之來也/上223
凡國之存/下85	凡吾所爲爲此者/中395	凡賢人之德/中63	病之留惡之生也/中417
犯君顏色/中253	凡巨也者窮苦之救也/中265	凡禾之患/下219	兵之所自來者上矣/上206
凡君也者處乎靜/中255	凡繇對曰/中428	法立則天下服矣/上157	兵革並起/上92
凡軍欲其衆也/上232	凡繇進見爭之曰/上428	法雖今而至/中169	兵革之色也/中291
凡君子之說也/上221	凡用民太上以義/上358	法者衆之所同也/下179	葆力之士也/中338
凡君之所以立/上139	凡言合也/上122.中101	法律乃行/上303	步不相過/中66
范吉射弑分張柳朔王生/上74	凡爲國非爲君而榮也/上78	法而不當務/上331	輔獻文章/上173
凡論人心觀事傳/中439	凡爲善難任善易/中229	法則之用植矣/中257	輔獻文章以飭/上295
凡論人通則觀其所禮/上106	凡爲天下之民長也/上212	辟遠箕子/中176	步不相過/中424
凡人之道/下221	凡爲治必先定分/上175	辟遠聖制/上223	葆申束細荊五十/下88
凡能聽說者/中103	犯危行苦/中63	僻遠幽閒之所/中44.184	葆申曰王卜以臣爲葆吉/下88
凡能聽音者/中104	凡有角者無上齒/下138	璧則猶是也/中129	葆申曰臣承先王之令/下88
凡大者小隣國也/中116		闢土安疆/上159	葆申之力也/下89

경·전문(經傳文) 자구 색인 253

葆申趣出/下88
葆申何罪/下89
步者數百人/中316
步者數十人/中316
補周室之闕/中159
步之遲也/下140
普天之下/中95
報崔杼曰/下48
寶行良道/下139
服劍臂刃/上264
服國八百餘/中182
腹辭對曰/上51
腹辭不可不行墨子之法/上51
伏士於房中以待之/中143
卜相日成與橫塾可/中385
卜筮禱祠無事焉/下20
服襄而上夏屋之山以望/中92
服襄以涂不可/中92
伏尸插矢而疾言曰/下38
服是也孳是也/上66
卜以守龜曰/中298
覆以王筐/上184
宓子敬諾/中331
宓子不得爲書/中330
宓子先有其備也/中331
宓子曰我之謂任人/上21
宓子以此諫寡人之不肖也/中331
宓子之德至矣/中331
宓子賤令吏二人書/中330
宓子賤曰/上88
宓子賤從旁時擊搖其肘/中330
宓子賤治亶父/中330
宓子賤治單父/下21
宓子則君子矣/上21
宓子必此術於亶父也/中331
福將歸於春也/下173
服則攻者利/中410
福兮禍之所伏/上187
本不審難堯舜不能以治/下175
本傷下于/上99
本於太一/上148
本業幾終者/上134
本朝不靜/上180
本則過無由生矣/下124
本虛不實/下225
奉命曰寇在邊/下135
蠱門始習於甘蠅/中38
封比干之墓/中122
封人子高可謂善說矣/上17
封人子高曰諾/上17
封人子高左右望曰/上17
封人子高出/下17
封帝舜之後於陳/中122
封帝堯之後於黎/中122
逢澤之會/中145

封侯慶賜/上116
不可彊求/下143
不可攻也/下70
不可恐矣/下162
不可君王之令所以不行
  於上國者齊晉也/中93
不可極也/上105
不可得也/上104
不可得之爲欲/上69
不可服也/上105
不可不博/上153
不可不分/下74
不可不審也/下52
不可不異也/上83
不可不察/上82,下59
不可不察也/上138
不可不收/上104
不可勝數/上80
不可息也/上104
夫可信而不信/下194
不可信而信/下194
不可量也/上105
不可內也/上105
夫可與爲始/中377
不可爲名/上151
不可爲狀/上151
夫稼爲之者人也/下221
不可爲形/上151
不可以起兵動衆/上174
不窮笑待/下53
富貴無敵/下153
富貴不離其身/下213
富貴弗就而貧賤弗恩/下189
夫禁殺傷人者/上51
不及則不知/下50
不肯與其子孫/上111
不肯自非/上134
夫其多能不若寡能/中304
復其未生也/上66
夫祈福於三塗/中298
夫其不假也/中233
夫其不明也/中233
夫其不全也/中233
夫其非德也/中233
夫其非道也/中233
夫己與三相近/下74
夫驪鷩之氣/下190
夫弩機差以米則不發/中214
不論其材/上134
夫能見矣/中194
不能敎者/上134
不能得其所不樂/下133
不能相爲/上107
不能譽其所惡/下135
不能爲君者/上78
不能爲人/下171

不敢爲園囿/下205
不敢爲異事/下205
不鑒則竭/上158
不敢廢也/下88
夫開善豈易哉/下203
赴巨水積灰/上219
夫夫人滋久/中37
不舉鉎芟/下207
夫去害務輿不能去害務/下138
夫激矢則遠/中220
不苦其已也/下93
府庫盡於葬/中157
夫攻伐之事/上214
不過滿腹/下8
不過一枝/下68
夫虢之不亡也恃虞/中129
不苟辨必中法/上129
夫慮生而俱死/中216,219
夫救濟之心/上215
夫九合之而合/中380
夫國豈特設車戟/中237
夫國土畜我者/上365
夫國亦木之大者也/中311
夫國人惡公子糾之母/中156
夫國重物也/下169
夫君是也/下167
夫君人而知無恃其能
  勇力誠信/中255
不窮笑待/下53
不窮而不此務/上84
不可以相違/上111
不可夷吾善鮑叔牙/上46
不可以爲大/下158
不可以爲全者也/下158
不可以爲賢主也/下138
不可以戰/下201
不可以戰而戰/下178
不可以從我始無變天之道/上31
不可以直言/下100
不可以興土功不可以
  合諸侯/上174
不可長也/上105
不可長不可短/下143
不可足之爲求/上69
不可證矣/上134
不可知則君臣父子兄弟
  友夫妻之際敗矣/下60
不可知則知無安君/下60
不可秦公子在外者衆/下135
不可測也/上104
不可惑也/上105
不可惺矣/下162
不可喜矣/下134
不敢渠地而耕/下205
不敢緣名/下205

不能以其府庫分人/下171
不能入故荊輒不攻宋/下33
不能立功/下192
不能自勝而强不縱者/下30
夫能齊萬不同/下270
不能學者/上136
不達乎性命之情/上39
不達乎性命之情也/上39
不大義之不成/中50,下200
不得實而已何傷/下185
夫得生於歟輿敵得生於我/上252
夫得聖人/下122
不得所由/上69
不得恃定熟/下224
夫得言不可以不察/下71
不得爲仁/下31
夫登山而視牛若羊/下104
夫亂世之民/上197
復來求之/上64
不慮而得/上35
賦斂重也/下151
不令則不可以守/下201
賦鹿臺之錢/中122
夫流於海者/中37
夫馬者伯樂相之/中167
不慢刑也/下18
不忘恭敬/下97
夫妄意關內/上332
不亡笑待/下147
不免乎枕之以糠/上39
夫名多不當其實/中231
父母既沒/中60
不謨而當/上35
父母全而生之/中60
父母全之/中58
父母之敎也/中318
父母置之/中58
父母兄弟妻子/上106
夫無功不得民/下301
夫無忌莉之讒人也/下45
夫無道者之恣行幸矣/下219
夫無父而無師者/上123
夫無欲者/下370
不聞極言則姦人比周/下85
不聞無功/下138
不聞安居/上139
不聞存君/上106
不聞之聞/上151
夫物合而成離而生/中19
夫未可以入而入/中326
夫民無常勇/上245
夫民未有見焉/下173
夫民猶是也/中419
父犯法而不忍/下349
夫便國而利於主/下155

254

夫兵貴不可勝/上247
夫兵不可偃也/上209
夫兵有大要/上237
夫兵有本幹/上243
不報其情又恐死將若何/下104
夫覆巢毀卵/中29
夫忿子之得行此術也/中331
夫不可知/下63
負釜蓋登/上355
父不能令於子/上133
夫婦失宜/上149
夫貴又何好乎/下63
夫不可激者/中220
夫不敢議法者衆庶也/中171
夫不禁而禁者/中363
夫弗能兌而反說/上122
夫宜遇而遇者則必廢/中106
夫不仁不義/上328
夫弗知慎者/上39
夫死其觀萬歲猶一瞬也/上296
夫事無大小/下147
夫四序參發/下215
夫私視使目盲/上371
不事心焉/下161
夫死殀殘亡/上39
夫土亦有千里/上266
夫辭而賢者許由也/中313
不私一物/上44
不死者不入於國/下153
夫辭者意之表也/中304
夫舍諸侯於漢陽/中431
不死之鄕/下66
夫死敗人之所惡也/下153
夫殺妻子焚之而揚其灰/上328
夫三群之蟲/中67
夫相大官/上46
夫相萬乘之國/中139
扶傷輿死/下25
夫傷忠臣/中301
夫善哉不以腐肉朽骨
  而棄劍者/中404
傅說殷之胥靡也/下66
夫說以智通/中233
夫成功名者/中171
坿城郭戒門閭/上287
夫成王霸者固有人/中261
夫誰暇笑哉/中96
不收其粟而收其秕/下220
父雖孝子之重不忍/上293
夫受而賢者舜也/中313
夫水之性淸/上33
夫脩之於廟堂之上/中414
不收則不搏/上158
父雖親以黑爲白/中29

不孰如赴深谿/下42
夫順令以取容者衆能之/下155
夫舜遇堯天也/中94
不勝走如奪/下48
夫審天者察列星而知
  四時因也/中167
不阿一人/上44
不阿主之所得豈少哉/下78
夫惡聞忠言/上320
不惡不知尚矣/上137
夫樂有適/上156
夫愛人者衆/上301
夫愛之而反危之/上301
不若大城父而置太子焉/下45
不若得一歐冶/上122
不若得一伯樂/上122
不若得一聖人/上122
不若無見/上66
不若不仁義/上66
不若無聞/上66
不若無聞也/下73
不若無聞矣/下71
不若無有/下194
不若勿知/下93
不若愚而用公/上47
夫言不聽道不行/下199
不與其子而授舜/上48
不與其子而授禹与公也/上48
不聞行人燭過之一言/下84
不與民謀/下212
不如貧賤/上36
不予佐之者/下169
夫亦難乎/上122,下139
不亦勞乎/下68
不亦愚乎/下196
不亦遠乎/上121
釜甑箸而逐之/上299
夫擧子之相似者/下59
浮葉疏節/下225
夫吳國甚富而財有餘/中89
夫吳勝於齊/中275
夫吳越之勢不兩立/下93
夫吳之與越/中89
夫吳之與越也/下93
夫五割而信/上180
夫玩好貨寶/上294
夫堯悪得賢天下而試舜/中42
不欲殺之而欲去之/下80
夫欲成大功/下63
不欲小智/上46
夫欲立功者/中383
夫欲定一世/中264
不用軌度/上167
不容則橫塞/上158
夫禹遇舜天也/中94

斧鉞在後/中332
夫月形乎天/上278
不爲高臺/上41
夫爲故主殺新主/上328
夫爲相害危者不可勝數/中439
夫爲人臣者/中52
夫爲人臣者進其爵祿實貴/中196
夫爲諸侯名顯榮實佚樂/中398
夫謂之辱者/上226
不由貴生動者/上68
夫有所愛而重/上299
夫有以體死者/上209
夫有齊國此二公子也/中156
夫有天賞得勢者/上192
富有天下/上84
富有天下不可以易/上39
富有天下而不驕夸/中135
不有懈嗜/中66
夫吾亦有適/上158
不意其近/下104
夫以德使民心以立大
  功名者/上260
扶伛道苦之/下59
夫以利天下之民爲心者/上213
夫耳目鼻口/上61
不以所以養害所養/中27
夫以外勝內/中165
夫以勇事人者以死生/中90
夫以聞行/中139
夫以湯止沸/上96
不以害之/下68
夫人故不能自知/下127
夫人乃以行步氣志/中297
夫人聞之大駭/下135
婦人不耕而食/下203
不仁於人/下31
不仁於他物/下31
婦人曰公雖仁繻衣/中309
婦人曰吾無所得/下193
夫人有所育者/中221
夫人主亦有車/中229
富人請贖之/上301
夫人治內/中297
夫一能應之/中237
夫立功名亦有具/中328
鮒入而鯢居/下80
剖孕婦而觀其化/下95
夫子禮之/上185
夫子弗爲憂/中147
父子相忍/上193
父子失處/上149
夫子爲天子/下68
父子有序/中275

夫子將焉適/上352
夫子逐於魯/上99
夫子下堂而傷足/中60
夫子壹行乎/上398
夫子弦歌鼓舞/中99
父子兄弟相與比周於
  一國/中52,下196
不作師徒/下205
斧斫斬其足/上182
夫葬所愛所重/上293
不長一類/上44
不爭輕重尊卑貧富/上121
夫爭行義樂乎/中373
夫賊害於人人亦然/上277
父竊羊而謁之/上333
不絕憂唯/下207
夫鄭乃韓氏亡之也/中280
夫精五帝三王之所以成也/中29
夫齊之於吳也/下93
夫齊之與吳也/下93
不除則無/下216
不操麻不出葉/下205
不足以辱令尹/上45
夫捽而浮乎江/上328
夫種麥而得麥/中359
不酒醴聚衆/下205
夫衆人畜我者/上365
夫衆之爲福也大/上245
夫智可以微謀/中441
不知稼者/下220
不知高下/下213
不知巧乎/上169
不知其稼居之虛也/下216
不知其稼之疎而不遍也/下216
不知其說所以然而然/中161
不知其所以然/上161
夫地得豊必足行其地也/中174
夫智伯之爲人也/中131
婦之父母以謂爲己謀
  者以爲忠/中104
父之不孝子/上299
不知事者/下213
不知所爲/上71
不知所以/下85
不知要故也/上78
不知要故則所染不當/上78
不知義理/上121
夫止而觸我/中441
副之以吳刀/中424
不知而自以爲知/中42,下157
不知趨利/下50
不知禍之將及之也/下196
賦之犧牲/上348
夫秦非他/中198

夫陳小國也/下151
夫進退中繩/中367
夫執一術/中56
夫差不聽/下93
夫差身擒/下93
夫差爲禽/中89
夫差以爲然/下93
夫差將死曰/下93
夫差興師伐齊/下93
不察其行/中134
不處極不處盈/下138
夫妻相冒/上193
夫天之見妖也/上189
夫天下之所以惡/下63
不脣則寒/上158
夫請以爲薪與弗請/中221
不脣子胥之言/下93
夫草有莘有藟/下157
不肖者以亡/上161
不肖者以財/下122
不肖主爲之/上147
不肖主重惑者/上122
不肖主之所弗安也/下116
腐草化爲蚈/上171
不醜不能/上137
夫春也魯國之匹夫也/上173
不出於門戶而天下治者/上102
夫忠於治世易/上324
不充則不脣/上158
夫聚粟也/中284
夫取於衆/上139
夫治身與治國/中229
富則觀其所養/上106
浮則又取而投之/上328
夫湯遇桀/中94
夫悖者之患/上342
夫必與越戰可也/下153
夫何阿哉/中422
不學其見不若盲/上127
不學其聞不若聾/上127
不學其言不若爽/上127
不學其知不若狂/上127
不行其原/上161
不許惠王而遂殺之/上51
夫賢不肖/上223
夫賢者豈欲其子孫之
　　　阻山林之險/中400
缶醢黃蚋聚之有酸/上82
夫惑於似士者而失於眞士/下59
不昏乎其所已知/下162
夫患未至則不可告也/下93
夫孝三皇五帝之本務/中55
夫厚於味者薄於德/上420
不興土功/下205
北郭騷沐浴而出見晏子曰/上352

北郭子曰夫子勉之矣/上352
北郭子爲國故死/上352
北面而問焉/中137
北面載拜曰/上191
北面再拜曰/上205,下142
北迫齊晉/上242
北方曰寒風/上21
北方曰玄天/上21
北方爲幽州燕也/上21
北方有獸名曰蹶/中155
北飛逾不反/上184
北人無擇曰/中338
葵人野人/中393
北至令支/上241
北至人正之國/下66
北取代東迫齊/中85
北嚮以誓之/上258
北懷儋耳若之何哉/中246
分繭稱絲效功/上90
分均仁也/上332
分級而立/中291
奮能自殃/中241
分祿而食之/中441
分府庫之金/上223
紛紛分分/中119
焚藪而田/上83
分已定矣/中267
分已定人雖鄙不爭/中267
分財棄責/中122
分定則下不相隱/上111
分地則速/中229
奮鐸以令于兆民曰/上57
不可禁不可止/上206
不可不扣/上298
不可不攻/上106
不可不獨論/中39
不可不明也/中391
不可不務求/上341
不可不務求此人也/上349
不可不務博也/中96
不可不味也/中37
不可不昧也/上208
不可不熟/中359,365,372,439
不可不熟論也/中326
不可不愼/中80,286,437
不可不審/中278
不可不深/中439
不可不審矣/中371
不可不存/上330
不可不重也/中179
不可不知/上245
不可不察/中262
不可不察於此也/中33,220
不可不察於此也/上301
不可不察此言也/中246

不可使令/中377
不可殺之/中407
不可勝數/中302
不可勝在己/上247
不可臣所之襲國邑/中196
不可與也/中89
不可吾弗忍爲也/上270
不可搖蕩/上232
不可謂工矣/中316
不可爲記/中29
不可爲萬數/上219
不可謂信/中380
不可謂勇/中380
不可爲而不足專恃/上242
不可謂忠臣/中349
不可謂孝子/中349
不可隱匿/上186
不可以駕矣/中165
不可以加矣/中401
不可以教/中229
不可不熟察此論也/上213
不可而不察於此/中363
不可以生/上328
不可以贏/上203
不可以容聲矣/中294
不可以爲安/上83
不可以一物一方安者也/中237
不可以立功名/中380
不可以卒/中229
不可以虛名爲也/中283
不可正諫/中119
不可察之本/中361
不可許也/中129
不可效也/中208
不敢却也/中371
不敢固辭/上198
不敢亂矣/中371
不敢馮河/上301
弗敢直視/中111
不敢直言/中178
不敢廢法/中349
不敢休矣/中371
不去斧鐬/中349
不去小利則大利不得/127
不去小忠則大忠不至故
　　小利大利之殘也/中127
不牽於勢/上338
不穀無與復戰矣/中127
不穀說之/中435
不穀親傷/中127
不工而治/中316
不過三萬/中358
不過三日/中124
不過五萬/中358
不過此矣/中362

不過乎所不知/中40
不觀其事/中441
不敎之能/中270
不求其實/中169
不掘墳墓/上221
不窺於牖而知天道/中237
不肯官人事/上299
不肯受實者其禮之/中140
不期乎驥驁/中171
不期乎鎛鋤/中171
不論人之性/中369
弗能窺矣/中293
不能當矣/中350
不能導愚敎陋/中208
弗能離矣/中293
不能離而國亡者/中372
不能勿怨/中205
不能死不可/中357
不能相親/中377
不能成功/中264
不能成歲/中377
不能勝數/上196
不能與之爭士也/上363
不能用人/中180
不能用之則爲禍/上209
不能喩矣/中188
弗能隱矣/中291
不能妣矣/中293
不能障也/中350
弗能知矣/中293
不能治農夫/中316
不能治木/中316
不能治絲/中316
不能則學/中42
不能尤矣/中350
不能解其一/中239
不能革而功成者/中372
不達乎人心/中216
不達乎持勝也/中124
不當爲君/上223
不當爲三/上324
不待禮而令/中44,184
不待知而使/中44,184
不得其具/中328
不得其道/中363
不得不然也/中261
不得所以用之/中358
不得所以用之也/中358
不得與焉/中407
不得意則不屑爲人臣/上369
不得已而受/上270
不得以快志爲故/中424
不得以便生爲故/上71
不得將死之道/中342
不得造父之道/中363

不得則死/上251	不若無有/中365	不在救守/上219	不聽其議/中256
不得休息/中44	不若勿得也/中375	不在小大/中76	不聽臣之言/中380
不得休息而佞進/中183	不若勿與而攻之/中89	不在臣下/中231	不聽而好諓/中288
不漫於利/中338	不若三人佐公子糾也/中156	不在於自少/中435	不肖者得志則不可/中207
不謀而親/中63	不若相與追而殺之/中111	不爭之術存因不爭/中373	不肖者之充而已矣/中223
不諱無罪/中253	不若先死/上352	不適則敗託而不可食/中363	不肖者則不然/中382
不聞其聲/中133	不若是而已/上338	不搏則怒/上158	不肖主之所誅也/中320
不聞道者何以去非性哉/中372	不約而信/中63	不戰必剡者類揭若壟/中132	不肖則欺/中109
不聞不肖/中87	不若以組/中33	不正其名/中231	不出三月而吳亦饑/中89
不聞危君/中189	不若避之以潔吾行/上361	不制於物/中233	不出三月/上321
不聞至樂/上197	不若革太子/上269	弗除則蕪/下215	不出者所以出之也/中237
不聞之事/中293	不陽者亡國之俗也/中419	不足愛也/中401	不取其金則不復贖人矣/中210
不反人之情/中369	不言而出/中294	不足與舉/上306	不取六畜/上221
不煩其肆/上301	不言之謀/中293	不足以具之/中67	不則請死/中380
不煩人徒/上301	不與公孫氏與崔氏者/中407	不足以難/中285	不奪之事/中258
不伐樹木/上221	不如殺之/中354	不足以案公息忌之說/中33	不通人矯以公令/中193
不罰而邪止/中350	不如吾者吾不與處/中182	不足以留客/中145	不通五者能成大盜者/中332
不辟死亡/中253	不亦可乎/中316	不足以成也/中270	不通乎輕重也/上363
不辨其義/中357	不亦難乎/上214,中36	不足以止攻/中30,410	不避任之/中361
不復於王而遁至於郊/中347	不亦不仁乎/上251	不終其壽/中113	不避早殀/中119
不分其職/中231	不亦信乎/上333	弗周而畔/中119	必不在人者也/中113
不焚室屋/上221	不亦易乎/中141	周而周/中258	必在彼者/上247
不備不恢/中237	不亦仁乎/上251	不周之粟/中68	不虐五穀/上221
不備遵理/中93	不亦惑乎/中172	弗誅必危社稷/中216	不學而能聽說者/中38
不私其財/上223	不亦孝乎/上333	不重富/中253	不好淫學流說/中256
不私其親/中349	拂則欲/下133	不知輕身/中60	不輇其身/中60
不死於其君長/中304	不用度量/上154	不知君將徙易而是者乎/中307	不恤其眾/中119
弗使而孝矣/上131	不用法式/中176	不知其所受之/上138	朋友不篤非孝也/中57
不死自今以來/中357	不用象譯狄鞮/中264	不知其所由/中410	非加賢/中96
不徒之所以致遠追急也/中38	不憂其係虜而憂其死不焚也/中80	不知類耳/中422	比干生而惡於商/下115
不思後患/中89	不憂勞財不傷其耳目之主/中233	不智不勇不信/中380	比干以死/中40
不殺不辜/中253	不憂不哀/中200	不知事惡能聽言/中38	比干萇弘以此死/中301
不祥莫大焉/中43,305,412	不友乎諸侯/中352,369	不知相賀/上363	非強大則其威不威/下61
不賞而民勸/中350	不爲苟也/中361	不知所之/中236	非桀其孰爲此也/上310
不善者失之/中400	不爲無人/中101	不知乘物而自怙恃/中229	非桀紂之不肖也/中87
不善則不有/中365	不爲者所以爲之也/中237	弗知惡也/中332	非擊寇也/下135
不善則譽也/中365	沸而不止/上96	不知欲也/中332	非耕耘種殖之謂/中55
不說爲仁義者/中150	不唯先有其備加以群聚邪/中391	不知義理/上194	非攻無以/下52
不設形象/中148	不義莫大焉/上216	不知情惡能當言/中38	非攻伐而取救守/上212
不燒積聚/上221	不衣芮溫/中113	不知地之下也/中99	非公叔痤之悖也/上342
不損其形/中60	祓以燋火/下124	不知致苦/中160	非夸以名也/上36
菝蔂日用而不藏於篋/上250	不以便死爲故/上293	不知閒問/中42	非苟辨也/上221
不習其心/中38	不以善爲之愬/中219	不知則不信/中243	非狗不得兔/中250
不食穀實/中113	不以吾身遠之/上337	不至則不知/中243	非苟語也/上221
不審其種/中359	不以吾身爵之/上337	不知則與無賢同/中182	非鬼告之也/下139
不審名分/中231	不以人之壞自成也/上361	不知化者舉自危/中434	比其反也/中196
不深知賢者之所言/中43	不以人之庳自高也/上361	不盡其年/中113	非其所謂是/上39
不若見其哭也/中332	不以害死/上291	不賈君於人中/中423	非其人而欲有功/中261
不若見其鬪也/中332	不以害生/上291	祓疾學而能爲魁士者名人者/上121	非老不休/下203
不若令一人事公子小白/中156	不仁不義/中89	不疾王則疾不可治/上324	非怒王則疾不可治/上324
不若無對/上310	不忍爲也/中165	不察厲厚賞不足以致此/中357	比旦而大拱/上187
不若無法/上335	不任己之不能/中253	不察則善不善不分/中36	非徒萬物酌之也/上70
不若無辨其善與不善而時罪之/中310	入於朝矣/中256	不憴然後動/中343	非徒網鳥也/上310
不若無信/上333	不自以爲惑/中299	不惕於心/中43	非徒不能/中203
		不聽其說而辭之/中73	非徒徇其君也/上330

경・전문(經傳文) 자구 색인 257

非盜則無所取/中47
非獨國有染也/上79
非獨琴若此也/中64
非獨其臣也/下50
非獨獵也/下147
非獨射也/上272
非獨相馬然也/中444
非獨厲一世之人臣也/中347
非獨染絲然也/上74
非獨爲一世之所造也/上167
非獨傳舜而由辭也/中313
非獨存己之國也/上274
非獨仲叔氏也/中216
非得良工/上266
非得一人於井中也/下73
非樂之也/中295
非梁公怒曰/中212
非良農所能爲也/中87
卑梁人操其傷子以讓吳人/中212
比日之魚死乎海/上101
非無其志也/中150
費無忌之謂乎/下46
非務相反也/中171
非無樂也/上149
非無賢者也/中189
非問臣之譽也/上50
非弭之也/中419
譬白公之嗇=/中171
誹辟因辟/上318
悲夫悲夫/上280
非不可亡也/中268
非不能大/中264
非不欲兔也/中267
非不賢也/中169
臂非椎非石也/上280
非濱之東/中393
卑辭屈服/中30,410
非辭無以相期/中305
非死不舍/下203
卑師者不聽/上121
非師則友也/中357
非先爲天子不可得而具/中68
非說之也/上122
非所以性養也/上33
非所以完身養生之道也/上65
非所以爭/上301
非疏之也/中261
非所行也/中305
鼻雖欲芬香/上61
比獸之角/中424
非神非幸/中440
費神傷魂/上215
非臣之力/中205
非阿之也/中261
非惡其勞也/上301

非惡其聲也/下115
非惡其子孫也/下194
非惡富貴也/上64
非愛裘也/下163
非愛其豐也/上301
非愛費也/下163
非愛篡也/下163
譬若心腹之疾也/下93
比於賓萌/中345
非吾事也/中338
非吳喪越/上89
非王其執能用是/下106
非徹而紉其名也/下194
誹汙因汙/中318
非友其臣也/中357
非爲君而因安也/下78
非爲利則固爲名也/中410
非爲利則因爲名也/中31
卑以布衣而不窄攝/中135
非有故也/下52
非猶此也/下129
非有兒子也/上51
肥肉厚酒/上36
非義兵也/中89
非意之也/中444
非以君衛地/中380
肥而扶疏則多枇/下219
肥而不脫/中67
非以要利也/下31
非以醉子反也/中127
鄙人自然/中239
非人之所能爲也/上206
非仁體也/中89
鄙人必取百金矣/上308
非一自行之也/上256
非一足也/下72
非一兎足爲百人分也
  由未定/中267
非自然也/中80
肥而無衣食而不愛羈/中135
非自至也/上39
非長術也/上83
飛將沖天/中289
悲存和心/上280
非從易也/中395
非珠玉國寶之謂也/上293
非至公其孰能禮賢/上137
譬之若誓師之避柱也/上293
譬之若官/上61
譬之若肌膚形體之有
  情性也/上155
譬之若逃雨汗/上106
譬之若登山/上182
譬之若農辯土地之宜/中87
譬之若良醫/中171

譬之若林木無材/中273
譬之若枹與鼓/上266
譬之若射者/上96
譬之若修兵者/上32
譬之若水火然/上209
譬之若漁深淵/上245
譬之若御者/上105
譬之若鹽之於味/中363
譬之若爲宮室/下169
譬之若鼎之有足/中156
譬之若釣者/上338
譬之若夏至之日而欲
  夜之長也/中261
譬之若寒暑之序/中412
卑之爲尊/中241
譬之猶懼虎而刺獨/下93
譬之猶暴骸中原也/上302
鼻之情欲芬香/上156
非直土其執能不阿主/下106
非晉國之故/中261
非疾不息/上203
非此之謂也/中226
鼻臭矣口敏矣/上35
早則不得以小戳上尊則惑/下181
非湯武之賢也/中87
非擇取而爲之也/上358
飛兎要喪/中334
非特具之而已/下145
非特以歡耳目極口腹
  之欲也/上159
非彼死則臣必死矢是故哭/中196
非必驕人之城郭/下31
非賢其執知乎事化/中61
非賢者執肯犯危/下85
非賢主其執能聽/上320
非好儉而惡費也/上42
比乎良醫/下20
非或聞之也/上277
非禍殃及己也/上101
貧無衣食而不愛羈/中135
貧賤之致物也難/上36
氷凍消釋/上348
聘名士禮賢者/上88
氷方盛水澤復/上346
氷益壯地始坼/上315

〔사〕

四境皆賀/上363
使公卿列士正諫/中419
使公母忠出奔在於莒也/下86
辭公孫柱/下119
使工女化而爲絲/中316
使工聽之/上338
使寡人不用蹇叔之諫/下200

士過者趨/中122
師過周而東/中198
使管仲母忘束縛而在
  於魯也/下86
師曠曰不調/上338
師曠曰後世有知音者/上338
事君果有命矣夫/中275
事君不忠非孝也/中57
使君臣有義也/中275
事君枉法/中349
嗣君應之曰/下197
事君則忠/中226
史起敬諾/中208
使曰可以言/上127
士其難知/中143
死其難則死無道也/中187
史起對曰/中208
史起對曰可/中208
使耳可以見/上127
使其民而恕之/下213
徙其兵以臨晉/下93
史起不敢出而避之/中208
史起非不知化也/中208
史起三臣丙也悔也視也
  於東邊候晤之道/中198
使其心可以知/上127
史起曰臣恐王之不能爲也/中208
史起因往爲之/中208
邪氣盡去/上97
史起興而對曰/中207
辭難篤其爲福篤未可知/中312
使農事得/下220
辭多類非而是/下74
事多似倒而順/下150
使袒而捕池魚/中354
沙棠之實/中68
士大夫履肝肺/上264
使大匠化而爲木/中316
司徒揑扑/上258
使敦治讐慶徂謝焉/中106
事得以功名得/上99
事慮不同情者心異也/下110
私慮使心狂/上371
師旅必興/上254
辭令遜敏/下191
事利黔首/中94
私利而立公/上47
邪利之急/上69
師吏請待之/下374
四隣來虛/下207
四隣入保/上348
司馬諫秦君曰/下25
司馬子罕曰/中413
司馬喜難墨者師於中山
  王前以非攻曰/中322

司馬喜無以應/中322
司馬喜曰然/中322
邪慢之心感矣/上186
四面不出周郊/上189
使名喪者淫說也/上223
使苗堅而地隙/下210
赦無大功/中85
死無道逆也/中187
似無勇而未可恐狼/上189
詐諼之道/中47
史默曰謀利而得害/中415
事未可知/中156
士民黔首益行義矣/上221
士民倦糧食/中326
使民無欲/中370
使民闇行/中331
使民知可與不可/中208
士民罷露/中316
士民孝則耕芸疾/中55
四方來雜/上230
使百里奚雖賢/中96
事服其任/中119
師不能令於徒/上133
使夫自得之/中40
士不偏不黨/下189
死不利故不死/中304
士不旋踵/中253
死不足以禁之/中409
使不肖以賞罰/中409
四鄙入保/上175
賜貧窮振乏絶/上88
使吏largepit睹之/中415
使使者來謁之/中124
使世益亂/上122
四蛇從之/上355
使三軍饑而居鼎旁/中319
使三軍之士樂死若生/中275
泗上爲徐州魯也/上21
使上帝鬼神傷民之命/中261
四上之志/中408
死生命也/中192
使生不順者欲也/上40
死生榮辱之道一/上232
死生存亡安危/中301
使船人知其孟賁/中111
事省而國治也/中256
使聖人化而爲農夫/中316
司城子罕觴之/中413
使世益亂/上122
士所歸天下從之帝/中135
使召司馬子反/中127
士所術施也/下192
士所贪敛/下192
士雖驕之/中135
使受命矣/中428
莎随貢服/上157

賜守塞者人米二十石/下135
射随兕中之/上321
事随心心随欲/中439
事警以求存/中424
射獸者欲其中大也/中159
辭受則原竭/中435
使荀息假道於虞以伐虢/中129
詐術遍用/上99
四時代興/上148
四時無私,行也/上48
四時易箭/上193
四時之數/中67
四時之化/上93.中377
四時寒暑日月星辰之行當/中132
事心,任精/上215
事心,爵自然之塗/上104
四十國歸之/上310
射我者不可/下124
士安得不歸之/中135
士若不成/中159
謝於翟煎而更聽其謀/中316
射魚指天而欲發之當也/中261
事與國皆有徵/中444
使聖人之所自來/中182
使役人載而途之齊/中153
使宵威毋忘其飯牛而居者於車下/下86
士鷙穀者固輕其主/中137
使吳夫差智伯瑤侵奪至於此者幸也/上218
使五尺豎子引其捲/上40
使烏獲疾引牛尾/上40
似緩而急/中71
四曰奮五穀/上161
使曰此無主矣/上311
四欲得四惡除/上157
事欲靜以待陰陽之所定/上318
四欲之得也/上157
四衞變疆/下227
士尉辭而去/上269
士尉以證靜郭君靜郭君弗聽/上269
詐僞之道/中83
詐僞之民/中77
事有可以過者/下90
士有孤而自恃/中63
士有當年而不耕者/下31
士有大易/中247
士有若此者/中135
士尹池諫於荊王曰/中414
士尹池歸荊/中414
士尹池爲荊使於宋/中413
士義可知故也/下63
士議之不可辱者大之也/上325

四夷皆至者/中372
死而見說乎周/下115
四夷乃乎/中258
事耳目深思慮之務敗矣/中237
使人閒於文王/上311
射而不中/上96
事已成功已立/中201
死而有益陽城君/中357
使人珠玉而不肖/下27
死志氣不安/上277
辭而之薛/上269
辭而請歸/中330
使人皮帛而不受/上27
使人舉兵伐楚之邊邑/中212
使人告魯侯曰/上274
使人求之江上/上306
使人肌澤且有力/下226
使人大迷惑者/下55
使人復於王曰臣請死/中357
使人本無其志也/中150
使人不能執一者/中165
使人赴觸子/中132
使人先表灉水/中171
使人召而問之曰/上280
使人雖勇/中150
使人雖有勇弗敢刺/中150
使人視之/中151
使人臣犒勞以璧/中198
使人讓塞叔曰/中196
使人讓趙王曰/中306
使人謂子印曰/下52
使人謂公子曰/下52
使人以幣先焉/上63
使人戰者嚴駔也/中285
使人之宋迎文擊/上311
使人之朝爲草/下80
使人請金於齊王/中133
使人請食於越/上89
使人請之有氏/中63
使者去子列子入/中187
使者發言燕王之甚恐懼而請罪也/中429
死者如有知也/下93
使者曰陳不可伐也/下151
使者曰其顔闔之家邪/下63
使者遇其兄/下104
謝子至說王/下219
死者千餘矣/中361
使者致幣/上64
使者行之/中429
使者還反審之/上64
使者還曰/下104
仕長大夫/上185

似將有道者/上361
使潭疾走馬弗及/下138
事在當之/中78
使宰人腨腨不熟殺之/上97
使適於時者其功大/中412
使田有封洫/中202
使鄭簡魯哀民之謗譽也/中203
使齊國得管子鮑叔也/下124
使弟子安焉樂焉休焉游焉肅焉嚴焉/上133
師操不化不聽之術/上121
師尊則言信矣道論矣/上121
使衆能與衆賢/下169
死之可矣/中357
使之鈞百而少焉/中367
事之難易/中76
士之明己也功大/中422
師之不反也從此生/中200
辭之不足以斷事也明矣/中304
使地肥而土緩/下210
死之所以行墨者之義而繼其業者也/中357
師之所處/中27
死之謂也/上66
士之爲人/上349
士之議也/上221
似之而非也/中109
似遲而速/中71
使之者不至/中80
仕之長大夫/下185
仕之執主孔子聞之曰/中404
賜之千里之地/上210
事至則不能受/上136
四枝布裂/上264
社稷乃存/中316
社稷不寧/中377
社稷之不危也/中36
社稷寑廟/上348
社稷必危殆/中63
使晉屬陳鄭宋康不善乎此者幸也/上218
死次之迫生賤下/上66
司天日月星辰之行/上27
使天下丈夫女子/中150
私聽使耳聾/上371
射招者欲其中小也/下159
史鰌佐焉/中415
事出乎不可同/下180
思致其福/中365
使治亂存亡/中209
事治之立也/中203
死則敬祭/上129
死則相哀/中282
事親則孝/中226
使奪之宅殘其州/下183

경·전문(經傳文) 자구 색인 259

師必隨之弗聽/中131	三去今尹而不憂/中402	三入三出/上328	上服性命之情/中257
使夏桀殷紂無道至於此者幸也/上218	三擧而歸/中441	三者皆私設精/上371	相奉桑林/上361
士何弊之有/下83.84	三公九卿出走/下57	三者國有一焉/上33	賞不加厚/下84
師行過周/中198	三公五推/上28	三者弗能/中106	上不竭下不滿/上109
舍千七星/上191	三軍攻戰兵也/上209	三者不能國必危身必窮/中212	上不過而刑不慢/下18
使賢以義/中409	三君死一君虜/下110	三者所以賞有功之臣也/下133	賞不當雖與之必辭/中343
師乎見其出而不見其入也/中196	三軍一心/上232	三者人君之大經也/中433	商不變肆/中119
史皇作圖/中250	三軍之士皆聽瞻也/中354	三者任則亂/中246	賞不善而罰善/上214
削迹於衛/中99	三年苦身勞力/上264	三者之成也/上98	上不順天/上223
禍之日人請問十二紀/上371	三年國人流王于彘/中419	三者咸當/上371	相似之物/下55
山谷之中/中44.183	三年巫馬旗短褐衣弊裘/中331	三晉之事/中408	常山之北/下68
山大則有虎豹熊羆蝮蚖/中50	三年不動不飛不鳴/中289	三七二十一/上191	商書曰五世之廟/中50
山陵不收/上92	三年不言/中286	三患者貴富之所致也/上36	商書曰刑三百罪莫重於不孝/中57
山林名川之祀/上348	三年然後決/中326	桑間之音/上186	霜雪旣降/中99
山林藪澤/中318	三年然後勝之/中104	相劍者曰/下159	霜雪大擊/上131
山不敢伐材下木/下205	三年不見生牛/中280	相劍者之所患/下55	上世多有之矣/上260
産輿落或使之/上80	三年而知鄰國之政也/上337	上計言於襄子曰/中261	上世之王者衆矣/下31
山雲草莽/中27	三代分善不善故王/中36	相攻唯固/中269	上世之有國/中313
山有九塞/中19	三代所寶莫如因/中161	上貢必適/上262	喪粟甚多/上207
散宜生曰/上167	三代以昌/中273	賞過則懼及淫人刑慢則懼及君子/下18	上雖以嚴威重罪禁之/中294
酸而不酷/中67	三代之道無二/中361	相國使子平/下119	觴數何曰/上334
散倉廩之粟/上223	三代之所以減/中125	相國曰意者君耳而未之目邪/中261	上雖賢猶不能用/中370
山處陸居/中89	三代之所以昌也/中42	相國將是之乎/中322	上順乎主心/下131
殺鬼侯而脯之/中426	三代之興王以罪爲在己/上105	上揆之天/上371	嘗試觀於上志/上44.45.下196
殺其不能鳴者/中109	三塗爲崇/中298	賞其末則騎乘者存/下120	相視而笑曰/上361
殺氣浸盛/上230	三苗不服/中351	賞其末乎/下120	嘗識之此/中267
殺乃藏圓道也/上109	三畝之宮/中246	賞其本則臣聞之郄子虎/下120	相也者百官之長也/中385
殺梅伯而遺文王其醢不適也/下95	三百六十節皆通利矣/上35	商呫不若吾之矣/中34	桑於公田/下203
殺梅伯而醢之/中426	三分所生/上177	商呫至美也/中34	相與歌之曰/中208
殺民非仁也/中338	三徙成國/中161	相得然後安/中203	相與俱殘/上264
殺伐以要利/上361	三士羽翼之也/中385	相乃懼而謀臣/中198	相與利之也/中391
殺夫子者無罪/中99	三世然後安/中203	當得學黃帝之所以誨顓頊矣/上371	相與分之/上299
殺比干而視其心不適也/下95	三帥乃懼而謀臣/中198	上謀而行貨/上361	相與召理義也/中257
殺三不辜/中176	三旬二日/上175.348	上無過擧/中419	相與誦之曰/下25
殺三葉而穫大麥/下212	三十四世而亡/中339	上無以使下/中158	相與植法則也/中257
殺所薦要所以師/下26	三言而下下稱賢/下184	上無乏用/上230	相與爭金於美唐甚乎/中133
殺所以生之也/上234	三日逢草木/上161	當聞君子之用兵/下25	商王大亂/中176
殺隨兕者不出三月/上321	三王不能革/中372	商聞雖衆/中293	上用我則國必無患/中47
殺王以要利/上361	三王弗得而師/中135	商文曰善/中275	上用之則民爲之矣/中293
殺身以易衣/下26	三王先敎而後殺/上99	商文曰是吾所以加於子之上/中275	相謂曰吾聞西方有偏伯焉/中360
殺身出生以徇其君/上330	三王以上/中412	商文曰吾不若子/中275	相謂曰何以治國/上339
殺身出生以徇之/上325	三王之佐/中45.46,下196	商文曰何謂也/中275	上爲天子而不驕/上35
殺茹黃之狗/下89	三王之佐不顯焉/中344	賞罰皆有充實/中360	相爲殫智竭力/中63
殺連尹姦/下45	三月不反/下88	賞罰無方/中176	當有乾谿白公之亂矣/中347
殺人者僕之父也/中349	三月不葬/中193	賞罰法也/中173	賞有功者五人/上85
殺人者死/上51.中226	三月然後喪/中106	賞罰不信/中377	賞有義而罰不義/上212
殺人之士民也/下31	三月嬰兒/中332	賞罰不充也/中360	賞有義而罰之術不行矣/上213
殺之兔之殘其家/下178	三疑乃極/下207	賞罰信乎民/下185	當有鄭襄州侯之難矣/中347
殺之於高梁/下110	三人操牛尾/上161	賞罰易而民安樂/中80	尙有何責/中324
殺之而復上船/中404	三日不得/中342	賞罰有充也/中361	尙儀作占月/中250
殺之以活人/上251	三日而穀亡/上187	賞罰之柄/中80	喪以繼樂/下207
殺太子中生/下110	三日而後更葬/下15	賞罰則不足去就/中358	上二士者可謂能學矣/下142
殺彼龍逢/中119	三日之內/中122		賞而爲首何也/上85
三家爲殷/上216	三日請屬事焉/中96		

上巳悖矣/下80
嘗人人死/中354
傷人者刑/上51,中226
嘗一胔肉/中169
常一人居外/下73
賞一人而天下之爲人臣/中85
相者日此良狗也/下190
殤子至天也/中371
商箴云天降災布祥/中29
尙將奚及/上69
上田棄畝/下210
上田夫食九人/下205
上田則被其處/下215
上丁入學習吹/上257
上帝降禍/上196
上帝其享/上229
上尊下卑/下181
賞從亡者/下133
常從西海夜飛游於東海/中68
商周之國/上99
賞重則民移之/上83
常之巫從中出曰/中193
傷之於昭公曰/中216
上至於天子/上122
上志而下求/上46
上之惠也/中349
上執而將誅之/上333
上車選間日/上179
上車則不能登軾汝惡能/上328
頹推之履/中421
上稱三皇五帝之業以
　　愉其意/上215
相平公元景公/中414
上下皆曲/中369
上下俱極/中366
上下不捉知/上181
上下不安/下220
上下不分別/中243
上下相疾/中119
上下之相讐也/中369
上下之相忍也/中417
商涸旱湯猶發師以信
　　伊尹之盟/中119
上玄尊而俎定魚/上159
傷形費神/上78
上胡不法先王之法/中169
尙胡革求肉而爲/上334
塞宮門築高牆/中193
塞宮門築高牆不通人/中193
塞道者也/下165
嗇其大寶/上97
索其上而王聽之/上326
索盧參東方之鉅狡也/下127
色如洟赭/中106
生德不通/中417
生無不傷/上35
生無不長/上35
生無所屈/中252
生不足以使之/中408
生性也死命也/中405
生也者其身固靜/上155
生於度量/上148
生於不學/上121
生而有道者之廢/上219
生骨而藝之/中431
生而弗子/上44
生者彌疏/上294
生子不備/上57
生者山相衿尙也/上293
生者畢出/上88
生之大經也/中18
生之稻粱/中208
生之所自來矣/上27
生之役也/上61
生之者地也/下221
生則謹養/上129
生則相歡/上282
西家高吾宮痺/中414
西家之濠徑其宮而不止/中413
西歸報於廟/中122
西南日朱天/上21
西南曰淒風西方曰颶風/上21
胥童謂靡公曰/中433
西方日顥天/上21
西方爲雍州秦也/上21
西方日勝/中119
西伐至於巴蜀/上242
西服壽麇/中246
西北日厲風/上21
西北日幽天/上21
暑不信其土不肥/中377
徐不必死/中407
庶士施政去賦/中122
犀首日吾未有以言之/下15
書惡而有甚怒/中331
徐弱日若夫子之言/中357
徐言則不聞/中293
徐言乎疾言乎/中293
鋤櫌白梃/上238
庶人不冠弁/下205
人人傳語/中419
鼠前而兔後則趹/中155
書之寡人不有肯好爲大室/中437
西至三危/上371
西至三危之國/下66
書之日主手攫之則右
　　手廢/下29
西至鄧郭/上241
西至河雍也/下117
書盡難文中山之事也/中205
庶草茂則禽獸歸之/上81
暑則欲冰/下35
西河可以王/上341
西河之爲秦也不久矣/上443
西河之爲秦取不久矣/上341
石可以代之/下35
石可破也/上358
昔葛天氏之樂/上161
昔有朱襄氏之治天下也/上161
釋其所制/中47
昔陶唐氏之始/上161
釋父兄與子弟/中261
昔上古龍門未開/下34
昔上世之亡主/上105
昔聖王之爲苑囿園池也/上42
昔聖王之治天下也/上44
石所樂也/下35
昔之所自來矣/上27
昔舜欲旗古今而不成/上50
釋十際則與樂鹿虎狼
　　無以異/下60
昔也往貴於東邑人問也/下59
昔吾所言者紡緇也/中309
析宛路之塤/下89
昔爲合氏親臣之母/中280
昔有舜欲服海外而不成/中200
惜矣不如歸尸以內攻之/中157
昔者公孫龍之言荔雞/中307
昔者先聖王成其身而
　　天下成/上97
昔者聖王先德而後力/下133
昔者神農氏之有天下也/上361
昔者臣盡力竭智/上46
昔者堯朝許由於沛澤
　　之中日/下68
昔者禹一沐而三捉髮/中40
昔者子胥過/上306
昔者紂爲無道/中426
昔秦繆公乘馬而車爲敗/上249
昔者晉獻公/中129
昔者莊王事而當/中435
昔者湯克夏而正天下/上261
昔者太公望封於營丘之渚/中400
石渚辭曰/中349
石渚之爲人臣也/中349
石渚追之/中349
昔趙宣孟將上之絳/中143
昔蛛蝥作網罟/中310
昔周之將興也/中360
釋之天下弗能使矣/中408
昔秦繆公興師以襲鄭/中196
昔晉文公將與楚人戰
　　於城濮/中83
昔出公之後蒙氏爲晉公/中280
昔太古嘗無君矣/中391
昔荊龔王與晉厲公戰
　　於鄢陵/中127
石戶之農日/中338
昔桓公得之筥/中99
昔黃帝令伶倫作爲律/中163
選閒食熟/中248
先見其化也/上187
先見其化而已動/中187
善棺槨所以避螻蟻蛇蟲也/中293
善教者則不然/上135
先具大金斗/上92
先君以不安棄群臣也/上428
先君必欲一見群臣百姓也/下15
先君必以此敎之也/中92
善綣得道之士也/中137
善綣布衣也/中137
先及宣孟之面目/中143
選其賢良而貴顯之/上223
鱓乃偃寢/上163
選練角材/上242
選練士習戰鬭/中74
先令舞者置兵其羽中
　　數百夾/中92
繚圍自具桎梏桎止姦/上203
先雷三日/上57
宣孟德一士猶活其身/中143
宣孟問之曰/中143
宣孟遂活/中143
宣孟與脯二朐/中143
宣孟曰斯食之/中143
宣孟曰而名爲誰/中143
宣孟知之/中143
宣孟止車/中143
先務於農/下201
善無自至則壅/下100
先發聲出號已/上223
先百世之利者平/上83
先夫亡者亡/下104
善不善本於義不於愛/中37
善不善不分/中36
善邪辟可悖逆/中223
旋舍於蔡又取蔡/中90
選士屬兵/上180
善相丘陵阪險原濕/上29
先生又弗受也/中187
先生將非平/中322
先生將何以處/中109
先生之年長矣/上51
先生之老贖昏贖/下80
先生之所術非攻夫/中322
先生之以此驕寡人也/上51
善說者若巧士/中148
善說者亦然/下13
先聖擇兩法一/上151
先勝之於此/上232

경·전문(經傳文) 자구 색인   261

先時者葉葉帶芒以短衡/下221
先時者大本而華/下223
先時者木大而葉葉格對/下224
先時者暑雨未至胕動
　蚼螾而多疾/下226
先時者必長以蔓/下225
煇熱則理塞/上41
善影者不於影於形/上98
先王固用非其有而已有之/下170
宣王怒曰野士也/下78
先王名士達師之所以
　過俗者/上271
宣王聞之/上269
宣王微春居/中437
先王不能盡知/下165
先王先順民心/上260
先王所惡/下60
宣王曰寡人聞乎好直
　有之乎/下78
先王用非其有/下167
先王有大務/下138
先王有以見大巧之不
　可爲也/中304
宣王自迎靜郭君於郊/上270
先王之敎/上121
先王之立高官也/上111
先王知物之不可兩大/下138
先王知物之不可全也/中382
先王之法/中169
先王之法曰/上216
先王法胡可得而法/中169
先王之使其民/中364
先王之索賢人/下64
先王之所惡/上301
先王之所以爲法者人也/中169
先王之所以爲法者何也/中169
先王之所以治天下也/中56
先王之所誅也/中300
先王之於論也極之矣/下50
先王之立功名/下169
宣王之情/下106
宣王太息動於顏色曰/上270
先王必欲少留而撫社稷/下15
善用其民者亦然/中364
善用兵者/上245
善用之則爲福/上209
善爲君者/上81
先爲其師言所夢/下142
先爲其所欲/上337
善爲上者能令人得欲無窮/中372
先有其不備/上331
善衣東布衣白縞冠/上421
膳以十二牛/中198
先以接敵/上241
善弋者下鳥乎百仞之

上弓良也/上81
船人怒而以楫撝其頭/中111
船人曰未之見也/中404
先人有言曰/中129
先立冬三日/上286
先立秋三日/上202
先立春三日/上27
先立夏三日/上116
宣子乃命吏出叔嚮/下18
善者必勝/下20
善哉乎鼓琴/中64
先定準直/上29
先祭寢廟/上229
善鈞者出/上81
善調和務甘肥/上129
選卒練士也/下31
善持勝者以術彊弱/中124
先知必審徵表/中440
先軫遏秦師於殽而擊
　之大敗之/中200
先軫言於襄公曰/中200
先軫曰不弔吾喪/中200
先陳何益/中165
先薦寢廟
　/上117.144.204.259
先薦寢廟上乎命樂正
　入奏金采/上58
宣通下究/上109
善學者若齊王之食鷄也/上137
善乎而問之/中60
先後多少/中67
說黔首合宗親/上151
說文王之義以示天下/上15
設官保所以舉過也/下127
說使之也/上159
雪霜雨露時/下20
說雖未大行/中153
雪甚如此而行葬/下15
說晏子之義/上352
說如此其無方也而猶行/中113
說與治不誠/中332
說亦皆如此其辭也/中113
說亦可有若此者/中104
說淫則可不可而然不然/中223
說義不稱師/上131
說義以聽/下126
說義調均/中131
說義聽行/上369
說義必稱師以論道/上131
說以不聽不信/上316
說而欲留之/下117
說人之謂已能用彊弓也/下106
說者雖工/中188
說之道亦有如此者也/中104
說之不聽也/中147
說之行若此其精也/下17

薛淸廟必危/中147
說湯以至味/中67
說通而化奮/中350
說必不入/下106
說桓公以爲天下/中387
銛兵利械/上236
涉無先者/中111
涉於棘津/中298
涉血盜肝以求之/上294
成公賈入諫/中288
成公賈之譎/中289
成公賈之譎也/中289
城郭高溝血深/下151
城敎垂名/中159
聲禁重色禁重/上48
成已所以成人也/中68
成乃衰衰乃殺/上109
誠能決善/中208
盛德在金/上202
盛德在木/上27
盛德在水/上286
盛德在火/上116
城得而地得/中174
誠無欲則是三者不足以勸/中371
誠無欲則是三者不足以禁/中371
聲則不知/下126
城門不守/中264
城濮之功/上83
城濮之戰/下84
省婦使勤蠶事/上89
省婦事毋得淫/上316
聲不加疾也/中148
成非一形之功也/上192
聲則應/中27.410
聲色滋味/中372
聲色滋味能久樂之笑故/上70
猩猩之脣/中67
盛賢賢不宵/上186
成身莫大於學/上131
成樂有具/上149
性者所受於天也/上358
性亦可不成亦可/上209
盛呑頭於筒中奉以託/上352
成王立殷民反/上167
聖法之/上107
聖王法以令天性/上109
聖王不能二廿之事/中250
成王與唐叔處燕居/中287
成王余一人與處戲也/中287
聖王園宋十月/中268
聖王在上故也/中250
聖王之道要矣/中68
聖王之道廢絶/下36
聖王之所不能也/中250
成王之叔父也/中137

聖王執一/中372
聖王託於無敵/下372
聖王通士不出於利民
　者無有/下34
誠辱則無爲樂生/上325
誠有其志/中151
成而弗有/上44
成而不處/中233
性異非性/中372
聖人去小取大/中127
聖人南面而立/上277
聖人覽焉/中24
聖人不能爲時/中412
聖人不察存亡賢不肖/上272
聖人相論不待言/中292
聖人上知千歲/中444
聖人生於疾學/上121
聖人所獨見/上187
聖人修節以止欲/上67
聖人深見此患也/中393
聖人深慮天下/上61
聖人因而興制/下161
聖人組修其身/上101
聖人之見時/下76
聖人之不爲私也/下163
聖人之相知/中294
聖人之所以過人以先知/中440
聖人之所以異者/上68
聖人之所以治天下也/中250
聖人之上/上121
聖人之所察也/中298
聖人之於事/中71
聖人之餘事也/上65
聖人之元也/中412
聖人察陰陽之宜/上93
聖人則不可以厭矣/中440
聖人必在己者/上247
聖人行德孝乎/上278
星一徙當七年/上191
性者萬物之本也/下143
性者所受于天也/上206
成齊類同皆有合/中29
成尊名於天下/下84
城從於民/上174
盛之以鴟夷/下124
聲出於和/上148
聲則毀大則衰/中109
誠行之此論而內行修
　王猶少/中138
成荊致死於韓主/上236
誠平焉也/上280
成乎詐其成毀其勝敗/上83
誠乎兌也/上280
誠乎牛也/上280
誠乎此者刑乎彼/中331

星廻於天/上348
成訓教變習俗/中275
世皆譽之/上332
世多舉桓公之內行/中138
細大賤貴/下196
勢等則不能相幷/中262
世變主少/中275
勢不便時不利/中424
勢使之也/中243
勢使之然也/上245
世世乘車食肉/上298
世俗之行喪/上295
世闇甚矣/下22
世易時移/中171
稅牛於桃林/中122
世為長侯/上361
世有言曰/上238
勢有敵則王者廢矣/中267
世有賢主秀士/上211
世有興主仁士/上219
歲六月文王寢疾/上189
世人之事君者/上71
歲將更始/上348
歲在沔灘/上371
世主多盛其歡樂/中36
世主忞行/上211
世主忞行與民相離/上211
世主之能識論議者寡/中103
世主之患/下155
世之貴富者/上34
世之所不足者理義也/中334
世之所以襄也/中106
世之所以賢君子者/下63
世之為丘壟也/上296
世之人主/上64,363
世之人主貴人/上40
世之人主多以珠玉戈劍為寶/上152
世之走利/下26
世之直士其寡不勝眾數也/下106
世之聽者多有所尤/中32
世之爲君者非樂戰矣/上151
世之厚葬也/上298
歲且更起/上180
世濁則禮煩而樂淫/上186
世必笑之/上65
世必惑之/下26
所可羞無不以也/下53
所加於人/上135
所簡守皆其深者也/上178
所見無非馬者/上280
所見無非死牛者/上280
所見八十餘君/中101
所輕國惡得不危/下90
少頃東野之馬敗而至/中367

少洎之則焦而不熟/中319
昭公懼遂出奔齊/中216
召公曰是障之也/中419
召公以告曰/中419
召㫃犯而問曰/上83
所求盡得/上121
召寇則無以存矣/中29,410
所求必不得矣/中231
所貴法者爲其當務也/中331
所貴辨者爲其由所論也/中331
所歸不善雖愛之罰/下135
所貴富者宮人也/上330
所歸善雖惡之賞/下135
所貴信者爲其遵所理也/中331
所貴勇者爲其行義也/中331
所嗜不同/上133
燒其室屋/下48
疏櫽而穗大/下221
召南宮虞孔伯產而衆口止/下69
所能接近/中188
所多治亂/中262
所當者芑也/中291
小大輕重之衷也/上158
小大貴賤/中52
所樂非窮達也/中99
昭釐惡/上220
昭釐侯令官更之/中246
昭釐侯曰/中246,下29
昭釐侯曰善/下29
昭釐侯有憂色/下29
昭釐侯已射駕而歸/下179
昭釐侯至/下179
小隣國則多患/中116
小馬大馬之類也/下157
所夢囿秋駕已/下142
昭文君見而謂之曰/中145
昭文君遂而貢之/中145
昭文君謂杜赫曰/下198
小米鈃而不香/下223
小民皆之/中350
小方大方之類也/下157
小兵時起/上289
小寶者異也/上307
素服廟臨以設於泉曰/中200
小本而莖堅/下224
所不足者民也/下37
少不悍辟/下175
所不能接異/中188
所不免也/上291
所不足也/中334
所不至說者雖辯/中194
所不知也/中250
所非兼愛之心也/上283
昭事上帝/中426
所事有難而弗死也/中304

少私義則公法立力專一/下201
所事者末也/上99
召師者不化/上121
所舍者小魚也/中331
所殺者不可勝數/中316
疏三江五湖/上167
小暑至螳蜋生/下143
少選發而視之/上184
少選辭而出/中307
所善惡得不苟/中104
少選曰與子/中275
少選之間/中64
小水萬數/上21
小葴則摶以芳稱之重/下225
所恃者司馬也/中127
所恃者心也/中248
所信者目也/中248
小心翼翼/中426
所惡日必除/下138
小弱可以制彊大矣/中151
小弱而大不愛/下61
小弱而不可知/下61
小弱行之滅/下61
所言苟善/中219
所言無遺策/中145
所言不善/中219
所言者芑也/中291
所染不當/上78
所染不當也/上78
召吾語之/中99
小獄襦袴/中302
昭王大國之/上369
昭王無以應/中282
昭王笑曰/上368
昭王笑而謝焉曰/上369
昭王曰孟嘗君之好士何如/上369
昭王曰薛之地小大幾何/上368
昭王曰是何也/中428
昭王曰甚善/中320
昭王曰然則先生聖于/中282
昭王有非共有/中282
昭王出奔隨遂有郢/中74
所欲彌易/中264
所欲勝因勝/中303
所欲罪因罪/中303
所欲盡成/上121
所欲哭自來/下76
所用彌大/中264
所用不過三石/下106
所遇惡得不苟/中103
所謂可從悖逆也/中223
所謂敬長/中57
所謂貴貴/中57
所爲貴驥者/下36
所謂貴老/中57

所謂貴德/中57
所為貴鏃矢者/下36
所謂今之耕也/下216
所謂吉人也/下145
小為大重為輕圓道也/上109
所謂迫生者/上66
所謂本者/中55
所謂死者/上66
所為善而從邪辟/中223
所謂慈幼/中57
所謂全生者/上66
所謂虧生者/上66
召有司而告之曰/中428
所有餘者妄苟也/中334
所有者千乘也/下197
小有之不若其亡也/下159
所以激君人者之行/中396
所以見敬學與尊師也/上131
所以見盡有之也/中95
所以求之萬也/下20
所以貴士/下76
所以極恡治也/中264
所以薪有道行有義者/上214
所以紀治亂存亡也/上371
所以能之也/中250
所以搏之也/中271
所以亡同者/下95
所以明君臣之義也/中395
所以博義/中264
所以便其勢也/中267
所以便勢全威/中264
所以不可不論也/下85
所以善者乃萬故/中92
所以成戊也/下210
所以成呴也/下210
所以守之也/下107
所以示民/上83
所以失之/下64
所異於禽獸麋鹿也/中178
所以尤者多故/中32
所以遠之也/下107
所以爲戒/下80
所以為瞑冥/中188
所以為成而歸也/中431
所以為之異/下147
所以一力也/中270
所以一衆也/中270
所以一之也/中271
所以立上下/上107
所以入者變其色亦變/上74
所以長守貴也/下213
所以長守富也/下213
所以接不智同/中188
所以除害禁暴也/中38
所以中之也/中239

경・전문(經傳文) 자구 색인　263

所以知壽夭吉凶也/上371	孫叔敖死/上304	雖桀紂猶有可畏可取者/下137	雖聞曷聞/中243
所以知之也/中250	孫叔敖三爲令尹而不喜/中402	雖見曷見/中243	雖聞之又不信/中180
所以就大務也/下145	孫叔敖沈尹莖相與友/下126	遂見之不可止/中138	雖未至大賢/下155
所以致之/中68	孫叔敖日夜不息/上71	雖兼於罪鐸爲/下155	遂反死之/中357
所以閒稼也/下210	孫叔敖之知/上304	數固有不及也/下161	遂發所愛而令之賣父/中331
小人計行其利/下42	孫吳之兵/上350	遂攻郊宛殺之/下45	遂背而行/上355
所因便也/中148	孫諸侯以攻吳/下48	雖工不能/上82	水煩則魚鼈不大/上186
小人善意/中291	率土之濱/上95	遂過不聽者/上221	守法而弗變則悖/中171
小人哉寬也/中400	宋康知必死於溫/上218	遂驅入於鄭師/中214	守法之臣/中176
少人則設者持容而不極/中40	宋景公之時/上191	修九招六列/上167	守法之臣自歸于商/中175
小人痛之/下88	宋公肥以勝鄒鄫旣勝/中431	修九招六列六英/上165	修法飭刑/上180
少者使長/中393	宋公之言也/中431	誰國無言/中89	雖辨無用矣/上213
少者數十乘/中316	宋公肉袒執犧/中431	修宮室坿牆垣補城郭/上204	修別喪紀/上180
少者數十/上237	宋君令人問之於丁氏/下73	修宮室安味菏餰飮食/中58	遂伏劍而死/中347
所自祝之勢過也/下104	宋君殺唐鞅/中310	遂潰而去/上330	樹本盛則飛鳥歸之/上81
所殘殺無罪之民者/上219	松柏成而塗之人已蔭矣/上101	授机杖行糜粥飮食/上228	水不可得近/下178
少長相越/中229	宋不可攻也/上414	雖貴不苟爲/上115	殊不知齊寇之所在/下104
疏節而色陽/下224	宋師敗績華元虜/中171	須窺之國/中393	雖不肖者猶若勸之/上133
所積於窮巷之中/中137	宋襄公加禮焉/中354	遂禽推移大犧/上240	雖奮於取少主何損/中219
所重所愛死/上291	宋王大說/下100	雖今偸乎/中83	遂問/中261
召之不來/中424	宋王無以應/中151	遂及我私/中46	雖不復問/中261
小智非大智之類也/下157	宋王大怒誅殺之/下104	遂起甲以往/中216	雖不奮於取少主何益/中219
所知者妙矣/中234	宋王佯也/中151	受其不祥/中407	雖不備五者/中234
少之賢於多者/中267	宋王又怒誅殺之/下104	水氣勝故/中26	雖不足猶若有跌/上137
疏賤者知/中385	宋王謂其相唐鞅曰/中310	水氣至而不知數備/中26	雖不知可以爲長/中250
所聽愛也/上269	宋王謂左右曰/中151	遂其賢良順民所喜/上240	雖不肖孥未至於此/中87
燒薙行水/上175	宋王因怒而誅殺之/下104	數年威王薨宣王立/下269	樹肥無使扶疏/下219
小忠大忠之賊也/中127	宋王築爲蘗臺/下100	雖當與不知同/上271	水非惡山而欲海也/上311
所衝無不陷/下40	宋人有澄子亡緇衣/中309	遂大克晉/上249	雖貧賤不以利累形/下27
所親愛在於齊/上277	宋人易子而食之/中431	遂國曰王矣/上264	遂舍於郊/中431
召大子而告之曰/中92	宋人有取道者/中362	水大則有蛟龍黿鼉鮪鮞/中50	遂辭而行/中219
所退者十人/中289	宋在三大萬乘之間/中414	受德乃紂也甚少矣/上335	秀士從之人也/中94
所被攻者不樂/上277	宋中山不自知而滅/下128	水道壅塞/上161	雖死天下愈高之/中334
所學有五盡/中180	宋中山已亡矣/上298	水道八千里/中21	樹相近而靡/上277
所行非所言也/中305	宋之孟諸/中21	水凍方固/中76	遂相與坐/下52
小莢不實/下225	宋之襄也/上154	雖得十越/中89	遂逝迎之/下59
昭乎若日之光/中251	宋之野人耕而得玉/上307	雖得則薄矣/中147	雖善說者/下101
召忌日吾三者於齊鮑也/中156	宋之丁氏家無井/下73	遂令吏以衣棺更葬之/上311	受薛於先王/上270
所活者十八百國/下34	宋之丁好解牛/上280	雖令爲之/下124	遂成國於岐山之下/下27
昭侯患之/中280	宋華元奉師應之大棘羊斟御/中214	受令而出/下124	雖聖人猶不能禁/中294
續經以仕趙五大夫/下54	宋桓司馬有寶珠/中111	收秣秩之不當者/上259	殊俗之民/中169
續經因告衛吏使捕之/下54	襄國之政也/中385	修禾稆具其田器/上346	受水者亦八千里/上21
俗雖謂之窮通也/中343	襄德之所說/上186	水潦盛昌/上174	收水泉池澤之賦/上289
俗雖謂之通窮也/中343	襄暗愴三者非君道也/中250	水潦川澤之湛滯壅塞可通者/中94	雖舜不能爲/下167
俗人有功則德德則驕/上185	襄言前以勝鄒鄫旣勝/中121	修理隄防/上89	雖勝之其後患無央/下93
俗定而音樂化之矣/上158	襄經之色也/中291	狌馬命僕及七驪咸駕載旂旃/上258	水始氷地始凍/上285
屬諸三官/下207	襄經陳而民知喪/下143	穗芒已長/下223	雖厲輿白徒/上175
俗主之佐/中46,下196	雖可得猶若不可法/中169	雖名爲諸侯/上325	雖神農黃帝/上68
俗主則不然/下138	誰敢殊之/上182	水木石之性/中332	修身會計則可恥/中147
俗主齓情/上69	雖皆過賢之若金之與木/中385	壽木之華/中68	雖失乎前/中380
屬之我乎/中275	數擧吾過者/下133	守無道而救不義/上215	愁心勞耳目/上78
屬之子乎/中275	穗鉅而芳馨/下221	雖無鳴鳴將駭人/中289	雖惡於後王/上270
遙去絳七十/下84	水居生惺/中67	雖無作其傷深而在內也/下93	雖惡奚傷/中104
孫明進諫曰/上155	修梃閉慎關籥/上287		垂眼臨鼻/中106
孫臏貴勢/中270			雖安必危/下85
			豎陽穀對曰非酒也/中127

豎陽穀又曰非酒也/中127
豎陽穀操黍酒而進之/中127
遂於四方/上109
雖於中國亦可/中345
穟如馬尾/下224
遂與之食/中89
遂入草中之戎/中159
雖然可移於宰相/上191
雖然公子年二十而相/上285
雖然管子之慮近之矣/中156
雖然其應物也辭難窮矣/中312
雖然非其大者也/中122
雖然我適有幽憂之病
　方將治之/上61
雖然王之疾已/上324
雖然以救過也/上302
雖然請言其志/中316
雖閔閔而靑零/下221
樹五色施五采列文章/中58
雖王可也/中93
樹境不欲專生而族居/下219
雖堯舜不能/中267
雖欲過之矣由/上36
雖欲幸而勝/上215
水用舟陸用車/中267
雖愚猶可矣/中209
水雲魚鱗/中27
樹鬱則爲蠹/中417
數爲而非不從/中369
遂爲守門者/上182
帥爲治風/下218
雖爲天子/中293
雖有江河之險則淺之/下236
雖有貴戚近習/上316
雖有大山之塞陷之/下236
雖有力擊之不中/中150
雖有力不敢擊/中150
雖游然豈必遇哉/中145
水有六川/中19
遂有天下/上137
雖有天下何益乎/下194
雖有天下何益焉/中40
雖有彭祖猶不能爲也/中69
雖有險阻要塞/上236
雖有賢者/中64
守殷常祀/上361
遂剔狗而絞抒陽極也/下369
遂以劍死/中354
授以弓矢于高禖之前/上56
守而勿失/上272
遂而不返/上155
羞而不爲也/下193
雖已知必察之以法/中40
雖異處而相通/上281

羞以含桃/上144
水已行民大得其利/下208
雖人弗損益/中169
誰人不親/中375
受人之養而不死其難
　則不義/中187
遂入其宮/上216
守者彌怠/上294
豎子亦不知翟之意/中345
豎子操蕉火而鉅/中318
豎者之子走告封人子高曰/下17
豎子請曰/中109
數將幾終/上180,348
壽長至常亦然/上39
守戰固不罷北/中55
雖全越以與我/中345
數傳而白爲黑黑爲白/下71
遂戰而死/中340
數絕諸侯之地以襲人/中198
遂定三家/中85
雖造父之所以威馬/中362
手足胼胝不居/中95
雖罪異蕉/上264
豎存皆嘗亡矣/中182
雖存必亡/下85
首稿不入/上31
雖罪施於民可也/中203
囚主相及/中182
雖知曷知/中243
倭手巧也/上39
遂之箕山之下/下68
水之美者三危之露/中68
囚之於靈臺十月/下110
水至而反/中237
雖知而弗訟破者/中320
雖知之猶不能自勝也/中/30
雖振其樹何益/下22
受此不祥/中407
水泉減竭/上319
水泉東流/上109
水淺深易知/下178
水泉之濕此則善矣/中293
水泉必香/上317
雖聽不自阿/下115
秀草不實/上119
水最爲始/中67
水出於山而走於海/上271
遂取陳焉/下151
雖治猶未至也/下21
數奪民時/下207
遂霸諸侯/中159
遂霸天下/上145
水寒自至/下76
羞行乞而憎自取/中143

雖行武焉亦可矣/上221
修行不聞/下126
雖賢者猶不能久/下133
雖賢必有其具然後可成/中328
雖賢顯未至於此/中87
水火殊事/下175
雖黃帝猶若困/中283
雖悔無及/下42
雖悔無聽聽也果無悔同/中269
雖後悔之/上69.下119
假詭殊瑰/上153
孰當可而鏡/中422
叔無孫曰/中340
夙沙之民自攻其君而
　歸神農者/中361
孰殺子産/中202
夙夜不懈/中71
叔逆之所/中393
熟五穀烹六畜鮮煎調/中58
叔敖遊於郢三年/下126
孰王而可畔也/中426
孰謂仲父盡之乎/中193
宿離不忒/上27
熟而不爛/中67
叔嚮歸曰/下70
叔嚮之奴亦衷腰/下18
叔嚮之弟羊舌虎善樂盈/下18
倏忽往來/上245
倏忽而不見其容/中241
舜却苗民/中412
昏竭而竈寒/中129
舜耕於歷山/上94
巡勸農事/上180
舜其誰此乎/中351
順其天也/中372
舜得皋陶而舜受之/下122
舜立命延乃拌譽曼之
　所爲瑟/上165
舜弗能爲/上47
順性則聰明壽長/上99
淳淳乎愼謹畏化/下192
荀息伐虢克之/中129
荀息曰不然/中129
荀息曰請以垂棘之璧/中129
荀息立其弟公子卓已葬/下110
荀息操璧牽馬而報/中129
舜惡得賢天下而試禹/中42
舜讓其友石戶之農/上338
舜於是殛之於羽山/中424
舜言治天下而合己之符/下163
舜染於許由伯陽/上74
舜曰夫樂天地之精也/中72
舜日若何而服四荒之外/中258
舜日以德可也/中351

㽞欲小以深/下216
淳于髡曰/中147
淳于髡爲齊使於荊/中147
舜又讓其友北人無擇/中338
舜禹猶若困/中261
舜禹湯武皆然/上111
舜爲御堯爲左/下59
舜有不孝之行/上332
舜有子九人/上48
順耳目不逆志/上129
舜而誹謗之木/下127
舜以卑父之號/中382
舜以爲樂正/上72
舜一徙成邑/上161
旬日取之/下36
舜自爲詩曰/上95
舜葬於紀市/上301
舜之耕漁/上95
循表而夜涉/中171
順風而呼/上148
巡彼遠方/上202
循行國邑/下89
巡行犧牲視全具案蒭拳/上228
純乎其若鍾山之玉/下192
循乎其與陰陽化也/中135
逶遜之舉/中67
襲聊阮梁蔡氏/中298
隰朋之爲人也/上46
習俗同言語通/下93
習俗不同/下93
習者曰一則仲父/中247
濕者欲燥/下210
習之於學問/中38
濕之則爲乾/下157
習則觀其所言/上106
濕則欲燥/中35
勝桀而讓我/中338
升龜取諸/上172
勝其敵則多怨/中116
乘鸞輅蒼蒼龍/上25.87
乘鸞輅駕蒼龍載靑旂/上55
勝老人中人/中124
乘大輅駕黃騮/上176
勝理以治國則立/上157
勝理以治身則生/上157
勝不可窮之謂神/上247
勝非其者也/中124
勝書週公曰曰/中293
勝書日有事於此/中293
勝失之兵/上247
乘雅作駕/上250
乘輿而去又之齊/中180
乘戎路駕龍輅/上201.227.255
勝而不知勝之所成/上83

경·전문(經傳文) 자구 색인 265

乘馹而自追晏子/上352
勝者用事/上206
勝者爲長/上206
乘朱輅駕赤騎/上115.143.171
勝之同則濕爲下/下36
乘之以王輿/上62
乘車食肉/上294
勝天順性/上99
乘玄輅駕鐵驪/上285.315
乘玄駱駕鐵驪/上345
是可不可無辨也/中300
是擧不義以行不義也/上280
是見中行寅輿范吉射也/上155
是故古之聖王/上121
是故其耨也/上219
是故當時之務/下203
是故大墓無不扣也/上298
是故得時之稼/上227
是故得時之稼興/上227
是故聞其聲而知其風/上186
是故百仞之松/上99
時固不易得/中72
是故悲也/上280
是故三以爲族乃多粟/下218
是故先王不處大室/上41
是故先王以儉節葬死也/上301
是故聖王之德/上251
是故聖人之於聲色滋味也/上34
是故於全乎去能/中233
是故天下七十一聖/中171
是故丈夫不織而衣/下203
是故諸侯失位則天下亂/中267
是故地日廣/中400
是故地日削/中400
是故天子聽政/中419
是故天子親率諸侯耕
帝籍田大夫士皆有
功業/下203
是故治川者決之使導/中419
是哭吾師也/中196
是寡人之命固盡矣/上191
是果知我也/中394
是壞腐而欲香也/上121
是巧於我/中239
是救病而飮之以菫也/上122
市丘之鼎以烹鷄/中319
是國士畜我也/上365
是君代有司爲有司也/上243
是君王一擧而服兩國也/下93
是窮湯武之事而逐桀
紂之過也/上214
弒其君而弱其孤以亡
其大夫及殺之/下48
是棄其所以存/中180
是其所謂非/上39

詩豈惽悌新婦哉/中318
時既往而慕之/下213
是其愚也/中208
視其有人與無人/下69
是其唯惠公乎/下15
視其行步竊鈇也/中32
是乃冥之昭亂之定/定/中40
矢乃飮羽/上280
視徒如己/上135
是東郭不以耳聽而聞也/中291
是得其末而失其本/上139
是得天下也/下45
是良狗也/下190
是令膠鬲不信也/中165
是聾者之養嬰兒也/上39
是利之而反害之也/上213
是忘莉國之社稷/中127
是無不扣之墓也/上298
時未可也/中71
是失其所以爲士一矣/中226
時未至而逆之/下213
是法天也/上371
是辨說以論道之/上129
時變之應也/上242
視己者者不比於人/上46
示富則可矣/上296
時不可必成/上155
時不久留/中78
是不達乎人心也/中216
是不是而非不非/中223
時不失時/中169
不知特可恃而恃不恃也/中269
是不知也/上106
是不忠也/中71
是不合必待合而後行/上101
是非所取而取其所非也/上213
是非乃定/上303
是非無度/中302
是非未正/上301
是非已定之用也/上301
是誹者與所非同也/上318
是非之經/下74
是非嚮者之豕邪/中246
是師曠欲善調鐘/上338
時事不共/上207
視死如歸/上349.中253
時使然也/中95
是死吾君而弼其孤也/中200
是死而又死也/中380
是死者存亡不可/上39
是死之愛子也/上39
時祀盡敬/上361
視舍天下若舍屣/中443
是殺無罪之民/上215
是常主也/上192

是生而又生也/中379
始生人者天也/上150
始生之者天也/上32
視釋天下若釋躧/上341
是夕焚惑果徙三舍/上191
是先知報後知也/中395
是說夫子之義也必矣之/上352
時雪不降/上348
時勢異也/中171
是所未得/中47
是視魁而賢於先君/中428
市人之知聖也/中282
是臣得後隨以進其業/上243
是失相與友之道/上366
是失爲人臣之道/上366
是我爲不義也/下23
是惡壅而愈塞也/中231
視羊若豚/下104
視輿馬憤駕御/上129
豕與亥相似/下74
是吾劍之所從墜/中172
是吾德薄而敎不善也/上101
是吾罪也/下45
詩曰愷悌君子/中318
詩莫莫葛藟/中407
詩曰不敢暴虎/上301
詩曰淑人君子/上98
詩惟此文王/上426
詩曰將欲毁之/中429
詩曰執轡如組/上101
試往償表/上185
是堯之知舜也/中282
是欲惠子之爲舜也/中313
是用萬乘之國/上153
始用行戮/上201
時雨降則草木育矣/下13
時雨不降/上92
始雨水桃李華/上55
時雨將降/上89
詩云有晻凄凄/中46
詩云唯則定國/中131
是月甘雨三至/上175
是月也可以築城郭建都邑/上229
是月也可以罷官之無事者/上319
是月也耕者少舍/上58
是月也繼長增高/上117
是月也工師效功/上288
是月也草木黃落/上259
是月也驅獸無害五穀/上117
是月也今漁師伐蛟取鼉/上172
是月也乃命水虞漁師/上289
是月也乃命宰祀/上228
是月也乃合纍牛騰馬
游牝于牧/上92
是月也農乃升穀/上204
是月也農乃收藏積聚者/上318

是月也大飮蒸/上289
是月也大饗帝嘗犧牲
告備于天子/上257
是月也令四監大夫合
百縣之秩芻/上172
是月也命工師令百工
審五庫之量/上91
是月也命婦官染采/上113
是月也命司空曰/上89
是月也命樂師修鞀鞞鼓/上144
是月也命樂正/上30
是月也命野虞無伐桑柘/上89
是月也命漁師始漁/上346
是月也命閹尹申宮令/上316
是月命有司修法制/上203
是月也命太卜/上286
是月也無竭川澤/上58
是月也無用火南方/上146
是月也無以封侯立大官/上204
是月也不可以稱兵/上31
是月也祀不用犧牲/上59
是月也霜始降/上257
是月也生氣方盛/上88
是月也樹木方盛/上174
是月也申嚴號令/上256
是月也安萌芽/上56
是月也養衰老/上228
是月也易關市/上230
是月也以立冬/上286
是月也以立秋/上202
是月也以立春/上27
是月也以立夏/上116
是月也日窮於次/上348
是月也日短至/上318
是月也日夜分/上57.230
是月也日長至/上145
是月也天氣下降/上29
是月也天子乃敎於田獵/上258
是月也天子乃以犬嘗稻/上259
是月也天子乃以元日/上28
是月也天子乃薦鞠衣
于先帝/上88
是月也天子始裘/上287
是月也天子始絺/上117
是月也天子飮酣用禮樂/上119
是月也天子以雛嘗黍/上144
是月也草木黃落/上259
是月也聚蓄百藥靡草
死麥秋至/上118
是月也土潤溽暑/上175
是月也玄鳥至/上56
是月之末/上91
是謂大凶/下207
是爲文公/下110
是謂發天地之房/上316

266

是謂背本反則/下207
時爲史公/中208
是謂善學/上127
是魏王以言無所可用者爲仲父也/中319
是謂天常/上148
是爲獻公/下135
是爲懷公/下110
市有舞鴝/上196
是猶取之內府/中129
是倚其相於門也/中139
是宜動者靜/中241
是以老弱之力可盡起/下213
是以得時之禾/下221
是以亂易暴也/上361
是晦慣也乎則不喪本也/下218
是耳目人終無已也/中261
是以不寒/下173
時已徒矣/中172
始而相與/下49
是以石代愛子頭也/下35
是以先生者美米/上219
是粟少而失功/下213
是以宋爲野鄙也/中431
是以雖有厚賞嚴罰弗能禁/中80
是以臣之兄/上321
是以言無所用者爲美也/中319
是以謂之疾首/上95
是以六尺之耜/下210
是以義翟也/上345
是以人稼之容足/下221
是以賊其身/中106
是以罪召罪/中369
是以知君之不肖也/中131
是以知君之賢也/下131
是以知其能也/下163
是以知萬物之情/上151
是以春秋冬夏/下203
施而治農夫者也/中316
是以下無遺善/上419
是以賢者榮其名/上223
視人如己/上240
入水而惡濡也/上121
是者數傳/中304
侍者曰公妓且麗/上422
侍者曰戎州也/下183
侍者曰以趙之大而伐衛之細/下23
侍者爲吾聽行於齊王也/中422
是障其源而欲其水也/下76
是長吾過而紬善也/中438
是長吾譽而養吾仇也/中89
是長天下之害/上215
尸在堂上/下37

始在於遇時雨/中87
是田惡也/中208
是全王之令也/上226
時節爲務/上129
是正坐於夕室也/上192
是鳥雖無飛/中289
是重臣也/中324
是吾罪也不可/上189
是衆人畜我也/上365
是拯溺而捶之以石也/上122
視之無倦/下139
矢之速也/下140
是知人不知無異別也/中396
是之謂五藏之葆口必甘味/上95
是之謂重攻之/中158
是之謂重塞之主/中258
時有從布衣而爲天子者/中76
時至而事生之/中412
時至而應/中246
示晉公以天妖日月星辰之行/中178
是疾時徐/中67
是賤其所欲而貴其所惡也/下76
示天下不用兵/下107
示天下不藏也/中122
時出行路/上264
施取代之/下35
是治之變已/中319
是廢先王之令也/下88
是被褐而出/上137
是何也冠所以飾首也/中26
是何也不至故也/中194
是何也所用重要輕也/上65
是何也智短也/中434
是何爲者也/下183
是何鳥也王射之/中289
是刑名異充/中223
是惠王欲堯也/上313
是惠子爲許由也/上313
是世之聖人使文王爲善於上世也/上337
食潔而後饌/中248
食狗狗死/中354
食棘之棗/下170
食能以時/上95
食得其辛越必有吳/上89
食麻與犬/上201,227,255
食菽與羊/上25,55,87
食不貳味/上101
食不甘宮不治/中193
食黍與彘/上285,315,345
食115,143,171
食人未咽/中179
食人以其饑也/上248
植者其生也必先/下218

息者欲勞/下210
食驂馬之肉而不還飲酒/上249
食之息以香/下225
食之致香以息/下226
食稷與牛/上176
臣敢不事君乎/中426
臣敢賀君/上191
臣故言之/中291
臣故日君延年二十一歲矣/上191
臣故曰中山次之/中178
臣恐其相攻也/中269
申子之培/上321
申子之培其忠也可謂程行矣/上322
申子之培之弟進/上321
辛寬見魯繆公曰/中400
辛寬出南宮括入見/中400
身今得見王/下78
愼其種勿使數/下218
臣乃今將爲君勉也/中420
臣寧抵罪於王/下88
臣老矣有子二人/中196
神農師悉諸/上125
神農十七世有天下/中264
神農以鴻/中273
神農之敎曰/中31
神農黃帝猶有可非/中334
新林之無表木也/中50
身無苛殃/下227
愼無發蓋/上180
臣聞古人有辭天下而無恨色者/下98
臣聞其聲/下98
臣聞其主賢者/下131
臣聞繁禮之君不足於文/上83
臣聞地之動搖人主也/上189
臣聞之天子不戲言/中287
臣聞忠臣擧也/下131
臣聞賢主不窮窮/中354
神覆宇宙而無望/中135
神覆乎宇宙/上35
身不得而君乎/下78
身不得而爲也/下37
身不若也/下126
新婦曰寒/中318
新婦火大鉅/中318
身有不足以盡此大任也/下106
身北方之鄙人也/下33
身不可得而見/上306
身不敢哭師也/中196
身不能聽/中29
身不覩之母三年矣/上280
身不徒取/中48

身不得死焉/中275
臣弗得也/中153
身不安枕席/上264
臣不若東郭牙/中253
臣不若隰朋/中253
臣弗若也/下124
臣不若甯遬/中253
臣不若王子城父/中253
臣不若弦章/中253
臣不知其可也/中196
臣不遜乎君/下29
申不害聞之曰/中246
臣非能相人也/下145
身死家戮不赦/上223
身死國亡/下90
身三論之上也/中326
臣嘗聞相人於師/中423
臣成則爲人子/上131
新素履墨劍宰/中342
臣少而好事/下78
臣雖死藉/中208
辛水所多疽與痤人/上95
臣是知其敗也/中367
臣以知大王主弗隱也/中320
臣是以知/中297
身惡得不困/下90
信於仇賊/下380
臣言之者也/下121
辛餘靡長且多力爲王右/上184
辛餘靡振王北濟/上184
信與民期/上221
臣與臣以死爭之於王/上324
身與之如國/下124
臣與之戰戰而敗/下153
臣亦有國於此/上274
農寇興務耕疾庸疾頓劈/中371
申曰臣聞君子恥之/下88
身欲寧去聲色/上318
身又重於兩臂/下29
身爲僇支屬不可以見/下48
臣骫桑下之餓人也/中143
身爲而家爲/中272
臣爲之民必大怨/中208
臣爲忠臣/中96
身爲刑戮/上218
臣有老母/中143
臣有道於此/上150
臣有義不兩主/下135
信有之乎/下199
信有之乎王曰然/下33
臣而今而後/中400
信而不當理/上331
辛而不烈/中67
身以盛心/中237

경·전문(經傳文) 자구 색인　267

臣以宋必不可得/下33	臣請必能/上328	實虛空桑/上163	十里之間/中246
臣以十子/下66	臣請必死/上328	失賢人國無不危/下64	十五歲而周威公師之/下140
臣以王爲已知之矣/上275	身體離散/中119	失毀其國/上207	十有九日而白公死/上171
信而又信/中375,377	神出於忠/上282	心暇者勝/中246	十二年而莊王覇/下126
臣以爲不義/上328	身取危國取立焉/中382	心居乎魏闕之下奈何/中30	十人食之/下205
臣以爲不仁/上328	神則能不可勝也/上247	深悔而不敢鬪者/中226	十人者其言無義也/上23
臣已終身矣/上328	身親耕而食/上264	深見悔而不鬪/中226	十日謝病/上277
身以因窮/上69	神通乎六合/中233	審棺槨之厚薄/上287	十日十夜而至於郢/下33
身已終矣/上365	身必咎矣/上363	審卦吉凶/上286	十日出而焦火不息/上68
身已賢矣/上182	身必不長/下192	甚難而無功/中395	十際皆敗/下60
信立則虛言可以賞矣/中375	身必死殃/中106	甚多流言/中299	
神者先告也/上277	身必安樂/上379	審斷決獄訟/上203	〔아〕
申子說我而戰/中285	身必危辱/上380	審端徑術/上29	
身者所爲也/下26	心無敢據/上236	我固能治偏枯/下158	
信者信此者也/中60	神必日榮矣/上145	心無度者/中439	我固嘗聞之矣/下59
愼子兄今一兔走/中267	神合乎太一/中252	心無有慮/上236	我國士也/上401
身狀出倫/上134	臣笑能言/上46	審門閭謹房室之重開/上316	我才亡乎曰/中435
身在江海之上/上30	申向說之而戰/中285	深微玄約/中252	我饑而不我食/上365
身在憂約之中/中85	申向目向則不肖/中285	深民所終/上180	我黨不公而求令/中283
身在乎秦/上277	信賢而任之/中96	心不樂五音在前弗聽/中156	我得其地能處之/下93
臣竊不取也/中326	臣兄之有功地於車下/上321	心弗樂芬香在前弗嗅/中156	我得其地不能處/下93
臣竊爲君恥之/上338	身好玉女/下84	心弗樂五味在前弗喰/中156	兒良貴後/中270
臣竊意之也/中291	或之死辱/上74	心弗樂五色在前弗覩/中156	我不若之也/下126
臣竊以慮諸侯之不服者/中291	申侯伯善持養吾意/上337	心非臂也/上280	我死已葬/中92
身定國天下治必賢人/下64	申侯伯如鄭/上337	審所以爲/下26	見說之弟子諸往解之/中239
愼罪邪務搏執/上203	失國之主多如宣王/中437	心雖知不可以擧/中243	我羞之而自投於蒼頡之淵/中338
臣主同地/中229	失其理也/中231	審順其天而以行欲/中372	我甚取偃兵/中320
臣之母得生/上280	失其所以爲士一/中226	心若禽獸/上193	我與吳人戰必敗/中347
身之不肖也/上272	失其數無其勢/中269	沈於樂者反於憂/中420	我與子衣子活也/中401
臣之所擧也/中282	悉起而距車平濟上/中180	甚於防川/中419	我亦國士事之/上365
信之所及/中376	室水及陰/上41	心亦有適/上156	我亦衆人事之/上365
臣之所言者可/下198	失民心而立功名者/中260	心欲其一也/上232	我爲汝唱/中153
臣之所言者不可/下198	失法亡罪/中349	沈于酒德/中176	我爲之而知其不可解也/中239
臣之有得生/上280	實辨天下/下98	沈尹莖辭曰/下126	我有衣冠/上202
身之安也/上121	實不及世矣/中208	沈尹莖孫採叔敖曰/下126	我有子弟/上202
臣之御庶子鞅/上342	蟋蟀居宇/上171	沈尹莖游於郢五年/下126	我有田疇/上202
臣之言無政/中273	實始作東音/上182	沈尹戌謂令尹曰/下45	阿有罪慶國法不可/中349
愼者以生人之心慮/上291	實始作爲南音/上183	深念念此/上219	我已亡矣/下241
身之尊也/上121	實始爲北音/上185	深矣妙矣/中441	我以不受爲寶/上307
申之此令/上180	實始作爲西音/上184	心意叡智/下227	而而謟之/上134
臣之忠也/中96	實始作秦音/上184	心以盛智/上237	兒子必取搏黍矣/上308
愼可益/上39	失時之稼約/下227	心者宋之分野也/上128	我將屬鉏子於宋之匡子/下357
伸志行理/中420	失樂之情/上154	審知死聖人之極也/中291	我將何面目以見仲父乎/下193
臣之行也/中349	失吾所爲爲之矣/中395	審知生聖人之要也/上291	阿鄭君之心/上337
身之賢也/上272	失牛潰之/中78	心志欲其和也/中417	我存夫安敢畏/上123
臣之兄嘗讀故記曰/上321	實爲雞父之戰/上212	心之謂乎/中78	阿主之爲/上241
身盡所種/上69	實爲長公/上184	心之知也藉於理/中243	我且何以給待之/下45
信且孝而誅之/上333	實有萬乘不足以挺其心矣/上325	深則及於水泉/中293	我醉汝道苦我何故/下59
身逝山林巖堀/上113	失人之紀/上193	審則令無不聽矣/中284	我必不生/中111
臣請擊之/中200	失從之意/中304	心則無營/上129	我必有罪/上189
臣請伐於陛下以伺候之/上191	失之彌遠/上104	深痛執固/上232	我何如主也/下98
身請北面朝之至卑也/下66	室之始成也善/上161	心必樂然後耳目鼻口有以欲之/上156	我寒而不我衣/上365
臣請試守之/下33	失之在己/上134	心必和平然後樂/上156	我行數千里/中198
臣請往對之/中280	失之平勢/中262	十年九合諸侯/上253	我享其利非廉也/上338
臣請爲檗/上330	失之平數/中262		我狐父之人丘也/上357

我胡以得是於智伯/中131
我效於子/中239
樂君臣和遠近/上151
惡氣苟疾無自至/中229
惡其三人而殺之矣/上276
惡其義而不肯不死/上357
惡己自聞之悖矣/中129
樂乃可務/上149
樂乃可成/上149
惡能給若金/中133
惡能善之矣/中47
惡能如此/下104
惡得無患乎/中47
惡得不恐/中116
惡得不懼/中116
樂無太平和者是也/中158
樂不樂者/上154
樂不適也/下95
樂不適則不可以存/下95
樂備君道而百官已治矣/上98
樂所由來者尚也/上161
惡欲喜怒哀樂六者/中165
惡用聞天下/下68
惡爲君之患也/上62
惡人聞其過尙猶可/中129
惡人聞之可也/下129
樂自順此生也/中60
樂正變一足信乎/下72
樂正與爲正/上361
樂正子春/中60
樂正子春曰/中60
惡足以駭人/中106
樂之弗樂者心也/上156
樂之有情/上155
樂之以驗其僻/上106
惡之何益/上320
樂趨患難故也/上270
樂治與爲治/上361
惡廢交友之道也/中366
惡乎託託於愛利之/中363
樂和而民鄕方矣/上186
安可能也卒爲難/中60
安可推也/下159
安黔首也/下15
安黔首之命/中264
安得無疵/中198
厲門之北/中393
鴈北鄕鵲始巢/上345
安死之謂也/上291
顔色黎黑/中424,下66
顔色發揚/下98
顔色不變/上324
顔色竊鈇也/中32
安殊俗治萬民/中246
安雖長久/中397

顔濁日子在回何敢死/上123
安危榮辱之本在於主/中46
安由出哉/上151
安育其性/中252
晏子可謂知命矣/中407
晏子乃出見之曰/中185
晏子俛而飲血/中407
晏子無其僕之手曰/中407
晏子不得已而反/上352
晏子使人分倉粟分府金/中407
晏子使人應之曰/中185
晏子上車太息而歎曰/上352
晏子授綏而乘/中407
晏子逢以爲客/中185
晏子與崔杼盟/中407
晏子日見疑於齊君將出奔/上352
晏子曰崔子子獨爲
　夫詩乎/中407
晏子曰譆/中185
晏子之僕/上352
晏子之晉/中185
晏子下天之賢者也/上352
晏子行北郭子召其友
　而告之曰/上352
安壯養俠/上180
安之公子小白已死矣/中39
安知其所由/中27
安之毋失節/中407
安之而反见之也/上213
顔涿聚梁父之大盜也/上127
顔闔對曰/上64,中367
顔闔對曰此國之家也/上64
顔闔守閭/上63
顔闔入見/中367
顔闔自對之/上63
顔回對曰不可/中248
顔回曰以對/中99
顔回索米得而爨之幾熟/中248
顔回之於孔子也/上123
顔回擇菜於外/中99
調孔子而進食/中248
謁者入通/上251
卬寡人之臣/中324
卬雖不肖/中324
卬雖賢固能乎/中324
卬天曰/中407
卬天而死/下224
仰天以呼日/上62
鞠請亦言之主/下52
安敬盡於事親/中56
哀公日有語寡人日/上102
愛其身也/上78
愛利以安/中365
愛利之心息/中363
愛利之心論/中363

愛利之爲道大矣/中37
愛思不臧/中350
哀社稷與民人/下80
愛惡循義/中412
愛人而不必見愛/中113
哀之以驗其人/上106
愛則有之/上269
夜開門辟任車/中387
夜款門而謁曰/上251
野禁有五/下205
野牛而死/中401
野處教導之/上318
野有寢耒/下207
野人不聽/中113
野人之無聞者/上294
野人之當食馬肉/上249
野人之用兵也/下25
野人取其馬/中113
野人請出/上307
夜日又復立表/下185
夜日置表於南門之外/上185
夜觀見文王周公旦而問焉/下139
若假之道/中129
若彊弩之射於深谿也/上210
若桀紂不遇湯武/中87
若決積水於千仞之谿/中364
若慶封者可謂重死矣/下48
若高山之與深谿/中209
若告我曠夏盡如詩湯
　與伊尹盟/中119
若恐弗及/上134
弱國令民其爭義不用也/中373
若國有妖乎/中122
若夔者而不足矣/下72
若饑者之見美食也/上210
若得之難/上214
若令桀紂知必國亡身死/上218
若履薄冰/中116
若馬白鵠起衆車/上196
若命之不可易/上84
若無絓吾不復言道矣/中198
若美惡之不可移/上84
若民不力旦/下205
若白堊之與黑漆/中209
若步之與影不千之離/中76
若夫期而不當/中165
若夫內事親/中47
若夫道德則不然/中109
若夫萬物之情/中109
弱不相害故邀大/上218
若夫舜湯/中338
若夫偃息之義/中153
若夫欲利人之心/中401
若夫有道之士/中44,184

若氷之於炎日/上154
若使王伯之君誅暴而私之/上52
若死者有知/中193
若使中山之王與齊王/中180
若使湯武不遇桀紂/中87
若使庖人調和而食之/上52
若賞唐國之勞徒/下133
若璽之於塗也/中365
若蟬之走明火也/下22
若說爲深/上213
若樹木之有根心也/上281
若受我而假我道/中129
若受吾幣/中129
若雖知之/下163
若是而擊可大彌/上200
若是而能用其民者/中358
若是而猶不全也其天死/中156
若施者其操技扱者也/中316
若是者倍反/上269
若是則受賞者無德/中173
若是則與國終殁下無傀/中347
若植木而立乎獨/中35
若失其一/下189
約審之以控其轡/中231
若晏陰喜怒無處/上134
若暗夜而燭燎也/中297
若御良馬/中364
若言聽道行/下199
若燕秦齊晉/中89
若五種之於地也/中365
約曰符合聽之/中356
約曰自今以加/中306
約曰秦之所欲爲趣助之/中306
若王子搜也/上62
若用藥者然/上209
若越王聽吾言用吾道/中345
若儒墨之議/中135
若由是觀之/中441
若有嚴刑於旁/中331
若人之於色也/中104
若人之於滋味/中104
若自在危厄之中/中147
若慈親孝子之所不
　辭爲也/上295
若殘豎子之類/中133
若將安適/下104
若積水而失其壅陉也/上210
若趙之王良/中444
若舟之與車/中155
若舟車衣冠滋味聲色
　之不同/中169
若贄鳥之擊也/上244
約則無出乎身者也/中272
若之何哉/上149,193,293

경·전문(經傳文) 자구 색인 269

若此其難也/中182	量力不足/下205	揚漢之南/中393	於是將歸矣/下52
若此其甚也/中137	良馬期乎千里/中171	讓賢而下之/中96	於是載其圖法出亡之周/中175
若此論則無過務矣/中171	養目之道也/中58	陽華之芸/中68	於是剪其髮鄢其手/上261
約車十乘/中304	揚夢以說衆/上361	於假乎去事/中234	於是早朝晏退/上187
若此而不爲/下15	量米相若而食之/下227	於故記果有/中322	於是晉無君/下110
若此而富者/中47	陽樸之薑/中68	於丘其幸乎/中99	於是疾收士/下145
若此而不可得也/上264	量腹而食/中345	於其未發也/上234	於是察阿上亂法者則罪之/上286
若此而猶有憂恨冒疾/上221	涼北有黎丘部有奇鬼焉/下59	於其未通也/上234	於是天子賜之南陽之地/中159
若此人也/上325	兩臂重於天下也/下29	於岐山之陽者三百有餘人/上249	於是出而爲之張朝/下15
若此人者固難得/上325	攘臂疾言於庭曰/中435	於是施土/下218	於是椽崔杼之子/下48
若此人者不言而信/上35	陽山之樗/中68	於達思窮/中116	於是罷師去之/中127
若此人者天之所禍也/上39	陽生貴己/中270	御大豆射甘蠅/中38	於是偏飲而去/上249
若此者天之所誅也/上223	養生之謂也/上291	於得思喪/中116	於是行大仁慈/上240
若車之有輔也/中129	陽城君令守於國/中356	於利不苟取/上352	於是乎伏斧鑕請死於王/上349
若此則工拙/中256	陽城君與焉/中356	魚鼈之藏也/中169	於是乎夫負妻藏/中338
若此則國無以存矣/中189	陽城胥渠處/上251	於師慍懷於俗/中136	於是乎使人告魯曰/下124
若此則群臣畏矣/中310	魚上氷賴於魚候鴈北/上25	於是乎能不重席/中189
若此則能順其天/中234	養成之者人也/上32	於昭于天/上167	於是乎聚群多之徒/上299
若此則每動無不敗/上33	量小大視長短晉中度/上229	於孫叔敖/上71	於是還疾耕/下147
若此則名號顯矣/上121	量小大而知材木矣/上261	於是竭池而求之無得魚死焉/中111	魚食乎濁而游乎澗/中383
若此則無以存矣/下85	量所以贍之則無有/上201		於王而見其實/下98
若此則無以害其天矣/上104	量粟相若而舂之/下227	於是皆復召而反/中193	漁爲得也/中331
若此則百官恫擾/中229	兩手攘地而吐之不出/上357	於是公輪般設攻犬之械/下33	魚有小大/中338
若此則病無所居/中417	養心爲貴/上129	於是其染而已/上116	魚之美者/中67
若此則兵無失矣/上247	兩也者從聽/上151	於是其染行之/上352	於知乎去幾/中234
若此則師徒同體/上135	佯爲死人/上366	於是國人皆喜/中25	於此乎在矣/中159
若此則是非可不可/上371	養由基矯弓操矢而往/下142	於是君請相之/中25	於害不苟免/上352
若此則是無所失/中40	養由基射兕中石/上280	於是謹其禮秋皮革/上189	魚乎十仞之下餌香也/上81
若此則愚拙者請束/中258	養由基尹儒皆文彥之人也/下142	於是乃舍於郊/中155	於禍則不然/中159
若此則人臣爭入亡公子矣/下135	養幼少存諸孤/上56	於是乃言曰/下80	抑之以方則方/上365
若此則敵胡足勝矣/上232	養有五道/中58	於是乃以免難之賞賞尹鐸/上155	抑之以圓則圓/上365
若此則幸於得之矣/中44.184	兩儀出陰陽/上148	於是魯君乃以賞岑鼎也/上274	言極則怒/下85
若此則形性彌羸/中255	養耳之道也/中58	於是今貴人往貪廣虛之地/下37	豈足以與論之哉/下190
若天地然/上35	兩日相奧鬪/中119	於是令其女哭外歌/中14	言談日易/上134
弱請先死以除路/中357	襄子可謂善賞矣/中85	於命單陶作爲夏篇九成/上167	焉得得利劍/下159
若草莽之有華實也/上281	襄子見而以爲中大夫/上261	於是明日將盟/下380	言利辭倒/中169
若何其沈於酒也/中420	襄子方食搏飯有憂色/中124	於是報於王曰/下104	言無遺者/上105
若呼之與響/上81	襄底不受任/下52	於是復立衛於楚丘/上330	偃兵之意/中283
若孝子之見慈親也/上210	襄子上於夏屋以望代俗/中92	於是復下令/中33	言不欺心/中305
若梟之愛其子也/上171	襄子謁於代君/中92	於是舍之上舍/上269	言不欲先/中278
養可能也敬爲難/中60	襄子曰江河之大也/中124	於是殺析而戮之/中303	偃鼠飲於河/下68
襄公不得已而許之/上200	襄子曰寡人之國危賊殆/中85	於是相與趣之/中111	言審本也/下175
襄公曰先君薨尸在堂/上200	襄子曰吾擧登也/中261	於是召庖人殺白駱/上251	言心相離/中305
良工之輿馬也相得/上266	襄子進視梁下類有人/下366	於是屬諸大夫而告之曰/上264	言語不通/中93
壤交通屬/下93	襄子曰此先君之命也/中92	於是遂而行之/上337	言語竊鈇也/中32
養口之道也/中58	襄子必近子/中395	於是遂封叔虞於晉/上287	言有惡狀/中106
讓國大實也/上316	襄子何能任人則賢者畢力/中261	於是受養而便說/中383	焉有以一時之務/中83
養及親者身佗其難/上352	兩精相得/上282	於是始耕/下212	言意相離凶也/中299
陽氣發泄/上88	羊北全其北存/中326	於是厲公遊于匠麗氏/中434	言而不信/中165
陽氣復還/上205	羊之性不若豚/下104	於是與蔡侯以饗楚人於息/中90	言異而典殊/中169
陽氣始生/上180	養之者天也/下221	於是爲商旅/中387	言人不可不慎/上385
養其神脩其德而化矣/中250	養志之道也/中58	於是爲秦特而攻魏/下52	言者不同/中119
陽氣衰水始涸/上230	梁之圍也/中21	於是與日吳與衆飮乎五湖/上33	言者謂之屬也/中295
陽氣在上/上180	羊斟不與焉/中214	於是以天下兵戰/中132	言者以諭意也/中299
陽氣且泄/上180	養體之道也/中58	於爵之五大夫/上337	言正諸身也/上98
	兩河之間爲冀州晉也/上21		

焉足以問/中408	與士期必得原然後反/中374	如齊至衛/中101	亦無窮也/中372
言足以喪國/中106	與死無擇/上69	與齊荊之服矣/中135	亦無使疏/下218
言之不信/中200	女死不於南方之岸/中196	與諸侯所稅於民/上257	亦無使有餘/下218
言之於王曰/中208	與士之學者/下153	與諸侯約/下56	亦無常怯/上245
言直則柱者見矣/下76	與師偕行/中196	與諸侯之憂/上71	亦無生矣/中380
言盡理而後失利害定矣/下13	與山林入川澤/上129	與仲父謀伐莒/中291	亦無敵矣/上232
焉此治紀/中246	與三王之佐同/中46,下196	與之俱至於棠父/中330	亦不忘王門之辱/中71
言行相詭/中305	與生與長/中148	予之雖已地亦得信/中380	力不足也/中428
譬矣無此事也/下59	與盛與衰/中148	與尸弗取其罪三/中158	亦不知士甚矣/上352
拎骼霾骴/上30	輿受車以級/上258	與之語蓋其母也/中281	亦不知所以亡也/上276
嚴罰厚賞/中350	與時俱化/中109	與之有符/中356	亦不知所以然矣/中104
嚴不能恐/上105	如是不知所以亡也/中178	與秦人戰於韓原/中110	亦死而不反/中340
嚴親之遺躬也/中60	與燕人戰大敗/中133	與秦者立而玉有車也/中162	力雖多材雖勁/中148
鄢獨二百畝/中208	與始有民俱/上206	如此其重也/上363	易牙嘗而知之/中295
鄢民大怨/中208	與時周旋/上105	如此者國日安主日尊/中145	易曰復自道何其咎吉/中193
業煩則無功/中369	如我者惟死爲可/上366	如此者其家必日益/中145	易曰復自道何其咎吉/中46
鄢有聖令/中208	與吾齊者吾不與處/中182	如此者其家必日益/中145	易曰渙其群元吉/中415
如可見如可不見/中209	與我歡也/中441	如此者不蚸蛆/中226	易用則邊境安主位尊/下201
如可知如可不知/中209	與惡劍無擇爲是鬬/上239	如此者不餡/上223	易爲則行苟/中382
余恐其傷女也/上249	與惡卒無擇/上239	如此者不益/上224	亦有君不能其/下83
與賓人交而不失君臣	與安陵免身者/中141	如此者不蠱/上225	亦有君不能取/下84
之禮者惟赦/中85	餘箸夫何哉/上123	如此者不風/上221	亦猶今之於古也/上336
黎丘之鬼效其子之狀/下59	余焉能戰/上330	如此者不蝗/上224	亦有大甚者/中318
與屈產之乘/中129	女女正而弗羡/中104	如此者事君日益/中145	亦愈不知士甚矣/上352
與其竝乎周/上361	與燕人戰大敗/中133	如此者三人/上328.中362.下110	亦猶此也/上358.中400
與其不幸而過/下18	與吾得革車千乘也/下84	如此者三人/上369	亦由此矣/中104
與其所以爲/上65	與吾安得一目/下93	如此者五人/上369	逆而不知其逆也/中372
如己有之/下167	厲王天子/中365	如此者再/上88	役人得其所欲/中153
與其弟子坐必以年/中139	用其譽亦達矣/上385	與處則不安/上337	役人不倦/中153
女乃作歌/上183	如愛旄且已食而不死矣/上357	與處則安/上337	力者欲柔/下210
與鷟駬同/下36	與元同氣/中29	與天下同之也/中264	亦在設者/中147
汝能法之/上371	與爲茂長/上95	與天下之賢者爲徒/中145	易哉爲君/中247
與東夷八國不聽之謀/中209	與爲飛揚/上95	如出乎一穴者/中270	易足則得人/中382
如得慈親/中119	與爲殘子同/中370	與奪民氣/上245	亦從入之/中437
呂梁未發/下34	汝爲我和/中153	呂太公望封於齊/中339	易知故也/下63
輿隸媚媾小童/中113	與爲輿隸同/中370	與太子期而將往/中324	力則多寡/中198
輿隸至賤也/中371	與爲流行/上95	驪土之翟/中159	力必不阿主/下78
轝馬被戈劍不可勝其數/上294	與爲精朗/上95	余何憂於龍焉/中405	力必不北矣/中340
余忘孝道是以憂/中60	與爲復明/上95	女何爲而餓若是/中143	亦必死義矣/中340
與謀之士封爲諸侯/中122	與魏桓韓康期而擊智伯/中85	余笑爰易/中178	亦何益也/中33
與無勝同/中83	余唯恐言之不類也/中286	可以悲哀矣/上219	緣功伐也/中47
與無立錐之地同/中370	女有當年而不續者/下31	與荊戰夾泚水而軍/下178	延陵季子吳人願以爲
餘瞀之南/中68	如以熱湯/上175	與荊戰五敗五勝逢有鄙/上242	王而不肯/中402
與物變化而無所終窮/中135	余以此封女叔虞喜/中287	女胡視越人之入我也/下93	緣物之情及人之情/下74
餘糜之地/中393	與國人所惡/中32	余舉事而齊殺我君/中428	連反兵也/上209
與民同之/上264	與人之父處而殺其子/下27	驪姬謂太子曰/中354	緣不得已而動/中338
與民之有獄者約/中302	與人之兄居而殺其弟/下27	驪姬謂太子曰/中354	然不若此其宜也/中311
與反斗之號/中93	與人出而不與人入其罪二/中158	亦可以發使而讓ересurrency王曰/中306	煙視媚行/中318
麗兵於王尸者/下38	與一擧則有千里之志/中400	亦可以悲哀矣/上219	淵深難測/中439
女不外嫁/下205	余一人有罪/上261	亦可以止矣/中137	延於條枚/中407
與將軍之節以如秦/下76	與將軍之節以如秦/下76	亦可以痛心矣/上219	燕王聞之/中428
與不肖者議之/下169	與爭爲不義竟不用/中373	亦皆有以/上272	燕王使張魁將燕兵以從焉/中428
余不能用鞁之言/中269	與劑貌辨俱/上269	力貴突智貴卒/下36	然有亡者國/中299
余不聽豫之言/上276	與齊人戰大敗之齊將死/中157	歷歲而上曰/上302	燕遺二卵/上184
汝非盜邪/上357	與弟子一人宿於郭外	逆其天也/中372	然而寡禮/中198
與士期七日/上374	寒愈甚/中401		

경·전문(經傳文) 자구 색인 271

然而國不亡者/中366	列禦寇蓋有道之士也/中187	令尹必來辱/下45	吳公子光又率師與楚
然而名不大立/下138	列精子高因步而竀於井/中422	令二軺臣也令臣貴/中324	人戰於雞父/中212
然而名號顯榮者/中385	列精子高聽行乎齊湣王/中421	營而無獲者/下216	吾國有妖/中122
然而無所行/下165	廉故不以貴富而忘其辱/上328	令人得欲之道/中371	吾國之妖甚大者/中122
然而不得入三都/下54	冉叔誓必死於田侯/上236	令因於彼/上99	吾君欲霸王/中124
然而非主道者/中241	染於蒼則蒼/上74	郢人之以兩版垣也/中80	吾君好正/下25
然而辭謁諸侯者/中398	染於黃則黃/上74	令將軍視之/中205	吾君好忠/下25
然而使二十官盡其巧	廉則刲尊則虧/中109	令張孟談蹢城潛行/中85	吾今見民之洋洋然東走/下80
畢其能/中250	葉藻短穗/下223	令長子御/上269	吾豈可以先王之廟予楚乎/上270
然而世皆曰/中167	嬰可以辭而無棄乎/上185	令宰壓郷大夫至於庶民/上348	吳見其所以長/中275
然而收者必此也/中87	令苟則不聽/中369	令弟子趣駕辭而行/中344	吳起果去魏入楚/上341
然而視之蜗焉美/中319	營居于成周/中400	迎主君也/下135	吳起果去魏入荊/中443
然而燕之使者獨死/中429	令告民出五種/上346	嬰之亡豈不宜哉/上352	吳起默然不對/中275
然而有大甚者/中318	靈公令房中之士疾追	令之爭後/下48	吳起抿泣而應之曰/上341
然而以理義斵削/中334	而殺之/中143	令秦惠王師之/中145	吳起變之而見惡/中80
然而人君人親不得其所欲/上121	靈公之論宛春/中173	嬰且可以回衆未偏乎/上407	吳起死矣/下38
然而攘之必有天下/下29	靈官爲甲№以組/中33	榮且利中主猶且爲之/中30.410	吳起雪泣而應之曰/中443
然而後世稱之/中93	營丘壟之小大高卑薄	令此將衆/中340	吾其輿之/中202
燕人逐北入國/中133	厚之度/上287	令此處人主之旁/中340	吳起曰三者言吾莫若也/中275
緣子之言/上161	令群臣皆得志/中207	甯威見誡桓公以境內/中387	吳起日治四境之內/中275
燕爵顔色不變是何也/下196	令農發土/上180	甯威飯牛居車下/中387	吳起謂商文曰/中275
燕雀顔色不變是何也/中52	令能無敵者/上232	甯威欲干齊桓公/中387	吳起謂荊王曰/下37
挺重囚益其食/上144	令能將+之/上239	令天下皆輕勸而助之/下63	吳起自見而出/上185
燕之大昭/上21	榮利所以爲賞實也/中360	令出於王/上109	吳起至於岸門/上341.中443
然且猶裁萬物/中391	令吏興卒/下135	盈則必虧/下138	吳起之用兵也/下358
然則公欲秦之利夫/中322	令馬履之/中419	令行中國/上242	吳起之智可謂矣/下38
然則君子之窮涂/中343	令無窮則鄧析應之亦	令荊國廣大至於此者/下89	吳起治西河/上185
然則相國是攻之乎/中322	無窮矣/中300	令圜則可不可善不善/上109	吳起治西河之外/上341.中443
然則王者有耆理義也/上133	嬰聞察實者不留聲/中185	刈頸斷頭以徇利/下26	吳起學於曾子/上80
然則人主之務/中180	嬰未嘗得交也/中185	禮段千木/下20	吳起號呼曰/下37
然則何以慎/中74	令民無不出其力/上172	譽同於己者/上135	吾幾禍乎尹/下45
淵澤井泉/上317	令民無刈藍以染無燒	譽流乎無止/中233	吾乃且伐之/下23
然患在乎無春居/中437	炭無暴布/上144	禮士莫高乎節欲/中140	吾能弭謗矣/中419
然後可舉/上265	令負牛書奧秦/中324	倪說非六王五伯/中332	吾獨焉知之/上355
然後可成/中87	令婦人載而過朝以示	醴水之魚/中68	吾獨謂先王何乎/下270
然後可也/中214	威 不適也/下97	豫讓郤嘗/上366	吾馬何得不食子之禾/中113
然後可行/中363	令士庶人曰/上355	豫讓公孫宏是矣/下363	吾無道知君/下52
然後皆得其樂/中52	令昭釐得其利/中220	豫讓國士也/上365	吾無辭爲也/上269
然後皆得其所樂/下196	令豎子殺殷饗之/下196	豫讓笑而應之曰/中395	吾無所用之/上345
然後其智能可盡/中44	潁水之陽耕而食/下68	豫讓我將告子其故/上365	吾聞古之土遭乎治世/上361
然後其智能可盡也/中184	令叔嚮聘焉/下69	豫讓欲殺趙襄子/中394	吾聞君子屈乎不己知者/中185
然後能保其社稷而和	嬰兒啼人問其故/中172	豫讓之友謂豫讓曰/上365	吾聞君子當功以受祿/中344
其民人/中213	令於邑中日/上185	豫讓必死於襄子/上236	吾聞辭福之先者也/上187
然後能知美惡矣/中34	令涓人取冠進上/中309	譽之高賢/下233	吾聞之君子譽人於患/中340
然後能聽說/中38	令吾生之爲我有/上39	刈人之頸/中153	烏聞至樂/上197
然後免於東陰之患/中95	令五子偕任其事/上253	禮者履此者也/中60	吾聞之非美義不受其利/中338
然後制四時之禁/中205	甯越可謂用力文武矣/中158	鋭幸千人/上241	吾聞之曰/上352
然後制野禁/下205	甯越日戰而不勝其罪一/中158	禮之諸侯/下66	吾聞之義兵不收服/下89
然後濟於河/中122	甯越日請以十五歲/下140	五更與女/中143	吾聞之曾子/中60
然後天子利天下/中393	甯越謂孔青曰/中157	五耕五耨/下210	五味三材/中67
然後治可以至/中229	甯越中牟之鄰人也/中111	五穀復生/下231	吾未知其爲聖人/上121
然後威生/下216	令尹使人視之信/上45	五穀不滋四鄰入保/上119	吾未知其屬焉無道之
然後賢不肖盡爲用矣/中409	令尹欲飲酒於子之家/上45	五穀不實/上205	至於此也/上218
列近則持諫/中46	令尹子常曰/下45	五穀所殖/上29	吾未知其爲不善無道侵
裂裳裹足/下33	令尹至必觀之/下45	五穀萎敗不成/上193	奪之至於此也/上218

272

吾未知其爲不善之至於此也/上218
吾未知亡國之主/上138
吾民不寡/上101
五伯先事而後兵/上99
五伯欲繼三王而不成/下50
五伯欲繼湯武不成/下200
五伯有暴亂之謀/上332
五伯以侵奪之事/上382
五覆五反/上88
吾不忍爲也/下27
吾不耕於西海也/中113
吾不非鬥不非爭/上301
吾不受也爲我死/上304
吾不爲也/上89
吾不爲也遂去之/中374
吾不忍久見也/中338
吾不忍數聞也/中338
吾不知其他也/中338
吾非愛道也/下142
吳師大敗/上264
五蛇從之/上355
吾嘗以六馬逐之江上矣/上328
吾嘗好宫室臺榭矣/中438
吾嘗好良馬善御矣/中438
吾嘗好聲色矣/中438
吾生平亂世/中338
吾先君周公封於魯/中400
吾先君之寶也/上129
五歲而言其要/中331
傲小物而志屬於大/上337
吾所欲則先我爲之/上337
吾所以亡者果何故哉我當已/上275
吾所以事君者非係也/上116
吾少好勇/中342
吾受命於天/中405
五時見生而樹生/下212
吾是以先之/中85
吾是以加松柏之茂也/中99
吾是以請絕也/上185
吾示子吾用兵也/下37
五十戰而二十敗/中316
吾安取驕之/下25
吾安敢不獻/下25
吾於陽城君乎/上357
吾於子猶未邪/上185
傲言出矣/上209
五曰敬天常/上161
吳王大說/上328
吾聞越王句踐於太宰嚭/上371
吳王夫差是也/下90
吳王夫差染於王孫雄太宰嚭/上74
吳王夫差將伐齊/下93

吳王夫差智伯瑤知必爲國爲丘墟/上218
吳王不能止/上328
吳王曰諾/上328
吳王曰不然/上89
吳王曰汝惡能乎/上328
吳王欲殺王子慶忌/上328
吳王夷昧聞之怒/中212
吳王壹成/上237
吳王將與之/中89
吳王之無道也/上328
吾智伯不自知而亡/下128
吳王止之要離曰/上328
吳圉圜師化子胥文之儀/上125
吳圉圜染於伍員文之儀/上74
吳王患之/上328
吾欲得息奈何/中90
吾庸敢驁霸王乎/上138
吳用伍子胥之言/下64
吳員過於吳/上306
五員亡荊急求之/上306
五員載拜受賜曰/上306
五月而鄭人殺之/上337
吾爲汝父也/下59
吾猶不取/上306
吳有子胥/下80
吾義不食子之食也/上357
吾以賞末賞/下133
吾以爲上賞/下133
吾以爲次賞/下133
吾已誅之矣/下48
五人御於前/下116
吳人焉敢攻吾邑/中212
吳人往報之/中212
吾人應之不恭/中212
五月而地動/上189
五入而以爲五色矣/下74
五者備當/上229
吳子胥曰/下73
伍子胥欲見吳王而不得/下73
伍子胥以爲有吳國者/下73
伍子胥進諫曰/中89
五者聖王之所以養性也/下74
吾子也甚歡/中441
吾子立爲諸侯/上398
五者接神則生害矣/上93
五者充形則生害矣/上93
吾子胡不位之/中338
吾將不食/中414
吾將死之/中396
吾將徙之/中441
吾將汝兄以代之/下194
吾將玩之/中292
吾將爲北郭子死也/上352
吾將爲子游/下126

吾將以身死白之/上352
五帝固相與爭矣遷興廢/上206
五帝弗得而友/中135
吾帝三王之君民也/中255
吾帝三王之於樂盡之矣/上192
五帝先道而後德/上99
五帝以昭/中273
吳之具區/上21
吳之亡愈晚/中366
吳之無道也愈甚/上328
吾地不淺/上101
吳之所以亡者何也/中366
吾疾行以救蹙鳥之死也/中165
吾穿井得一人/下73
吾爲饗息侯與其妻者/中90
吳楚以此大隆/中212
警醜先王/上223
吾取其犯命者/上310
五敗荊人/上84
何面而以見子胥於地下/下93
吳閭廬遷多力者五百人/上242
五行不逐/上57
嗚呼士之澈弊/下83
烏獲奉千鈞/下197
沃民所食/中67
玉人之所患/下55
屋之翳蔚也/中400
雍季子竭澤而漁/中83
雍季在上/上83
壅塞之任/上231
灉水暴益/中171
甕牖之下者十有人/中137
臥則夢之/上215
宛路之鞃/下88
完要塞謹關梁溝蹊徑/上287
完子曰君之有國也/下153
緩者欲急/上210
完子請奉十大夫以逆遣師/下153
完子行田収之江而遺之/下153
完隄防謹雍塞/上204
玩之不厭/下139
宛春曰/下173
宛春以公衣狐裘坐熊席/中173
曰曷爲而至此/中185
曰今王興兵而攻燕/中322
曰今日置賢爲臣/中275
曰今者我亡緇衣/中309
曰其母居伊水之上孕/中63
曰敦洽讐糜/中106
曰莫之必則信盡矣/中180
曰某國餓/中36
曰士馬成列/中275
曰山之水/中68
曰視卬如身/中324
曰是何能傷/中178

曰是何能爲/中178
曰是何能害/中178
曰臣聞之/中179
曰爰旌目/中179
曰有鳥止於南方之阜/中289
曰匠不巧則宫室不善/下169
曰正圜視其時罔當今/中309
曰諸侯之德/中435
曰之二國者皆將亡/中180
曰其父善游/中172
曰請往說之/中113
曰春也有善於寡人有也/中173
往見楚王/下76
往見壺丘子林/中139
王季歷困而死/下71
王固萬乘之主也/中313
王故尚未之知邪/上275
王苦痛之而事齊者/中428
王公大人弗敢驕也/上122
王公大人從商而禮之/中127
王公大人從而顯之/上80
王恐召范蠡而謀茲蠡曰/上89
王果以美地封其子/上304
王及蔡公拒於漢中/上184
王乃變更召葆申/中89
王乃舍之/下78
王乃使他人逢爲之/中208
王怒而不與言/上324
王能得此於臣/下178
王多賜之金/下104
王丹對曰/下98
王大怒不說/上324
王大喜左右皆曰/下104
王道蕩蕩/上44
王良之所使馬者/中231
王令人發平府而視之/上322
王廖貴先/上270
王命周公踐伐之商人服矣/上167
王名稱東帝/下98
王無以應/中226,320
王未有以應/上226
王方爲太子之時/上269
王伯之君亦然/上52
枉辟邪撓之人退矣/中257
王菩生苦榮秀/上115
王不能得此於臣/下178
王不受笞/下88
王不若擇國之長者而使之/下106
往償表來譟吳起/下185
往不假道/中431
王不說因疏沈尹華/中220
王不應出而謂左右曰/上342
王弗聽謝子不說/中219
王弗聽也/中419
王永作服牛/中250

경·전문(經傳文) 자구 색인 273

王使覆之/上324
王使衛巫監謗者/中419
王使爲政/中349
王使人間珠之所在曰/中111
王敕之而不肯/中349
往昔君夢見姜氏/中354
王說使太子居于城父/下45
王誠能助/上328
王孫滿要門而窺之曰/中198
王收南方/下45
王數封我矣/上304
王雖爲之賜/上51
王信之使執連尹/下45
王也者非必堅甲利兵/中31
王也者勢無敵也/中267
王也者勢也/中267
王也者天下之往也/中135
王若重幣卑辭/中89
王子之朱方/下48
王曰皆如西門豹之爲
  人臣/中207
王曰敬諾/下88
王曰公輪般天下之巧工也/下33
王曰我以女爲司徒/中324
王曰寧以藏無用印也/中324
王曰諾使之爲鄴令/中208
王曰梁重/中324
王曰諾請王止兵/中428
王曰大夫見悔而不鬪/中226
王曰不可/中226
王曰不穀禁諫者/中288
王曰弗與也/中326
王曰使寡人治信若是/中226
王曰善此寡人所欲聞也/中150
王曰善此寡人之所欲知也/中150
王曰善此寡人之所願也/中150
王曰所願而不能得也/中226
王曰身重/中326
王曰甚善/下98
王曰甚然乃輟行/中326
王曰然則若何/中428
王曰爲無臣/中428
王曰爲無主/中437
王曰有善之名一也遂致之/下88
王曰已爲我子矣/下45
王曰誠能爲寡人爲之/中208
王曰何不爲寡人爲之/中208
王曰將軍之遁也/中347
王曰仲虺有言/中435
王曰此寡人之所欲得/中151
王曰請成將軍之義/中347
王曰追而不及/中349
王曰春子春子反何諫

寡人之晩也/中437
王曰必不得宋/下33
王曰何見於荊/中147
王曰何故/中320
王曰何其暴而不敬也/上321
王曰何謂也/上321.中147.153
王曰胡不設不穀矣/中288
枉橈不當/上228
王欲群臣之畏也/中310
王欲知之/中165
王爲建吳妻於秦而美/下45
王爲群臣祝/中207
王猶尙少侍/中264
往而見疊/下155
王已奪之而疏太子/下45
王因藏怒以待之/中219
王子慶忌/上239
王子慶忌曰善/中328
王子慶忌挃之/上328
王子慶忌曰不弗之/中137
王子光擧帷/中73
王子光大說/中73
王子光代吳王僚爲王
  任子胥/中74
王子光曰/中73
王者同義/中29
往者非其形/中78
王子搜非惡爲君也/上62
王子搜援綏登車/上62
王子搜患之/上62
王者樂其所以王/上133
王之彌易/中264
王者之封建也/中264
王者之所藉以成他何/下61
王者執一/中271
王者行之廢/下61
王子許伍子胥說之半/中73
王者厚其德積衆善/下13
王將以爲臣乎/中226
王之令曰/中226
王之不說蒻之甚/上269
王之所以亡也者以賢也/上275
王之所罪/中310
王之罪當答/中88
王之疾必可已也/上324
王之賢過湯武矣/下100
王叱而起/上324
王則封汝/上304
王必農事/上29
王必勉之/下80
王必幸臣與臣之母/上324
王何疑秦之善臣也/中324
王何患焉/中89

王賢主也/下98
王胡不能與野士乎/下78
尤平愛也/中34
王喜令起賈爲孟卬求
  司徒於魏王/中324
王喜以告召公曰/中419
外擧不避讐/上50
外交友必可得也/中47
外內皆服/下110
外物豈可必哉/中113
外物不可必/中107
外事之諸侯不能害之/上264
外使治其國/中106
巍巍乎若太山/中64
外欲不入謂之閉/中235
外有所重者蓋內掘/中34
外則用八觀六驗/上106
外之則死人臣之義也/中393
外則用八觀六驗/上106
堯桀幽厲皆然/下147
堯論其德行達智而弗已/中137
要離可謂不爲賞動矣/上328
要離得不死歸於吳/上328
要離與王子慶忌居/上328
要離曰不可/上328
要離曰士患不勇耳/上328
要離曰臣能之/上328
要離走往見王子慶忌於前/上328
要利之人犯危何益/下85
堯理天下/中398
堯不以帝覺善卷/中137
堯授舜舜授禹/中398
堯舜得伯陽續耳然後成/中63
堯舜與衆人同等/中440
堯舜之臣不獨義/中231
堯舜之賢而死/下48
堯舜許由之作/中313
堯舜賢主也/上111
堯曰若何而爲及日月
  之所燭/中258
寮曾平戾至/上234
堯有欲諫之鼓/下127
堯有子十人/上48
境而專居則多死/中220
堯以天下讓舜/中424
堯以天下讓於州支父/上61
妖者禍之先者也/上187
堯葬於穀林通樹之/上301
要在得賢/下20
堯戰於丹水之浦/中412
堯傳天下於舜/下66
夭臍壯狡/中36
堯天子也/中137
堯治天下/中398
堯加罪焉/下52
堯客之必謹讓寡人之意也/上369

欲見秦惠王/中76
欲高者高/上310
欲觀至樂/上187
欲禁天下之船悖/上209
欲禁天下之食悖/上209
欲急疾捷先之道/上236
欲其敎也/上242
欲其利也/上242
欲其便也/上242
辱其使者/上369
欲其精也/上242
欲其取鼠也則桎之/下190
欲論人者必先自論/上101
欲道之行/上121
欲得良狗/下147
欲得三公/中424
欲令伊尹往視曠夏/中119
欲祿則上卿/中139
辱莫大於不義/上66
欲名之顯/上37
欲無度者其心無度/中439
欲無召禍必完備/中433
欲無壅塞必禮士/中433
欲聞柱而惡直言/下76
欲民之治也/上214
欲反死孟勝於荊/中357
欲復盤庚之政/中122
欲負而走/下129
欲不正以治身天/中372
欲殺文王而滅周/中426
欲相與安定齊國/中156
欲先生立此聽寡人也/中313
欲速至齊/中153
欲身之安也/中139
欲深得民心/上264
欲安而惡危也/中156
欲安而逾危也/上196
欲安而益危也/中46
欲偃天下之兵悖/上209
欲與惡所受於天也/上150
欲榮利惡辱害/中360
欲榮而惡辱/上156,232
欲遇而刺殺之/下59
欲右者右/上310
欲位無危必得衆/中433
欲爲天子/上82.83
欲諭其信於民/下185
欲有情情有節/上67
欲以爲亂/中424
欲煙之責/下52
欲逸而惡勞/上157
欲藉史起功/中140
欲節則令行矣/中140
欲定一世而無主/中72
欲齊軍之敗/中132

欲鐘之心勝/中131	勇者以工/中361	愚不肖爲之任也/下138	禹葬於會稽/上301
欲鐘之心勝也/中131	用組之心/中33	禹不敢怨/中424	又將何有於君/中192,193
欲左者左/上310	用之未晚也/中387	又不肯聽辨/上270	右宰穀臣死之/中441
欲走不得/中364	用志若是/中219	又不能自用/中180	右宰穀臣止而觸之/中441
欲知方圓則必規矩/下127	用志如此其精也/中139	牛弗復服/中122	友田子方/中385,下20
欲之若一/上68	春之易而食之不嘖虛香/中223	雨不信其穀不堅/中377	又絶諸侯之地以襲國/中196
欲知人者必先自知/上101	春之易而食之香/下224	愚瘴之民/中400	禹周於天下以求賢者/中94
欲之者耳目鼻口也/上156	用之而奧不知者議之也/中261	禹大成贄/上125	右主然守塞弗入曰/下135
欲知平直則必準繩/下127	用智編者無遂功/中138	又使保召公/中361	愚智拙皆盡力竭能/中270
欲之何益/中40	用此士也/下84	又辭而去/中180	禹之決江水也/中201
欲盡去其大臣/中433	勇天下之凶德也/上234	又使人往視寇/下104	禹之裸國/中167
欲盡殺之而爲之後/上276	勇則能決斷/上243	又倘笑求/下45	虞之不亡也亦恃虢也/中129
欲盡地利至勞也/下66	勇則戰怯則北/上245	右釋黃鉞/中116	牛之性不若羊/中104
欲逐石圃/下183	用虛無爲本/中257	耦世接俗/下126	禹之所見者遠也/中201
欲取其衣/中309	又可使棘/下210	又損生以資天下之人/上70	虞之與虢也/中129
欲取天下/上97	羽角宮徵商不繆越王不善/中104	又樹大譽/上69	愚智勇懼/中256
欲取天下若何/下97	愚彊之所/下66	遂而之/上50	愚之患在必自用/下194
辱則寡人弗以爲臣矣/上226	又去魯而如吳/下48	又隨以喪/上316	尤盡其妙矣/中444
欲心擊其愛子之頭/下35	居於犀藪屛檍之下/下83	右手攫之則左手廢/下29	禹盡爲之人也/中94
欲下者下/上310	猱築紆天也/中87	竽瑟陳而民知樂/下143	又且已辱/上328
辱害所以自罰充也/中360	牛缺居上地大儒也/中111	又視名丘大冢葬之厚者/上299	又斷之東閱/下80
勇敢不足以却猛禁悍/中391	牛缺出而去/中111	遇時雨天也/中87	又責吾禮/中140
用觀躄也/下135	于京太室/上167	又示以隣國不服/中178	憂天下之不寧/中119
用管子而爲五伯長/上46	遇高唐之孤叔無孫/中340	又示以人事多不義/中178	禹請攻之/上351
用圭璧更皮幣/上59	遇故人於塗/中122	雨失橫之事/中304	又請關尹子日/上272
用祈福於上帝/上261	虞公濫於寶奧馬而欲許之/中129	雨我公田/中46	右抽劍以自承曰/下380
用其新棄其陳/上97	虞公弗聽而假之道/中129	又惡其一人而欲殺之/上276	禹趨就下風而問曰/中398
用己於國/中47	禹攻曹魏屈鶩有扈/中412	又惡與國士之衣哉/中401	右七百人/上251
用己者未必是也/中47	虞之勢是也/中129	禹仰視天而歎曰/中405	又吞炭以變其晉/中394
用刀十九年/上280	憂其黔首/下66	禹於是疏河決江/下34	遇湯武天也/中87
容動色理氣意六者/下165	遇其時也/中78	愚與不忠/中208	禹通三江五湖/中161
勇力時日/下20	禹南省方濟乎江/中405	禹染於皐陶伯益/上74	又退而自剄/上352
龍俛耳低尾而逝/中405	雨乃大至/上261	又曰梁執奧身重/中326	又必召寇/中29
容貌有饑色/中187	又能用非己之民/中361	禹曰木氣勝/中26	又何死亡哉/下199
容貌充滿/下98	又能存魯君之國/上274	又曰若使秦求河内/中326	又何索焉/上44
用武則以力勝/中158	遇盜於耦沙之中/中111	禹曰若何而治吾北/中258	禹行功見塗山之女/上183
用文則以德勝/中158	又倒而投之灘水/中362	友日翟璜/中385	又況大之國/下63
用民亦有種/中359	禹東至榑木之地/下66	禹往見之/中398	又況百世之後而國亡乎/上301
用民有紀有綱/中360	又令於邑中如前/下185	又反報曰/中165	又況不及湯武者乎/中264
用民之論/中359	又令衛之宗廟復立/上330	欲以其孽行漫我/中338	又況於得道者/中247
龍戾其私鄕/上355	又令樂太子未葬其先君/下15	禹欲帝而不成/中50,下200	又況於不肖者乎/上211
用法若此/上335	禹立勤勞天下/上167	處用宮之奇/下64	又況於非仇賊者乎/下380
用非其有之心/中361	牛馬畜獸有放佚者/上318	禹于塗山之陽/上183	又況於士乎/下63
用三年男子行塗右乎/中202	牛.馬必擾亂矣/中231	雨雲水波/中27	又況於所聽行乎萬乘之主/中422
用賞罰不當亦然/下80	羽旄旌旗如雲/上295	又謂郜宛曰/下45	又況於弱/中324
容成作厤/下250	又無螟蜮/下210	又爲王百倍之臣/上321	又況於欲成大功乎/下63
用刁而蟲出於戸/上46	又問衆之所說/中122	禹爲入於澤而牧童/下59	又況於辱之乎/中111
用心如此/上71	禹未之遇/上183	羽有動靜/中338	又況於血氣者乎/中332
用心則不專/下136	憂民之利/下31	禹有淫泆之意/上332	又況於以彊大乎/上205
勇若此不若無勇/上334	又反伐郢/中212	又柔則錘堅則折/下159	又況於尊位厚祿乎/上312
用乎利用於義/中30,410	又反振蔡公/上184	禹乏貪位之意/中382	又況於中人乎/上365
勇而不當義/上331	右服失而野人取之/上249	羽人裸民之處/下66	又況於中主邪/中205
用以勇敢/下233	又復往反報曰/中165	虞人以告/上182	又況於它物乎/上61
勇者凌怯/上155	又取道/中362	愚者其所能接近也/中188	又況一斤/下197
勇者不得先/中270	又不能自爲/下171	愚者不得拙/中270	又況乎達師與道術之評乎/上136

경·전문(經傳文) 자구 색인 275

又況乎萬乘之國而有所誕/上236	願以受敎/下197	魏敬曰河內二論之下也/中326	爲道雖精/中194
又況乎無此其功而有行乎/下54	原人聞之乃下/中374	魏敬謂王曰/中326	魏令公子當之/下52
又況乎不肖者乎/中299	願因請公往矣/上368	爲故君賊新君矣/中395	衛靈公天寒鑿池/下173
又況乎聖人/下163	願一與吳徼天下之衷/上264	爲高葆禱於王路/下56	魏令孟卬割絳帘安邑之地/中324
又況乎其敎是何也/中165	元者吉之始也/中416	危困之道/下90	謂令尹子常曰/下45
又況乎兵多者數萬/中237	願藉途而祈福焉/中298	威公固謂焉/中178	謂路之人曰/中340
又況乎人事/中377	原將下矣/中374	威公乃懼/中178	爲利故也/下53
又況乎人主/下165	爰旄目三餔之/上357	威公問其故/中178	威利無敵/下61
又況乎人主與其臣謀爲義/下50	爰旄目曰諿/上357	謂公上過乎/中345	魏吏爭之不可/下52
虞姁作舟/中250	願仲父之敎寡人也/上46	威公叔痤疾/上342	爲利敵而憂苦民/下61
雲氣西行云云然/上109	遠之而近者時亦然/中76	謂公玉丹曰/上275,下98	爲萬世利/中201
雲夢之芹/中68	願察之也/上321	威公又見屠黍而問焉	爲鞁者也/中413
雲夢之柚/中68	願請變更而無答/上88	曰執次之/下178	爲名者不伐矣/中31,410
芸始生荔挺出/上318	援推兵也/上209	衛公子啓方以書社四	爲木革之聲則若雷/上152
鬱者不陽也/中419	願太子易日/下15	十下衛/中193	魏武侯謀事而當/中435
鬱處頭則腫爲風/上95	願學所以安周/下198	魏攻中山樂羊將/中205	魏武侯之居中山也/中366
雄鷄五足/上196	遠鄕皆至/上230	威公蘢律九月不得葬/中179	爲武公無禮焉/中354
願乞所以養母/上352	願獻之丈人/上306	魏果用弱/上342	謂問者內乞人之歌者/上281
願公備之也/中298	遠乎性命之情也/上187	爲國家者爲之堂上而已矣/上102	魏文侯可謂善用兵矣/下25
願君之去一人也/中269	越國大饑/中89	魏國從此削矣/中443	魏文侯見段干木/中139
願君之體貌之也/中145	越國從此衰矣/中316	魏國從此衰矣/中316	魏文侯過段干木之閭
願君之封其後也/中280	月窮於紀/上348	爲其感而必知也/上111	而軾之/下25
願君之遠易牙竪刁常之	越駱之菌/中68	爲其敢直言而決鬱塞也/中417	魏文侯名過桓公/中385
巫衛公子啓方/中192	月望則蚌蛤實群陰盈/上278	爲其寡澤而後枯/上215	魏文侯卜子夏/下20
爰近姑與息/中176	越聞之古善戰者/中157	爲其近於君也/中57	魏文侯燕飮/下131
遠近歸之/上240	越石父怒請絶/中185	爲其近於聖也/中57	魏文侯弟子季成/中385
遠近相聞/下56	越石父曰/中185	爲其近於弟也/中57	魏文侯之見田子方也/中44
願大王之更以他人詔之也/中324	越十七阨以有吳哉/中89	爲其近於親也/中57	爲民紀綱者何也欲也惡也/中360
願請變更請罪/中429	月生者群陰之本也/上278	爲其近於弟也/中57	爲民祈福/上172
願得有問於君/上307	越於我亦然/下93	爲其能浮而不能沈也/下63	爲民父母/上371
願得而聞之/中408	越王苦會稽之恥/上264	爲其能行義而不能行	爲方必以矩/下169
願得傳國/中313	越王句踐師範蠡大夫種/上125	邪辟也/下63	爲方圓則若規矩/下179
願行之而親加手焉/下124	越王句踐染於范蠡大夫種/上125	爲其道之通也/中269	爲法已成/中311
願登夏屋以望/中92	越王得之會稽/中99	爲其末也/上96	委服告病曰/中431
願令王子居於堂上/中73	越王未之聽/上276	爲其罰也/上214	威不能懼/上105
宛侮雅遙/上262	越王弗與乃攻之/中89	謂其僕靶不偏緩乎/下179	威弗能禁乎/中408
願聞齊國之政/中273	越不聽吾言不用吾道/中345	爲其不可得而法之/下169	爲不能聽勿使出竭/中342
遠方來賓不可塞也/上104	越王說之/中345	爲其不陽也/中419	爲不善亦然/中179
援枰一鼓/中275	越王授有子四人/上276	爲其賞也/上214	爲不善者罰/上216
願辭不爲臣/中428	越王曰善/中89	衛忘相髽/中444	違不肖過不中/中279
願相國爲之賜而受之也/上307	越王之弟日豫/上276	謂其侍者曰我何若/中422	魏使公子印將而當之/下52
願相國之憂吾不食也/中414	越王太息曰/上276	爲其實也/上36	衛嗣君欲重稅以聚粟
願先生之勿忠也/上324	越人三世殺其君/上62	爲其樂也/上153	民弗安/中284
願與公子坐而相去別也/下52	越人薰之以艾/上62	謂其友曰/下140	爲死者慮也/上291
願與君王譚也/中288	越人興師誅卧成子曰/下153	爲其疑之於此/上101	爲絲竹歌舞之聲則若諜/上152
援梧葉以爲珪/中287	月躔二十八宿/上109	衛其有亂乎/中441	爲三書同辭/上361
願王以國聽之也/上342	越之於吳也/下93	爲其唯厚而及/下215	爲石銘置之壟上曰/上298
願王之使他人遂之也/上208	越必喪吳/中89	爲其應聲而至/下36	爲善者賞/上216
願王之自取齊國之政也/中273	月晦則蚌蛤虛群陰虧/上278	謂其一日千里也/下36	爲昭釐謂威王曰/中220
元王號令於國/中239	衛可謂知用人矣/下23	謂其弟子曰/中401	魏昭王問於田詘曰/中282
怨右主然而將重罪之/下135	圍邯鄲三年而弗能取/中316	爲己之所喜/上304	威所以愃之也/上234
願爲民請炮格之刑/上262	爲甲裳以帛/中33	爲其直言也/下76	魏雖彊猶不能責無賃/中324
願委之先生/下17	爲甲以組而便/中33	爲其害稼也/上178	威尊賢何益於女也/中216
爰有大圜在上/上371	魏舉陶削衛/中326	爲金石之聲則若霆/上152	謂淳于髡曰/中147
援而弗舍/中309	爲京丘若山陵/上219	威乃可行/中363	爲是故吾弗徙也/中414

爲是故因不愼其人不可/中94	衛人之讐者/上223	爲害其時也/下205	有能贖之者/中210
爲是戰因用惡卒則不可/中239	衛人後至/上297	爲害於時也/下205	有能以家聽者/上223
危身棄生以徇物/上65	爲一國長慮/中393	衛獻公戒孫林父甯殖食/下182	猶能以覇/下121
爲身大憂/上69	魏日以削/中443	魏惠王死/下15	有能益人之壽者/下64
危身傷生/上26	威立者其姦止/中267	魏惠王使人謂韓昭侯曰/中280	有能取蔬食田獵禽獸者/上318
魏氏人張儀材士也/中145	爲者臣道也/中246	魏惠王謂惠子曰/中313	類多若此/下18
魏氏之行田也以百畝/中208	謂子有志則然矣/上395	爲後甚笑/下181	愈多而民愈怨/上152
爲我婦而有外心不可畜因出/中104	謂子智則不然/上395	衛姬望見君/中297	有大功退朝而有憂色/中435
違我以禮/上337	衛中公立/上183	有以力加乎/中342	有大務而不能去其者之者/中138
謂晏子曰/上352,中407	謂藏三牙甚難/中307	有甘櫨焉/中68	有大勢可以取天下正矣/中131
爲野獸而反善之/中104	謂藏兩牙甚易/中307	有甘艶不足分民敢食/上264	有大月承小月/上196
威也者力也/上206	爲組與不爲組/中33	劉康公乃徹戎車卒士以待之/中298	猶大匠之爲宮室也/中261
位尊者其教受/中267	有度而以聽/下162
魏襄王可謂能決善矣/中208	魏從此削矣/上341	愈彊愈恐/中116	有道者必先去/中174
魏襄王與群臣飮酒酣/中207	爲鑄大鐘/中131	有巨有徴而已矣/上209	有道之士固驕人主/中135
威亦然必有所託/中363	圍朱方拔之/下48	有桀紂之時而無湯武之賢亦不成/下76	有道之士求賢主/下63
喟然而歎曰/中99	爲中大夫若此其易也/中261	有道之士貴以近知遠/中169
喟然歎曰/中422	衛之去齊不遠/中387	有頊諫之/中131	有道之主其所以使群臣者亦有鞼/中231
喟然太息曰/下23	鄗之廣也/中347	類固不必可推知也/下157
爲吾相比夫/中285	爲之九成之臺/上184	類固相召/中27	有讀史記者曰/下74
爲吾尸女之易/中196	爲之亡也/上330	有枯梧樹/中221	類同相召/中410
爲吾臣與狄人臣奚以異/中27	爲之丞輔/上355	猶古之於後世也/上336	唯得其道爲可/中358
謂王起矣/下88	爲之愈甚/上219	有穀生於庭宇而生/上187	有天下者衆矣/上44
魏王乃止其行/中304	爲之而苦矣/上133	有功故也/中93	有狼入於國/上196
魏王無以應之/中208	爲之而樂矣/上133	有功得民/中301	有力者賢/中393
魏王辯之/中304	爲之而智日得焉/下147	猶恐不能自知/下127	有龍於飛/上355
魏王不說/中324	謂之天子/中36	惟殽士卒罷弊與糗糧置乏何其久也/中198	遺理釋義以要不可必/上122
魏王嘗爲御/中145	謂之天子天子之動也/上32	唯命是聽/中431
魏王雖無以應/中280	爲之天下弗能禁矣/中408	有功者而無其失/中93	有蟻集其國/上196
魏王將入秦/中326	爲之必繇其道/下147	猶攻之乎/下33	留無幾何/上269
魏王憝曰/中280	爲之下食/中143	有過於江上者/上172	猶無以易恭節自失/中285
魏王則悖也/上342	委質弟子三千人/下101	有過於主無以責之/中241	有無之論/中365
威王好制/中220	謂此當務則未也/中342	有巧有拙而已矣/上207	有聞而傳之者曰/下73
爲圓必以規/下169	爲天子然後可具/中67	有巧者皆來解開/中239	猶未可必/中111
圍衞取曹/下84	爲天下及國/中350	猶求其馬/中367	猶未敢以有難也/上368
威愈多民愈不用/中363	爲天下戮/上264,中119	猶懼爲諸侯笑/下119	有味於此/上34
衛有士十人於吾所/上23	爲天下僇學天下之不義人/上74	有國若此/下194	由未定堯且屈力/中267
爲有益也/中324	愈窮愈榮/中334	猶未足以知之也/上46
爲六軍則不可易/中85	爲天下惜死/中401	由貴生動/上68	猶未之能得/上355
謂或夷其能必定一世/中401	爲天下笑/下57	諭貴賤之等/上312	唯博之爲可/中143
衞靈公有旦日弘演/上330	爲天下者不於天下於身/上98	有鬼投身陣有菟生堆/上196	有百果焉/中68
爲義者則不然/下49	爲天下之民害莫深焉/上215	有金皷所以一耳/中270	有伐國之志也/上297
衛十人者按趙之兵/上213	爲天下之不治與/下68	由其道功名之不可得遷/上81	流辟詭越悒濫之音出/上186
爲人君弗彊而平矣/上131	爲天下之長患/上213	有其本也/下175	有便於臺父者/中331
爲人君而殺其民以自活也/上191	胃充則中大鞔/上41	惟其所以不得之故/中147	有便於學者/下139
衛人聞之/中374	爲則擾矣/上246	有其狀若人/上196	有別人之義也/上178
爲人臣免於燕雀之智者寡矣/中52	位宜在吾上/中275	有其狀若衆馬以閞/上196	有輔王室之固/中287
威太甚則愛利之心息/中363	有其狀若懸旌而赤/上196	有鳳之丸/中67
爲人臣弗命而忠矣/中131	謂太子曰/上324	猶不可反/上69
爲人臣不忠貞罪也/中131	爲太子行難/上324	有氣則實實則勇/上245	有不可以過者/下90
爲人臣而免於燕爵之智者寡矣/上196	謂彭彭之障乾東土/下34	有其形不可謂有之/上365	有不可知也/下25
爲平里必以准繩/下169	猶乎善牛也/中324	有不見也/上46
爲人主而數窮於其下/上258	爲虐于東夷周公遂以師逐之/上167	有年瘧土/上213	有不戒其容止/上57
爲人主而惡聞其過/上129	有能得介子推者/上355	有不肯貴富者矣/上36
爲寒暑風雨之序矣/中99	有能分善不善者/中36	猶不能免/下18

경·전문(經傳文) 자구 색인   277

有不聞也/上46	有所託也/中363	有要於時也/中169	唯知言之謂者爲可耳/中295
有不便於學者/下139	有所通則貪汪之利外矣/下163	留運爲敗圜道也/上109	宥之爲敗亦大矣/中221
惟不以天下害其生者也/上61	有所平通也/下163	有暈珥有不光/中196	有之而不使不若無有/上111
有不知也/上46	惟脩其數/中243	有月蝕星/上196	留秦三年而弗得見/下76
猶不可止/上294	有首無身/中179	愉愉其如赤子/中398	維秦八年/上371
猶不見聽/上209	流水不腐/上95	唯有其材者爲近之/中272	有進乎味者也/上159
有不及處/上196	有殊弗知愼者/上39	唯有道者能之/中237	有進乎音者矣/上159
猶不能書/上196	洧水甚大/上301	唯有道之主能持勝/中124	有執疵瘸而上視者/中291
猶不得所謂/中219	有瞀而衆/中365	猶有憂色/中60	由之觀/上61,65,中382
猶不得已也/上234	有倕作爲鼙鼓鐘磬/上163	有論乎人心者誠也/下190	惟此四士者之節/中338
有不忘美里之醜/中71	有術之主者/中256	惟義兵爲可/上216	有此四行者/中226
有不善易得而誅也/中400	有娍氏有二佚女/上184	有以見先德後武也/中351	有此三者/中380
唯不藏也/中122	有繩不以正/中235	柔而堅虛而實/下189	由是生矣/中365
猶弗察也/上415	由是觀之/上138	有以乘舟死者/上209	有且先夫死者死/下104
有鄙人始事孔子者/中113	由是起矣/中369	有以用兵喪其國者/上209	由此爲天下名士顯人/上127
游牝別其群/上144	由是論之/中437	有二月竝見/上196	由此而生/上148
蕤賓生大呂/上177	有豕生狗/上196	有以有之也/上355	由此出矣/中417
蕤賓之月/上180	有豕生彌/上196	有以知君之惑也/中237	有榮其名曰嘉樹/中68
猶思故嬰/上184	由是薛遂全/中147	有以知之/上63	有處者乃無能也/上109
有似此/上111,298,中169,	流矢如雨/下25	有以霸者矣/上239	有妻之子而不可囊去之子/上335
171,172,182,250,319,363,	有識則有不備矣/中237	有異乎俗者也/中343	有天干有賊星/上196
下26,169	有佚氏不可/下48	有以橫說魏王/中304	有天桔有天霜/上196
有似於此也/中301	有佚氏女子采桑/中63	有益於民者/上144	有天竹有天英/上196
有士又賓卑聚/中342	有佚氏喜/中63	有仁人在焉/上84	有鷊水旁者/下178
有司又請/中247	有愼之而反害之者/上39	有人自南方來/下80	有出而無光/上196
有四月竝出/上196	遊十士而國家得安/下23	有人自天降/上196	有充實達邃/中405
有士二人處於孤竹曰伯	有餓人臥不能起者/中143	有一國者一國之主也/上311	猶取之內阜而著之外阜也/中129
夷叔齊二人/上360	有愛子弟者隨而學焉/上80	有一婦人蹠垣入至公所/中193	愈侈其葬/上293
惟體者之弩也/上301	猶有不可得而法/中169	有一人曰/下185	惟治爲足/中31
由事之本也/中61	猶有不可法/中169	有一縣после二日/下17	唯治爲足/中410
流沙之西/中67	猶有弗取/上266	柔者欲力/下210	有湯武之賢而無桀紂
有社遷處/上196	有若山之楫/上196	惟牆之外/中246	之時不成/中76
有司請事於齊桓公/中247	有若水之波/上196	有赤木玄木之葉焉/中68	唯通乎性命之情/下165
有事則有不恢矣/中292	有若賢聖/中237	有節有侈/上161	有鬪星有賓星/上196
有司必謀怨矣/中231	猶若爲可者/中223	有情性則必有性養矣/上155	猶表之與影/上81
流散循饑無日矣/上196	猶若爲仁/下31	有正有淫矣/上161	有豐上殺下/上196
猶尙可疑邪/中192	猶若立宦必使之方/上111	猶足以蓋濁世矣/上155	遺風之乘/中68
猶尙有管叔蔡叔之事/中209	猶若此何哉/下101	有從卑賤而佐三王者/中76	唯彼君道/中241
有色於此/上34	猶若聽善/中223	有從千乘而得天下者/下76	唯彼天符/中258
遺生行義/上349	有兩蛟夾繞其船/中403	有從匹夫而報萬乘者/下76	有必召寇/中410
有書盲其雹見/上196	猶御之不善/中64	有罪且以人言/上187	有必緣其心愛之謂也/中365
唯先生能活臣父之死/下17	由余不肯/上117	猶奚請焉/下119	柳下季答曰/上274
有先言言者也/中292	由臾賜小人也/中99	有酒流之江/上264	柳下季以爲是請因受之/上274
有善易得而見也/中400	有如臣者七人/上369	有準不以平/上235	有開西河畢入秦/上341
有說則可/下83	惟余不可/中400	有中謝佐制者/中220	有閒嬰子見疑於齊君出奔/上352
有盛盈盆息/中405	幽屬之臣不獨辟/中231	由重生故也/上36	有閒謂王子慶忌曰/上328
惟聖人獨見其所由然/上245	有如此者國君不得而友/上349	由重生惡之也/上64	惟賢者必與覺於己者處/中182
有勢則必不自私矣/上325	由余驟諫而不聽/下117	有衆日竝出/上196	有賢主不可而不事/上84
有所輕則以養所重/上361	愉愉平靜以待之/中40	猶曾參之事父也/上123	有兄曰完子/下153
猶所達則物弗能惑/中402	愈然而以待耳/中405	有之利故也/上39	有呼萬歲者/下100
有所於使/上330	猶淵之與阪/中89	有知不見之見/上151	喩乎荊王/中289
有所尤也/中32	幽王擊鼓/下56,57	有之勢是/中326	猶或與之/下50
有小月承大月/上196	幽王染於虢公鼓祭公敦/上74	有知小之愈於大/中267	有況於賢主乎/中410
有所匿其力也/中229	幽王欲褒姒之笑也/下56	有知順之爲倒/下150	有況乎筍子之側哉/中423
有所重則欲全之/上361	幽王且乃死於麗山之下/下57	唯知言之謂者可爲/中298	六卿請復之/上101

戮管蔡而相周公/下18
六君者非不重其國/上78
六君者是已/上78
六年然後大勝楚于柏擧/下74
六師未至/上167
戮於君前/中380
六日建帝功/中67
六欲皆得其宜也/上66
六欲莫得其宜也/上66
六欲分得其宜也/上66
六月而後反/中415
六足有珠百碧/中68
陸注三千/中21
肉之美者/中67
陸處則不勝蠅蟻/中262
六畜皆在其中矣/下205
肉圃爲格/下95
六合之內者/中439
肉臞者臊/中67
尹文見齊王/上226
尹文曰今有人於此/上226
尹文曰使若人於廟朝中/上226
尹文曰雖見詢而不闘/上226
尹文曰言之不敢說/上226
尹文曰王得若人肯以
　　　爲臣乎/中226
尹文曰願明何謂士/上226
尹文曰藐觀下吏之治齊也/上226
尹儒反走/下142
尹儒學卻二年而不得焉/下142
允哉允哉/中375
尹鐸對曰/中423
尹鐸爲晉陽/下155
律之本/上163
牽三公九卿諸侯大夫/上28
律中太簇/上25
聿懷多福/中426
戎寇當至/下56
戎兵乃來/上205
戎王喜迷惑大亂/下117
戎夷違齊如魯/中401
戎夷太息歎曰嗟乎/下100
戎夷胡貉巴越之民/中80
戎人見暴布者而問之曰/中189
戎人不達於五音與五味/下117
戎人生乎戎/上138
戎人安敢居國/下183
戎人長乎楚/上138
戎人楚言矣/上138
戎主大喜/下101
戎州人因輿石圖殺莊公/下183
戎主醉而臥於樽下/下101
融牛若日之始出極燭六合之內/中251
殷可伐也/上167
殷其亂矣/中165

殷內史向摯/中175
殷使膠鬲候周師/中165
殷雖鬲惡周/中293
殷有比干/下80
殷已先陳矣/中165
隱匿分竄/中76
殷長者對曰/中165
殷整甲徒宅西河/上184
殷紂染於崇侯惡來/上74
隱志相及/上281
殷之遺老對曰/中122
殷之鼎陳於周之廷/下80
隱則勝闌矣/上247
殷湯良車七十乘/上240
殷湯即位/上167
乙卯之日/上163
隆江之浦書社三百以
　　　封夫子/中345
音皆調均/上111
陰多滯伏而湛積/中161
飲露吸氣之民/下66
淫色暴慢/下84
晉成於外/上186
飲食居處適/下13
飲食必以鼓/上184
音之所由來者遠矣/中148
陰陽變化/上111
陰陽不同/下175
陰陽不通/上180
陰陽失次/上193
陰陽是選乎天而成者也/中405
陰陽材物之精/中24
陰陽爭死生分/上145
陰陽爭諸生蕩/上318
陰陽之變/中169
陰陽之調也/上150
陰陽之和/上44
陰陽之化/中67
淫雨早降/上92
淫佚姦詐之事矣/上155
陰將始刑/上180
飲酒室中/下100
飲酒晝夜不休/下117
晉之本也/上158
陰之所由發之也/中237
飲以小咽/上95
邑之小得/下210
邑吏皆朝/中330
泣數行而下/上341,中428
邑丈人有之市而醉歸者/下59
鷹起賈曰/中324
鷹乃學習/上171
鷹無不請/中258
鷹射而令公子小白僨也/下39

應鐘生蕤賓/上177
應鐘之月/上180
鷹隼所鷙/中393
鷹隼早鷙/上175
應之曰夫介子推苟不
　　　欲見而欲隱/上355
凝漦以形/上148
意觀乎無窮/中233
醫敎之曰/上251
衣錦而入/上137
衣禁重香禁重/上48
意氣得游乎寂寞之宇矣/中234
意其隆之子/中32
意氣宣通/上104
意氣易動/上69
衣器之物可殊藏/中104
義理之道存/上221
意無敢撓/上236
衣無惡乎其重/中153
意聞好直之士/下78
義博利則無敵/中264
義兵之生一人亦多矣/上224
義兵之爲天下良藥也
　　　亦大矣/上209
衣服有量/上228
衣不煇熱/上41
義之不臣乎天子/上369
宜私孟諸/上361
疑似之迹/下59
疑生爭事中/中267
義小爲之則小有福/中159
衣所以飾身也/下26
意惡能直/下78
義也者萬事之紀也/上232
義曰利身/上99
衣又有惡於此者也/中153
宜遇而不遇者/中106
衣威王之服/上21
意有所在也/中32
宜矣王之制於秦也/上324
衣人以其寒也/上248
意者恭節而人猶戰/上285
意者徒加其甑邪/中319
意者未至然乎/中226
意者羞法文之紀也/下15
意者爲其實邪/中153
意者爲其義邪/中153
義者宜此者也/中60
意者秦王帝王之主也/上368
儀狄作酒/上250
義翟何必怒/中345
宜靜者動也/中241
義之大者/上131

義之大者也/上131
宜察此論也/上211
衣鐵甲操鐵杖以戰/下40
衣靑衣服靑玉/上55
義則攻者榮/中30,410
義則敵孤獨/上243
疑漱從義/中416
宜橐甲束兵/上198
衣狐之皮/下170
義和作占卜/上250
以假道於虞而伐虢/中129
以可與不可日變/中302
以家爲國/中272
而可以得材/中273
而可以得政/中273
而可以樂成功/上201
而加以垂棘之璧/中129
而家宅平齊/下78
而簡則有相反/上136
而甘雨至三旬/上92,119
而甘脆未必受也/中104
以絳脩安邑/下78
而皆得志於大國/中78
吏皆笑宓子/中331
而皆曰善/下169
而皆有章/中273
而介子推去之/上355
而介子推不去/上355
而皆罷軍/下52
以開閉取楗也/上312
而客武色/中298
而去居於海上/中396
以鉅爲美/上153
而遂爲之正典治/上361
而擧措無所過矣/中40
而劍不行/中172
而擊繆公之甲中之者
　　　已六札矣/上249
而擊則不及/上238
以見極之敗也/中369
以見其善/上167
而見白黑之殊/中271
以犬嘗麛/上229
而見說於文公也/中354
以見節儉/中414
而見荊王/下15
履決不組/下173
而境內已修備矣/中140
以輕使車凶/中264
而輕失之/下27
而輕重得矣/下26
利輕重則有若衡石/下179
異故其功名禰福亦異/下115
以考其誠/上288
而顧其邑/中63

경·전문(經傳文) 자구 색인 279

以告屠黍/中179	而君獨伐之其可乎/中435	而已愈禮之/中135	以亂爲罪/中243
以告鄧析/中301	以君令召之/下131	而已猶有患/中47	而亂人之患也/下110
以告薄疑曰/中284	而君免於晉患也/中354	而其耳之聰也/中246	而來其心/上264
以告相者/下190	而群臣愈不畏/中310	而旣已治矣自爲與/下68	以來陰氣/上161
以告而閉/上316	而軍於秦周無以賞/中133	以其長見與短見也/上336	而涼風至三旬/上205
異故子胥見說於闔閭/下115	而群陰化乎淵/上278	以其財賞/下170	以力婦敎也/下203
以告制兵者/上215	而君人不知疾求/上20	夷其宗廟/下93	而力不能禁/中356
以告周公/上287	而君人者而不求過矣/下64	以其智彊智/下167	而令姦邪盜賊寇亂之人/上299
而告之以遠/中188	二君者甚相善也/上339	而棄之溝壑/上291	而令人不得行其術也/中330
而固處之以身若也/中397	而軍制立之然後可/上295	以其地封/下170	而令宓子不得行其術/中331
以固天閉地/上180	以君之反公子印也/下52	以其知也/上271	而令吏弗誅/上51
而固賢者也/中387	而軍破身死/下181	以其出爲之入/中278	以令罷之/中173
而困於王錯/中275	以窮其情/上288	以柰何爲實/中258	以禮有道之士/中40
以共郊廟之服/上90	以窮爲通/中380	二女愛而爭搏之/上184	以禮諸侯於廟/中426
而共伯得乎共首/中99	以勸則必爲/下61	二女作歌/上185	以賂虞公/中129
而功不及五伯何也/中385	而蹶於垤/下183	而年壽得長焉/上93	以龍致雨/中410
以供山林名川之祀/上348	以貴富有人易/上355	以魯國恐不勝/中216	二吏歸報於君曰/中330
以公叔之賢/上342	李克對曰/中366	以魯衛之細/中78	以理督責於其臣/中438
以公子紏爲必立/中156	里克率國人以攻殺/下110	以魯取徐州/中78	而利我亦大矣/上39
而工者不能移/上206	里克又率國人攻殺之/下110	而農民無有所使/上180	以罹此難也/上276
以公子之故也/下52	以亟以故/上180	而能無有罪戕者/下17	以里聽者/上223
以攻戰侵奪也/上312	以今謂寡人必以國聽鞅/上342	以能用也/下52	以狸致鼠/上82
以供寢廟百祀之薪燎/上346	而今猶爲萬乘之大國/中347	而能遣之/中139	以馬爲牛/中233
以供皇天上帝/上172,348	以今知古/中169	而能以事適時/中412	而莫敢愉綖/中255
以供皇天上帝社稷之享/上348	已擒則又不知/下101	以能闚衆與不能闚衆/上245	而莫見其形/中252
而過於其所不疑/中40	以禁後世之亂也/下398	以多爲務/上180	而莫得其所受之/中350
而過於其所不知/中40	以及公子紏/中156	而單父亦治/下21	而莫不宜當/中273
而果知鐘之不調也/上338	以給郊廟祭祀之服/上173	而單父治/下21	而莫若其身自賢/中47
以觀公孫宏/上368	以給郊廟之事/上257	以禪繼當禪繼/中309	而莫爲不成/中252
以觀其類/中24	以給郊廟之祭服/上119	而大難隨之者五/下110	而莫知其方/上245
而觀其志/中441	履及諸庭/上431	以待來歲之宜/上348	而莫知其所由上/上44
茌官不敬非孝也/中57	以及兆民/中119	以大使小/中264	此三皇五帝之德也/上44
而官職煩亂悖逆矣/中233	而急疾捷先之分也/上236	以待時/中71	而莫知其所從/中241
以教道民/上29	以矜左右官實/中429	吏對曰宓子使臣書/中330	而莫之能殺/上328
以教民尊地產也/下203	利其械矣/上206	以德爲行/中135	而莫之誅鄧析之類/中303
以交諸侯/上189	以其故數飮食/下101	以德以義/上350	以滿戱也/中33
以驕主使罷民/中366	以祈穀實/上144	而徒多其威/中363	而萬物以爲宗/上109
而求假道焉/中129	以棄其責則拙也/中324	而徒得其威/中363	以萬民爲義/中338
以求其情/中231	以其能彊能/下167	以道爲宗/中135	而萬事之紀也/中55
以求利也/上252	以其圖法歸周/下178	而徒以生者之讒譽爲務/上293	以漫吾身也/上361
以救民之死/上223	以其徒屬堀地財取水利/中95	而徒以取少主爲之悖/上219	而萬災薨至矣/中417
而久不止/下140	而其有能不辱者/中46	而徒疾行威/中363	而末槁於上/上99
以求北方/下45	而其目之明也/中246	以塗投塗則陷/上236	而令姦邪盜賊寇亂之難/上293
離咎二十年/下110	而其尾鼓其腹/上163	而陶狐不與/下133	以網其四十國/上310
以鉤投者戰/中34	而祈美衣侈食之樂/上299	而陶狐不與左右曰/下133	以免國也/上274
而彼賤之所以能報其讐也/中205	而祈民之用/中359	已動之後四十三年/上189	以免君之國/上274
以求賢人/下66	以其所能託其所不能/中155	已得仲父之後/中247	以免其所重/下35
以國與人猶尙可/上313	以其獸者先之/中239	已得中山/上205	以滅其迹/中111
以國爲天下/中272	以其所之名/中278	以樂騰爲賢/上385	以滅其族/下46
以國爲墟/下80	以其言之當也/中237,246	而樂爲輕/中437	而明年無獸/中83
而國人恐如此也/下104	以其言之得也/中237	而亂世之所以長也/上182	而明年無魚/中83
而國殘名辱/下181	以其爲彊也/下169	而鸞徵來/中438	以明帝德/上165
而國之存亡/下25	以其爲彊也/下167	而鸞徵未嘗進一人也/中438	以暝與與不同/上188
以國聽也/上223	以其爲利也/中347	而鸞徵爲/中438	以明好惡/上202
而君道不廢者/中391		而鸞徵致之/中438	而目不能見/中246

耳目鼻口不得擅行/上61	而反事之/中424	而不知所處/下80	而不患其主之不貴於天下也/中46
而木石應之/上280	而反以爲安/下153	而賦之犧牲/上348	
耳目雖弊/中219	而反自且也/中434	而不肯主之所不說/下115	而不恤吾衆也/中127
耳心智其所以知識甚闕/中246	以妨農功/上58	而不肖主之所惡也/下78	以備寇也/上32
而目猶不可信/中248	以妨神農之事/上174	而不取鼠/下190	以備不生/中104
而目遺俗而可與定世/下189	吏方將書/中330	而不通乎大理也/中161	而非所以鬪/上301
耳目聰明/下227	而拜主人/下169	以父行法不忍/中349	以備水潦/中104
而無求焉/上361	而百官已治矣/中252	而不行先王之葬不義也/下15	以非爲是/中302,下201
以無窮爲死者慮/上296	而百官以治義矣/下21	而不患其主之不貴於天下也/下196	而非賢者也將以要利矣/下85
而無肯專爲/中109	而百舍不止也/下140		以貧賤有人難/上355
而務其所以歸/上81	而百善至百邪去/中56	而焚宮燒積/下181	以氷致蠅/上82
而無道者之恣行/上219	而百奧六十爲無窮者慮/上296	而不久處/上236	以氷投氷則沈/上236
而無道之人兩來詢我/中338	以白爲黑/中29,221	利不可兩/中127	而士皆去之/上363
以無得爲得者也/中237	而蓄息於百倍/中365	而不可與莫與/中205	而士皆歸之/上363
而無體以接之/中64	而伐有義也/上214	而不可與爲非/中438	而事皆不同/下31
而務成一能/中258	以罰有罪也/上189	而不可與爲枉/中438	而賜菌改官大夫/下135
而無所鏡其殘/中422	而凡人之知/下162	而不可奪堅/上358	而使其耳可以聞/中127
而無所窮屈/中251	而法其所以爲法/中169	而不可奪赤/上358	而事其主/中420
而無所不徙/中252	而法不徙/中172	而不簡慢於輕疏/中56	而事多不當其用者/中231
耳無有聞/上236	而法之以爲治/中171	而不見其所以短/中275	而四馬莫敢不盡力/中231
而無以爲矣/中306	而邊境弗患/上140	而不顧其實/中299	而司馬又若此/中127
而無以爲之/上306	以便民事/上230	而不肯以力聞/中124	以四百里之地/中380
理無自然/中385	而便事也/上328	而不祈福地也/上361	以死守者有司也/中171
以戊子戰於邲/上240	以辨說去之/上213	而不能及/上328	以私勝公/中385
以無重稅/中48	以別貴賤/上173	而不能亡/中268	肆射御角力/上289
而無秦將之重/下53	以別十二律/上163	而不能中/上328	而舍於廬門之閭/中431
而無弦則必不能中也/中328	以兵相剋/中183	而不得不然之數也/中405	以私欲亂之也何哉/上111
以文公之信爲至矣/中374	以兵相殘/中44	而不得已其勢不便/中267	而士以身殉人/上363
而問民之所欲/上240	以補其短/上137	而不便於後弗皆也/中397	而思人滋深賊/中37
耳聞所惡/上66	以寶玉收/上302	而不辭其患/中363	以祀宗廟社稷之靈/上172
以文王既畏上而哀下也/中426	以服群凶/中119	而不徙人以爲性者也/中38	而賜之廬丘/下344
而問殷之亡故/中122	以服南蠻/中412	而不勝於燕/中275	而邪之所從來也/中237
而問殷之所以亡/中165	而服薄稚而赤色稱之重/下226	而不勝於越/中275	以仕秦五大夫/下54
以問李充/中385	而伏於山下/上355	而不信得原/下375	而使弊邑存亡繼絶/中280
而問之曰/下183	以奉桑林/中122	而不失其服/中271	而四荒咸飭乎仁/上278
以文持之/下107	以封天下之賢者/上52	而不愛君之過也/中423	離散係乎/上238
而聞淸濁之聲/中271	而鳳皇聖人皆來至矣/下13	而不愛君之醜也/中423	而殺於眞子/下59
而物莫之害/中338	而封侯之/上223	而不吾慨道將奈何/中129	以三苗服/中351
而勿敗之/上127	耳不可以成大/上82	而弗爲豐/中208	而嘗乞所以養母焉/上352
而徼拒之/上299	耳不可以聽/上71	而不以我爲三公/中424	以賞群臣/上189
以無無不知/中258	耳不可膽/上69	而不材得終天年/中109	而上無以令之/中371
而未嘗得主之實/上192	而不敢遠其死/下131	而不加農於下/中26	而上無以參之/中305
而美者未必遇也/中104	而不過二里止也/下140	而不足以處其意矣/上325	而上不苟爲矣/下175
利民豈一道哉/下35	利不及世者/下138	而不足專恃/中363	以象上帝玉磐之音/上165
以民勞興官費用之故/下15	而不肯自足/下192	而不知其故/中271,275	以桑爲均/上119
而民莫之知/中201	而不能得賢名之/上84	而不知其所以肯/中275	而賞猶及之/下121
而民無走者/上83	而不能與之賢名/上84	而不知善/中365	而賞匠巧/下169
而民不識/中350	而不得獸/下147	而不知我/上341,中443	而索事襄子/中395
以民爲務故也/下31	耳不樂聲/上69	而不知爲道/中258	理塞則氣不達/上41
而民爭利且不服/上398	已不用若言/上80	而不知仲叔叔之恐而與季氏同患也/中216	以生空竅厚鈞者/上163
而民取矣/上260	而浮游乎萬物之祖/中109		以生十二律/上178
而迫生非獨不義也/上66	而不以害其生/上61	而不知害人之不當/中434	以生爲室/下161
吏搏而束縛之問曰/中221	而不足法/下179	耳不聽鍾鼓/上264	以生人之心/上291
而反告之樗里相國/下54	而不知其所以生/上152	不解解之也/中239	以生全則壽長矣/上157
而反屈下之/中185	而不知其所以知/上152	而不患其國之不大也/中46	而生虧乎內/上71

경·전문(經傳文) 자구 색인 281

而西門豹弗知用/中208
吏書之不善/中330
而西河可以王/中443
而西河畢入秦/中443
而善無自至矣/下100
而先疾鬪爭/上301
以說其國/下45
而雪甚及牛且難以行/下15
而薛亦不量其力/中147
以說則承從多群/上215
而成其義也/上324
而成萬物不同/中271
而成文於天下矣/上101
而成文於彼也/上101
而聲實異謂也/中223
而聖人之所加慮也/中55
而世皆爭爲之/上298
離世別群而無不同/中241
離世自樂/上104
而所擊無不碎/下40
以昭其功/上167
而所望厚諛也/中47
耳所未嘗聞/上153
以小弱皆壹於爲/中205
而所知者之近也/上111
以小畜大減/中264
離俗棄塵/中113
以宋攻楚/中268
以宋鄭則醬倍日而馳也/中264
而宋之强/下104
而遂去之/中143
而羞居濁世/中338
而壽黔首之命/下35
而受其國/中345
而授唐叔虞曰/中287
以受令於管子/中253
而受禮於天子/中298
而樹麻與菽/下212
耳雖聞不可以聽/中243
利雖倍於今/中397
而逢上之過/中419
耳雖欲聲/上61
而數用刑罰/中231
而隨以汙德/中233
以誰刺我父也/下40
而守宗廟/中58
以雖知之與勿知同/下90
而水泉草木毛羽裸鱗
　未嘗息也/中439
以水投水則散/上236
以殊形殊能異宜說之/中19
而叔嚮得免焉/下18
而巡省南土/上183
以徇於諸侯軍/下48
以舜之德爲社未至也/中338

以習五戎/上258
以勝爲故/中169
理勝義立/上122
而恃彊連貫習/中270
以視孤寡老弱之漬病/中264
以示民無私/中122
以示鄒人/上308
而時使我與千人共其養/上365
而恃常之巫/中192
以施英紹/上163
而時往館之/下25
而時往來乎王公之朝/下31
以視越人之入吳也/下93
而是爲非/中302,下201
以示翟翦/中311
以示諸民人/中311
以示左右/下106
已視之則使人盲必弗視/上34
而時掣搖臣之肘/中330
以示必滅夏/中119
已食之則使人瘖必弗食/上34
而身固公家之財也/上280
以臣觀之/下153
而身死國亡/下90
以臣私之/下155
以信爲守/中361
以身爲人者/上363
以身爲犧牲/上261
以身親之/下21
利身平靜/上99
而伸乎己知者/中185
而實莫得窺乎/中237
而實非也/中307
而實以過悗/中233
而心不能知/中246
以深山廣澤林藪撲擊過奪/中299
而心甚素樸/中192
而心猶可服因矣/中151
而心猶不足恃/中248
吏甚患之/中330
二十四世而田成子有齊國/上339
而我舉之/下173
而我伐之/上23
而我不言之/上366
而我餓於道/上357
而我言之/上366
以我爲天子猶可也/上61
而惡無由生矣/中417
而惡民之難治可乎/中226
而惡士之明己也/中422
而惡壅却/中220
而惡王之賢也/中275
而惡乎夫差/上115
以安農也/下205

而安之若此者信也/下63
而安處之/中407
而謁之/上333
以遏奪爲務也/上312
而愛其所尊貴也/中193
而愛己之一蒼璧小璣/上39
以愛利民爲心/上277
以愛利爲本/中338
而哀不已若者/上46
而愛已之指/上39
而夜繼日/中178
而夜繼日/上178
理也者是非之宗也/中300
以養其母猶不足/上352
以讓卜隨/中338
而養疾侍老也/上312
以養犧牲/上172
利於生者則弗爲/上61
利於性則取之/上34
以言報更也/中179
以言本無異/中46
以言不刑靈圉道也/上109
以言非信/中375
以言說一/上109
以言少事也/下20
李言續經與之俱如衛/下54
以言愼事也/中116
而言也徐/中297
而言之與響/中148
以言忠臣之行也/中48
以言禍福/中29
以嚴朋阻可/中285
而與其子孫/上111
而予其主/下169
以與伯陽/下194
以茹魚去蠅蠅愈至不可禁/上82
以與吳王爭一日之死/中264
而與王俱/下90
而厲人主之節也/中396
以余一人正天方/中286
而與之盟曰/上361
而與之謀曰/中90
以與秦王/中324
而迎冬於北郊/上286
以迎天下之兵於濟上/中132
而迎秋於西郊/上202
而迎春於東郊/上27
而迎夏於南郊/上116
以銳克之於牧野/上167
夷羿作弓/上250
夷穢之國/中393
夷吳國爲墟/中289
夷吾佐子/下124
以完觀之也/下153
吏曰哭國之法斬/下80
而言先王之法也/中171

吏曰斷王曰行法/下80
二曰玄鳥/上161
而王加膳置酒/中283
而往乞於其妻之所/中394
而往觀化於宣文/中331
而王無以應/中223
而王問謫曰若聖乎/中282
而王不以爲臣/中226
而王弗聽/中326
以王孫苟端爲不肖/中385
而王曰見侮而不敢鬪
　是辱也/中226
履王衣問王之摯疾/上324
而王以爲臣/中226
而王必强大/下61
而王何患焉/中89
而王縞素布總/中283
以要甲子之事於牧野/上240
而堯授之禪位/中161
而堯舜之所以章也/中258
以堯爲桀/上221
而堯爲失論/中424
而欲其美也/上320
而欲無尊師/上125
以辱爲榮/中380
而欲人之尊之也/上122
而欲宗廟之安也/中36
而欲醜之以辭/上368
而用其所已得/中47
而用之於人異也/上310
而用太宰嚭之謀/下93
以憂苦於民人也/中94
以遇亂世/中264
而牛不可行逆也/上40
而遇不勝之敵/上247
而處夕從之矣/中129
而牛恣所以之順也/上40
而友之足於陳侯而無上也/中106
而遠近土地所宜爲度/上257
而願安利/上151
而怨將歸於君/下173
以爲可故爲之/下147
而爲可爲故爲之/中408
以爲繼縕/中369
而爲公家擊磬/上280
而爲公家爲酒/上280
已爲宋宗之械矣/下33
以爲君子也/上185
以危其社稷/中52
以爲旗章/上173
而謂唐尙/下193
以爲大惑/上298
以爲令尹/中126
而魏禮之/下25
而爲萬物正/中271

以爲無道也/上330	而應乎心/上282	而日逆其生/上40	以全其生/中113
以爲民請炮烙之刑/上262	而義動則無曠事矣/下50	以倪而西望知之/上371	以全其天也/上35
以爲兵首/上241	而意不可障/中252	而日月星辰雲氣雨露未嘗休也/中439	以畋於雲夢/下88
以爲本敎也/下203	理義之術勝矣/上133	而日致之/上320	而傳之賢者/中313
以爲不可弗爲/下147	而以彊敎之/上121	以任登腐中牟令/中261	以全天爲故者也/上32
以爲不可爲故釋之/中408	而以告犀首/下15	而任力者牛耳/中33	而折弓者恐必死/中369
以爲死者慮也/上301	以耳目所聞見/上298	而立其左右/中433	而折衝乎千里之外者/中414
而爲先王立清廟/中147	而耳目愈精/中255	而立其行君道者/上391	以定群生/上161
以爲世無足復爲鼓琴者/中64	利利物利章/上391	以立大功/中159	以定其正/上109
以爲所聞/下74	而以封君之子/下131	而入大蚤/中326	以定大義/中159
以爲臣不以爲臣者罪之也/中226	而耳不能聞/上246	而立於矢石之所及/下84	以征不義/上202
以爲余子/上182	而其子孫弗行也/中397	而立重耳/下110	以精相告/中293
以爲堯有不慈之名/上332	而移死焉不祥/上191	二子待君/上182	而正始卒/中246
以爲國之本在於爲身/上272	利以殺草/上175	二子不說/上183	以定晏陰之所成/上145
以爲二京/上157	而以賞罰/中300	二子北行/上361	而精言之而不明/中293
以爲二十三弦之瑟/上165	而以生者之所甚欲/上293	而子不敬報/上365	而齊國皆懼/上236
而威已諭矣/上234	而以與人相索/中139	而子辭請寢之丘/上304	以齊國之大/中437
以爲前陳/上242	而以危其社稷/下196	而子產賦之/中202	以制其命/中148
以爲造父不過也/中367	而以中大夫/中261	而子必家之報恒也/上365	以除民之謗而順天之道也/上223
以爲周南召南/上183	已而爲妻而生紂/上335	而子產殖之/中202	以祭上帝/上163,165
以爲天子禮/中198	以伊尹勝女/上63	而子產貯之/中202	以齊之大/中437
以爲天下取怨於下/上289	已耳而目之矣/中261	而子產誨之/上203	以齊楚則舉而加網焉而已矣/中264
以危聽淸/上158	而以自行/上121	二子西行周/上361	
而衛取廩氏/上78	而以職受任/下173	二者臣爲大王無敦焉/中153	而造其所以亡也/中180
以爲行理也/上78	而以盡五子之能/中253	而自以爲能論天下之主乎/中279	而遭亂世之患其所也/中99
以多後世之知音者也/中338	已以其告王矣/中165	以恣自行/上134	以組不便/中33
而有其功/下167	而以多爲務故也/上154	而自知弗智/中189	以趙氏皆恐/上236
而有道行義窮/上214	而移風平俗者也/上158	以子之材/中395	而趙因欲救之/中306
而猶不苟取/中187	而以行不知者亡/下61	利自此作/上398	而辛取亡/中124
而猶不能以不信成物/中377	以益勉任益輕則不敗/下161	以刺則外/上238	以終其世/上182
而猶不能知/中385	而匿之爲而爲也/下17	而子必畏之報何故/上365	以終其壽/上127
而猶所得匹偶/下63	以益民氣/上245	而葬器故故/上294	以終其身/上414
而有所殆者/中34	以益所見知所不見/下169	而長老說其禮/上223	而終不自知/上71
而有粹白之裘/上139	而怨於牛羊之小也/下104	而長不簡慢矣/下175	而終不知也/中52,下196
而猶若此/中205	而因得大官/上324	履腸涉血/下25	而徙事於蓄藏/下212
而有掩蔽之道/下128	利人莫大於敎/上131	以將陽氣/上180	以從說魏王/中304
餌有宜適/中338	以人不過三十里/上196	以長爲無道哉/中400	而移身自以爲用九石/下106
而有以鞠誘之也/上245	而因弗逢用/中203	以長幼養老也/上312	以罪爲在人/上105
而猶以人之於己也爲念/上365	而人不知/上363	以藏之外府也/中129	而周公日能以不言聽/中293
而游入於堯之門/中338	而人備可完矣/中391	以章則有異心/上136	而紂爲禽/上240,中165
而猶藉知乎勢/中264	而人臣日得/中241	而在於不肖者之幸也/上219	以畫爲夜/上178
而遺之辭金而受栗/上352	而固欲以難寡人猶可乎/上368	而在於臣/上237	而周人皆畏/上236
以六師伐殷/上167	而因用威怒/上231	而在於自多/中435	以衆力無畏乎烏獲矣/下139
伊尹對曰/上97	而因有說文王之義/下15	異哉吾欲伐衛十年矣/下23	以重使輕/中264
伊尹呂尙管夷吾百里奚/中261	而仁義之術自行矣/上165	異哉之歌者非常人也/中387	以重使輕從/中264
伊尹奔夏三年/上119	已因以爲酬/下45	異哉直躬之爲信也/中333	以衆使寡/中264
伊尹嘗居於庖廚矣/上328	而埋以罷怯/中233	異哉后之爲人也/中338	以親視無畏乎離婁矣/下139
伊尹亦欲歸湯/中63	而人主之所執其要矣/中278	而爭於道/上121	以衆爲觀/上153
伊尹又復往視曠夏/中119	以人之小惡/上387	而抵誅者無怨矣/下173	以戴載則不能數里重也/下138
伊尹以告湯/中63	以人之言而遺我粟也/上187	以適足以殺之/中127	以中帝心/中424
伊尹庖廚之臣也/下66	以人投人也/下40	而適之於人/下126	以仲春之月/上163
以陰召陰/中237	以一家令乎一人易/中267	而敵之所以攻之者也/中241	以增國城/上189
而飮至者/中431	而日伐其根/上320	以賊天下爲實/中316	
以邑聽者/上223	而佚於官事/上78	以適聽適則和矣/中158	耳之可以斷也/中42
	而佚於治事/上349	以全擧人固難/中382	以之所歸/中148

경·전문(經傳文) 자구 색인 283

以至於今之世/上219	以此黃鐘之宮適合/上163	而吹之以爲黃鐘之宮/中163	而荊國以霸/中289
以至於亡而不悟/上105	以此厚望於主/中46	而治國則亡/中372	而荊僻也/下45
以至於王/上105	而察其所以也/中273	而治亂之紀也/中175	而荊亦甚固/中147
以至於危/下155	而察其召之者/上39	以致令於田襄子/中357	以形逐影/中27,410
以至於此患/中200	以彰好惡/上221	而致舞百獸/上165	以惠子之言蝱焉美無
以之阮隔之下/上163	狸處堂而衆鼠散/下143	以治之爲名/中316	所可用/中319
而智益盛/上219	而處西山/上184	以致之之道去之也/上82	而虎食之/中113
而知日月之行/中169	以處於晉/中408	而治必待之/中182	而好衣民以甲/中153
而智日惑焉/下147	而處以貪枉/中233	以致必死於吳/上264	而好自以/中229
而知一鐘之味/中169	而淺闢博居天下/中246	離則不能合/上136	以好唱自奮/中243
利趾者三千人/上242	而天極不移/中24	離則復合/上148	而或以爲良/下159
而志在流水/中64	而千乘得之/中44,184	夷則生夾鐘/上177	而昏乎其所未知/下162
而知節之高卑/中444	以千乘令乎一家易/中267	二則仲父/中247	以龢氏之璧/上308
耳之情欲聲/上156	而天爲法/中135	夷則之月/上180	以龢氏之璧與百金/上308
以至此患也/中269	而天子已絶/中44	二七以爲行/下226	而和五音/上163
而持千歲之壽也/上321	而天下皆競/下170	以卓齒之所以見任也/中223	以禾爲量/中109
而止天下之利/上215	而天下皆反其情/中252	以奪人財/中36	而禍充天地/中111
而知天下之寒/中169	而天下皆延頸擧踵矣/中277	以奪敵資/上221	而化乎內/上186
利之出於群也/中391	而天下大服/下72	而奪乎其所不制詐/中47	以環其外/上294
以振窮困/中122	而天下莫敢不說/下170	以蕩上心/上91,288	而況群臣輿民乎/下155
以盡其力者/上249	而天下莫敢之危/下170	以萬聽鉅則耳不容/上158	以黃金投者殆/中34
以盡其類/中393	而天下已定矣/下68	理通君道也/中269	而況德萬人乎/中143
以盡其行/上148	而天下知其亡/中261	以通水潦/中424	而況俗乎/中261
以鎭撫其衆/上223	而天下知殷周之王也/中261	以通秋氣/中229	而況於亂/上294
吏陳斧質於東閭/下80	而天下稱齊秦之霸也/中261	以通八風/下72	而況於人類乎/上70
而迭聞晉事/中408	而天下稱大仁稱大義/中170	而霸者乃五/中83	而況於暴君乎/上210
而疾取死守/上216	而蜻蛉至者矣/中292	而敗楚人於城濮/中83	而況於賢者乎/上137
而質太子圍/下110	而請觸之馬郡盡/中92	以便一生/上35	而況衆人乎/中267
以此故法鳥其國與此同/中172	耳醜於無聲/中293	而平王所以東徙也/下57	而況鐸鉞乎/中155
以此觀世/上295,296	而聽有言謂之朝/中257	而漂邑殺人/上181	而況乎人人爲唱乎/上78
以此君人/上69	以聽耀於吳則食可得也/中89	而避狐狸之患/上293	李悝可謂能諫其君矣/中435
以車不過百里/中196	而聽從取容/中243	而必加禮於吾所/上365	以懷遠方/上180
以此備患/上111	已聽之則使人聾必弗聽/上34	而必不得免/上66	以會天地之藏/上256
以此紹殷/上361	耳聽之必慊/上34	以河內貪戾與梁重/中435	李悝趨進曰/中435
以此術也/中153	而訽其子曰/下59	以下聽濁/上158	而孝未必愛/中107
以車十乘之秦/上368	以初爲賞/上27	以寒暑日月晝夜知之/上18	而效臣遁/中347
以此言物之相應也/下13	以鄭魯則逸/中264	以害群生/上180	而後及所輕/中56
以此言耳目心智之不足恃也/中246	而醜後世人主之不知其臣者也/中396	而海內皆以來負稽矣/下13	而後及所薩/中56
以此爲君/下194	以椎毁之/下129	以奚道相得/上363	而後能視曰/上357
以此爲君悖/上33	而蓄積多/上151	理奚由至/上78	而後世化之如神/中365
以此爲死/上296	而逐暴禁邪也/中312	以害一生/上35	而後粟可多也/下215
以此爲死則不可也/上295	而春也知之/下173	以奚齊廢太子/下110	而後王斟酗焉/中419
以此爲臣亂/上33	以春之知之也/下173	利害之經也/中405	而後晉亂止/下110
以此爲樂則不樂/上152	而出溉汲/下73	以行其教/中412	以恤黔首/上240
以此爲狂/上33	以出號令/上109	以行其德/上249	以興大謗/下45
以此爲治/中172	以充其名/中255	而行其忿/中36	以興無道與不義者也/上215
以此游僮至於魯司寇/中101	李充對曰/中385	利行乎天下/中350	而喜怒鬪爭/上301
以此疑公孫鞅之行/下52	而忠未必信/中107	以鄉聰者/上223	而喜所以爲亡也/中124
以此長生可得乎/上41	而充于主也/中208	以驗其辭/中256	匿己之行而行也/下17
以此治國/上39,111,中299	而充以卑下/中233	而險陂讒慝諂諛巧佞之人無由入/中241	溺死者千有餘人/中171
以此治身/上39	李充之射文侯也亦過/中385	而賢於有知有爲/中246	弋射走狗/下147
以此治人/中377	而取道甚速/中153	而弦爲弓中之具也/中328	益之一分以上生/上177
以車投車/中40	以舍人異/上213	以顯賢者/下131	益之八弦/上165
以此駭心氣/上152	而醉戰既罷/中127	以嫌聽小/上158	人可與微言乎/上295
			仁可以託財者/中441

人皆見曾點曰/上123
人皆以之也/上271
人皆在焉/中221
人皆知說鏡之明也/中422
人皆諱之惑也/上332
因輕而揚之/上95
人固皆死/下48
人告其父母曰/中104
因願而命管子/下124
因國人之欲逐豫園王宮/上276
因群臣與民從鄭所之塞/下135
人君而好爲人官/中250
因歸邱氏之宮而益其宅/中216
因其械也/中162
因其固而然之/中143
因其來而來/中148
因其勢也者令行/中267
因其所用/中165
因其往而往/中148
因乃發小使以反令燕王復舍/中429
人乃遷徙/上175
因怒而歸繆公也/下117
人耨必以旱/下210
人同類而智殊/上105
因冬爲寒/中246
人得其死者/中301
因練辛以夜奄荊人之所盛守/下178
因令其家皆爲組/中33
因令其呼之曰/下48
因令盧滿整奧甲以誅之/下48
因令鳳鳥天翟舞之/上163
因令使者進報/中429
因令楊子將卒十二萬而隨之/中298
人偏之傳則不然/中109
人莫不以其生生/下152
人莫不以其知知/下152
人莫與同朝/下54
人莫之能解/中239
人無事焉/上150
人問其故/中180
人問其故對曰/下158
因美而良之/上95
刃未接而欲已得矣/上236
人民禽獸之所安平/中24
人民修矣/下20
人民淫爍不固/上193
人民之欲也/中162
因發酒於宣孟/中143
人犯其難/中338
因卞隨而謀/中338
人不得興爲不可變不可易/上151
人不愛崑山之玉/上39

人不愛倕之指/上39
人不有與人隣者/中221
隣父因請而以爲薪/中221
人不怪也/中359
人弗得不求/上150
人弗得不辟/上150
人不知不爲沮/上322
引紳而左右萬人以行之/上295
人肥必以澤/下210
人事皆然/中439
人事其事/中255,下119
人四內奧共頭以明行/上361
人事不謀/下68
因使二人傳鉅子於田襄子/中357
人事智巧以舉錯者/中407
人事之傳也/中261
人事則盡之矣/中156
人相與合兵而攻王/上275
人傷堯以不慈之名/中382
因相暴以相殺/上357
引席王伏/下88
人先我隨/中271
人說其民哉/中174
因性任物/中273
忍所私以行大義/上51
因數擊鼓/下56
人雖得其欲/中371
因水之力也/中161
人執不說/上224
人時灌之則惡之/上320
因時禁之/中250
因時變法者賢主也/中171
因時而起/中203
人臣與人臣謀爲姦/下50
人臣亦無道知主/下132
人臣亦然/上111
人臣有知此論者/中376
人臣以不爭持位/中243
人臣以賞罰爵祿之所加知主/下132
人臣之義也/中349
人臣之情能爲所怨/下181
人臣且孰敢以非是邪疑爲哉/中205
人臣孝則事君忠/中55
人心之不同/上355
因也者因之險以固己固/上247
仁也者仁乎其類者也/上31
刃若新鄩研順其理/中280
仁於他物/下31
因與俱逡取息/中90
人與驥俱走/中229
人與我同耳/中169
因如吳過於荊/上306
人亦然誠有之/下190

人亦有困窮屈匿/中405
人亦有徵/中444
人亦必慮危之/中153
人亦必慮害之/中153
因然而然之/中40
人曰信維維聽/上371
人曰蚩尤作兵/上206
因用惡劍則不可/上239
因謂其友曰/上352
因謂野人曰/中113
因謂役人曰/中153
人爲人之所欲/中165
人有大臭者/中104
人有亡鈇者/中32
人猶不可用也/中371
人有傷之者曰/中33
人有新取婦者婦至宜安衿/中318
人有爲人妻者/中104
人有任臣不亡者臣亡/中309
仁義以治/中365
仁義之術外也/下165
因弛期而更怨月/下15
仁以代君之車迎其妻/中92
因而不爲/中258
因而襲之/中90
人以爲期/下63
因而自絞也/下48
人以自是/中169
隣人遽伐之/中221
仁人之得飴/上312
因人之力以自爲力/中148
人人之心也/中162
仁者居之/中338
仁者君術之/中246
仁者能用人/中414
因者無敵/中167
人自反而仁/下173
因自殺先出其腹實/上330
仁者食饑餓/中89
隣者若此其險也/中221
因以爲爲之父母/中318
人子之不得其所願/上121
仁者仁此者也/中60
人將臥吾將不敢臥/中140
因長而養之/上3
人將休吾將不敢休/中140
人在馬前/中275
因敵之謀以爲己事/中247
人情欲生而惡死/上232
人操一策/中271
人主胡可以無務行德愛人乎/上249
人主胡可以不好士/上251
人主莫不欲其忠之忠/中107
人主無不惡暴劫者/上320

人主雖不肖/中223,下115
天子立輔弼/下127
人主有見此論者/中376
人主猶其/下127
人主有能明其德者/下22
人主有能以民爲務者/下31
人主有奮而好獨者/中63
因走而行之/上95
人主以好暴示能/中243
人主自智而愚人/中258
人主知能不能之可以君民也/中254
人主之無度者/中301
人主不通士道者則不然/下169
人主之不肖者/中363
人主之不肖者亦驕有道之士/中135
人主之所惑者則不然/下167
人主之言/中286
因主之爲/中241
人主之情不能愛所非/下181
人主之車所以乘物也/中229
人主之行與布衣異/中424
人主之惑者則不然/下90
人主之患/中347,434,下76
人主之患也/中435
人主之患在先事而簡人/中431
人主之患必在任人而不能用之/中261
人主出聲應容/中278
人主太上喜怒必循理/中155
人主賢也/上81
人主賢則人臣之言刻/中423
人主賢則豪傑譽之/上81
人主胡可以不務哀士/中143
人主好已爲/中241
人主好治人官之事/中29
人主孝則名章榮/中55
人之困窮甚如饑寒/上248
人之豻九/上109
人知其一/上301
人之老也形益衰/中219
人之能知五聲者寡/中104
人之目以照見之也/中188
人之性壽/上33
人之所警也/上223
人之所乘船者/下63
人之少也愚/上47
人之所獲以生而已矣/中221
人之壽久不過百/上296
人之心隱匿難見/中439
人之阿之亦甚矣/中422
人之與狗則遠矣/中71
人之與天地也同/上70

경・전문(經傳文) 자구 색인   285

人之欲少者/中371
人之欲雖多/中371
人之有功也於軍旅/上321
人之有也/中376
人之有形體四枝/上111
人之意苟善/中250
人之議多曰/中47
人之情莫不有重/上361
人之情不覻於山/下183
人之情不能樂其所安/上133
人之情不能愛其所疑/上61
人之情不能親其所怨/上135
人之情不忍爲也/上291
人之情非不愛其身也/上192
人之情非不愛其父也/上193
人之情非不愛其子也/上192
人之情惡異於己者/上135
人之情愛同於己者/上135
人之情欲壽而惡夭/上156
人之情鴛貪鄙美惡/上106
仁且有勇/下153
人唱我和/中278
因天之威/中29
因請相之/中270
因抽刀而相唳/上334
人置四面/上310
因則無敵/中161
因則貧賤可以勝富貴矣/中151
因則靜矣/中246
人親不能禁其子矣/上211
忍親戚兄弟知交以求利/上294
人特劫君而不盟/下380
靷偏緩昭鞏侯居車上/下179
人必莫之賣矣/中301
人必相與笑之/上298
因夏爲暑/中246
因扞弓而射之/下101
因刑而任之/中233
人或召之也/中29
人或損之/中169
人或謂兎絲無根/上277
人或益之/中169
因厚罪之/下40
一家皆亂/中52
一家盡亂/下196
一季氏況於三季同惡/上216
一盛而士乘之箭子日/下84
壹正之而聽/中380
一匡天下/中253
一國盡亂/中52,下196
日旦至則伐林木取竹箭/上318
一大功矣/下17
一虜對日/中122
一龍一蛇/中109

一理之術也/中229
一無所與焉/中198
一聞人之過/上46
一不欲留/上109
一父而載取名焉/上333
一蛇羞/上355
逸四肢不耳目平心氣/下21
一上一下/上148,中109
一上一下各與遇圓道也/上109
一曙失之/上39
一成臚塗地/中92
一時而五六死/下216
一時之務也/中83
一食而三起/中40
日晏公不來至/下183
日夜求幸而得之則通焉/上34
日夜無間/中37
日夜不居/下21
日夜不懈/上167,下145
日夜不休/上109,下33,101
日夜分圓生/下224
日夜分圓同度量/上57
日夜分則一度量平權衡/上230
日夜不休/上299
日夜思之/上215,355
日夜相殘/中393
日夜一周圓道也/上109
一也齊至貴/上109
一至此乎/下83
一於此不若死/下97
一言而令威王不聞先王之術/上220
一言而士害樂爲其上死/下84
一日載匡/上161
日月無私燭也/上48
日月不同/上148
日月星辰/上148
一有所居則八虛/上109
一而弗復/下139
日以相驕/中135
一日載危/上193
壹引其綱/中360
壹引其紀/中360
一人日子肉也我肉也/上334
一人之分/中24
一人追疾/中143
一人治之/中205
一日三至弗得見/中137
一日三至而弗得見/中137
一日千里/下167
日者大王欲破齊/中320
日者臣望君在臺上也/中291
日在奎始奏之/上163
日在奎昏弧中/上55
日在東井/上143

日在婁女/上345
日在營室/上25
日在胃昏七星中日牽牛中/上87
日在天視其奚如/中309
日在畢昏翼中/上115
一鼎之調/中169
一諸武而已矣/上236
一朝而兩城下/中124
一終日燕燕往飛/上185
日中無影/中24
日中不須臾/中124
日苦茱死而資生/上212
日之役者/上291
一至此乎/上270
一至則月鐘其風/上178
一唱三歎/上159
一體而兩分/上281
一寸而亡矣/中205
日出九津青芪之野/下66
日醉而節服/上47
一則安異用伦/中270
一則治兩則亂/中271
壹稱而令武侯益知君人之道/中435
一稱而令成王益重言/中287
臨莒民揚其義成其功也/中167
任久不勝則幸反爲禍/中101
任其數而已矣/下21
難難而詐/中83
臨難而不能勿聽/中380
臨難而不失而德/中99
任德化以聽其要/中255
任力者故矜/下21
任不獨在所說/中147
任不在貴者矣/中285
臨死之上/上71
任小者不知也/中341
任然後動/中101
臨飮食必騷絜/上129
任以公法/中233
任人者故危/上71
臨財物資盡則巳/中47
臨財則得得/中46
臨戰司馬子反瀆而求飮/中127
林鐘生太簇/上177
林鐘夷則南呂無射應鐘下/上177
林鐘之月/上180
任座入文侯下階而迎之/下131
任座在於門/下131
任座趨而出/下131
任卓齒而信公玉丹/中223
任俠人鈞者與小人僕廉/中261
任賢者則惡之/下169
臨患忘利/上349

臨患涉難而處義不越/下189
立功名亦然/下20
立公子起/下183
立官不能使之方/上111
立官者以全生也/上32
立倦而不敢息/中139
立冬之日/上286
入門而左從客也/上302
入先勇也/上332
立湯之後於宋/中122
立十二年而成甲子之事/中72
入岷中聞酒臭而還曰/中127
入於門門中有啟陷/上318
入於水而問漁師奚故也/下59
入輿不入之時/中326
入于民室/上182
入謂弟子曰/中344
入爲天子功名蔽天地/下74
入有間再三言/中435
入殷未下輦/中122
入以告孔子/中99
立已定而舍其衆/上139
立適子不使庶孽疑焉/中267
立諸侯不使大夫疑焉/中267
立千乘之義而不可凌/下369
立天子不使諸侯疑焉/中267
立秋之日/上202
立春之日/上27
入則媿其家/下147
入則以輩/上36
入則足我以義/上365
立夏之日/上116
入學習舞/上30

〔자〕

自覺而問焉曰/上281
子昂爲請/中297
子敢不事父乎/中426
子決爲之矣/中331
自古及今/上298,下17
玆故不言/中286
自苦而居海上/中104
自孤之聞夷吾之言也/下124
子貢使令於君前甚聽/中415
子貢贖魯人於諸侯/上210
子貢曰夫貢亦好矣/下63
子貢曰夫子之欲見溫伯雪子/中294
子貢如此者可謂賢矣/中99
子貢曰吾不知夫之高也/中99
子貢曰何其蹎也/上101
子貢曰吾曾子學於孔子/下80
誉功丈而知人數矣/中261
子貢請往說之畢辭/中113

自巧而拙人/中258
自驕則簡士/中433
自今單脣乾肺/上215
自今以來/中331,354
自今以往/中210
子豈不得哉/中309
藉其威與其利/下61
子囊曰遁者無罪/中347
子囊之節/中347
子女不飭/上101
子女厲相目/中444
自魯隱公以至哀公十
　有二世/下64
子能使蔓夷毋淫乎/下208
子能使米多沃而食之孋乎/下208
子能使保安地而處乎/下208
子能使栗圓而薄糠乎/下208
子能使穗大而堅均乎/下208
子能使土靖而咆浴士乎/下208
子能使之野盡為治風乎/下208
子能藏其意而搖之以陰平/下208
自多則辭受/中435
子頡所重也/下35
子得近而行所欲/中395
子路受之/中210
子路與子貢相與而言曰/中99
子路與子貢入/中99
子路拯溺者/中210
子路抗然執干而舞/中99
自流於淵請死罪/下88
子勉歸矣/中330
雌鳴亦六/上163
子母相哺也/中52
慈母之愛論焉誠也/中332
子無復言矣/上191
子墨子/中345
子墨子游公上過於越/中345
子問我亦問子/中275
子勿復言/下15
子反辭以心疾/中127
子反受而飲之/中127
子反曰亟退却也/中127
子反之為人也/中127
子反曰/中127
子培疾而死/中321
子培賢者也/上321
子變子言/中407
子復事矣/中349
子不我思/下69
子不若我也/下126
自敷於街/下119
自屬於百里氏/下119
自扶而上城/下17
藉夫子者不禁/中99

子弗敢鬭/中58
子弗敢殺/中58
子弗敢廢/中58
子不耕於東海/中113
子不能從/中29
子不變子言/中407
子不識君知我而使我罷能/上341
子弗識也/中443
子不遽平親/中29
子不聽父/中122
子不肯人也/中401
自早者不聽/上121
子產孔子必無能矣/中203
子產令無致書/中300
子產令無縣書/中300
子產相鄭/中139
子產始治鄭/中202
子產若死/中203
子產為之詩曰/下69
子產一稱而鄭國免/下70
子產治鄭/中302
子藏之/中303
子當見雨蛟繞船/中404
子當事范氏中行氏/中365
自上世以來/中391,下110
子胥乃修法制下賢良/中74
子胥非不先知化也/中90
子胥雨祛高驪而出於廷曰/下93
子胥可不可/下93
子胥曰天將亡吳矣/下93
子胥將死曰/下93
慈石召鐵/上277
子孫彌隆/中400
子孫彌殺/中400
子孫不可以交友/下54
子孫死慈親之愛之不憫/中293
自是之謂/中29
自是之後/下185
子陽極也/中369
子與我執賢/中275
子與我衣我活也/中401
子與我子之衣/中401
自然而斷相過/中385
子列子窮/中187
子列子貴虛/中270
子列子常射中矣/中272
子列子笑而謂之曰/中187
子列子曰知之矣/上272
子列子出見使者/中187
自用則觽簡之人從而賀之/中194
子列子寡人令太子如堯乎/下106
自胥賦詩曰/上355
子胥曰可移於民/上191
子胥曰可移於歲/上191

子胥曰焚惑者天罰也/上191
自為人則不能/下169
子胥還走/上191
自有道論之/上71
自有道而觀之/上154
子惟之矣/中407
子以是報矣膠鬲行/中165
自以為不知/中396
自以為不知故士/中396
自以為安矣/中52,下196
自以為智/中189
子人之所私也/上51
刺者聞以為死也/中40
子張魯之鄙家也/上127
自將兵及戰且遠立之/下83
子長成人/上182
子將賊吾君/上366
子全而踐之/中60
子靜郭君/中269
子州支父對曰/上61
子之父母不有若乎/上312
子之師荀肯至越/中345
子之書甚不善/中330
子之所見也/上328
子之所道/中395
子之於父母也/上281
子之謂任力/下21
子之有也/中331
子知子之所以中乎/上272
子之在上壟哉/上223
子之妻不有若乎/上312
自智則專獨/中433
子之行何其惑也/上365
子之兄弟不有若乎步而倍之問曰/上312
自此觀之/上363,中264,397
子且為大事/上366
自此以上/上298
自責以義則難毀非/上382
自責人則易為/上382
自責則以義/上382
自責則以義/上382
子出而賁之門/下45
恣則輕小物/下181
慈親不能傳於子/中272
子親謂寡人無能/下83
慈親之愛其子也/上291
慈親孝子之所慎也/上291
慈親孝子避之者/上293
嘗退酒也/中127
自蔽之精者也/中250
子必有厚賞矣/下17

子何擊磬之悲也/上280
子何故言伐莒/中291
子夏日非也是已亥也/下74
子何為者也曰/上357
子何以不歸耕乎/下126
子何以意之/中291
子何以知其敗也/中367
子夏之晉過衛/下74
子罕不受/上307
子罕非無寶也/上307
子罕曰子以玉為寶/上307
子罕之時/中414
自刑以變其容為乞人/中394
子惠思我/下69
子虎曰言之易行之難/上121
子華子可謂知輕重矣/下29
子華子見昭釐侯/下29
子華子曰/上66,133,下29
子華子曰甚善/下29
子攫人之金何故/上221
恣睢自用也/上223
爵祿三出/下133
爵上卿田百萬/上355
作色兵也/上209
作為大呂/上154
作為大護歌晨露/上167
作為巫音/上154
作為璇室/中95
作為聲歌九招六列六英/上163
爵為天子不足以此焉/上39
作為千鍾/上154
爝以燭火/中67
作以為十五弦之瑟/上165
昨日之事子為制/中214
爝火甚盛/中387
殘其國絕其世/下93
殘吳二年而霸/上264
箴諫不可不熟/中437
蠶事既登/上89
蠶事既畢/上118
將可奈何/中119
將皆依不利之名/中347
長莖而短足/下225
將敲其鼎矣/上332
莊公之仇也/下127
長公繼是吾/上184
莊公死更立景公/下48
莊公召顏闔面問之曰/中367
莊公與曹翙皆懷劍/中380
莊公曰封於汝則可/中380
莊公曰善/中367
莊公曰我姬姓也/下183
莊公曰過東野稷乎/中380
莊公曰將何敗/中367
莊公曰請從/中380

경·전문(經傳文) 자구 색인　287

莊公曰何謂也/中379
莊公左搏桓公/中380
萇宏死藏其血三年而爲碧/中107
壯佼老幼胎膸死者/上219
莊蹻之暴郢也/上357
長久之之主/中343
將軍還走/中205
長其兄而去其弟/下219
將奈社稷何/上342
藏怒以待之/上269
長短頡䫿/上197
匠對曰未可也/下161
長桐疏機/下224
長桐長穗/上221
張孟談曰/中85
莊仳決之任者無罪/中309
丈夫女子振振殷殷/中95
將奮於說以取少主也/上218
葬不可不藏也/上293
長非一物之任也/上192
長邪苟利/上194
將徙於土/中26
將辭而行/中330
將使人誅鐸也/下155
將使之荊辭而行/中304
將傷人之足/中318
將賞之日蓋聞之於虎/上121
將索其形/中342
將生烹文摯/上324
將西見秦惠王/中218
將西市於周/中198
將西遊於秦/中145
將西遊於秦過東周/中145
長少相殺/上193
長少之義/上175
漳水猶可以灌鄴田中/上208
漳水在其旁/上208
將失一令/下181
長也者非短而續之也/上93
葬也者藏也/上291
葬於山林則合乎山林/上301
葬於阪濕則同乎阪濕/上301
莊王方削袂/中431
莊王善之/上145
莊王曰情矣/中431
莊王曰何故/下151
莊王圍宋九月/中268
莊王聽之/下151
將欲踣之/中429
葬有日矣/上15
將有適也/上357
張儀所德於天下者/中145
張儀魏氏餘子也/中145
張毅好恭/中113
張儀還走再面再拜張儀行/中145

將以敎民乎好惡/上159
將以救敗也/下80
長而大大而成/上109
將以非不穀/上337
將以爲民也/中284
將以遣之/中143
將以定志意也/中289
將以誅不當爲君者也/上223
將以比敗而爲虜/中214
將以彰其所好耶/下78
壯而息則失時/中420
將以害神/下45
將而行之/下78
長而賢淩聞伊尹/中63
丈人歸酒醒/下59
丈人度之絶江/上306
丈人望其眞子/下59
匠人無辭而對/下161
丈人不肯受曰/上306
丈人智惑於似其子者/下59
將任車以至齊/中387
章子可謂知將分矣/中178
章子對周最曰/中178
章子令人親水可絶者/下178
莊子笑曰/中109
章子甚喜/下178
壯者憤幼/上155
長者吾且有事/中366
莊子曰雖猛虎也而今
　　已死矣/上265
莊子曰以瓦投者翔/中34
莊子曰以不利不材得終
　　其天年矣/中109
長者畏壯/中393
莊子行於山中/中109
藏帝籍之收於神倉/上256
戰而與歸/中185
將從難而非者乎/中307
將罪之能意曰/下78
將誅矣吉吏曰/上333
將肘而言/上106
將衆則罷怯/中46
將衆則明必不撓北矣/上325
匠之宮室已成/下169
藏之府庫/中122
將之殷也/中165
將之神氣/上95
長之立也出於爭/上206
將知鐘之不調也/上338
杖策而去/下27
葬淺則狐貍扣之/上293
將治其國/中226
長澤之卵/下68
將何所以得組也/中33
將何以敎寡人/中192

將何以君人乎/中258
將笑不有爲也/上306
長乎戎而戎言/上138
長乎楚而楚言/上138
萇弘謂劉康公曰/中298
萇弘則審矣/中298
再干世主/中101
宰揚之露/中68
財置而民恐/中89
災及乎親/中57
財物寶器甚多/上298
財物之遺者民莫之擧/中202
才民舍合/上234
再拜稽首受之/中198
再拜其瑟前曰/中239
再拜而辭/中187
載白旂衣白衣服白玉/
　　上201.227.255
材不材之間/中109
在四官者不欲/上61
再徙成都/中161
在心而未發兵占/上209
在於無爲/上98
在於不先知化也/下90
在於不論其義而疾敎守/上219
在於勝理/中122.157
在於用之/上310
在於主/中231
在於正名/上233
在於綏徐遲疾/上236
在於行義/上122
宰予備矣/中98
在余一人/上261
在右則左重/上121
材猶有短/上335
載而與歸/上185
再咽而後能視/中143
載赤旂衣赤衣服赤玉/上115
載赤旂衣朱衣服赤玉/上143.171
在左則左重/上121
材之堅脆/中444
載之以大輴/上295
載靑旂衣靑衣服靑玉/上25.87
載玄旂衣黑衣服玄玉/
　　上285.315.345
在乎去害/上93
在乎善聽而已矣/中180
在乎定分而已矣/中267
載黃旂衣黃衣服黃玉/上176
爭先入公家/下39
爭獸者趨/中295
爭術存也/中373
爭術存因爭/中373
爭鬪之所自來者久矣/上206
著甲冑從下射/下100

沮江之丘/中68
氐羌之民其虜也/中80
氐羌呼唐離水之西/中393
抵公孫臾/下54
沮瘠見之不忍賊曰/下97
著於盤盂/下66
著衣冠令其友操劍奉
　　筒而從/上352
抵罪出亡/中111
底之勇/下84
著乎竹帛/上72
敵皆以走爲利/上252
敵孤獨則上下虛民解落/上243
敵國且畏/中96
赤冀作曰/中250
積金之山/下66
翟度身而衣/中345
敵得死於我/上252
適令武王不耕而穫/中165
賊民之主不忠/下97
賊不與謀/下63
積石積炭/上294
敵慴民生/上234
積水積石之山/下66
適孽無別則宗族亂/中267
赤烏銜丹書/中26
適越者坐而至有舟也/中162
適鬻之甑/中319
適衣服務輕煖/上129
適耳目節嗜欲釋智謀/上104
敵已服矣/上234
翟人攻衛/上236
狄人攻之/下27
狄人滅衛/上241
翟人至及鎣公於淸澤殺之/上330
敵人之悼懼憚恐/上236
狄人之所求者地也/下27
赤章蔓枝諫曰/中131
赤章蔓枝曰/中131
翟翦對曰/中311
翟翦曰不可/中311
翟翦曰善也/中311
翟翦之難惠子之法/中38
適足以飾非逾溺/中281
適足以爲患/上36
敵之失也/上247
賊天下莫大焉/中316
積則勝散失/上247
積兔滿市/中267
翟黃對曰/下131
翟黃不說/中139
翟黃往視之/下131
翟璜友也/中385
翟璜進之/中385
田繫學於許犯/上80

傳鼓相告/下56	戰合擊金而却之率北/中132	定分之謂也/下175	齊君聞之大駭/上352
塡溝洫險阻/上219	全乎萬物而不宰/中234	整設於屛外/上258	制禽獸服狡蟲/中391
田詘對日/中282	前乎輿譁/中311	正性是喜/中258	諸大夫賞以書社/中122
田詘不察/中282	傳乎後世/上72	廷小人衆/中293	帝令燕往迎之/上184
田詘之對昭王/中282	前後左右盡蜻也/中292	正是四國/上98	齊令章子將術與韓魏攻荊/中178
顚蹶之請/中147	絶江者託於船/中261	丁氏對曰/下73	齊令周最趣章子急戰/下178
戰其怯者也/上245	竊觀公之意/上341	丁氏穿井得一人/下73	齊亡地而王加膳/中283
戰其勇者也/上245	竊觀公之志/中443	定襄王釋宋圍出穀戍/下110	劓貌辨見宣王曰/上269
全乃備能也/上233	竊其父兒/中175	精言乎勿言乎/中293	劓貌辨答曰/上270
田單以卽墨城而立功/中429	節雖貪汗之心皆若此/下163	正五穀而已矣/下227	劓貌辨辭而行/上269
戰大機也/中214	節器用而民以時/下110	鄭衛之聲/上186	劓貌辨曰/上269
顚倒驚懼/上71	絶其後類/上74	鄭衛之音/中36	劓貌辨之爲人也多質/上269
專獨位危/中433	節物甚高而細利弗賴/下189	鄭有人子產在焉/下70	劓貌辨行至於齊/上269
田獵之獲常過人矣/下147	竊涉者脛而視其髓/中95	精有精乃通於天/中332	齊末亡而莊公冢坦/上301
田獵馳騁/下147	竊意大王之弗爲也/中320	正六律鮮五聲雜八音/中58	齊湣王居於衛/上275
田獵單弋置罘羅網陵 獸之藥/上89	節乎己也/下163	靜以待時/中246	齊湣王亡居衛/下98
田駢對曰/中273	節乎性也/上42	精而熟之也/中139	齊湣王是以知說士而不 知所謂士也/上223
田駢途之以目/下192	接土隣境/中89, 93	鄭人之下駟也/上357	
田駢貽其非士也/中192	鄭賈人弦高奚施/中198	竴立安坐而至者/中162	齊湣王周室之孟孫也/中226
田駢謂齊王曰/中139	鄭公子歸生率師伐宋/中214	靜者無知/中235	除民之害同/下31
田駢以道術說齊/中273	靜郭君可謂能自知人矣/上270	情者不師而事實見矣/中256	諸搏攫抵噬之獸/上247
田騈聽之罍而辭之客出/下192	靜郭君大怒日剄而頰/上269	鄭子陽令遺之粟數十車/中187	諸邊之內/上245
典非加善也/上175	靜郭君來/上270	鄭子陽之難/中78	齊兵之弱/下104
典非惡也/下175	靜郭君不能止/上269	征鳥廣疾/上346	弟不聽兄/中122
田事慨飭/上29	靜郭君辭/上269	井中之無大魚也/中50	齊使東郭寒如秦/下119
畋三月不反/下88	靜郭君善劓貌辨/中269	鼎中之變/中67	祭祀不絶/上330
全生爲上/上66	靜郭君曰/上269,270	鄭之富人有溺者/上301	齊使觸子將/中132
全生之謂/上66	靜郭君至/上270	定賤小在於貴大/中122	祭祀必敬/上262
田成子曰/下153	靜郭君之交/上269	定天子於成周/中159	齊宣王爲大室/中437
田成子之所以得有國 至今者/下153	靜郭君之於寡人/上270	精充天地而不竭/中135	齊宣王好射/下106
	靜郭君泫而曰/上270	正則靜靜則淸明淸明則虛/下165	齊宣王有令/上165
田成子患之/下153	鄭國多相縣以書者/中300	精通乎鬼神/中252	帝舜師許由/上125
田襄子止之曰/中357	鄭國大亂/中303	精通乎天地/中35	齊勝於宋/中275
田襄子賢也/中357	鄭君問於被瞻曰/中199	鄭平於秦王臣也/下53	帝也者天下之適也/中135
專於農民/上348	鄭君不聽/中354	正風乃行/上163	齊襄公卽位/下39
戰於艾陵大敗齊師/下93	鄭君曰此孤之過也/中354	精行四時/上109	諸養生之具/中294
鱣鮪之醢/中68	丁鈞石齊斗斛/上230	靜虛不伐之言/中258	齊王怒曰/中133
戰而不勝/上101	精氣欲其行也/中417	精或往來也/上277	齊王無以應/中226
戰而北者/上245	精氣鬱也/中417	齊簡公有臣曰諸御鞅/中269	齊王問吏曰/下80
傳以相告/上294	精氣一上一下/上107	除姦之覽/中257	齊王方大飮/中429
戰而勝者/上245	精氣日新/上97	齊高國之難/中78	齊王不受/下80
傳而賢者堯也/上313	靖箕子之宮/中122	際高而望/中148	齊王殺之/中428
專任有功/上202	精氣之來也/上95	帝嚳乃令人抃/上163	帝王亦然/上78
田子方學於子貢/上80	精氣之集也/上95	帝嚳大喜/上163	齊王日子無辭也/下106
戰者不習/中285	正其行通其風/下218	帝嚳命咸黑/上163	齊日此眞所謂士已/中226
專諸是也/上237	靜乃明幾也/中233	帝嚳師伯招/上125	齊王欲留之仕/中180
戰陳無勇非孝也/中57	鄭大師文終日鼓瑟而興/中239	齊攻魯求岑鼎/上274	齊王欲以淳于髡傅太 子髠辭曰/下106
田贊可謂能立其方矣/中153	正德以出樂/上186	齊攻廩丘/上157	
田贊對曰/中153	正名審分/上231	齊攻宋/中428	齊王欲戰/中132
田贊衣補衣/中153	精妙微纖/中67	齊攻宋宋王使人候齊 寇之所至/下104	齊王謂尹文曰/中226
電刖拾曰/上66	定武之功/中159		齊王應之曰/中273
全則必缺/下138	正法枉必死/中349	獮狗潰之/下78	帝王之功/上65
戰鬪之上/下84	精不流則氣鬱/上95	齊寇近矣/下104	齊王知顔色曰/中147
戰必敗敗必死/下153	定分官此古人之所以 爲法也/下119	齊國以虛也七十城/中429	齊王疾痏/上324
		齊國之暴者也/上127	

경·전문(經傳文) 자구 색인 289

帝堯立乃命質爲樂/上165
帝堯師子州支父/上125
齊用蘇秦/中261
齊威王幾弗受/上313
齊有北郭騷者/上352
齊有事人者/中304
齊有善相狗者/下190
制有小大/上228
齊有狐援/上80
齊以東帝困於天下/上78
齊人有淳于髡者/中304
齊人有欲得金者/中221
齊人有好獵者/下57
齊人以爲讒/下48
齊壬固已怒矣/上324
弟子居處修潔/中134
弟子去則冀終/中134
弟子記之/中248
帝者同氣/中29
弟子彌豐/上80
弟子遂活/中401
弟子曰夫不肖人也/中401
弟姒謂曰騂曰客上賦/下192
弟姒已往/中92
悌者長也/中318
齊莊公之時/中342
齊莊子請攻越/上265
帝顓頊師伯夷父/上125
帝顓頊生自若水/上163
帝顓頊好其音乃令飛龍
  作效八風之音/上163
濟濟多士/中143
題湊之室/上294
諸衆濟民/中44,184
齊之東鄙人有常致苦者/中160
齊之裏也/上154
制之而不用/中376
制之而用之/中376
除之則虛/下215,216
齊之海隅/中1
齊之好勇者/上334
齊晉相輿戰/中340
齊晉又輔之/下45
諸天下之士其欲破齊者/中320
諸熟則死民多疾疫/上316
弟兄相謳/上193
弟兄相獄/中345
齊荊燕當亡矣/上298
齊荊吳越皆嘗勝矣/中124
制乎嗜欲/上155
制乎嗜欲無窮/上155
齊桓公見小臣稷/中137
齊桓公管仲鮑叔甯戚
  相輿飲/下86
齊桓公良車三百乘/上241

齊桓公聞管子於鮑叔/下71
齊桓公伐魯/中379
齊桓公死/中354
齊桓公師管夷吾/上125
齊桓公輿管仲謀伐莒/中291
齊桓公染於管仲鮑叔/上74
齊桓公卽位三年/下184
齊桓公之見小臣稷/中44
齊桓公合諸侯/中297
諸侯去股三淫而翼文王/上167
諸侯莫之救/中434
諸侯莫之能難/中241
諸侯兵不至/下57
齊侯弗信而反之爲非/上274
諸侯不譽/中316
諸侯不欲臣於人/中267
諸侯四面以達/中400
諸侯之兵皆至/下56
諸侯之兵至救天子/下56
諸侯之兵數至而無寇/下56
諸侯之士在大王子本朝者/中320
諸侯之所以大亂也/中101
諸侯之所知也/上328
諸侯盡滅之/下365
趙侯之鉅鹿/中21
趙簡子可謂知動靜矣/中31
趙簡子攻衛附郭/下83
趙簡子病/中92
趙簡子沈鸞徵於河日/中438
趙簡子按兵而不動/中416
趙簡子曰/上415,423
趙簡子有兩白騾而甚愛之/上251
趙簡子將襲衛/中415
趙簡子書豕/下23
烏谷靑丘之鄕/下66
曹共公視其駢脅/中354
阻丘而保威也/上361
糟丘之有/下95
棗棘之有/下170
趙急求李欬/下54
詔多則請者愈多矣/中258
窨突決上棟焚/中196
窨突決則火上焚棟/中52
組同於己者/上135
朝禮加輿事畢客出/中298
朝暮進食/上269
造父始習於大豆/上38
造父御之/中367
朝不易位/中119
遭賓阼也若都邑/上296
遭使孔靑將死士而教之/中157
操事則苦/下213
尊夕必修/上262
趙襄所以勝襄之術/上120
趙盾驟諫而不聽/下97

趙氏攻中山/下40
趙氏其昌乎/中124
爪牙不足以自守衛/中391
趙襄子攻翟/中124
趙襄子游於圍中至於梁/上366
趙襄子之時/中261
趙襄子出圍/中85
造於君庭/上352
釣於雷澤/中94
造於太一/上148
趙王以告平原君/中306
朝要甲子之期/中165
趙欽救之/中306
調竽笙塤篪/上144
趙魏韓皆失其故國矣/上298
祖伊尹世世享商/中119
操以進之/中205
蚤入晏出/中253
燥者欲濕/下210
早朝晏退/上355
早朝晏罷/上215
雖柱而枯諸侯不適也/下95
遭紂之世也/中44,184
指之參於保介之御間/上28
趙之所欲爲秦助之/中306
朝之而不憝/上122
嘲噍巢於林/中68
燥則欲濕/中35
釣衡石舟斗桶正權槪/上57
趙惠王謂公孫龍曰/中283
遭乎亂世/上361
調和之事/中7
曹翽按創當南陛之間日/中380
曹翽日聽臣之言/中379
曹翽謂魯莊公曰/中379
曹翽賊也/中380
趙興兵而攻翟/上251
趙高氣彌/中297
族大多怨/中434
足以却敵/中83
足以觀望芳形而已矣/上42
足以辟燥濕而已矣/上42
足以報德/上83
足以安佐甲之娛而已矣/上42
足以言賢者之實/中223
足以喩治之所悖/中223
足以逸身煖骸而已矣/上42
足以淡味充虛而已矣/上42
足以知物之情/中223
足以霸矣/中83
足之滑易/中444
尊貴高大/上310
尊貴富大不足以來士矣/上363
存亡故不獨是也/上78

存亡死生/上252
存亡安危/下127
尊師則不論其貴賤貧富矣/上121
尊生者非迫生之謂也/上66
存亡不知所以存/中347
存者賞之也/上214
尊酌者衆則速盡/上70
尊之爲卑/上241
尊天子於衡雍/上241
尊賢使能/上101
尊賢上功/上339
存乎除姦/上257
存乎知性命/上257
存乎治官/上257
存乎治道/上257
辛病請休之/中165
辛生縛而擒之/上101
辛於乾侯/上216
辛輿吏其始發也/下135
辛爲齊國良工/中160
辛而相親/下49
辛必辱之/上299
鐘鼓不修/上101
鐘鼓之色也/中291
終古冷鹵/中208
宗廟不血食/上74
宗廟之滅天下之失/中104
宗廟之本在民/中46
終無所定論/上213
踵門見晏子曰/上352
縱夫之鷩祿爵/中138
從師苦而欲學之功也/上136
從四方來者/上310
從師淺而欲學之深也/上136
從辭則亂/上305
從上彈人而觀其趨丸也/下97
從慾彌衆/上305
終身無經天下之色/下68
終身不忘勿已/上46
終身不復得/上39
足以見/上355
終身不復鼓琴/中64
終身不復用/中122
終身善之/中104
終身用兵而不自知悖/上209
終夜坐不自怏/中342
終焉氏塞/下135
種稂禾不爲穗/下213
從而叱之唾其面/中342
從而請焉/上306
終日玩之而不去/中292
終日而至/下36
終日榮之而不知/中76
鍾子期死/中64
鍾子期夜聲擊磬者而悲/上280

鍾子期曰/中64
鍾子期又曰/中64
鍾子期聽之/中63
鍾子期歎嗟曰/上280
從自非受是也/下106
從者甚衆/中387
從者曰君王何以知之/中246
從者曰萬乘之主見布
　衣之士/中137
從者以請/中387
鍾鼎壺濫/上294
終座以爲上客/下131
種重禾不爲重/下213
從之丹穴王子搜不肯出/上62
從地出者/上310
縱之則不當/上239
種稷而得稷/中359
從此產矣/上186
從此生矣/上122,135,155,
　中233,241,301,347,380,
　下194
從車載食/上264
終則復始/上148
縱行必術/下218
鍾況然有音/中129
坐拜之謁/中147
左不軾而右之/中198
左右諫曰/中83
左右皆試引之/下106
左右皆謂宋王曰/下104
左右皆下/中198
左右皆賀曰/下100
左右官實御者甚衆/中429
左右多忠/下145
左右大夫皆進諫曰/上321
左右旋中規/中367
左右視尙巍巍焉山在其上/中182
左右視尙盡賢於己/中182
左右曰王有大功/中435
左右曰一朝而兩城下/中124
左右有言秦én之至者/下101
左右以諫爲/上173
左尹郤宛/下45
座殆尙在於門/下131
罪不善善者故爲不畏/中310
罪殺不辜/上223,中219
罪庶誹謗/中316
罪人非不歌也/上149
罪之不赦/上318
酒酣而送我以璧/上441
酒酣而送之以璧/上441
酒酣桓公謂鮑叔曰/下86
畫見星而天雨血/中122
紂故爲後/上335
周公及召公取風焉/上183

紂恐其畔/中426
周公乃侯之于西翟/上184
周公乃可謂善說矣/中287
周公旦乃作詩曰/中167
周公旦文王之子也/中137
周公旦封於魯/中339
周公旦曰/上339
周公旦曰勿言/中293
周公旦曰徐言/中293
周公旦抱少主而成之/中137
周公對曰/中287
周公召公以此疑/中301
周公曰吾已知之矣/中165
周公曰利而勿利也/上44
周公以請曰/中287
主過一言/下181
誅國之民望之若父母/上224
鄭君不說/中33
鄭君曰善/中33
鄭君以爲然曰/中33
主君之臣胥樂有疾/上251
周乃分爲二/中179
紂乃赦/中426
周內史興聞之曰/下133
主多官而反以害生/上32
周德衰矣/上361
主道約君守近/上104
主道重塞/中119
周道通也/中109
周屬之難/下13
周流天下/上355
滕理遂通/上97
周明堂金在其後/中351
紂母之生微子啟與中
　衍也尙爲姜/上335
周君使人刺伶悝於東周/下40
主無不安矣/上111
主無所避其累矣/中229
主無以安矣/上189
周文王使人担池/上311
周文王立國八年/上189
周文王處岐/上167
誅伐不可僨於天下/上207
誅不辜之民以求利/中36
走不知所往/上236
主不肯世鳴/中43,183
主不肯而皆以然也/中279
主書舉而臣以進/中205
周書曰民善之則畜也/中365
周書曰若臨深淵/中116
周書曰往者不可及/中36
周昭文君之所以顯也/中141
主雖親將征莉/上184
主雖過與/中48
主雖巧智/中258

周雖舊邦/上167
紂雖多心/中293
周視原野/上89
周室之建國也/中198
晝夜隨之而弗能去/中104
主也者使非有者也/上111
柱厲叔事莒敖公/中396
柱厲叔辭其友而往死之/中396
柱厲叔曰不然/中396
周厲王染於虢公長父
　榮夷終/上74
周厲王虐民/中419
主亦有地/中229
珠玉玩好/上298
珠玉以備之/中295
紂用惡來宋用唐鞅/中261
周威公見而問焉曰/中178
紂爲不善於商/中111
周有申叔者亡其母/上281
主有失昏交爭証諫/中145
主以信不信/下40
走而之縠如衛/中226
舟已行矣/中172
主人方乳/上182
主人使之去/中169
舟人送龍突人之鄕多無君/中393
主人以瘞瑰收/上302
主人之公曰/中109
主人之鴯以不材死/中109
晝日步足/上275
晝日諷誦習業/下139
周策日夫念斯學德未暮/中42
周將處於材之間/中109
周鼎有鸐/中369
周鼎著饕餮/中179
周鼎著象/中269
周鼎著鼠/中419
周鼎著甑而齔其指/中304
舟中之人/中111
舟中之人皆得活/中404
舟中之人五人無主/中405
鄭之故法/中33
紂之同母三人/上335
注之東海以利黔首/中167
主之本在於宗廟/中46
紂之父紂之母欲置微子
　啟以爲太子/上335
主之死生/下25
主之賞罰祿之所加當宜/下132
主之安也/上85
舟止其所契者入水求之/中172
周之刑也/下18
主執圓臣處方/上107
舟車器械/中372
舟車之所通/中264

舟車之始見也/上203
周千乘也/中145
紂天子也/中44,184
走則顧常爲蛩蛩距虛/中155
周宅酆鎬近戎人/下56
周頗固固欲天下之從也/中322
周頷曰欲之/中322
周偏天下/上355
誅暴而不私/上52
周行四極/中24
主賢世治/中43,183
朱弦而疏越/上159
紂喜命文王稱西伯/上262
萬艦之翠/中67
遵王之道/上44
遵王之路/上44
遵王之義/上44
中江拔劍以刺王子慶忌/上328
重過萬乘也/中145
中關而止皆曰/下106
衆口熏天/中299
仲尼聞之曰/中85
中大鞅而氣不達/上41
衆盜乃竊/下216
中道因變曰/下135
仲冬日短至/上178
仲冬之月日在斗/上315
仲冬行夏令/上319
重黎又欲益求人/下72
衆林皆羸/中76
中牟有士日贍胥請見之/中261
中木則碎/上244
衆無謀方/下19
衆封建非以私賢也/中264
重不過石/上158
仲父年老矣/中420
仲父不過乎/中316
仲父不亦過乎/中193
仲父之病矣潰甚/上46
仲父之疾病矣/中192
仲父治外/中297
衆不若其寡也/上245
中非獨弦也/中328
中謝細人也/中220
衆詐盈國/上83
衆邪之所積/上193
重徙則死其處而無二患/下201
中山公子牟曰/下30
中山公子牟謂詹子曰/下30
中山亡邢/上241
中山尙染於魏義榲長
　宋康王染於唐鞅田
　不禋/上74
中山齊皆皆當此/中180
中山之舉/上205

경·전문(經傳文) 자구 색인   291

中山之國有瓬繇者/中131
中山之不取也/中205
中山之俗/中178
中山之王欲留/中180
中山之人多力者曰吾丘鳩/下40
重傷之人無壽類矣/中30
重生則輕利/下30
衆庶泯泯/中119
衆庶咸怨/中175
仲孫氏叔孫氏相與謀曰/中216
中壽不過六十/上296
重水所多尰與躄人/上95
衆雖誼譁/中208
重襲於身/中377
重失人臣之節/上366
中審之人/上371
中央曰鈞天/中21
中央土其日戊己/上176
仲呂之月/上180
衆五穀寒暑也/中24
中容之國/中68
重爲任而罰不勝/中369
重帷而見其衣若手/中73
中飮而出/中143
重以得之/下53
衆耳目鼻口也/中24
衆人廣朝/上365
衆人焉知其極/上187
中人以事/下122
衆人以爲命/中27
衆人以爲命焉/中410
衆因之以殺子陽高國
　當其時/下78
衆人則無道至焉/中440
衆者暴寡/上155,中44,183
中藏聖也/上332
中情潔白/上104
中主猶不能有其民/上210
中主之以嚾嚾也止善/中208
中主之患/中205
衆志不堪/中119
衆智衆能之所持也/中237
中智之所不及也/中50
仲秋生南呂/上178
仲秋之月在角/上227
仲秋行春令/上231
仲春生夾鍾/上178
仲春之月/上55
仲春行秋令/上59
重則少私義/下201
中河孟賁矉目而視船人/中111
仲夏日長至/上178
仲夏行冬令/上146
中行寅染於黃籍秦高彊/上74

重乎天下/上232
卽簡公於廟/中269
卽位諒闇/中286
卽戎寇至/下56
憎公孫無知收其祿/下39
曾子聞之仲尼/中60
曾子曰君子行於道路/上123
曾子曰父母生之/中58
曾子曰先王之所以治
　天下者五/中57
曾子曰身者父母之遺體也/中57
曾點使曾參過期而不至/上123
曾點曰彼雖畏/上123
旨可使肥/下210
至江上涉淹/上306
志皆有欲/上293
知輕重故論不過/下29
祇敬必從/上256
智固有不知也/下161
指姑之東/中68
知古則可知後/上336
智巧窮屈/上299
知交相倒/上193
至貴者無敵/中372
知其能力之不足也/中369
地氣發泄/上289
志氣不和/上134
知其不可久處/上236
知其人/上29
知其所以知/上152
知其所以賢/中275
知其田之際也/下216
地氣下降/中287
知乃無知/中235
智能去就取舍六者/上165
至短反長/下150
智短則不知化/中434
知禮雖不知國可也/中160
地大則有常祥不庭岐母
　群胎天翟不周/中50
知德忘知/中233
至德不德/中246
地流血幾不可止/中361
知離知生/中19
指麻而示之/中189
知謀物之不謀之不禁也/上237
知母不知父/中391
智無以接/中189
知無敵則似類嫌疑之
　道遠矣/中267
枝無罪受請/下119
地未辟易/上205
智反無能/下167
地方六百/中326

知百官之要故/中256
知百官之要也/中256
智伯孟嘗君數之矣/上363
智伯聞趙襄子於張武
　不審也/下71
智伯瑤染於智國張武/上74
智伯欲攻之而無道也/中131
知本則疾無由至矣/上93
知不知上矣/下157
至不至於聖/下125
地不剛則凍阻不開/中377
志不能翰/中67
地不能載/中373
知不以利爲利矣/中304
智不至也/中200
智不至則不信/中200
智非加益也/下175
智非患也/中328,下175
知貧富利器/下213
至舍弗藆而入/中185
至舍昭聲侯射鳥/下179
至死也者/上291
至死而止/中334
至使人迎其妻子/中441
持社稷立功名之道/中261
地塞以形/中18
知生也者/上291
知先後遠近縱舍之數/上243
至聖變習移俗/中241
止聲色無或近/上145
智所以相過/上336
知所之矣/上306
至首璟之下而餓焉/上361
知勝之所夜也/中83
知始其次知終其次知/中212
至是以犯敵能滅/中196
知時則化/上332
知時化則知慮實盛衰之變/上243
知神之謂得一/上104
知惡之美/中34
知愛人者寡/上301
指於國不容鄕曲/中424
至於國邑之郊/上221
至於親存/上339
至於岐陽/上361
至於壇上/中380
至於亡而友不襄/下106
至於師涓/上338
至於薛昭陽請以數倍
　之地易薛/上270
知於顔色/下131
至於牛日/下15
至於任座任座曰/下131
至於藏三牙/中307
至於齊畢報/中147

至於中流/中403
至於智氏/上365
至於智氏則不然/上365
至於秦留有間/中145
至於晉而問之/下74
至於湯而三千餘國/中360
指於鄕曲/上127
至於後戎寇眞至/下57
知與不知皆不足恃/中111
知亦然其所以接智/中188
智亦有所不至/中194
枝葉盛茂/中109
知吾先君周公之不若太
　公望封之知也/中400
地曰固固維寧/上371
志曰驕惑之事/下147
至于江南/上167
之謂秉寶/上152
地爲大矣/中439
至爲無爲/中295
之謂知道/上152,中255
知謂則不以言亡/中295
至衛七日而瓬繇亡/中131
地有九州/中19
至殷因戰大克之/中165
知而欺心謂也/上213
知而不當理則非/中300
知而弗言/中208
知而不爲/中233
知而使之是侮也/中106
至已而得者/下138
至已而罪我也/中187
以人之所惡/上304
至因見惠王/下76
知人固不易矣/中248
至仁忘仁/中246
知人情不能自遺/下194
智者其所能接遠也/中188
智者謀之/中338
智者不得巧/中270
止者不行/中233
之子是必大吉/上182
之子是必有殃/上182
智者之擧事必因時/中155
知子之所以中乎/上272
至長反短/下150
之田野方耕耘事五穀/上129
地籟之也/下215
至精無象而萬物以化/中237
之鄭鄭文公不敬/中354
知精則知神/上104
至齊齊桓公使人以朝
　車迎之/下124
知齊之陰阻要塞/中320
知早嗇則精不竭/上70

地從於城/中174
持之其難者也/上249
知之不審也/下162
至知不幾/中233
知之盛者/上131
知之審也/上59
知之與不知也/上44,184
至之日以太牢祀于高禖/上56
縶執妻子焚之而揚其灰/上328
止車而望西河/上341
止車而休/中443
智差自亡也/中241
至忠逆於耳倒於心/上320
至治之世/中256
止則觀其所好/上106
智則知時化/上243
知彼知己/上214
志必不公/上192
智必不接/中189
知合知成/上19
知害人而不知人害己也/下46
地行不信/下377
地險而民多知/上306
至乎久則在其前矣/中161
智乎深藏/中237
志懼樂之/上21
直躬者請代之/上333
直兵造胸/中407
職不得擅爲/上61
直言交爭/上363
直欲欱合則離愛則讎/中109
織萉屢結罝網捆蒲葦/中129
盡加重罪逮三族/下38
陳不可取也/下151
進諫必忠/中253
秦客何言/中324
盡皆減之/下34
晉公其當之矣/下133
晉公其霸乎/下133
晉果使祭事先/中298
秦果用彊/上342
秦寇果至/下101
秦國僻陋戎夷/下119
秦君以爲然/下25
陳其勢言其方/中147
振其樹而已火不明/下22
進其爵祿富貴/中52
晉懷定輿購攻鄭求被瞻/中354
盡其淺者也/下178
塵氣充天/上25
陳年癰欲劍之利也/上239
盡能既成/上258
盡屠其家/上212
秦得地而王布總/下283
陳樂而不樂/中441

晉梁由靡已扣繆公之左驂矣/上249
晉靈公無道/下97
陳靈公必死於夏徵舒/上218
盡減其族/下45
秦穆公師百里奚公孫枝/上125
秦穆公見戎由余/中117
秦繆公怒其逃歸也/下110
秦繆公相百里奚/上119
秦繆公率師攻晉/下110
秦繆公率師以納之/下110
秦繆公時戎彊大/上101
秦繆公遺之女樂二八與良宰焉/下101
秦繆公入之/中354
秦繆公取風焉/上184
陳無宇之可醜亦重矣/中397
盡無之賢非損也/中95
殄無後類/上218
晉文公亡久矣/下121
晉文公反國/上355,下133
晉文公伐原/下374
晉文公師咎犯隨會/上125
晉文公染於咎犯郄偃/上74
晉文公欲合諸侯/中159
晉文公將伐冀/下120
晉文公適薨未葬/中200
晉文公造五兩之土五乘/上241
陳駢貴齊/中270
盡傅其境內之勞/上71
盡不善者也/中310
陳悲相股脚/中444
晉師大敗/下110
秦師不可不擊也/中200
晉師三豕涉河/下74
晉使叔虎/上119
盡殺其從者/中92
盡殺崔杼之妻子及枝屬/下48
秦三帥對曰/中198
秦索其下/中326
盡善用兵者也/中320
陳成常果攻宰予於庭/中269
陳成常與宰予之二臣者甚相憎也/中269
秦昭王聞之/上368
秦小主夫人用奄變/中135
秦雖大勝於長平/中326
秦勝於戎而敗予殽/下83
盡食其肉/上330
秦牙相前/中444
盡哀而止曰/上330
晉若造師必於殽/上196
晉襄公使人於周曰/中298
晉陽之中/中85
秦襄晉文之所以勞王/下57

盡揚播入於河/中111
軫與角屬圜道也/上109
晉厲公無道/下97
晉厲公侈淫/中433
晉厲公必死於匠麗氏/上218
秦亦令孟印得其所欲/中324
秦王不說/中306
秦王立幸宜陽/中326
秦越遠壟也/中162
盡爲水身因化爲空桑/中63
陳有惡人焉/中106
盡有之賢非加也/中95
盡有夏商之財/下170
盡有夏商之地/下170
進殷之遺老/上240
晉人乃輕攻鄭/下70
秦人襲我/下84
晉人欲攻鄭/下69
晉人已環繆公之車矣/上249
晉人立以爲君/下110
晉人適攻衛/上183
秦人之寡者平也/上357
秦日益大/上341,中443
殄絕無類/上196
陳祭器按度程/上288
盡制之矣/下376
秦趙相與約/中306
晉誅羊舌虎/下18
晉之大陸/上21
晉地力之利/中253
秦之伯嫁九方堙/下444
秦之所欲爲趙助之/中306
秦之野人以小利之故/中345
晉之陽謀一/上21
晉之霸也近於諸夏/下45
陳蔡之阨/中99
晉太史屠黍見晉之亂也/中178
進退中度/下167
進退中繩/中367
進退閑習/中253
晉平公問於祁黃羊曰/上50
晉平公鑄爲大鐘/中338
振廢滯匡乏困/下110
秦必可亡/下443
晉必聽命矣/下93
盡行伊尹之盟/下119
晉獻公爲麗姬遠太子/中354
獻公立麗姬以爲夫人/下110
秦荊近其詩有異心/下70
盡荊越之竹/上196
晉惠公之/下110
晉惠公逆之/下110
晉惠公趙括不自知面腐/下128
晉惠公之右路石奮投/上249
秦惠王曰/上51
秦獲惠公以歸/下110
秦孝公聽之/上342

秦孝公薨惠王立/下52
陳侯見而甚說之/下106
陳侯病不能往/下106
陳侯不知其不可使/下106
秦興兵攻魏/中306
秦興兵攻魏/下25
疾擧兵救之/中147
疾耕則家富/下147
疾驅而從之/中340
疾乃遂已/上324
賈乃效山林谿谷之音以歌/上165
疾斷有罪/上180
疾病妖厲去矣/下20
疾不必生/中407
疾視兵之/上209
疾言曰寡人之所說者勇有力也/中150
疾言則人知之/中293
叱青荓曰去/上366
疾趨翔必嚴肅/上129
疾諷誦謹出問/上129
疾風暴雨數室/上31
疾學在於尊師/上121
疾乎於郵傳命/中351
執干戚戈羽/上144
執固橫敢術不可導害/下189
執弓操失以射/上258
集肌膚不可革也/上105
執其要而已矣/下20
執箕帚而臣事之/上264
執民之命/中424
執民之命重任也/中424
集於聖人/上95
集於樹木/上95
集於羽鳥/上95
集於周社/中26
集於走獸/上95
集於珠玉/上95
執而立之/中175
執一而萬物治/下165
執一者至貴也/中372
徹敂無期/上223
徹雖易表雖難/中440
澄乎日予不知連與我衣/中309

〔차〕

此簡子之賢也/中423
車甲盡於戰/中157
此江中之腐肉朽骨也/中404
此皆亂國之所生也/上196
此皆天之容物理也/中405
此桀紂幽厲之行也/中382
此告民究也/下212
此告民地寶盡死/下212

경·전문(經傳文) 자구 색인 293

此固越人之所欲得而 爲君也/上62
且苦者也而逸/上211
此孤之大願也/上264
此功名所以大成也固不獨/中63
此功名之所以傷/下169
此功名之所以立也/下138
此公玉丹之所以見信/中223
此公玉丹之所以過也/上275
此功之所以不及五伯也/中385
此功之所以相萬也/中147
車過之下/中122
此官之所以疑/中237
此官之所自立也/上32
此狂夫之大者/上104
此谷犯之謀也/中159
此國土之容也/下189
此國所以遞興遞廢也/中393
此國之所以亂/中106
此國之所以衰/上241
此國之鬱也/中417
此君人之大寶也/上139
此君子也/中165
此君之所執也/下167
此貴生之術也/上61
次及翟黃翟黃曰/下131
車及之蒲疏之市/中431
且其無傷也/下93
此其比也/上66
此其備必已盛矣/中198
此其所以觀後世已/下142
此其所以敗也/中171
此其擧大木者善矣/中311
此其爲禍福也/中373
且其子至惡也/中34
此其中之物具/上298
此其地不利而名甚惡/上304
此其止貪爭之心愈甚也/中313
此其賢於勇有力也/中150
此乃謂不敎之敎/中237
此魯君之賢也/中331
此論不可不熟/上39
此多其譽也/中365
此藏氏之所以絶也/下104
此大任地之道也/上205
此得失之本也/中127
此得之於學也/上127
此亂國之所好/上186
此黎丘丈人之智也/下59
此令功之道也/中185
且留吾將興甲以殺之/下48
且柳下季可謂能說矣/上274
此亡國之風也/上178,229
此名之所以過桓公也/上385
此某某王之宮室也/下169

此無耕而食者/中316
此繆公非欲敗於殽也/中200
此無君之患/中391
且無不請也/中258
此武王之德也/中122
此武王之義也/中165
此無罪而王罰之也/中226
此文公之所以不王也/上355
此文王之所以王也/中141
此文王之所以止殃襲妖也/上189
此文王之義也/下15
且方有饑寒之患矣/中187
此白公之所以死於法室/中295
且兵之所自來者遠矣/上209
此兵之精者也/上252
此兵革之色也/中291
此不可不察也/下169
此夫饑代事也/中89
且夫嗜欲無窮/上155
此不能學者之患也/上136
此不便主/下135
且其耳目知巧/中243
此夫以無寇失眞寇者也/上57
此夫差之所以自殺於干隧也/中366
此不肖主之所以亂也/上105
此不下九石/下106
此不可以疑枯梧樹之善與不善也/中221
車不結軌/上253
車不自行/中359
此不辛聽管仲之言也/中193
此不通乎兵者之論/上238
此非貴虜也/中122
此非段干木之閔歟/下25
此非不便之家氏也/中318
此非約也/中306
次非攘臂袪衣/中404
此非吾所謂道也/上361
次非謂舟人曰/中404
此非慈親孝子之心也/上293
此師徒相與異心也/上135
此師徒相與造怒尤也/上135
此事慮不同情也/下110
此四方之無君者也/下393
此四士之義/中39
此四王者所染當/上74
此四王者所染不當/上74
此師友也者公可也/上385
且此六者不落乎胸中則正/中165
且死者彌久/上294
此四義兵之助也/上242
此四者異位同本/上272
此史定所以得觸鬼以人/中219
此史定所以得行其邪也/中219

此事之傷也/下216
此士之千里也/上266
此三君者/中93
此三代之盛敎/中438
此三貴賤愚智賢不肖/上67
此三者有道者之所愼也/上39
此三皇五帝之所以大立功名也/上139
此上世之若客也/中357
此上之所以使也/中80
此上下大相失道也/上181
此生於得聖人/上121
此生於不知理義/上121
此生乎不知樂之情/上154
此書之所謂德幾無小者也/中143
此昔吾先王之所以霸/中89
此先聖人之所以知人也/上106
此先順民心也/上264
此先王之廟在薛/上270
此先王之所愼/中175
此先王之所以治氣安危也/中135
此先王之所以愼也/中171
此成而賊民/中80
此聖人之所愼/下74
此聖人之制也/下203
此所聞於相國賊/中119
此小物不審也/上183
此小白則必不立矣/中156
此疏遠者之所以盡能竭智者也/下121
此所謂古臣也/上145
此所謂肉自生蟲者也/下104
此所謂以弗安而安者也/下198
此所謂存亡繼絶之義也/中280
此所以決兵之勝也/上236
此所以禁殺傷人也/上51
此所以無能成也/下138
此所以無不守也/上111
此所以成勝/上247
此所以欲榮而愈辱/中46
此所以欲榮而逾辱也/中196
此所以欲治而愈亂也/中303
此所以助天地之閉藏也/上319
此所以尊師也/上129
此衰世之政也/中350
且敷怒人主以爲姦人除路姦路以除/中220
此勝之一策也/上242
此詩之所謂曰/上249
此神農之所以長/中258
此神農黃帝之所法/中109
此神農黃帝之政也/中350
此臣所以辭而去也/中331
此臣之所難任也/上274
此實吾所自爲也/中309

此甚易而功必成也/中395
此沈尹莖之力也/下126
此十聖人六賢者/上125
此十人者/中270
此野人之寶也/上307
此僞兵之所以不成也/中283
此言不知隣類也/上301
此言事師之猶事父也/上123
此言禍福之相也/中111
此易故也/中73
此亦不知其所以也/中122
此吾國之妖也/中122
此五君者所染當/上74
此吳起之所先見而泣也/中341
此吳起之所以先見而泣也/中443
且吾聞段干木未嘗肯以已易寡人也/下25
且吾聞之/下27
此吾常之本事也/下68
此吾所以不受也/中187
此五人者之所以爲王者佐也/下116
此五者皆以牛爲馬/中233
此五者代進而厚用之/中58
此五者先王之所以定天下也/下57
此五帝三王之所以無敵也/中365
此五帝之所以絶也/上125
曰曰非可解而我能解也/中239
且王令三將軍爲臣先/中324
此王者之所以必完也/中264
此王之所以亡也/上275
此妖之大者也/中122
此辱者也而榮/上211
此愚者之所大過/下55
此愚者之所以大過也/下71
此愚者之患也/下194
此禹之功也/下34
此鬱之敗也/中419
此爲國之禁也/中300
此謂不言之言也/下190
此爲先王之所舍也/下180
此爲二也/上270
此爲一也/上270
此謂一終/上348
此謂之至治/上256
此柔嘉之事也/中298
此有道者之所以異乎俗也/上304
且有不義/下33
此有所育也/中221
此猶辱也/中150
此六君者所染不當/上74
此六人者/上127
此六人者所作當矣/中241
此六者得於學/上133

此六者不得於學/上133
此六者非適也/上155
此殷之所以亡也/中165
此殷夏之所以絶也/中363
此陰陽不適之患也/上41
此義兵之所以隆也/上234
車依輔輔亦依車/中129
此二國者雖不於今存可也/下64
此二君者達乎任也/中203
且二君將改圖/中380
此以其所能託其所不能/中155
此以不知故也/中111
此二士者/上79,中48
且以樹譬/中159
此二十官者/中250
此伊尹生空桑之故也/中63
此二死生存亡之本也/上68
此二聖人之所獨決也/上291
此者審/中256
且以走爲利/上252
此以知故也/中111
此以智故也/中244
此代之大者也/中293
且人固難全/中387
此人得以富於他國/下104
此人主之所以失天下之士也已/中387
此人之道也/下155
此人之所以喜也/中124
此任物亦必悖矣/中172
且自以爲猶宋也/下45
此張儀之力也/中145
此全性之道也/上34
且騂郭君聽辨而爲之也/中270
此齊國之賢者也/上352
此劓劓辨之所以外生/中270
此濟上之所以敗/中429
一次制十二筒/上163
一次諸侯之列/上348
此趙宣孟之所以免也/中141
且祖則不然/中33
此存亡之所以數至也/中347
此從事之下也/下213
此邿君之有所无也/中33
此周之所封四百餘/中182
此之謂耕道/下221
此之謂骨肉之親/上282
此之謂教成/中80
此之謂內攻/中157
此之大同/中24
此之謂大悲/上192
此之謂大惑/上39
此之謂不言之聽/中293
此之謂順情/中350
此之謂順天/中350

此之謂愛人/上301
此之謂/中52,374,下196,33
此之謂以陽召陽/中237
此之謂全德之人/上35
此之謂全人/中241
此之謂定性於大湫/中233
此之謂重傷/下30
此之謂衆異/中24
此之謂至公/中119,137
此之謂至貴/中135
此之謂至信/中119
此之謂至安/中119
此之謂至威之誠/上234
此之謂眞人/上97
此盡寡人之罪也/中429
此眞大有所宥也/中221
此疾徐先後之勢也/中236
此處人臣之職也/中167
此千金之劍也/上306
且天生人也/上127
此天子之所以時絶也/中101
此天之孝也/中56
此天地之數也/中143
此天下之顯人也/中111
此天下之豪英/中408
此觸之之至也/下80
此畜人之道也/中267
此忠臣之所患也/中159
此忠臣之行也/下115
此取民之要也/上260
此治亂存亡死生之原也/中310
此治亂存亡則不然/中209
此治亂之化也/中412
此治世之所以短/中182
此治之至也/下173
此則姦邪之情得也/中241
此則工矣巧矣/下179
此則妖矣也/中122
此七君者大爲無道不義也/上219
此貪於小利以失大利者也/中133
此湯武之所以大立功於夏商/中205
此八者皆兵也/上209
此霸王之船驥也/中261
此霸王之所憂也/中435
此弊邑之擇人不謹也/中429
此褒姒之所用死/下57
此必介子推也/上355
此必無所更買矣/中301
此必不信/下185
此必懟我於萬乘之主/中111
此必襲鄭/中198
此必有故/上321
此夏桀之所以死於南巢也/上236

且何地以給之/中324
此學者之所悲也/中135
此賢不肖之所以分也/下138
此賢者不肖之所以殊也/下147
此賢主之所求/下78
此賢主之所以論人也/上106
此賢主之所用/下90
且荊國之法/下38
此形名不相當/中298
嗟乎聖人之所見/中193
嗟乎吳朝必生荊棘矣/中93
此惑之大者也/上301
此禍福之門也/中262
此桓公之所以霸也/中420
此孝子忠臣親父交友之大患也/上299
贊君相後/中444
鑽荼龐涓太子申不自知而死/下128
撐樹之所/下66
贊也貧故我惡也/中153
祭然惡丈夫之狀也/中422
贊以潔白也/中233
罍之三日三夜/上324
察今則可以知古/中169
察其理而得失榮辱定矣/中416
察其所以然/中63
察其所患也/中159
察其秋毫/中209
察其風而知其志/上186
察兵之微/上209
察士以爲得道則未也/中312
察乘物之理則四極可有/中229
察而以達理明義/中312
察而以飾非惑亂/中209
察之必於其人也/下59
察此其所自生/上219
斬木不時不折/下221
斬司馬子反以爲戮/中127
斬殺必當/上228
譌人因窮/上105
譏愍勝良命日戡/中165
彰庚鳴鷹化爲鳩/上55
昌國君將五國之兵以攻齊/中132
蒼衣赤首不動/上196
菁菁百草之先生者也/下212
蒼頡作書/上78
榮之美者/中68
蔡侯日息夫人吾妻之姨也/中90
賣而不詔/中258
責以償車/中324
責人以義責難瞻/中382
責人以人則易足/中382
責人則以義/中382
處官廉臨難死/中55
處官不信/中377

處官則必不爲汚矣/上325
處大官者不欲小察/上46
處目則爲瞑爲盲/上95
處無幾何/上251
處腹則爲張爲疛/上95
處鼻則爲鼽爲窒/上95
處於一室之下/中52
處二年晉靈公欲殺宣孟/中143
妻以二女/下66
處耳則爲聾/上95
處人臣之職而欲無雍塞/中167
處一年爲韓原之戰/上249
處足則爲痿爲蹶/上95
處次官執利勢/中363
妻妾不分則家室亂/中267
妻親織所以見致民利也/下31
妻親織而衣/上264
處必捨身欲靜無躁/中145
處虛素服而無智/下167
處乎周而周王/上175
處乎秦而秦霸/上175
戚愛習故/下68
戚愛比者私安也/中385
跂與企足得餘/上312
惕然而晤悟夢也/中342
砥日笑膏其有道也/上312
跂之徒間於砥日/上332
尺之木必有節目/中382
天故使爨水兒之/下15
天固有衰嗛伏/中405
擅嬌行則免國家/下179
天氣上騰/上287
天大雨雪/下15
天大風晦盲/上182
天大旱五年不收/上261
天大寒而後門/中401
天道圓地道方/上107
穿寶貒修囷倉/上229
千里而一比肩也/上182
天無私覆也/上48
天微以成/中18
天覆地載/中350
天符同也/中294
天不能覆/中373
天不爲秦國/中200
天不再輿/下78
天使人有惡/上150
天使人有欲/上150
天生陰陽寒暑燥溼/上93
天生人而使有貪有欲/上67
天先見金刃生於水/中26
天先見大螾大螻/中26
天先見草木/中26
天先見火/中26
賤所有餘/中334

경·전문(經傳文) 자구 색인   295

踐繩之節/中408
天時雖異/下95
川壅而潰/中419
天曰順順維生/中371
天雨日夜不休/中165
天爲高矣/中439
天爲者時/中26
天有九野/中19
薦鮪于寢廟/上88
天遺之亂人與善諛之士/中179
天遺之賢人與極言之士/中179
天子居明堂右介/上171
天子居明堂左介/上115
天子居明堂太廟/上143
天子居靑陽右介/上87
天子居靑陽左介/上25
天子居靑陽左廟/上55
天子居總章右介/上255
天子居總章左介/上201
天子居總章太廟/上227
天子居太廟太室/上176
天子居玄堂右介/上345
天子居玄堂左介/上285
天子居玄堂太廟/上315
天子矉絶而天下皆來謂矣/下13
天子旣絶/上211
天子旣廢/中183
天子乃祈來年于天宗/上289
天子乃儺禦佐疾/上229
天子乃有司/上317
天子乃命將率講武/上289
天子乃命將選士厲兵/上202
天子乃率三公九卿諸侯/上59
天子乃率三公九卿諸侯大夫/上91
天子乃與卿大夫飭國典論時令/上348
天子乃厲服厲飭/上258
天子乃以雛嘗麥/上117
天子乃嘗/上27,116,202,286
天子乃獻羔開氷/上58
天子不可彊爲/中68
天子不得而臣/上349
天子三推/上28
天子賞文侯以上聞/中140
天子嘗新/上204
天子成則至味具/上68
天子失之/中44,184
天子焉始乘舟/上88
天子言則史書之/上287
天子入太廟祭先聖/上131
天子至貴也/中370
天子之立也出於君/上206
天子親率三公九卿大

夫/上116,286
天子親率三公九卿諸侯大夫/上202
天子親往/上56,346
天子親率三公/上27
天子親載耒耜/上28
天子布德行惠/上88
天子必執一/中271
天子許之/中298
天將不亡吳矣/下93
天全則神和矣/上35
天地大矣/上44
天之大靜/中235
天之道也/下150
天地萬物/中24
天地不壞/下68
天地不能兩/上70
天地不通/上287
天地之數也/下138
天地始肅/上203
天之用密/中235
天地有始/中18
天地陰陽不革/中271
天地一室也/上187
淺智者之所爭則末矣/中295
天地之氣/上178
天地之大/中377
天地至大矣至衆矣/上306
天地之神祇/上346
天地之風氣正則十二律定矣/上178
天地車輪/上148
天之處高而聽卑/上191
天地合和/中18
天地和同/上29
天斟萬物/中24
天且先見水氣勝/中26
賤則觀其所不爲/上106
天必三賞君/上191
天必先見祥于下民/上26
天下皆且與之/下50
天下輕於身/上363
天下莫不聞/下25
天下莫之能禁/上241
天下萬國/中360
天下亡國多矣/中391
天下無粹白之狐/中139
天下無有/中332
天下無誅伐/上207
天下聞之/中426
天下聞之日/上311
天下美其德/上240
天下未知君之義也/中159
天下兵乘之/中132
天下不可取/上97

天下非一人之天下也/上44
天下說之/中94
天下所貴之無不以者重也/下53
天下少矣/中366
天下所賤之無不以者少/下53
天下雖有有道之士國猶少/中182
天下勝者衆矣/中83
天下時地生財/上212
天下有不勝千乘者/下116
天下日服此所謂吉主也/下145
天下者所以爲本/上26
天下丈夫女子/上151
天下顚恐而思之/中119
天下從者其惟孝也/中56
天下從則秦利也/中322
天下重物也/上61
天下之國孰先亡/中178
天下之大義也/上51
天下之利也/中391
天下之民/中106
天下之民窮矣苦矣/中264
天下之民且死者也而生/上211
天下之兵四至/中316
天下至富也/中371
天下之士其蹄之也/下22
天之上士必蹄/上397
天下之王皆不有/中275
天下之長民/上213
天下之地/中264
天下之學者多辯/中169
天下之賢主/下20
天下太平/上149
天下必有天子/中271
天下必從/中322
天下患之/上167
天寒起役恐傷民/下173
天下不信/中377
瞻非適而適之適者也/上155
瞻肥瘠察物色必比類/上228
濺於民心/上109
詔諛詖賊巧佞之人無
  所竄其姦矣/上229
詹子登以國可無爲哉/中272
詹子對曰/中272
詹子曰不能自勝/下30
詹子曰重生/下30
詹何田子方老耽是也/中291
捷於肌膚也/上232
請更鑄之/上338
請見客子之事戰/下119
請見宣王/上269
請告患公/下15
聽群衆人議以治國/中270
請近吏二人於魯君/中330

聽其言而察其類/中231
淸旦被衣冠往鶡隆金
  者之所/中221
聽得而事得/上99
淸廉潔直/上46
請令擧兵以攻齊也/中428
靑龍之匹/中68
淸廟之瑟/上159
請問孰病哉/中285
請鳳皇之鳴/上163
請使人嘗之/中354
請賞于吏曰/上321
請相吾子/中338
請賞子虎/下121
請所以治魯/上44
請屬天下於夫子/下68
聽士而無侵小奪弱之名/下23
聽於末嬉/中119
請言其說/中226
聽言怒者/中332
聽言不可不察/中36
聽言哀者/中332
聽言而意不可知/中304
聽言者以言觀意也/中304
請與分國/上328
請與王子往奪之國/中328
請縞素辟舍於郊/中428
請爲寡人而一蹄也/中145
請衛君之罪/中297
淸有餘也/下163
請以故吳之地/中345
請弛期更日/下15
請以其弟姊妻之/中92
請以頭託白晏子/中352
請而反之/上352
請以死爲王/上324
聽而視聽止/上109
聽而若此/中316
請因說之/中73
請者愈多/上258
聽者自多而不得/中40
淸淨公素/上246
淸靜以公/中233
靑鳥之所/中68
聽從不盡力/上131
聽從必盡力以光明/上131
請卽刑焉/上251
聽之不聞/上151
請之於關尹子/上272
蜻之至者百數而不止/中292
請置以爲大諫臣/中253
請置以爲大理/中253
請置以爲大司馬/中253
請置以爲大田/中253
請置以爲大行/中253

聽則觀其所行/上106
聽則無有/上269
清濁之衷也/上158
青荓非樂死也/上366
青荓豫讓可謂之友也/上366
青荓日乎而與子友/上366
青荓爲參乘/上366
青荓進視梁下/上366
請必戰請必敗/下153
聽乎夫差/中289
禘於襄公之廟也/中216
誰訴遇之/上136
草木皆肅/上92
草木雞狗牛馬不可諑
　　訴遇之/上136
草木方長/上180
草木繁動/上180
草木繁同/上29
草木不大/上377
草木庳小不滋/上193
草木生榮/上231
草木盛滿/上180
草木早橘/上31,180
草木早死/上231
招策而不/上35
楚不能之也/中213
楚三圍宋矣/中268
焦脣乾嗌/上355
焦腎乾肺/中264
楚勝於諸夏而敗乎柏舉/中83
超乘者五百乘/上198
草食者羶/中67
草與稼不能兩成/下138
楚王怪其名而先見之/中106
楚王怒大夫而告之曰/中106
楚王問國於詹子/中272
楚王說之/中76
楚王曰諾/中90
楚王欲取息與蔡/中90
招搖之桂/中68
草鬱則爲黃/中417
楚魏之王辭言不說/上140
楚有直躬者/上333
楚人生乎楚/上138
楚人有涉江者/上172
楚莊聞孫叔敖於沈尹
　　筮者之也/中71
楚莊王使文無畏於齊/中431
楚莊王師孫叔敖沈尹巫/中125
草譜大月/下212
楚衆我寡/中83
楚之邊邑卑梁/中212
楚之襄也/上154
楚之雲夢/中21
楚之會田也/中431
楚合諸侯/中106

觸死亡之罪於王之側/上321
觸子苦之/中132
觸子因以一乘去/中133
寸之玉必有瑕瓂/中382
恩恩乎其心之堅固也/中135
崔杼歸無歸/下48
崔杼不說/上407
崔杼相之/下48
崔杼與慶封謀殺齊莊公/下48
崔杼曰此賢人/中407
崔杼往見慶封而告之/下48
崔杼之子相與私鬭/下48
秋甲子朔/上371
秋氣至則草木落/上80
追逃者趣/中383
錐刀之遺於道者/中139
秋冬不殺/中26
推歷者視月行而知晦
　　朔旦也/中167
趨利固不可必也/下50
醜不能惡不知病矣/上137
醜不若黃帝/上46
追北千里/中74
椎頰廣顏/中106
趨尚及之/中340
秋霜既下/中76
趨翔閑雅/下191
湫然清靜者/中291
瘳而數月不出/中60
秋旱寒則冬必煖矣/上70
秋之德雨/中377
秋則蒼冬則赤/上196
縮頻而食之/中104
築爲頃宮/下95
祝融作市/中121
逐除治之/上96
逐之至大沙/中119
逐獻公立子黜/下183
春居問於宜王曰/中437
春居日居請辭矣趨而出/中437
春居之所以欲之與人同/中437
春氣至則草木產/上80
春多雨則夏必早矣/上70
春子止寡人/中437
春之德風/中377
春之善非寡人之善歟/上173
春則與夏則黑/上196
出居於鄭/中159
出高庳之兵以賦民因攻之/下171
出拘故罪/中122
出亡十七年/中159
出奔周國/中176
出若言非平論也/上80
出於山及邑舍故人之家/中109
出則魄其知友州里/上147

出則乘我以車/上365
出則以車/上36
出則憋於知友邑里/上135
出乎免也/上139
出後義也/上332
蟲流出於戶上/上193
充滿天下/上80,下165
蟲螟爲害/上59
忠不可兼/上127
忠臣不入於君/中272
忠臣不忍爲也/中347
忠臣亦然/上325
忠信以導之/中365
忠信盡治/上361
忠臣察則君道固矣/中396
衷也者適也/上158
忠於其君者將烹/中354
忠於濁世難/上324
忠貞不用遠乎可也/中131
忠孝人君人親之所盖欲也/上121
忠肝以與陽城胥渠/上251
取甘帛以與之/中155
聚居衆無不趣/上113
就官一列/上361
取救守則鄉之所謂長有
　　道而息無盡/上212
取其金於府/中210
取其金則無損於行/上210
取其實以與責其名之/中278
趣農收聚/上180
就微子開於共頭之下/上361
取民之所說/上260
取不能其主利以其愚吾王/中165
取舍不苟也夫/上344
取舍數變/上134
驟勝則主驕/中366
昊惡猶美/中67
脆弱者拜請以避死/上357
取養節薄/上104
取魚鼈求鳥獸/上129
就業則不疾/上136
取與遵理/上105
吹芩管壢筵韶椎鍾/上163
吹芩展管筵/上163
吹日舍少/上163
取爭之術而相與爭/上373
驟戰而驟勝/中366
取竹於嶰谿之谷/上163
取之不詰/上318
取之衆白也/上139
就之不虛/上216
娶妻嫁女享祀/上205
取天下者武王也/上167
就就平其不肖自是/中135
脆則攻者利/中30
取則行釣也/上83

就學敏疾/上134
致黔首之大害者/上213
置鼓其上/下56
治官可也/中47
置官長非小阿官長也/中393
治官之要/中257
雄雄雞乳/上345
置君非以阿君也/中393
治君者不於君於天子/上143
恥其功臣/中175
侈其臺榭苑囿/中36
治其身而天下治/上98
置其一面/上310
齒年未長/下205
治唐圃疾灌濱務種樹/上129
治道之要/中257
治亂安危過勝之所在也/上232
治亂安危在可/中246
治亂齊則不能相正/中262
恥無大乎危者/下155
治物者不於物於人/下143
侈靡者以爲惡/上293
治民者宣之使言/中419
恥不知而矜自用/下155
馳騁而因耳矣此愚者
　　之所不至也/中243
馳騁弋射/上71
治十人而起九人/下20
雄亦生鵝/上196
治欲者不於欲於性/上143
蚩尤非作兵也/上206
致遠復食而不倦/上105
致遠者託於驥/中261
治而攻之/上412
鴟夷盛血高懸之/下100
恥而誓之曰/中132
治人者不於事於君/上143
雉入大水爲蜃/上285
置杖而問曰/上312
恥之不變/下88
之車中/下124
置天子非以阿天子也/中393
治天子者不於天子於欲/上143
治則感利者不攻矣/中31,410
侈則侈矣/上154
侈鬭兵也/上209
治奚由至雖幸而有/中182
則可動作當務/上173
則家貧無以/下147
則可與理矣/下42
則可與言化矣/下150
則可謂有大人/上325
則可以起死人矣/下158
則易爲攻之/下33
則强大疑之矣/下61
則耕在野/中398

경·전문(經傳文) 자구 색인 297

則固不事君也/下199
則膏雨甘露降矣/中377
則苦雨數來/中119
則孤將棄國家釋群臣/上264
則穀實薄落/上175
則功盡矣/中180
則過無道聞/下100
則管夷吾在彼/下124
則號朝亡/中129
則九竅百節千脈皆通利矣/下13
則狗惡也/下147
則國必無功矣/中203
則君乃致祿百萬/下25
則君不能令於臣/上133
則窮達一也/中99
則宮室不成矣/中335
則龜龍不住/中29
則近可得之矣/中135
則近之矣/中255,305
則今是已/中407
則器械苦僞/中377
則其國乃旱/上319
則其國大水/上59,259
則麒麟不來/中29
則其兵爲義矣/上211
則其父也/中349
則驥不勝人矣/中229
飭其辭令/上189
則其所忽不可知矣/中439
則幾失忠臣矣/下131
則幾於知之矣/上151
則其王不難矣/下63
則爲偽必矣/下63
則其至不可禁矣/上39
則能令智者謀矣/下167
則大物不過矣/中209
則滔蕩之氣/上186
則陶狐將爲吾矣/下133
則動卒有喜/中46
則柬明不密/上289
則得教之情也/上135
則得其情矣/上68
則得所以勸學矣/上133
則得之矣/上237,296,
中246,下74
則亂慾長矣/中243
則令可使無敵矣/上232
則勞而無功矣/中328
則利易足以使之矣/中409
則離散鬱怨/中377
則理義之士至矣/上257
則利害存亡弗能惑矣/中402
則隨國之民踦者若流水/上224
則莫宜之此鼎矣/中319
則萬物備也/中24
則萬物育矣/下20

則妄說者止/下159
則孟門太行不爲險矣/上351
則名不冠後/中208
則名號必廢熄/中63
則苗相藁也/下215
則無所用矣/中208
則無所用智/中209
則武王因知其無與爲敵也/中165
則無用之言/中256
則無爲攻矣/中410
則無以存/下61
則無敗事矣/中205
則聞樂騖與王孫苟端執賢/中385
則聞作作有芒/上361
則美兵佞矣/上295
則未之識/中401
則未之識也/中153
則民力罷矣/下151
則民無不令矣/中372
則民無不用矣/中360
則民雖不治/中226
則民易犯法/中377
則民怨上矣/下151
則民知所庇矣/上221
則電霞傷穀/上146
則百工休/上257
則百事不滿也/中375
則百姓誹謗/中377
則百姓之悟相授也立見/上207
則百惡並起/中417
則福莫大焉/上214
則福不至/上187
則婦日袞災王矣/上371
則宓子賤爲之怒/中330
則鳳凰不至/中29
則不可欺矣/下162
則不足以勸也/下151
則不可以爲庖矣/上52
則復歸於樸/上104
則不能得也/上306
則不能安周矣/下198
則不得已/上64
則不得而使矣/上111
則不然此荊國之幸/上71
則不足以勸也/下61
則不足以禁也/下61
則不知所爲矣/下26
則北至大夏/中371
則不可知/上247
則不可也/上296
則不可以出於門閭者
不一也/中271
則不肯告/上306
則弗得也/中165
則不得免/中250
則不聞亡國/中189
則不非之/中36

則不與物爭矣/中40
則不知輕重也/上33
則不至其郊/中400
則不惕於心/中43
則不省者益幸也/上219
則四境之內/中151
則使君王戰而不勝/中93
則使君王戰而勝/中93
則士豈特輿專諸議哉/中237
則邪辟之道塞矣/上133
則四海之大/中350
則三軍之士可使一心矣/中232
飭喪紀辨衣裳/上287
則上非下/下181
則相與爭矣/中373
則上又從而罪之/中369
則上之三官者廢矣/中243
則生蓋實/上178
則生長矣/上155
則生黃鐘/上178
則說者不敢妄言/中278
則世主不能有其民矣/上211
則少不畏長/中377
則雖貧國勞民/中295
則守者彌怠/上294
則豎子嬰兒之有愚也立見/上207
則守職者舍職而阿主
之爲矣/中241
則隔朋其可乎/上46
則是國可壽也/下64
則是篤謹孝道/中56
則施不可而聽矣/中313
則與驥俱走也/中229
則是與一國爲敵也/中216
則是辟也/中226
則臣有所適其邪矣/中229
則神應乎人矣/下190
則失其情矣/上68
則室不敗也/下161
則失所爲立之矣/上32
則失樂之情/上154
則室樂無光/下192
則心非鬼乎死者慮也/上293
則心遮矣/上157
則我得死於敵/上252
則我得生於敵/上252
則安瓜瓞之說塞矣/中131
則若天地然/上105
則義由基有先中中之著矣/中142
則於江海之上/上183
則於四海之內/中44
則與無至同/下36
則亦不可以爲王伯矣/上52
則亦不知所爲也/下26
則亦失所爲修之矣/上32
則亦失樂之情矣/上152

則亦誰詬報人/上136
則然後成/上266
則五子者足矣/中253
則曰營師己亥涉河也/下74
則王使叔旦就膠鬲於
次四內/上361
則王者廢矣/下93
則王將與之乎/中326
則堯桀無別矣/下159
則欲未嘗正矣/中372
則禹達乎死生之分/中405
則又以其有功侮民傷之/中301
則爲民父母/中318
則危上矣/中269
則位尊矣/上122
則幽詭愚險之言無不職矣/中254
則六合之內皆爲己府矣/中375
則陰氣大勝/上205
則耳谿極/上158
則以其無功不得民傷之/中301
則耳不收/上158
則耳不充/上158
則夷吾在此/上253
則以爲繼矣/中369
則人莫不願之/下64
則刃無與接/上252
則人不勝驥矣/中229
則人主可與爲善/中438
則人主憂勞勤苦/中233
則人主日侵/中241
則人之易欺矣可惕矣
可恐矣可喜矣/下162
則災無由至矣/中243
則財物不匱/上230
則財盡矣/中180
則精通乎民也/上277
則齊國吾與子共之/中407
則齊國之社稷/下86
則諸生有血氣之類/下132
則諸侯之相暴也立見/上207
則鳥鳶爲譽矣/中279
飭鐘磬柷敔/上144
則錘大不可負/下129
則從而抑之/上134
則縱之神無惡乎/下30
則周自安矣/下198
則衆善皆盡力竭能矣/中229
則中人將逃其君去其親/上211
則重者爲輕/上33
則智無由至智不公/上371
則知無敵矣/中267
則知所乘矣/下167
則知所免起是擧死殘
之地矣/上236
則知之不深/上43
則此論之不可不察也/上36

則此之謂重閉/上291	則後世之爲王臣者/下347	奪之以兵事是謂厲/下207	湯之德及禽獸矣/上310
則察爲福矣/中312	親東鄕躬桑/上89	奪之以水事是謂籥/下207	湯湯乎若流水/中64
則察爲禍矣/中312	親莫不欲其子之孝/中107	奪之以土功是謂稽/下207	湯退卜者曰/上187
則天地平矣/中19	親射王宮/中74	湯得僞詐之曹遠矣/中257	湯喜而告諸侯曰/中175
則天下歸之矣/下31	親帥士民以討其故/中431	貪戾而求王/上47	太鉅則志蕩/上158
則天下理焉/上121	親習者不知/中385	貪戾虐衆/上223	太公對曰/中165
則天下必爭事之矣/上224	親往視之/上91	貪去無信/中131	太公望東夷之士也/中72
則天下或受其饑矣/下31	親往視之中丁又命樂	湯去其三面/上310	太公望曰/上339
則天下或受其寒矣/下31	正入學習樂/上59	湯見祀網者置四面/上310	太公嘗隱於釣魚矣/中328
則請以日中爲期/中165	親郭如夏/中119	湯其無郭/中264	太公釣於滋泉/中44,184
則聽必悖矣/中32	親殷如周/上240	湯乃命伊尹/上167	太公之所以老也/中226
則楚人戎言/上138	親戚補察/中419	湯乃以身禱於桑林曰/中261	殆未能也/中345
則草竊之也/下215	親戚相忍/中345	湯乃惕懼/中119	怡米而不香/下221
則秋雨不降/上231	親親上恩/上339	湯得伊尹/中67	太史據法而爭之曰/上335
則忠信親愛之道彰/中80	親親長長/上101	湯得伊尹而有夏民/下122	太史令終古乃出奔如商/中175
則齒嘗爲師者弗臣/上131	漆淖水淖/下157	湯武不王/中87	太史謁之天子/中27,116,286
則親疏遠近賢不肖/下132	七十人者/中101	湯武非徒能用其民也/中361	太上反諸己/上104
則騺騰駒班布馬正/上144	七日依地德/中161	湯武修其行而天下從/下143	太上以說/上215
則蟄蟲動矣/下13	七日不嘗粒晝寢/中248	湯武修身積善義/中94	太上以志/中106
則湯達乎鬼神之化/上261	七日不嘗食/中98	湯武雖賢/中87	太上知之/中42
則苞裏覆容/上338	七日石乞曰/下171	湯武勝人/下100	太小則志嫌/上158
則暴姦許侵奪之衛息也/上21	七日而原不下命去之/下374	湯武欲繼禹而不成/下200	太息流涕/中122
則風雨不時/上31	七者動精則生害矣/上93	湯武用其材而以成其王/下160	太王亶父可謂能尊生矣/下27
則彼亦將爲君射人/下124	寢廟必備/上58	湯武有放義之事/中332	太王亶父居邠/下27
則必無活樹矣/上320	侵削諸侯/上167	湯武以放猷之謀/中382	太王亶父居岐/下27
則必反之兵矣/下215	浸漬之草/中68	湯武以千乘制夏商/中162	殆有他事/中298
則必不得矣/中400	蟄蟲復出/上289	湯武因夏商之民也/中360	太一出兩儀/上148
則必不亡矣/中180	蟄蟲俯戶/上230	湯武一日而盡有夏商之民/中170	太子建出奔/下45
則必不賴矣/上105	蟄蟲不藏/上231	湯武齊桓晉文吳闔廬是矣/中239	太子敬諾/中92
則必非之矣/中338	蟄蟲始振/上25	湯武遭亂世/中167	太子頓首彊請曰/上324
則必殺摯也/上324	蟄蟲入穴/上180	湯武之賢/中264	太子不肖自擇曰/下354
則必勝之於彼矣/上232	蟄蟲咸動/上57	湯武千乘也/上363	太子祠而膳於公/中354
則必失其矢/上155	蟄蟲咸俯在穴/上259	湯武通於此論/中365	太子申生居曲沃/中354
則必有貪鄙悖亂之心/上155	稱兵必有天殃/上31	湯問於伊曰/上97	太子囚逃蹄也/下110
則必重失之/中27	稱子産孔子爲能/上203	湯師小臣/上125	太子與王后/上324
則必鬪爭之情/上215		湯嘗約於郭薄矣/中328	太子甚善/下15
則何可擴乎/中35	〔카〕	湯收其三面/上310	太子曰然/下15
則下多所言/中305	夬心中央/下218	湯遂與伊謀叟伐桀克之/中338	太子曰爲人子者/下15
則下不躁節/下175		湯於是率州以討桀罪/上167	太子曰何故/上324
則何事之不勝/上155	〔타〕	湯於是請取婦爲婚/中63	太子爲及日之故/下15
則寒氣時發/上92		湯染於伊尹仲虺武王染	太子之不仁/上269
則害易足以禁之矣/中409	他日復見其隣之子/中32	於太公望周公旦/上74	太宰嚭曰/下93
則奚以易臣/中267	他行稱此/中313	湯曰可對而爲乎/中67	太宰嚭之說/上289
則奚自知其世之不可也/中324	鐸可賞也/下155	湯曰金氣勝/中26	太簇生南呂/上177
則鄢之所謂士者乃士乎/中226	鐸也不愛我/中423	鐸可賞也/中338	太簇之月/上180
則賢者在上/上43,183	鐸也愛君之過也/中423	湯曰伊何如/中338	太淸則志危/上158
則賢者在下/上43,183	鐸也幸不居趙地也/中411	湯曰嘻盡之矣/上310	太濁則志下/上158
則形體四枝不使矣/上111	鐸往而增之/下155	湯欲繼禹而不成/中119	太華之高/上350
則胡可得而累/中109	鐸之諫我也/中423	湯又讓於務光曰/中338	擇國之中而立宮/中264
則胡可以過/上90	鐸之言固曰/下155	湯又因務光而謀/中338	擇宮之中而立廟/中264
則胡不覆之以絶陰陽之氣/上324	憚耕稼采薪之勞/上299	湯禹之於不獨也/中231	澤及骭骨又況於人乎/上311
則胡不爲從矣/中322	彈鳴琴身不下堂/下21	湯謂伊尹曰/中119	澤及子孫/上294
則禾多死/下220	吞舟之魚/中262	湯有司過之士/下127	澤及子孫知大禮/中160
則禍莫大焉/上215	彈千仞之雀/上65	湯由親自射伊尹/中119	澤其鞅而後之/下215
則禍不至/上187	奪其智能/中229	湯立爲天子/中119	擇吉日大合樂/上91
則和調有不免也/中111		湯將伐桀/中338	澤非舟虞/下205

경·전문(經傳文) 자구 색인　299

擇元日命人社/上56
澤有九藪/中19
澤人不敢灰儳/下205
擇者欲其博也/中385
擇天下之中而立國/中264
澤被天下而莫知其所自始/中234
土階三等/中414
土氣勝故/上26
土不肥則長逢不精/上377
土事無作/上180,316
兎絲非無根也/上277
上有九山/上19
上者担之/上33
土田之數/上348
土地分裂/上259
土地四削/中316
土地所宜/上29
土地侵削/上289
上弊則草木不長/上186
兎化而狗/中250
通谷六名川六百/中21
通大川決壅塞鑿龍門/上167
通道之塞/中165
統率士民/上242
痛於肌骨性也/上291
痛之何益/上88
痛疾相救憂思感/上281
通乎君道/下167
通乎君道也/下167
通乎君道者/下167
通乎己之不足/中40
通乎己之不足也/中40
通乎德之情/上351
通乎用非其有/下170
退嗜欲定心氣/上145
退思慮求所謂/上129
退而耕于野七年/中73
退而三年/上272
退而自刎也/上352,369
退將論而罪/下119
退朝而有憂色/中435
退朝而入/中297
退愧其罪/中369
投袂而起/中431
投伐楬相胸脅/中444
投淵之上/中68
妬而惡之/上134
投以炙鶂/中373
投足以歌八闋/上161
投之無戾/中202
投之無郵/中202
投之於江/上328
投之池中/中111
特王子慶忌爲之賜而
　不殺耳/上328

特會朝雨/中421

〔파〕

罷兵而去/中407
破臣之國/上274
罷則怨怨則慮/中366
八觀六驗/上106
八日總禽獸之極/上161
八虛甚久則身斃/上109
敗其城郭/上119
悖亂不可以持國/上171
敗莫大於不自知/下128
悖也夫公叔死/上342
霸亦可矣/中138
敗王師辱王名虧壞土/中347
霸王不先耕而成霸王者/F147
霸王者託於賢/中261
悖意者也/下165
誖而不足以擧/中40
敗人必多/中419
霸者同力/中29
霸者不六/中182
敗請必死/下153
悖則無君子矣/中220
敗荊人於城濮/下110
彭祖以壽/中273
彭祖至壽也/中371
愎過自用/上134
篇竽之風/中393
編蒲葦結罘網/中95
鞭荊平之墳三百/中74
平公日工爸以爲調矣/中338
平公曰善/上50
平公曰善逢用之/上50
平公日午非子之子邪/上50
平公曰解狐非子之讐邪/上50
平得於公/上44
平生於道/上151
平阿之餘子亡戟得矛/中340
平阿之餘子/中340
平也者皆省察其情處其形/中19
平原高阜/下34
平原廣狹/中253
平原君不應/中307
平原君謂孔穿曰/中307
平原君以告公孫龍/中306
平靜則業進樂鄉/上99
平地注水水流濕/中27
平出於公/上149
敝凱諸夫風/中393
幣帛以禮豪士/上189
弊生事精/下21
弊邑寡君使下臣/中298
弊邑寡君寢疾/中298
弊邑不敢當也/中280

弊邑爲大國所患/中280
閉而成冬/上287
閉而爲冬/上180
枹鼓方用/下84
褒姒大說喜之/下56
褒姒之敗/下57
鮑叔管仲召忽三人相善/中156
鮑叔奉杯而進曰/下86
鮑叔牙之爲人也/上46
鮑叔御公子小白僵/下39
鮑叔曰夷吾爲其君射
　人者也/下124
鮑叔因疾驅先入/下39
鮑叔之智/下39
庖人調和而弗敢食/上52
斂叔羞之/下215
暴虐萬民/上167
暴君幸矣/上83
暴民之風/中119
暴戾貪得而求定/中283
暴兵來至/上146
暴傲者尊/中393
暴風來怙/上119
暴虐姦詐之與義理反也/上221
暴虐百姓/上175
表植不得所賞/上185
表商容之閭/中122
漂漂九陽之山/下66
飄風暴雨/中124
風不信其華不盛/中377
風有八等/上19
彼得尸而財費乏/下157
被服中法/下191
避舍變服/上355
彼信賢境内將服/中96
彼若不吾假道/中129
彼以至美不如至惡/上34
彼得以此無不危也/中192
避柱而疾觸杙也/上293
彼且笑以此爲也/上65
彼且笑以此之也/上65
彼且胡可以開說哉/下106
被瞻諫曰/中354
被瞻據輿而呼曰/中354
被瞻對告而曰/上199
被瞻曰殺臣以免國患願也/中354
被瞻謂鄭君曰不若以
　臣輿之/中354
被瞻入晉軍/中354
陂則将見風則僵/上216
必可得也/中129
必可行於□/上135
必見國之侵也/上352
必高擧之/中429
必恭敬和顏色審辭令/上129
必功致爲上/上288

必躬親之/上29
畢其數也/上93
必多所不及矣/中229
必達於五聲/中104
必達乎論議者也/中103
必當其位/上116
必當義然後擧/下115
必當義然後議/上221
必同法令無以一心也/中270
必得所利/上299
必得賢士/下22
畢力爲繆公疾鬪於車下/上249
必禮必知/中44,184
必離其難/中340
必利長久/中343
必芒以長/下224
必無今日之患也/上270
必務其培/下218
必務本而後末/中55
必無受利地/上304
必無此名矣/上96
必物之相似也/下55
必反其本/上129
必反於己/上232
必反情然後受/中48
必法天地也/上70
必不可廢/上161
匹夫徒步不能行/下165
必不吾受也/中129
必不合於俗/中35
必使我醜/中423
必死六千人/上240
必使之方/上111
必死必殃/上39
必喪其批/下207
必生棘楚/中27
必先公公則天下平矣/上44
必先服能然後任/中48
必先殺三郡/上434
必先審民心/上265
必先知道/中68
必先治身/上97
必誠信以得之/中375
必穗稼就而不穫/上221
必數有之矣/中331
畢數之務/上93
必循其故/上228
必順其時/上230
必始於壚/下215
必始乎近而後及遠/下175
必始乎本而後及末治亦然/下175
必食其躑躅千而後已/下137
必身自食之/上264
必審以盡/下210
必審諸己然後任/中101

必哀人之窮也/上248
必於無人之所/中423
必於北方之岸/中196
必於至治/上187
必王子光也/中73
必外有所重者也/中34
必繇其道/下143
必欲攻我而無道也/中131
必欲得民心也/上262
畢又復之/中429
必遇天殛/下221
必見廣大衆多長久信也/中50
必由其理/上84
必有其實/中283
必有其遇/中87
必有三賞/上191
必有所制/上61
必有與也/中289
必由如此人者也/上349
必有入也/中289,下85
必有入也/上95
必由平出/上149
必有賢者/中43
必有凶災/上57
必隱必微/上247
必應其類/中365
必宜內反於心/中343
必義必智必勇/上243
必以甘酸苦辛鹹/中67
必以其勝/中67
必以其血污其衣/中369
韓而瘠矣/中202
必以法故無或差式/中173
必以我爲賊也/中338
必以我爲貪也/中338
必任巧匠奚故/下169
必自知之然後可/上363
必殘必亡/上39
必在己無不遇矣/中113
必積必搏/上247
必節嗜慾/上149
必正平數有罪嚴斷刑/上203
必重累之/中429
必中理然後動/下115
必中理然後說/下221
必之士可知/下63
必之謂也/中305
必此四者也/上331
必且殺人/上215
必察其所以之/上65
必稱此四王者/上74
必稱此六君者/上74
必稱此二士也/上74
必託於卑微隱蔽/上247
必合必同/上301
必解衣懸冠倚劍而寢其下/下63

必行其罪/上288
必賢者也/上313
必乎則何敵之有矣/中236
必厚其鞄/下215

〔하〕

何暇從以難之/上368
夏桀迷惑暴亂愈甚/中175
夏桀染於于辛歧踵戎/上74
夏桀殷紂作爲侈樂/中153
下見六王五伯/上332
何故體之/中137
下足不過畢力竭智也/中255
何故而乞/上281
夏鮌作城/中241
何窮之謂/中99
下及兆民/上27
何其久也/中415
何其甚也/下35
何其處也/中289
下堂而傷足/中60
下堂再拜/中297
下得陰上得陽/下216
下令官爲甲以組/中33
夏命其卒/中119
下無道知上/下181
下無以事上/中158
何聞爲身不聞爲國/中272
何物之不應/上105
夏民大說/中119
下服聽天下譽/中55
何不起爲壽/下86
夏不衣裘/下163
下不屬地/上196
下不若魚/下383
下不惠民/上223
何事比我於新婦乎/上318
何事而不達/中139
何事而不成/下185
夏商之所以亡/下95
夏書日天子之德廣運/中50
下水上騰/上89
河水赤水遼水黑水江
　水淮水/中21
下養百姓/上264
下纍命封夏后之後於杞/中122
夏熱之下/中237
夏王無道/中175
何欲何惡/中360
下怨上矣/下181
何謂去害/上93
何謂九山/中21
何謂九塞/上21
何謂九藪/中21
何謂九野/中21

何謂求諸人/上105
何謂九州/中21
夏爲無道/上167
何謂反諸己也/上104
何爲不吉乎/下63
何爲不爲/下35
何爲不可以歸/中340
何謂四隱/上106
何謂五盡/上180
何謂六戚/上106
何謂六川/中21
何爲而可以免此苦也/下140
何爲而不成/中44,下139
何謂適衷貴之適也何謂貴/上158
何謂八風/上21
何爲匹夫而不悟/上35
何謂合何謂同/上301
何由知樂聲與王孫苟端哉/中385
下有請於趙簡子/下155
何以名爲/中143
何以說地道之方也/上107
何以說天道之圜也/上107
何以爲之莽莽也/中189
何以知其狂/中246
何以知其聾/中246
何以知其盲/中246
何以知其瘖/中270
夏日則暑/中153
夏日則食菱芡/中396
何敵之不服/中158
何敵之有矣/中165
下田棄畇/下210
下田夫食五人/下205
下田則盡其汗/下215
河濟之間爲兗州衛也/中21
下之邯鄲/中111
夏之德暑/中377
下於縣鄙/下126
夏至日行近道/中24
下知千歲/中444
下知千歲也/上336
河出孟門/下34
下稱五伯名士之謀以
　信其事/上215
夏太史令終古出其圖法/中175
河漢之間爲豫州周也/中21
夏海之窮/下66
下驗之地/上371
何患墨者之絶世也/中357
夏后啓辭而出/中409
夏后啓日/中408
夏后啓日鄙人也/中408
夏后伯啓與有扈戰於
　甘澤而不勝/上101
夏后伯啓日不可/上101
夏后氏孔甲田于東陽萯山/上182

學豈可以已哉/下18
學三十歲則可以達矣/下140
學也者知之盛者也/上131
學於孔子/上127
學於禽滑黎/上127
學於子墨子/上127
學於子夏/上127
學業之章明也/上135
學業之敗也/上135
學者師達而有材/上121
學者處不化不聽之勢/上121
學賢問知/中42
寒氣總至/上59,257
漢南之國聞之日/上310
寒不信其地不剛/中377
漢上石耳/中68
寒暑不節/下216
寒暑四時當矣/中377
寒暑適風雨時爲聖人/上151
寒暑燥濕弗能害/中391
寒暑燥濕相反/下35
寒暑則不當/上193
寒蟬鳴鷹乃祭鳥/上201
韓昭釐侯視所以祠廟
　之牲其豕小/中246
韓昭釐侯出弋/下179
韓氏城新城/中17
寒哀作御/250
寒熱不節民多痎疾/上205
寒溫勞逸饑飽/上155
韓王爲右/中145
旱雲煙火/中27
韓魏相東爭侵地/中29
韓之輕於天下遠/中29
韓之爲不義愈益厚也/中280
寒則雕煉則脩/下216
寒風是相口齒/中444
韓荊趙此三國者之將
　帥貴人/上357
鶡鴠不鳴虎始交/上315
割牲而盟以爲信/上361
陷西北隅以入/中216
咸若狂魄/上236
鹹而不減/中67
陷入大國之地/中198
含珠鱗施/上294
咸進受氣/上95
合其所以也/中387
闔廬試其民於五湖/上361
闔廬之教/中350
闔廬之用兵也/中358
合不可少/上122
合兩淖則爲寒/下157
合兩柔則爲剛/下157
合而生風/上178
合而成章/上148

경·전문(經傳文) 자구 색인 301

合而食之則益壽/下157	行德三年/中351	行春令則蟲蝗爲敗/上319	賢不肖不可以不相分/上84
合諸侯制百縣爲歲受朔日/上257	行德愛人則民親其上/上249	行春令則蟲蝗爲臣/上119	賢不肖安危之所定也/上109
合則復離/上148	行冬令則國多盜賊/上259	行春令則胎夭多傷/上348	賢不肖異/上105
合則弗能離/上136	行冬令則水潦爲敗/上31	幸則必勝其任矣/中101	賢不肖之所欲與人同/下147
害黔首者/上214	行冬令則陽氣不勝/上59	行必誠義/中343	賢不肖之所以其力也/下179
奚故殺君而取國/下153	行冬令則草木早枯/上119	行夏令則國乃大旱/上59	賢不肖各反其質/中256
害及其身/中179	行冬令則風災數起收雷先行/上231	行夏令則多疾疫/上92	賢不肖彊弱治亂異也/中268
解其劍以予丈人日/上306	行之愛人則寒氣不時/上175	行夏令則國早/上231	賢不肖不分/中299
奚待不肖者/上133	行理生於當染/上78	行夏令則多火災/上205	賢非襄也/中328
奚待於魏敬之說也/中326	行理義也/上160	行夏令則多疾疫/上92	賢士歸之/中95
奚待賢者/上133	行無高乎此矣/上322	行夏令則水潦敗國/上348	賢士制之/中264
奚道知其不爲私/上163	行方可賤可羞/下53	行凶德必威/上234	玄山之禾/中68
解馬而輿之/中113	行罰不辟天子/上240	鬻其先表之時可導也/中171	懸書公門/上355
害民莫長焉/中412	行不可不孰/下42	響上而忘其御也/中214	賢聖之後/中106
海上有十里之諸侯/中264	行父母之遺體/中57	鄉臣遇之/中367	賢雖過湯武/中328
海上人有說其臭者/中104	行不異亂雖信今/上83	也見客之容而已/中185	賢雖十全/中264
海上之人有好蜻者/中292	行不誠義/中343	鬻者煤夹入甑中/中248	賢臣以千數而衆敢諫/中437
奚時相得/中135	行私阿所愛/上46	鄉者靮偏緤/下179	賢於太宰嚭之說也/中289
奚時止矣/中268	三十里/中111	鄉之耕非忘其父之讐也待時也/中74	顯然喜樂者/中291
解心之繆/下165	行賞及禽獸/上240	鄉之死者宜矣/下104	顯榮人子人民之所甚願也/上121
害於生則止/上61	行說語衆以明其道/上215	鄉之先視齊寇者/下104	賢主故願爲臣/中428
害於性則舍之/上34	幸也者審於戰期/上245	鬻之壽民/中171	賢人之遠海內之路/下31
奚爲自知哉/下128	行也者行其敗也/上371	向摯之處平商/下175	賢者能得民/中414
奚爲不可/下131	幸於得察/上396	向摯處乎商而商減/下175	賢者得志則可/中207
由中至哉/上125	幸於不殆矣/下86	虛稼先死/下216	賢者非不爲也/下147
解衣與弟子/中401	幸於親重/中56	許公不應/上306	賢者善人以人/上122
奚宜二筐哉/中205	幸汝以成而名/上328	許綰誕魏王/中326	賢者所聚/下68
奚以知其然也/上66	行危苦不避煩辱/下18	許犯學於禽滑釐/上80	賢者遂興/上105
奚以知舜之能也/下163	行義於鄭/中354	許鄙相朋/中444	賢者亦然/中64
奚以知之/中229	行義則人善矣/上98	虛素以公/中350	賢者有小惡以致大惡/下57
奚自知其身之不逮/中42	行已高矣/中182	虛言可以賞/中375	賢者以昌/上161
解在鄭君之問被瞻之義也/中48	幸而獨聽於魏也/中316	許由非彊也/下163	賢者益疑矣/上219
解在乎薄疑說衞嗣君以王術/中52	行人燭過可謂能諫其矣/下84	許由辭曰/下68	賢者之可得與能也禮之也/中182
解在乎白主之非惠子也/上38	行人燭過免胄橫戈而進曰/下83	許之而不予/中380	賢者之舉事也/下138
解在乎史墨來而輟不襲衞/中31	行者無糧/中180	虛則無爲而無不爲也/下165	賢者之道/中43
解在乎書之說周公/中44	行者無理/中192	獻公可謂能用其實然矣/下135	賢者之事君也/下115
解在乎齊人之欲得金也/中315	行者不顧/中267	獻公曰夫垂棘之璧/中129	賢者之所與處/上182
解在乎天地之所以形/中24	行不止也/中233	獻公以爲然/下135	賢者之所以廢也/下159
海阻山高/中400	行爵出祿/上116	獻公許之/中129	賢者出走命曰崩/中165
奚仲作車/中241	行罪無赦/上289	獻公喜曰/中129	賢者屨伏/上211
害天下之民者莫甚焉/上216	行罪無疑/上229	軒冕在前/中332	賢者必取至言矣/上308
駭則擧魯君曰/下279	行之壞也於貴/中420	獻諸繆公/中96	賢主勞於求人/上349
害太子建欲去之/下45	行之旬月見仅人者面羞矣/中37	獻之其君/上63	賢主不由也/下179
奚患於不能/上328	行之是令/上92,119,175,205,231,348	獻之司城子罕/上307	賢主所貴莫如士/下76
行可知者王/下61	行地滋遠/上224	獻之惠王/中311	賢主乘之/上167
行激節厲忠臣/中396	行秋令則邱濕水潦/上175	險固之地也/中400	賢主愈大愈懼/中116
行慶施惠/上27	行秋令則民大疫/上31	驗之以數/中40	賢主有度而聽故不過/下162
行其德而萬物得遂長焉/上48	行秋令則雪霜不時/上289	賢固若是其苦邪/上275	賢主猶惑之也/中299
行其理爲可/中243	行秋令則天多沈陰/上92	賢良不擧/中178	賢主之咽喝也立功/上208
行其數循其理平其私/上371	行秋令則天時雨計/上319	賢良又有死之臣蒙駝/下153	賢主以此持勝/中124
行其實則興賢主有異/下115	行秋令則草木零落/上146	賢良鬱怨/上119	賢主之舉也/中416
行其情不離其素/中256	行春令則國乃早/上205	賢良盡死/下153	賢主知其若此也/中182
行忮之故也/下48	綵網罝罦不敢出於門/下205	賢明其世/中36	賢主之說/下115
行德去刑/上180	行春令則五穀晚熟/上146	賢不可以加矣/上100	賢主之所患/下55
			賢主之立官/上111

賢主忠臣/中208
賢主則不然/中135
賢主必自知士/上363
賢奚由盡忠/中64
顯賢者之位/上240
賢乎其死亡者也/下199
莧諧數犯我以義/上337
血脈壅塞/上69
血脈欲其通也/中417
穴深尋則人之臂必不能極矣/中194
血之以性/上361
血墜流地/上100
協而稷遂不顧/中398
夾鐘生無射/上177
夾鐘之月/上180
荊固而攻薛/中147
荊國攻之/中414
荊國之法/上306
荊國之爲政/中172
荊國之衆相賀也/中289
刑鬼侯之女而取其環/上95
形氣亦然/上95
荊令唐薎將而應之/下178
荊靈王聞之/下48
刑戮死辱之人也/上127
荊文王得茹黃之狗/下88
荊文王曰/上337
刑罰不可偃於國/上207
形不動則精不流/上95
荊師寡吳師衆/中347
荊師敗龔王傷/中127
衡山之上/下66
刑三人殺二人/中139
形性得安乎自然之所矣/中234
形性相離行/上236
荊成王慢焉/中354
荊成齊任不自知而殺/下128
荊昭王之時有土焉曰石渚/中349
荊所有餘者地也/下37
荊收其國/中356
形軀同取舍之殊/中397
形息而名彰/中350
形與智皆衰邪/中219
荊王無以應/中153
荊王聞之/上333,中404
荊王死貴人皆來/下37
荊王釋先王之禮樂/中437
荊王於是使人以王輿迎叔敖/下126
荊王曰可得而聞乎/中153
荊王先生之衣何其惡也/中153
荊王欲以爲令尹/下194
荊王適興兵而攻宋/中414
荊王請薳由基射之/下142
荊王蘢群臣攻吳起/中356
荊越之間有寢之丘者/上304

荊威王學書於沈尹華/中220
荊有善相人者/下145
荊有次非者/中403
荊人攻薛/中147
荊人攻之/中147
荊人得之/上44
荊人弗知/中171
荊人射之/下178
荊人尙猶循表而導之/中171
荊人所盛守/下178
荊人與吳人將戰/中347
荊人畏鬼而越人信磯/上304
荊人欲襲宋/中171
荊人有遺引者而不肯索曰/上44
荊人遺之/上44
刑人之父也/中153
刑自逆此作也/中60
荊將軍之囊曰/中347
荊莊哀王獵於雲夢/上321
荊莊王染於孫叔敖沈尹蒸/下74
荊莊王欲伐陳/下151
荊莊王立三年/中288
荊廷嘗有神白龍/下142
荊罪之陽城君走/中356
荊柱國莊伯令其父視日/中309
兄之不悌弟/上299
荊之善射者莫之能中/下142
荊之爲四十二世矣/中347
形體有處/上148
荊平王有臣曰費無忌/下45
衡行之必得/下192
荊莊王好周遊田獵/上71
熒惑不徙臣請死/上191
熒惑有三徙舍/上191
熒惑在心/上191
熒惑在心何也/上191
荊興師戰於兩棠大勝晉/上321
惠公旣定於晉/中110
惠公死因立爲君/中110
惠公曰諾/下15
惠公曰昔王季歷葬於渦山之尾/下15
惠公卽位二年/下84
惠公止之/上79
惠盎見宋康王/中150
惠盎對日/中150,151
惠盎曰夫無其志也/中150
惠盎曰夫不敢刺不敢擊/中150
惠盎曰夫刺之不入/中150
惠盎趨而出/中151
惠盎問客之墨者唐姑果/中218
惠盎善之/中311
惠盎說而相之/中145
惠盎失所以爲聽矣/中219
惠盎曰可行邪/中311
惠盎曰善而不可行何故/中311
惠盎曰惠施也難以

辭與公相應/中316
惠王往問之曰/上342
惠王謂惠子曰/中313
惠王聞而誹之/中318
惠子聞之曰不然/中318,319
惠子不徒行說也/下15
惠子辭王又固請曰/中313
惠子說之以彊/中318
惠子易衣變冠乘輿而走/中313
惠子曰今有人於此/中35
惠子曰今之城者/中316
惠子曰大者可以王/中35
惠子曰若王之言/中313
惠子爲魏惠王爲法/中311
惠子之言/中319
惠子之治魏爲本/中316
惠子出白圭生入曰/下15
胡可得而法/中169
胡可得而必/中109
胡可以聞/中192
好敎而不倦/中131
好得惡子/下192
號令未出/上277
號令不感/上111
好禮士故南勝荊於連隄/中140
狐狸水泉姦邪盜賊寇亂之患/上293
狐父之盜曰/上357
虎賁三千/上165
豪士時之/上104
豪士之有名者/上358
好須臾之名/中89
好嚴有過/中369
狐援聞而躃往過之/下80
狐援非樂斷也/下80
狐援說齊湣王曰/下80
狐援曰易爲哀哉/下80
狐援出而哭國三日/下80
胡爲而食我/上357
好矣今曳見之而不言/中294
呼而無響/中24
胡曹作衣/上148
好智則多詐/下201
好之則不深/上136
呼天而噍/上330
好聽讒人/下433
戶樞不蠹動也/上95
好悔過而惡聽諫/下155
好彼琬琰/中119
好學博聞獻詩/中419
號呼則動地/下25
或鼓聲磬鐘磬/上163
或短或長/上148
或談或歌/下207
或得寶以危其國/上311
惑莫大焉/中359
或燔而淖/下157

或負畚而赴乎城下/中316
或斮之也/上277
或使之也/上155,中359
或暑或寒/上148
惑召之也/上39
或濕而乾/下157
惑而嗜欲/上136
或言君之智也/下131
或曰不勝也/上182
或后來是良也/上182
或遇之山中/上355
或柔或剛/上148
惑而乘驥也/上331
或以爲惡/下159
或引之也/上277
或者不可乎/上83
或者操大築乎城上/中316
惑者之患/中299
或折其骨/中373
或絶其筋/中373
或操表授以善晞望/中316
或主之所輕也/下90
或疾或徐/上148
昏牽牛中/上227
昏東壁中旦軫中/上315
昏斗中旦畢中/上201
昏婁中旦氐中/上345
昏參中旦尾中/上25
昏心中旦奎中/上171
昏於小利/上136
昏危中旦七星中/上285
昏亢中旦危中/上143
昏虛中旦柳中/上255
昏乎其深而不測也/中135
渾渾沌沌/上183
鴻鵠之志/下190
鴻範曰惟天陰隲下民/上237
虹始見萍始生/上87
弘演可謂忠矣/上330
弘演至報使於肝掣/上330
虹藏不見/上285
鴻集于囿/下182
禾稼不熱/上175
化九陽奇怪之所際/中259
禍及子孫/中365
禍與閭廬/下90
火氣勝故/上26
禍當於君/上191
和樂以成順/上186
化未至則不知/下90
禍福之所自來/中27,410
華不盛則果實不生/中377
和心在於行適/上156
鮮顔色說言語敬進退/上58
化於陰陽/上148
華元殺羊饗士/上214
火爲之紀/中67

경・전문(經傳文) 자구 색인　303

和而不夸/中233
化而爲寒/中237
化已至雖知之與勿知
　一貫也/下90
禍因骨歲/上207
和子曰先君有遺命曰/上265
和子曰以告鴞子/上265
畫者儀髮而易貌/下175
禍災日至/下192
和適先王定樂/上148
和精端容/上95
火齊必得/上317
和調何益/中111
和之美者/中68
禍且始長/上216
和出於適/上148
化奐由相得/中188
禍希不及身/下110
獲似母猴/下71
攫而奪之/中221
確乎其節之不庫也/中135
患劍之似吳干者/下55
桓公可與言極言矣/中86
桓公可謂知行賞矣/中124
桓公更立邢於夷儀/上241
桓公果聽之/中124
桓公管仲雖善匿/中291
桓公怪之曰/中291
桓公郊迎客/中387
桓公大說將任之/中387
桓公得管子/中247
桓公得之矣/中387
桓公樂之而徵燭/中420
桓公聞/中67
桓公聞之/中387
桓公聞之曰/上330
桓公反至/中387
桓公不聽/中124
桓公非輕難而惡管子也/中193
桓公嘗以此霸矣/中226
桓公雖不言/中297
桓公曰不然/中137,387
桓公曰賜之衣冠將見之/中387
桓公曰善/中253
桓公曰吾未得仲父則難/中247
桓公曰願仲父之無讓也/中192
桓公曰以告仲父/中247
桓公曰夷吾寡人之賊也/中124
桓公曰此大事也/上46
桓公曰譁/中291
桓公往問之曰/上46,中192
桓公欲相鮑叔鮑曰/下124
桓公之所以匿者不言也/中297
桓公則難與往也/中153
桓公避席再拜曰/下86
桓公必先賞鮑叔曰/下124
桓公行公去私惡/上46

桓公許之/中379
渙其群元吉者/中416
患幾及令尹/下45
患飢至雖知之無及矣/下93
還乃賞卿諸侯大夫於朝/上27
還乃賞軍率武人於朝/上202
還乃賞軍死事恤孤寡/上286
還乃行賞/上116
還殺頭前於孟勝/中357
患無由至矣/上111
還反過於薛/中147
還反伐處又克之/中129
還反報文侯有貴功之色/上205
還反涉江/中403
還反涉漢梁敗/上184
還反華元言於宋昭公曰/中431
患非獨外也/中83
還師去之/中198
患石之似玉者/下55
歡樂無遺/上71
雚籥之衰/中67
桓王使史角往/上79
患人之博聞辯言而似諞者/下55
渙者賢也/中415
還將行賞衰曰/中120
患在知能害人/中434
患在乎用三石爲九石也/下106
還復歸至於主所圖遠也/上109
圓周復雜/上107
患至矣不能分人則焚之/下171
還車而反立於廷曰/中349
還車而臨/中441
還轡而死/中143
歡欣生於平/上151
闊大淵深/上104
黃龍負舟/上405
蝗螟農夫得而殺之奚故/中316
黃白雖剛堅且刃乃劍也/下159
黃白雖剛不堅且不刃也/下159
黃而不言/上196
黃所以爲堅也/下159
黃所以爲刃也/下159
況於人主乎/中253
況於尊我乎/中338
況於賢主乎/中30
黃炎故用水火矣/上206
黃師師大撓/上125
黃帝言曰/上48
黃帝曰芒芒昧昧/中29
黃帝曰四時之不正也/下227
黃帝曰帝無常處也/上109
黃帝曰土氣勝/中26
黃帝又命伶倫與榮將
　　鑄十二鐘/上163
黃帝之貴而死/下48

黃帝之時/中26
黃鐘大呂太簇夾鐘姑
　洗仲呂蕤賓爲上/上177
黃鐘生林鐘/上177
黃鐘之宮/上158
黃鐘之宮皆可以生之/上163
黃鐘之月/上180
黃鐘之陰/中217
會稽之陰/中350
會稽太山王屋首山太華岐
　山太行羊腸孟門/上21
悔無及也/上89
會有一欲/中371
迴陸注之東海/中161
悔前之過/上69
回攫而飲之/中248
獲其三帥以歸/上200
獲其師潘子臣小惟子
　陳夏齧/中212
橫寒則振/上158
橫行海內/上241
孝經曰高而不危/上213
效於中欲/中239
鴞子曰已死矣以爲生/上265
孝子之重其親也/上291
厚糠多秕淺辟米/下224
後乃大水/上119
后乃取其子以歸曰/上182
后妃率九嬪御/上56
后妃率九嬪蠶於郊/下203
后妃齋戒/上89
后妃獻繭/上119
後三年民又誦之曰/中202
後生者爲批/下219
邱成子吳起近之矣/中440
邱成子曰/中441
邱成子爲魯聘於晉過衛/中441
邱成子之觀名宰歡見/中441
後世有聖人/上337
後世以爲法程/下49
後世將何以稱夫子/下131
後世之亂自此始/中398
邱昭伯怒/中216
邱昭伯不勝而死/中216
後熟多樂/下7
厚菜以均/下224
後時者葦萊薺芒而未衡/下221
後時者短葉疏箭/下225
後時者纖莖而不滋/下224
後時者小葉而厲長/下223
後時者弱苗而穗蒼狼/下226
邱氏介其鵝/中216
候嗎來賓爵入大水爲蛤/上255
後亦應之/中311
厚而不博/中258
后益作占兩/下250
候者載發者與見章子/下178

後將無復/中83
后之伐桀也謀乎我/中338
厚之爲寶/下221
后稷不種/中76
后稷曰所以務耕織者/下203
后稷曰子能以窮爲突乎/下208
后稷作稼/中241
后稷之種必待春/中76
後出也滿囷固/下80
厚土則蘗不通/下220
後必相惡/下48
後荊國兼國三十九/下89
吻吻焉相樂也/中52
毀譽成黨/中299
毀之成危之寧/中40
毀璜以爲符/中356
齕生次之/上66
齕生則於其章之者薄矣/上66
隨人之城郭/中153
擒子以入於徐/中338
殄氣不入/下227
凶災必訴/上196
胸中欺詐/上69
胸中大擾/上71
黑齒之國/下66
黑黃蒼赤/上173
骨鼓旗甲兵/中122
覺以蟻狼/中67
覺以蟻狼焉/中124
氾盡窮厄/中36
興兵伐之/下151
興師伐陳/中106
興師軍圍太九月/中431
興雲祁祁/中46
嘻君舉吾請爲君反死/中143
嘻師所從來者遠矣/中198
犠牲駒犢/上7
犠牲無用牝/上30
譆胥誕也/上251
嘻先君之廟在焉/中147
豨首生而麥無葉/下212
譆是必夫奇鬼也/下59
姬曰所出遠/中354
戲而傷卑梁之處女/中212
譆異乎哉/上361
喜之以驗其守/上106
喜賓我於人中/中423
譆譯也欺我/下155
嘻還反戰/中340
喜效人之子姪昆弟之狀/下59
詰誅不義/上180
詰誅暴慢/上202
詰車令各避舍/下179

■ 동양학 100권 발간 후원인(가나다 순)

　후원회장 : 유태전
　후원회운영위원장 : 지재희

　　김경범. 김관해. 김기홍. 김소형. 김재성. 김종원. 김주혁. 김창선. 김태수. 김태식.
　　김해성. 김향기. 남기현. 박남수. 박문현. 박양숙. 박종거. 박종성. 백상태. 송기섭.
　　신성은. 신순원. 신용민. 양태조. 양태하. 오두환. 유재귀. 유평수. 이규환. 이덕일.
　　이상진. 이석표. 이세열. 이승균. 이승철. 이영구. 이용원. 이원표. 임종문. 임헌영.
　　전병구. 전일환. 정갑용. 정인숙. 정찬옥. 정철규. 정통규. 조강환. 조응태. 조일형.
　　조형남. 조혜자. 최계림. 최형주. 한정곤. 한정주. 황송문

인	지
생	략

동양학총서〔20〕
여씨춘추 6론(呂氏春秋 6論) 下

초　판 2쇄 발행　1993년　9월 15일
개정판 1쇄 발행　2006년　3월 25일

해역자 : 정영호
펴낸이 : 이준영

회장·유태전
주간·이덕일 / 편집·김경숙 / 교정·강혜영 / 영업기획·한정주
조판·태광문화 / 인쇄·천광인쇄 / 제본·기성제책 / 유통·문화유통북스
펴낸곳 : 자유문고
서울 영등포구 문래동6가 56-1 미주프라자 B-102호
전화·2637-8988·2676-9759 / FAX·2676-9759
홈페이지 : http://www.jayumungo.co.kr
e-mail : jayumg@hanmail.net
등록·제2-93호(1979. 12. 31)

정가 10,000원

※ 잘못 만들어진 책은 구입하신 서점에서 바꿔드립니다.

ISBN 89-7030-931-2　04150
ISBN 89-7030-000-7 (세트)